穿越断层区隧道工程地压特征及新型支护理论

黄醒春　李　科　王颖轶　著

科学出版社
北　京

内 容 简 介

本书围绕穿越断层区域构造应力状态、初始应力场的模拟计算方法、隧道建设扰动状态、地压特征、新型支护技术等相关的理论、方法以及结构稳定风险防控等脉络，融合作者十多年研究和工程实践经验，介绍断层区隧道工程建设的系统理论和完整技术体系。全书共 10 章，主要介绍断层区域地应力状态、断层发育区地应力场的 DDM 建模与反演、断层破碎带岩体变形特性及其评价、断层破碎带岩体剪胀机理及其评价、开挖卸载条件下断层破碎带岩体变形及宏观位移特性、断层构造区围岩地压特性及其合理支护方式、穿越断层带隧道稳定性及其灾变预控，并介绍两个应用实例。

本书适合岩石力学、隧道工程等相关专业的科研、设计、施工人员参考阅读，也可作为相关专业研究生的专业用书。

图书在版编目 (CIP) 数据

穿越断层区隧道工程地压特征及新型支护理论 / 黄醒春，李科，王颖轶著. — 北京：科学出版社，2024.6. — ISBN 978-7-03-078818-4

Ⅰ. U455

中国国家版本馆 CIP 数据核字第 2024VR6960 号

责任编辑：牛宇锋　乔丽维 / 责任校对：任苗苗
责任印制：肖　兴 / 封面设计：蓝正设计

科 学 出 版 社 出版
北京东黄城根北街 16 号
邮政编码：100717
http://www.sciencep.com

北京中科印刷有限公司印刷
科学出版社发行　各地新华书店经销

*

2024 年 6 月第 一 版　　开本：720×1000 1/16
2024 年 6 月第一次印刷　　印张：22 3/4
字数：456 000

定价：268.00 元
（如有印装质量问题，我社负责调换）

前　言

　　由于地质构造运动作用，断层影响区域内地应力场十分复杂，岩石节理裂隙发育甚至破碎、岩体强度降低、工程扰动位移大且往往具有强非线性和时效性。对于穿越断层区的隧道工程，其施工过程中极易产生突水事故，围岩变形过大且极易产生大面积冒顶或坍塌，地震响应复杂，减振防灾具有较大的盲目性。因此，穿越断层区隧道施工及其工后稳定性都具有很大的安全风险，支护方式的优选及其长期稳定性预测与评价迄今仍然是世界性的技术与理论难题。

　　长期以来，国内外学者及岩土工程技术人员围绕断裂构造发育条件下隧道开挖及其稳定性的关键技术与理论问题进行了大量有价值的研究。在断裂构造发育区隧道施工技术、节理岩石物理力学性质、断裂构造带岩体状态及水文地质特征探测、断裂构造发育区隧道稳定性、隧道稳定性分析数值方法等方面取得大量有价值的成果。由于断裂构造发育区地质条件复杂、隧道开挖引起围岩变形的强非线性等，断裂构造发育区隧道建设迄今仍有许多亟待解决的理论与技术问题。例如：①断裂构造发育区初始应力实测与反演缺乏系统性的理论和方法；②断裂构造破碎带围岩挤压变形非线性、时间依存性相关力学机理研究有待深化，变形预测和计算方法与工程实际尚存在较大差距；③断裂构造发育区岩体破碎状态、水文地质动态、围岩松动圈超前探测(探测技术、探测精度及其实时可视化技术)还难以满足施工和风险管理的要求；④施工与支护技术缺乏系统性的研究成果和完整理论体系的支撑；⑤断裂构造发育区围岩地震响应分析方法及隧道结构减振技术还停留于规则裂隙动力传播、波动特性的理想化分析以及基于连续介质理论的岩体振动响应，裂隙岩体隧道结构减振技术尚未引起人们足够的重视。

　　依托交通运输部西部交通建设科技项目、国家自然科学基金、国家重点研发计划、重庆市基础与前沿研究计划等研究资金的支持，作者对上述断层破碎区隧道工程地压特性及优化支护理论和技术进行了长期、系统的研究，取得了一些科学技术成果，形成独具特色的理论和方法。本书正是上述研究成果及作者在岩石力学与工程领域长期研究成果的积累与凝练，其核心内容包括：①适用于层状异性介质问题、半无限体及复合平面问题、断层带非线性变形特性问题的位移不连续法的理论和数值方法、任意复杂构造地应力场优化反演方法；②裂隙岩体在压载条件下体积扩容的力学成因，综合考虑裂隙面非线性变形特性、岩块弹塑性变形、节理断裂扩展等复杂条件下裂隙岩体体积应变(剪胀)的定量评价方法；③裂隙岩体统一本构模型、一维柱状结构模型，通过这两个模型建立裂隙岩体任意方向非线性变形的多元件组合模型及其解析方法、各向异性裂隙岩体三维非线性应力-应变关系的模拟方法；④通过构建变形模量球坐标，将一维柱状结构模拟结果与概率分布评价方法相结合，建立断层带裂隙岩体各向异性特征的定量评价方法；⑤断层带岩体开挖扰动位移的局部化特性及其对工程结构的影响；⑥基于支护结构强度和变形综合优化的支护理论系统及其相应施工工艺和施工方法。

  本书的成果、理论和方法仅仅是该领域众多研究成果中的沧海一粟，但我们衷心期待本书的付梓面世，希望能以其独到的视角和创新，为业界同仁提供助益。

目　　录

前言
第1章　绪论 ··· 1
　1.1　概述 ·· 1
　1.2　国内外研究现状 ·· 2
　　　1.2.1　国内工程实践及施工技术水平 ·· 2
　　　1.2.2　断层对地应力场的影响研究现状 ·· 3
　　　1.2.3　初始地应力场反演研究现状 ·· 6
　　　1.2.4　节理岩体变形研究现状 ··· 11
　　　1.2.5　支护理论与方法研究现状 ·· 13
　　　1.2.6　数值方法的研究及其应用现状 ·· 15
　1.3　主要内容 ··· 17
第2章　断层区域地应力状态 ·· 20
　2.1　概述 ··· 20
　2.2　地应力的成因及其影响因素 ··· 21
　2.3　断层模型概述 ··· 24
　　　2.3.1　法向变形模型 ··· 24
　　　2.3.2　切向变形模型 ··· 26
　　　2.3.3　剪切强度 ··· 27
　2.4　断层周边应力场分布规律的DDM分析 ·· 28
　　　2.4.1　计算模型 ··· 28
　　　2.4.2　断层附近应力方向 ··· 29
　　　2.4.3　断层附近应力大小 ··· 30
　　　2.4.4　受载后断层附近位移分布 ·· 31
　　　2.4.5　断层应力与变形 ·· 32
　　　2.4.6　断层影响范围 ··· 32
　2.5　断层力学参数的影响 ·· 34
　　　2.5.1　断层刚度 ··· 34
　　　2.5.2　断层尺寸 ··· 35
　　　2.5.3　断层内摩擦角 ··· 36
　2.6　断层影响范围的影响因素分析 ·· 37
　　　2.6.1　计算模型 ··· 37

		2.6.2	断层倾角对影响范围的影响	37
		2.6.3	断层内摩擦角对影响范围的影响	38
		2.6.4	断层黏聚力对影响范围的影响	39
	2.7	线性与非线性断层模型比较		41
		2.7.1	计算模型	41
		2.7.2	断层附近应力场比较	42
		2.7.3	断层附近位移场比较	43
		2.7.4	断层应力比较	43
		2.7.5	断层变形比较	43
		2.7.6	断层影响范围比较	44
	2.8	小结		45
第3章	断层发育区地应力场的 DDM 建模与反演			46
	3.1	概述		46
	3.2	半平面非连续介质问题力学方法		47
		3.2.1	含不连续面有限层弹性半平面问题描述	47
		3.2.2	层状弹性半平面问题的 DDM 基本解	48
		3.2.3	复合半平面问题的 DDM 基本解	57
		3.2.4	黏弹性介质充填裂隙问题的 DDM 基本解	58
	3.3	DDM 及其在地应力场模拟中的应用		61
		3.3.1	DDM 原理及其基本方程	61
		3.3.2	DDM 高精度化探讨	63
		3.3.3	三维 DDM 基本理论	65
	3.4	断层破碎带岩体非线性特性及其 DDM 建模		69
		3.4.1	断层的流变本构关系	69
		3.4.2	断层带非线性变形特性	70
	3.5	复杂构造应力场的 DDM 实用计算方法		71
		3.5.1	基于有限实测值的地应力场 DDM 反演	71
		3.5.2	基于断层产状参数和线性规划法的地应力场 DDM 反演	73
	3.6	实例分析		74
		3.6.1	基于有限实测值的三维初始应力场 DDM 模拟	74
		3.6.2	基于断层产状参数的三维初始应力场 DDM 模拟	82
	3.7	小结		84
第4章	断层破碎带岩体变形特性及其评价			85
	4.1	断层破碎带岩体结构特征及其等效叠加模型		85
		4.1.1	岩体结构特征	85
		4.1.2	岩体结构等效叠加模型	87

目　录

4.2　断层破碎带岩体变形特性 ……………………………………………… 88
####　　4.2.1　研究现状分析 ………………………………………………… 88
####　　4.2.2　岩体变形特性 ………………………………………………… 88
4.3　应力-应变关系特点及其一般化本构模型 ………………………… 113
####　　4.3.1　裂隙对岩体弹性模量、泊松比与剪切模量的影响 ………… 113
####　　4.3.2　裂隙岩体的弹性柔度矩阵 ………………………………… 115
####　　4.3.3　裂隙岩体的弹性本构方程 ………………………………… 118
####　　4.3.4　裂隙岩体的弹塑性本构方程 ……………………………… 119
####　　4.3.5　模型中参数的确定 ………………………………………… 120
4.4　断层区岩体各向异性特征的评价方法 ……………………………… 122
####　　4.4.1　理论基础及研究现状 ……………………………………… 122
####　　4.4.2　裂隙岩体变形特性一维柱状结构模型的构建 ……………… 128
####　　4.4.3　断层带裂隙岩体变形方向特性判定方法的构建 …………… 135
4.5　工程实例分析 ………………………………………………………… 139
4.6　小结 …………………………………………………………………… 143

第5章　断层破碎带岩体剪胀机理及其评价 ………………………………… 145
5.1　概述 …………………………………………………………………… 145
5.2　裂隙演化阶段及体积应变状态 ………………………………………… 147
5.3　非贯通节理断裂扩展及其孔隙性扩容 ……………………………… 149
####　　5.3.1　规则排列非贯通节理断裂扩展及其孔隙性扩容 …………… 149
####　　5.3.2　随机分布非贯通节理断裂扩展及其孔隙性扩容 …………… 151
####　　5.3.3　非规则排列交互贯通裂隙岩体剪胀特性 …………………… 158
5.4　裂隙岩体压剪扩容的DDM数值方法 ………………………………… 160
####　　5.4.1　基础理论 …………………………………………………… 160
####　　5.4.2　基于DDM计算结果的体积应变计算 ……………………… 169
####　　5.4.3　裂隙岩体压剪扩容DDM程序实现 ………………………… 170
####　　5.4.4　DDM数值方法适用性检验 ………………………………… 170
5.5　基于岩块变形模量及裂隙面刚度特性的剪胀预测 ………………… 173
5.6　小结 …………………………………………………………………… 176

第6章　开挖卸载条件下断层破碎带岩体变形及宏观位移特性 ………… 177
6.1　概述 …………………………………………………………………… 177
6.2　开挖卸载扰动特性及变形位移的局部化 …………………………… 178
6.3　扰动位移影响因素及其敏感性分析 ………………………………… 180
####　　6.3.1　隧道与破碎带夹角的影响 ………………………………… 180
####　　6.3.2　破碎带与两侧岩体弹性模量比的影响 …………………… 185
####　　6.3.3　水平侧压系数的影响 ……………………………………… 190

6.4 工程开挖卸载条件下裂隙岩体扩容处理 203
6.4.1 裂隙岩体加卸载体积应变 DDM 处理方法 204
6.4.2 DDM 的应用拓展 204
6.4.3 案例计算 205
6.4.4 无限域内局部开挖卸载问题 206
6.4.5 卸载条件下裂隙岩体体积增大问题 208
6.5 小结 210

第 7 章 断层构造区围岩地压特性及其合理支护方式 211
7.1 地压特征及其影响因素分析 211
7.1.1 经典地压理论及其合理性 211
7.1.2 基于三维数值方法的地压特征曲线建立 216
7.1.3 地质因素对地压特征曲线的影响 219
7.1.4 隧道围岩及支护结构卸载位移特性 222
7.1.5 应力释放与支护时间优化 226
7.2 断层带隧道合理支护方式及其稳定性 227
7.2.1 隧道支护方式 227
7.2.2 典型支护方式比较 228
7.3 穿越断裂带隧道施工工艺的最优化及应用 233
7.3.1 传统围岩与支护共同作用理论及适用性 233
7.3.2 基于支护结构强度和变形综合优化的支护理论及施工工艺 236
7.4 小结 242

第 8 章 穿越断层带隧道稳定性及其灾变预控 244
8.1 概述 244
8.2 基于支护结构强度及位移的隧道施工预控方法 244
8.3 基于现场监测及线性规划法的优化反演方法 245
8.3.1 优化反演的基本理论 245
8.3.2 优化反演程序流程 247
8.4 断层带隧道开挖扰动特性及其工艺优化 247
8.4.1 数值模型的建立 249
8.4.2 隧道不同开挖方法数值模拟结果 251
8.4.3 不同开挖方法比选分析 261
8.5 断层区隧道结构地震响应特性及减振技术 272
8.5.1 工程概况及数值建模 272
8.5.2 不同支护的模型参数 275
8.5.3 计算工况 277
8.5.4 不同支护计算结果比较 278

- 8.6 断层区隧道开挖岩体加固方式及其作用机理 ······ 290
  - 8.6.1 断层带岩体合理加固方式及其作用效果 ······ 290
  - 8.6.2 预应力加固锚杆长度的影响 ······ 295
- 8.7 小结 ······ 298

第9章 实例应用 ······ 299
- 9.1 概述 ······ 299
- 9.2 应用案例1——基于现场监测及线性规划法的优化反演 ······ 302
  - 9.2.1 工程及地质概况 ······ 302
  - 9.2.2 反馈分析FEM数值模型 ······ 302
  - 9.2.3 监测数据的选择 ······ 302
  - 9.2.4 1—1断面(4#机组断面)反演结果 ······ 303
  - 9.2.5 各期开挖稳定性预测 ······ 309
- 9.3 应用案例2——南湾隧道 ······ 316
  - 9.3.1 地层岩性 ······ 316
  - 9.3.2 地质构造 ······ 316
  - 9.3.3 围岩稳定性数值模拟分析 ······ 318
  - 9.3.4 监控量测分析 ······ 326
  - 9.3.5 隧道开挖 ······ 331
  - 9.3.6 初期支护 ······ 332
  - 9.3.7 注浆施工与控制措施 ······ 333
- 9.4 小结 ······ 339

第10章 结论 ······ 341

参考文献 ······ 344

第1章 绪　　论

1.1 概　　述

断裂构造发育区隧道建设及其长期稳定性评价迄今仍然是世界性的技术与理论难题。地质构造运动作用会造成以下难题。

1）构造影响区域内原岩应力场十分复杂

构造应力场内原岩应力集中，水平应力增大（全球地应力实测研究结果显示，地表浅部水平应力通常大于铅垂应力，构造发育区水平应力是铅垂应力的几倍甚至几十倍）且其分布具有明显区域性及各向异性。迄今尚缺乏量化确定构造应力场的有效计算方法，工程设计及稳定性分析所需的初始荷载取值与实际有较大差异。

2）构造带内岩石物理力学性质复杂

断裂构造区岩石节理裂隙发育甚至破碎，岩体强度特性、变形特性劣化，隧道（尤其是大断面公路隧道）穿越施工及工后稳定都具有很大的技术难度和风险。

3）断裂构造区水文地质复杂、隧道穿越施工风险高

断裂构造通常是地下富水带甚至是沟通地层中承压水的通道，隧道穿越施工过程极易产生突水事故，同时施工后隧道结构防水带来困难。

4）构造带充填物增加隧道稳定风险

构造带内充填物作用使隧道穿越施工过程围岩变形位移大且往往具有强非线性和时效性，处理不当极易产生大面积冒顶或坍塌，目前尚难以定量预测和评价。

5）地震响应复杂、减振防灾具有较大盲目性

地震荷载作用下断裂构造发育区振动响应十分复杂，隧道围岩及支护结构的动力稳定性设计、减振技术迄今还少见系统研究，地震灾害的评估和预防盲目性大。

尽管我国近年来在西部地区成功建设了大湾隧道、七道梁隧道、秦岭终南山特长公路隧道等一系列复杂地质条件公路交通隧道，取得了与工程相关的一系列成果，形成了有西部特色的施工技术并积累了施工经验。但断裂构造区工程地质、水文地质、岩体性质、初始应力状态等的复杂性，给隧道建设带来的技术和理论难题还没有得到根本解决。

1.2 国内外研究现状

1.2.1 国内工程实践及施工技术水平

近年来，我国在断裂构造发育区复杂地质条件下已建成相当数量的大型(超大型)公路(铁路)隧道，其中部分隧道如表 1-1 所示。

表 1-1　我国部分已建成的大型(超大型)公路(铁路)隧道

隧道名称	竣工时间	概况
花果山隧道	1987-12	全长 3471m，位于北京市昌平区下庄乡花果山村东，洞顶沟谷发育
大茅隧道	1995-12	海南东线高速公路上最长的公路隧道，全长 1070m，宽 10.25m，高 5.1m，是进出旅游城市——三亚市的必经之路，被誉为"咽喉工程"
木栅公路隧道	1996	位于台湾省，隧道全长 1.87km，穿越 75m 宽的潭湾断层破碎带
仙岳山隧道	1999-5	位于福建厦门，南起仙岳路，北至南山路。隧道按双洞双向四车道标准建设，东洞长 1071.78m，西洞长 1095.89m，东西隧道净宽 9.25m，净高 6.7m，两洞线间距 30m
木寨岭公路隧道	2002	位于甘肃省，隧道穿越板岩加泥岩、局部泥化软弱断层破碎带
雁门关隧道	2003-9	大同至运城高速公路的咽喉要道，单洞长 10358m，穿越恒山山脉的 21 条地质大断层，软弱不良地质的比例占隧道总长度的 78%，是我国山区高速公路隧道建设所罕见的
韩家岭隧道	2003-9	位于沈大高速公路，全长 521m，宽 23m
七道梁隧道	2003-12	位于兰临高速公路，双线特长公路隧道，单洞长 4000m 以上
凉风垭公路隧道	2004	隧道左右洞长均为 4107m，穿越 F2、F4 大型挤压断层(中间夹杂多条破碎带)
秦岭终南山特长公路隧道	2004-12	中国国道主干线包头至北海段在陕西境内的西康高速公路北段，同时也是银川—西安—武汉主干线的共用段，双洞全长 18.02km
大湾隧道	2005-7	位于湖南省邵怀高速公路，地质结构复杂、节理裂隙发育、裂隙水丰富，是邵怀高速公路第二长隧道，单洞总长度 4073m，其中左洞 2065m，右洞 2008m，是分离式双向四车道隧道
林家溪隧道	2005-12	位于上(海)瑞(丽)高速公路湖南境内邵(阳)—怀(化)段
苍岭隧道	2006-5	位于台(州)金(华)高速公路，全长 7.6km
乌鞘岭隧道	2006-8	位于兰新线兰武段打柴沟车站和龙沟车站之间，全长 20.05km
大坪子隧道	2007-6	锦屏电站专用公路隧道，隧道全长 820m，岩体为钾长花岗岩，岩体完整性较好，表层为块状碎石土
红石岩隧道	2007-7	合(肥)武(汉)铁路客运专线，合武铁路第二长隧道，隧道全长 7857m
大梁山隧道	2007-9	金丽温高速公路的咽喉工程，全长 2066m
雪峰山隧道	2007-11	位于湖南省邵怀高速公路，为双洞双车道隧道，全长 7023m

通过上述工程建设实践，我国在破碎岩体隧道施工方法、新型支护方式和支护结构研发等方面达到了国际领先水平。但由于工程地质条件复杂，部分隧道在施工期、运营期都发生过重大技术风险及稳定性问题。例如，中国台湾木栅公路隧道在穿越潭湾大断层带时，发生了拱顶下沉 150cm、边墙内挤 70cm 的大变形，大变形地段长度达 205m；中国甘肃木寨岭公路隧道穿越泥化断层破碎带时，拱顶下沉累计达 155cm，部分地段初期支护进行了二次换拱，特殊地段换拱达 4 次；中国凉风垭公路隧道在穿越 F2、F4 群状发育断层带时拱顶最大下沉 57.9cm，水平收敛值达 197.25cm，并且隧道局部地段呈扭转型大变形。

1.2.2 断层对地应力场的影响研究现状

最早关于断裂构造对地应力场影响的学术资料可追溯至 1923 年，Terzaghi[1]发现岩体中的应力场会受到其中不连续面的影响，还会受到各向异性和非均质性的影响，而水平应力量值较低（水平侧压系数较小）的现象就是受埋深较深的垂直张开结构面影响造成的。

Anderson[2]在对各类岩体构造进行研究时发现岩体中主应力方向由于断层的存在而发生了改变，断层对主应力方向的改变仅发生在断层末端，垂直于最小主应力方向形成的断裂构造会发生岩脉填充的现象。

苏联地质学家格佐夫斯基采用光弹模型对断裂面引起的应力场改变进行了研究[3]，重点分析了两种变量的影响：断裂面的形状、断裂面与最大主应力的夹角。他认为不同形状断裂面与最大主应力夹角的改变主要对剪应力的大小产生影响：①与最大主应力成 45°夹角的直线形断裂面中部区域的剪应力减小，而两个端部区域的剪应力增大；②与最大主应力成 45°夹角的波状断裂面在凹面处剪应力略微增大，在凸面处剪应力陡增。

Richarderson 等[4]研究片理化片麻岩时发现其应力测量时高度离散化的问题，并尝试对其做出了一些分析性解释。Carlsson 等[5]对瑞典福什马克区域的地应力与地质构造的关系进行了研究，认为在较小区域内的岩性差异对地应力场的影响较小，而较小的断裂等地质构造对地应力的大小和方向均会产生影响，较大的断层对地应力场的影响较显著，断层附近主应力方向趋向于平行断层方向。

Ernst 等[6]对圣安德烈亚斯断层对地应力的影响进行了研究，通过大量的现场实测，发现圣安德烈亚斯断层及其附近断层周边的主应力方向发生了改变，在圣安德烈亚斯断层附近最大主应力方向为 NE-SW 向，与断层近乎平行，而离断层较远的区域则为南北向。

李群芳[7]采用有限元法研究了几种典型三维交汇方式的断裂周围位移场和应力场分布情况。

王士天等[8]调查了黄河龙羊峡水电站的工程地质情况，并对区域构造及其稳定性进行了研究，发现在断层附近，主应力方向发生了偏转。在龙羊峡地区，主应力方向总体上为 NE 向，但在伊黑龙断层区域和拉西瓦水电站坝区区域附近，主应力方向转变为接近南北向。

Bell[9]在加拿大斯科舍大陆架州进行的研究中对流体填充的断层进行了分析，提出这种由流体填充的断层作用相当于自由表面，因此在断层附近主应力方向会发生改变。

Barton 等[10]对破碎及断裂的结晶岩石的地应力和渗透性进行了研究，分析了地应力与断裂的透水能力之间的关系。Stephansson[11]在斯堪的纳维亚半岛的研究发现跨越断层出现了 10MPa 以上的应力量值变化。Aleksandrowski 等[12]对地质构造与钻孔崩落方向进行了研究，发现小断层系与大断层系的存在均会影响钻孔崩落方位，在同一个钻孔中就会出现较大的应力方向变化，测得的局部应力方向与区域应力方向不一致。Sugawara 等[13]在日本迹津川(Atotsugawa)断层附近 1.24km 距离的地方采用剔芯法进行了地应力测量，发现最大主应力法向和中间主应力法向均平行于断层面，而最小主应力法向垂直于断层面，且最小主应力量值偏小。Martin 等[14]在加拿大地下研究实验室(Underground Research Laboratory, URL)所在地进行了大量的地应力测量，结果显示不论断裂构造的大小，均会对地应力状态产生影响，根据加拿大 URL 附近 209 号洞的测量结果，最小主应力方向近似水平并垂直于断层走向，而距该点 30m 处则变为竖直方向。Hudson 等[15]认为地质构造和岩性的变化会影响地应力场，在地质构造发育的岩体中，地应力场分布情况可能会十分复杂。

孙宗颀等[16]认为断层对地应力场的影响应分为两个阶段：地质断层构造发生前、地质断层构造发生后。他们采用水压致裂法，在全国 13 个大油区分别对正断层和逆断层进行了测试，共 86 个油田上千口钻井的地应力实测结果显示，水压致裂法产生的压裂裂缝方向基本上垂直于断层的走向，与断层迹线平行的水平应力为最小主应力，且这种规律与断层的类型无关，即正断层与逆断层均符合这一规律。这一结论改变了既有的关于正断层和逆断层发生前主应力方向的认识，同时还提出了断层发生后的地应力计算方法，对这一现象进行了解释说明。

马淑芝等[17]对罗湖断裂带地应力场进行了三维有限元模拟分析，研究表明，罗湖断裂带对地应力场的影响体现在四个方面：地应力的方向、量值、应力集中程度和连续性。在断裂带的局部区域有塑性区存在，出现较差的构造稳定性，有继续发生构造活动的可能性，尤其是 F8 和 F9 断裂 NW 段。同时，由于发生了塑性破坏，在区域的应力得到了一定程度的释放，客观上降低了应力集中程度，断层的后续活动主要呈现为蠕滑方式，不存在发生中强地震的隐患。

沈海超等[18]采用有限元法对断层周边地应力场进行了研究，考虑四种不同条件的影响：断层带的力学性质、断层两侧的岩石力学性质（弹性模量和泊松比）、边界条件以及断层的几何条件。研究结果显示，断层周边地应力场受到各种因素的综合作用影响，体现在断层周边主应力大小和方向的改变上，并对各种因素的影响进行了分析。

沈海超等[19]还采用有限元法对有断层存在的区域地应力场进行了三维约束优化反演，反演结果表明，存在断层的区域地应力场的分布受到断层的强烈扰动影响，不同的断层几何条件有不同的影响程度，地应力场的扰动还与距断层的距离有关，在断层附近，地应力场呈现出非常复杂的分布情况，在断层尖灭区域，地应力场的扰动影响十分剧烈。

李宏等[20]采用水压致裂法，在乌鲁木齐市区进行了多处断层附近的地应力实测，包括雅玛里克断裂东段、碗窑沟断裂东段、西山断裂带中段和东段，获得了该区域构造应力场的方向、大小以及分布情况。该区域构造应力主压方向为 SN-NNE 向，但大量的地应力实测结果显示，断层周边最大水平主压应力的方向为 NE-NEE 向，二者存在差异，说明受到断层扰动的影响，在断层附近，地应力场与区域地应力场分布状态不同。

朱维申等[21]研究了断层附近地应力场分布的特点及其对隧洞稳定性的影响，通过一系列数值仿真模拟分别研究了四种因素的影响：断层倾角、断层厚度、断层弹性模量以及侧压系数。

沈海超等[22]采用波速各向异性法和差应变法，对松辽盆地北部某油区 4 口井的两个主要油层的地应力进行了实测，并辅以有限元模拟。研究表明，该区域地应力场分布十分复杂，受断层及复合断层的叠加作用影响控制，断层周边主应力方向发生了偏转，其中方向偏转最大的位置出现在断层端部，在该处主应力方向偏转达 40°以上。

孙礼健等[23]通过有限元数值模拟，探讨了断层对地应力场的影响，并做了一系列参数分析，结果显示，断层周边地应力场受多种因素影响，主要有断层几何尺寸、断层与最大主应力夹角、断层弹性模量、岩石弹性模量以及边界应力比。

在汶川大地震发生后，彭华等[24]测量了龙门山断裂带北端青川断层附近的地应力，该区域构造应力主压应力方向为 SN-NNE 向，而现场实测的地应力结果表明，在断层周边的最大水平主压应力方向为 NE-NEE 向，二者存在不同，说明该处地应力场受到断层活动的影响已经发生了改变。

贾晓亮等[25]通过有限差分法研究了断层端部地应力场的特征，采用商用软件 FLAC3D 分别研究了不同参数的影响，包括断层的内摩擦角、煤层的弹性模量和泊松比、断层倾角以及边界应力比。在各种影响因素中，起控制性作用的两个因素是断层的内摩擦角和边界应力比。不同断层倾角时，断层端部应力场的量值发生改变，端部应力最大值出现在断层倾角为 45°时。

Kang 等[26]对我国多座煤矿进行了水压致裂法地应力测量，发现在埋深小于 400m 的浅层矿区，地应力大小依次为 $\sigma_H > \sigma_h > \sigma_v$，在 400~600m 的中浅层矿区，地应力大小为 $\sigma_H > \sigma_v > \sigma_h$，在深埋矿区，地应力大小为 $\sigma_v > \sigma_H > \sigma_h$，在断层附近，最大水平应力的方向发生改变，地应力量值改变十分明显。

深部岩体工程的地应力问题是近年来的研究热点，针对断层带深部地压的影响问题，王有熙等[27]采用数值模拟方法进行了研究，发现深部岩体工程中，地应力场分布的连续性受到断层的扰动影响，在同一水平线上进行观察，断层下盘的主应力量值比断层上盘的主应力量值小，在矿层上盘和断层上盘交叉的区域出现高地应力。

Meng 等[28]对沁水盆地进行了地应力、孔压和受应力控制的渗透性研究，发现该区域受正断层应力控制，相应的渗透性也受到影响，这有利于沁水盆地区域煤层气的储存。

周春华等[29]采用水压致裂法对几个断层附近的地应力场进行了实测，对地应力场分布规律进行总结得出以下结论：沿着断层的埋深方向，地应力大小呈现出一定梯度的分带性质，他们认为这种现象受断层带内岩石性质的影响，并与断层形成机制中的剪切破坏有关；受断层的不同分布形态与变形影响，最大水平主应力方向总体上平行于断裂走向。

总体而言，断层对地应力影响的研究还是以实测为主，获得了大量的经验性结论，部分掌握了断层周边应力场的变化规律。这种定性化的研究近年来有所改变，部分学者采用数值模拟方法研究了断层对地应力场的影响，如有限元法（finite element method，FEM）和有限差分法等，推进了断层区域地应力场研究的定量化，但各种数值方法在断层的模拟上各有优势与不足。作为一种高效的断裂模拟方法，位移不连续法（displacement discontinuity method，DDM）还未见被用于对考虑实际断层模型的断层区域地应力场的详细研究中，将实际断层模型考虑到 DDM 中，并应用到断层区域地应力场的研究中，将丰富断层区域的研究方法，并获得其他数值方法不易得到的断层带变形与应力的研究结果。

1.2.3　初始地应力场反演研究现状

岩土工程中的各类反演方法一直是一个研究热点，涉及面广，难度较大。按工程阶段不同可分为开挖之后的反演（位移、应力等）和开挖之前的反演（位移、应力等）；按反演的目标量可分为初始地应力反演、结构荷载反演和材料参数反演；按工程类型可分为水利工程地下洞室反演、建筑基坑工程反演、边坡反演、坝体工程反演和隧道工程反演等。

目前，初始地应力场的反演研究与实践主要集中在我国，而在我国应用较多的则是水电站地下硐室与坝区的地应力场反演。近年来，随着西部交通建设的加速，在隧道工程领域也有所应用。

初始地应力场的反演方法可大致分为以下几类。

1) 位移反演法

位移反演法是利用工程中较易获得的位移数据，进行岩体初始地应力场反演，可分为解析法和数值法。解析法只能解决简单几何形状和边界条件问题的反演，而数值法具有普遍的适应性。根据数值法实现反分析过程的不同，又可以分为两类方法：逆解法和直接法。

逆解法由正分析方程反推得逆方程，直接利用测量位移进行求解，获得初始地应力场。对于线弹性问题，该方法可获得解析方程，但岩土工程中均属于弹塑性问题，逆解法解决此类问题存在一定困难。

直接法又称直接逼近法，或优化反演法。优化反演法将地应力场反演问题转化为一个目标函数的寻优问题，可直接利用正分析计算程序，通过迭代求解最小误差函数，逐次修正逼近地应力的试算值，直至获得"最佳值"。因此，该方法可用于线性及各类非线性问题的反分析。

2) 边界荷载调整法

根据工程区域实际测得的地应力值，建立计算模型，并设计若干组模型区域边界构造应力荷载，并单独考虑自重作用，试算岩体初始地应力场，通过与实测地应力值进行对比分析，修正边界构造应力荷载，再次进行计算，如此重复多次。将最接近地应力测点值的那一组边界荷载下计算所得的应力场作为地应力场。

3) 有限元回归分析法

有限元回归分析法认为工程区域地应力场是由自重应力场和地质构造应力场叠加组成的，自重应力可根据岩体的自重进行计算，而地质构造应力根据工程区域主要地质构造设计若干待回归的边界作用力(或边界位移)来模拟构造作用力，通过建立有限元模型进行计算，根据计算结果进行数学回归分析，得出各构造作用力的权重值，然后再回代计算。该方法由于符合目前对区域地应力场形成因素的认识，在目前的地应力场分析中应用最广泛。

4) 函数反分析法

函数反分析法将地应力场用连续函数表示，通过求解函数解析解获得地应力场。该方法又可按求解方法的不同分为两种：①趋势分析法。根据弹性力学理论，选取适当的艾里(Airy)应力函数，以满足相容方程，并导出相应的地应力分量，将若干实测点的地应力值作为边界条件，求得解析解。该方法属于解析法，所以只在简单条件下适用，在复杂地质条件的地下工程中，其适用性受到限制。②数值分析法。首先采用有限元模型进行地应力场计算，然后根据计算值按给定的应力函数进行拟合，得到地应力场的应力函数表达式。

5) 智能反演法

中国科学院武汉岩土力学研究所、河海大学、武汉大学、大连理工大学等将人工神经网络和遗传算法应用到地应力场的反演计算中，是目前相对较新、研究成果较多的一种方法。神经网络分为两种结构：前向神经网络和反馈神经网络。前向神经网络中有代表性的网络模型是反向传播(back propagation，BP)网络、径向基函数(radial basis function，RBF)网络；反馈神经网络中有代表性的是 Hopfield 网络等。目前应用较多的是 BP 网络模型或它的变化形式。

在岩土工程实践中，各类地应力反演方法均有所使用，大大提高了工程建设水平，以下按年代排序对地应力反演工作进行介绍。

郭怀志等[30]首次将数学模型回归分析方法应用到岩体初始地应力场分析中，并采用有限元计算实现了初始地应力场的求解。

俞裕泰等[31]在采用有限元法对某大型地下洞室进行围岩弹塑性稳定性分析时，提出了三维地应力场的反演方法，该方法利用有限元进行反演计算。

朱伯芳[32]给出了两种岩体初始地应力场的反分析方法：第一种方法是位移法，即基于洞室开挖过程中的实测位移值进行反演，该方法反演的地应力场属于局部小范围地应力场；第二种方法是应力法，即基于工程现场实测的初始地应力值进行反演，该方法反演的地应力场可扩大到较大的工程区域。

Yang 等[33]探讨了用解析法反分析初始地应力的方法，讨论了如何减少相应的方程数目。

翟英达等[34]同样采用位移法进行了地应力场反演，但采用边界元进行计算。

黄醒春等[35]针对受复杂断层扰动的非均匀地应力场问题，采用位移不连续法进行了数值模拟，评价了该区域的复杂应力场，其计算结果与实测结果高度吻合。

庞作会等[36]采用有限元建立区域模型，依据模型边界上的节点力与区域构造应力的对应关系，建立初始地应力场的求解方法，并给出了算例。

戚海燕[37]研究了锦屏水电站隧洞区域初始地应力场，提出了一种将有限元与神经网络相结合的模拟分析方法。

岳晓蕾[38]采用有限元软件 ANSYS 建模，有限差分软件 ABAQUS 计算，对大岗山水电站地下厂房洞室群进行了有限元三维地应力场回归反演。

郭锋[39]采用 BP 神经网络方法反演了呼和浩特市地下抽水蓄能电站工程区域的初始地应力场。

岑成汉[40]采用有限元软件 ANSYS 建模，有限差分软件 FLAC3D 计算，对洪屏抽水蓄能电站的地下厂房洞室区域进行了三维地应力场回归反演。

贾善坡等[41]提出了一种将有限元与 Nelder-Mead 结合在一起的反演方法，该方法将有限元软件作为一个计算工具嵌入 Nelder-Mead 优化算法的循环程序中，并将该方法应用于反演大岗山水电站地下厂房区域的初始地应力场。

谷艳昌等[42]在小湾水电站坝址区的初始地应力场研究中，采用最小二乘回归分析方法，利用有限元软件 MSC.Marc，依据现场实测地应力值，实现了初始地应力场的三维反演。

罗润林等[43]在锦屏二级水电站的初始地应力场研究中，将有限差分软件 FLAC3D 与粒子群算法相结合，自行编写了 FISH 语言，实现了初始地应力场的反演。

郭明伟等[44]采用边界位移函数法求解了初始地应力场，该方法将模型边界位移设置为符合一种函数分布，通过有限元计算值与实测地应力值的对比，不断调整边界位移函数，最终逼近实测值，得到最终的边界位移函数模式与初始地应力场。

Zheng 等[45]运用有限差分软件 FLAC3D，采用最小二乘法对水电站初始地应力场进行了多元回归反演。

张建国等[46]研究了大岗山水电站坝区的初始地应力场，采用了三维有限元多元回归方法，求解了回归系数，获得了区域初始地应力场。

郭喜峰[47]在白鹤滩水电站坝区的地应力场反演中，采用了位移边界法，认为地应力场是自重应力场与构造应力场的叠加，建立有限元三维模型，通过多元回归计算，反演了该区域的初始地应力场。

何江达等[48]采用有限元多元回归反演方法，研究了官地水电站坝址区域的初始地应力场。

陈祥等[49]利用有限差分软件 FLAC3D 进行计算，编写了 FISH 语言进行最小二乘法拟合，将计算应力值与实测应力值进行匹配，研究了黄岛地下水封石油洞库场区初始地应力场。

付成华等[50]在瀑布沟水电站地下洞室区初始地应力研究中，提出了两次计算反演的方法：第一次反演针对较大区域建模，通过遗传算法与有限元法相结合进行反演；第二次反演在第一次反演结果的基础上进行，建立待求解小区域模型，重点考虑了断层等构造，同样采用有限元法，通过改变位移边界条件来反演较精细的初始地应力场。

刘会波等[51]利用开挖后位移监测值反演了蒲石河抽水蓄能电站地下厂房区域初始地应力场，通过对侧压系数进行函数拟合，实现了区域地应力场的三维有限元回归反演。

金长宇等[52]将位移法与神经网络相结合，把有限差分软件 FLAC3D 作为计算手段，通过神经网络调整施加的模型边界位移条件，反演了白鹤滩水电站初始地应力场。

姚显春等[53]在拉西瓦水电站地下洞室初始地应力场反演中采用了两阶段方法，在开挖前，依据现场实测地应力值进行较大区域的反演，在开挖后，利用实际监测的位移值对反演结果进行修正。

高玮[54]将初始地应力场反演与围岩参数优化结合起来，采用进化神经网络法，可同步获取地应力场与围岩参数，并将该方法应用于龙潭隧道的若干二维断面计算。

张金[55]将遗传算法与 BP 神经网络相结合，采用有限元计算反演初始地应力场，该方法利用遗传算法对 BP 神经网络进行优化，克服了以往计算中出现局部极小点的情况，并提高了收敛速度。

张勇慧等[56]对大岗山水电站地下洞室群进行了三维有限元多元线性回归反演。

张贵庆[57]总结了既有的各种地应力场反演方法，并给出了各类方法的评价，针对现有方法的不足，提出了新的地应力场回归反演方法，该方法基于区域构造应变而非实测地应力，三峡地下厂房的实际应用显示其效果较好。

刘亚群等[58]在南水北调工程中利用有限差分软件 FLAC3D 实现了阿达坝址区的地应力场回归反演。

汪波等[59]和尤哲敏等[60]分别对苍岭特长公路隧道和大坪山隧道的初始地应力场进行了回归反演。

Yuan 等[61]在锦屏水电站坝区的研究中，采用有限差分软件 FLAC3D 进行计算，模拟了河谷收切割的整个形成过程，并以形成最终地形时的地应力场为初始地应力场。

Zhang 等[62]对锦屏Ⅱ级水电站引水通道初始地应力场进行了反演，综合运用了多元回归分析、数值模拟和三维立体投影等多种技术手段，并给出了计算初始地应力大小和方向的迭代方法。

综合现有研究成果可以发现，目前初始地应力场的反演呈现多种方法与技术手段共同应用的情况，而其中多元回归分析反演运用得最多，被认为是比较可靠的一种方法。但是，仍然存在两个问题：①目前对该方法的运用均是在确定岩体参数条件下建模进行的，即初始地应力场回归反演无法同时实现对岩体力学参数的优化反演；②目前运用回归分析进行计算主要依靠有限元法(如 ABAQUS)和有限差分法(如 FLAC)，DDM 还未被引入地应力场的回归分析中。

针对这两点，有必要建立一种可以在初始地应力场回归分析中同步实现对岩体力学参数进行优化反演的、依靠 DDM 进行建模计算的地应力场反演方法。从计算角度，DDM 的计算速度大大优于有限元法与有限差分法；从工程反演应用角度，由于 DDM 的计算耗时较短，给同步实现岩体力学参数反演提供了条件。

迄今的地应力场反演研究大多是基于实测地应力值，或者基于开挖后位移监测值，这大大限制了地应力场反演的应用推广。地应力测量需要一定的经济投入，这使得地应力测量主要集中在大型水电站工程中。但是随着我国交通建设的推进，特别是西部地区隧道建设的加速，隧道建设面临长度更大、地质条件更复杂的难题，为满足设计与施工，对初始地应力的反演需求日益增多，如何在缺乏地应力实测值的条件下进行初始地应力场的反演是一个有实际意义的问题。由于 DDM 的特点是能够对断裂构造进行建模，可以利用这一优势，建立基于断层产状的地应力回归反演方法，解决无地应力实测值条件下的反演问题。

1.2.4 节理岩体变形研究现状

岩体作为非均质、各向异性介质，其强度、变形特性主要由节理裂隙控制，其力学性质在很大程度上依赖于节理裂隙的力学特性、几何特性及分布规律。国内外学者对节理岩体进行了大量的研究，取得了一定的成果。而研究节理岩体的方法主要有断裂力学方法、损伤力学方法、数值方法、试验方法等。

(1) 断裂力学方法。该方法着眼于追踪岩体中节理和裂隙的形成、扩展、相互贯通、岩体局部破坏。

(2) 损伤力学方法。岩石类脆性材料在宏观裂纹出现之前，已经产生了微裂纹与微孔洞，材料中这些微观缺陷的出现和扩展称为损伤。岩体中的节理裂隙是岩体内部的初始损伤，可通过引入内部状态变量(损伤变量)来描述受损材料的力学行为，从而研究裂纹的产生、演化、体积元破坏直至断裂的过程。

(3) 数值方法。该方法是随着数值模拟技术的日益强大发展起来的，它通过现场地质调查、节理裂隙统计，结合室内小试件试验，模拟岩体节理裂隙，采取不同尺度"岩体试件"进行数值分析，再根据数值分析的结果应用"连续等效应变理论"来确定岩体力学参数，得到等效连续体的本构关系。

(4) 试验方法。该方法主要包括现场原位试验和室内模型试验。其中，现场原位试验方法是获取岩体力学参数直接、重要的方法，如确定岩体变形参数的承压板法、狭缝法、钻孔径向加压法、隧洞水压法，确定岩体强度参数的原位岩体剪切试验法、三轴压缩试验法、荷载试验法等。

本书的相关研究内容主要为结合断裂力学的数值方法，因此这里着重探讨断裂力学方法和数值方法的研究现状。

岩石作为一种天然形成的矿物体，其中分布着大小不同的断裂，如裂隙、节理等，节理岩体的变形与完整岩块的差别就在于其中的节理，荷载作用下节理可能发生扩展，这关系到岩体工程的安全与稳定性。

相对于有限元，边界元更适合求解断裂力学问题，其中 DDM 最方便有效，因为断裂面只需简单地划分一层位移不连续单元来离散，省去了直接边界元在断裂面的两个表面分别划分单元的一半的工作量。但初期的 DDM 只能用于开口裂纹的模拟，Shen[63]、Wen 等[64]把 DDM 发展到可进行闭合裂纹摩擦滑动的模拟。Shen 等[65]率先采用 DDM 进行裂纹扩展与贯通问题的模拟，并做了相关的试验。

Bobet 等[66,67]通过试验研究,将 DDM 与应力不连续法(fictitious stress method, FSM)相结合模拟了岩石节理之间的桥联机理,并分析得出了一些相关的结论。

针对断裂扩展所需要的应力强度因子(stress intensity factor, SIF)计算问题, Marji 等[68]提出了一种适用于岩石断裂分析的高次 DDM 单元,提高了应力强度因子的计算精度。

孙雅珍等[69]利用东北大学研发的岩石真实破裂过程分析软件 RFPA2D 分别对含有一条和三条斜裂纹的岩石受压破坏过程进行了模拟,利用模拟结果,结合断裂力学理论进行了分析。

焦玉勇等[70]将非连续变形分析(discontinuous deformation analysis, DDA)方法应用到岩石裂纹扩展的模拟,提出了一种虚拟节理的方法,假设裂纹在虚拟节理上扩展,为便于网格划分,将岩石采用三角形单元进行剖分,真实节理存在于岩石块体之间。该方法从裂纹的产生开始,模拟扩展至贯通破坏的全过程。

Zhang 等[71]采用改进的非连续变形分析方法模拟了节理岩体的破坏过程,研究了蒙特卡罗方法生成的随机节理和洞室周边节理破坏过程。

刘力强等[72]对三维断层扩展过程进行了试验研究,应用多种高技术观测手段,包括数字散斑技术(分析可见光图像)、数字化高密度的应变测量技术(多通道),同时采用具有三维定位功能的多通道波形定位系统实现了岩体内部断层破裂扩展过程的观测。

潘鹏志等[73]将弹塑性细胞自动机数值模拟系统 EPCA2D 应用到岩石断裂扩展模拟中,并进行了参数分析,研究了断裂的几何条件和材料力学参数对断裂扩展的不同影响。

张振南等[74]提出了单元劈裂法用以模拟岩体节理的破坏过程,将二维三角形单元的两个节点分别与另一个节点组成接触点对,得到劈裂单元由两个接触点对推导的刚度矩阵,并考虑接触摩擦,但忽略了劈裂开的两个单元块体自身的弹塑性变形。

王国艳等[75]同样利用岩石破裂分析系统 RFPA 研究了不同断裂长度、两条断裂件距离条件下的断裂扩展问题。

刘宁[76]利用断裂力学理论,对压剪和拉剪条件下的岩石裂纹产生、扩展至贯通破坏过程进行了研究,对不同阶段的判据进行了分析,并提出了考虑裂纹摩擦黏结的压剪断裂判据,模拟了断裂变形破坏全过程。

梁正召等[77]提出了一种细观损伤数值模拟方法,模拟单轴压缩下含预制三维表面裂纹的岩石试件破坏过程,认为反翼型裂纹并不一定萌生于预制裂纹端部,而是由翼型裂纹扩展后应力释放后的拉应力引起的。

Liang 等[78]采用并行有限元分析研究了在两种非均质岩石中的三维表面裂纹

起裂与扩展，模拟了单轴压缩下多种类型裂纹的扩展破坏过程，并进行了相应的讨论分析。

黎立云等[79]采用试验与数值模拟相结合的方法研究了三维岩石断裂扩展变形问题，依靠高精度的数字散斑手段观测岩石断裂受荷载作用后的翼形扩展与反翼形扩展，在试验的基础上采用有限元计算裂尖的应力强度因子，论证了既有的断裂判据。

岩石中的节理等不连续面与一般材料中的断裂面有所不同，由于成岩因素或者后期受力状态不同，断裂面内可能充填软弱带，其变形特性并非简单的摩擦滑移，而是有特定的规律。针对岩石中的断裂面变形特性，已有多种模型被相继提出，但可以看到，虽然已有数字高程模型(digital elevation model，DEM)、DDA、FEM、SDA、VIB、RFPA 和 DDM 等多种数值方法可进行岩石断裂的扩展模拟，断裂面的变形也引入了一定的变形模式，但迄今为止的模拟尚未将岩石力学中经典的节理模型(线性、非线性)考虑进去，在 DDM 中引入经典节理模型进行岩石断裂的扩展模拟更接近真实情况。

在已有的断裂模拟中，未见关于断裂扩展前后断裂张开闭合体积变化的研究，这涉及节理岩体孔隙体积变化问题，节理岩体在荷载作用下会发生剪胀扩容现象。这种岩体体积的变化包含了岩石切割体几何特征的变化和节理裂隙扩展引起的体积变化，但后者的计算一直无法定量化，传统的研究主要在于前者。

遗憾的是，迄今未见节理岩体节理扩展引起的裂隙性体积变化(扩容)的研究。DDM 以节理面的位错(法向、切向)为求解量，可以精确计算断裂扩展所引起的孔隙体积变化，采用 DDM 进行此项研究，特别是在 DDM 中考虑经典节理模型之后，对节理岩体体积扩容和岩体孔隙量变化的研究均有实际价值。

1.2.5 支护理论与方法研究现状

1. 国外隧道支护理论

国外对隧道围岩与支护结构之间相互作用的研究可追溯到 20 世纪初，当时主要是古典的压力理论，该理论认为，作用在支护结构上的作用力主要是该结构上覆岩层的重量造成的。这类理论的代表有海姆理论、朗肯理论和金尼克理论。但随着开挖深度的不断增加，人们逐渐发现在实际工程中这些理论存在很多不符合实际的地方，于是塌落拱理论逐渐发展起来。该理论认为，地下工程跨度和围岩性质是影响塌落拱高度的重要因素，该理论的代表有太沙基理论和俄罗斯学者普罗托吉亚科诺夫的普氏理论。该理论向人们提出了围岩具有自承载力的重要概念。

20 世纪 50 年代以来，弹塑性力学逐渐被用来解决隧道支护的问题。随着弹塑性力学在支护工程上的发展，到了 60 年代，逐渐形成了新的理论，即变形地压支护理论。同时，也产生了新的隧道设计施工方法——新奥法。

新奥法是奥地利学者 Rabcewice 在前人研究的基础上总结提出的一套隧道设计与施工方法，并由米勒将该套方法总结为 22 条。新奥法摒弃了隧道力学中的松动地压理论，利用隧道围岩的自承作用来支撑隧道，将围岩本身视为支护结构的重要组成部分。经实践证明，该方法在隧道工程中的应用是可行有效的。现阶段，新奥法已经成为隧道工程设计与施工的重要方法。

到了 20 世纪 70 年代，根据围岩与支护结构之间的相互作用，有学者提出了能量支护理论。该理论认为工程所处的地质岩土体与支护结构之间是紧密联系的，若假设二者有一定的总能量，则在变形过程中，围岩会释放一定的能量，而支护结构会相应地增加一部分能量，但总能量保持不变。该理论提倡的能量法则促使人们通过一定的技术手段改变围岩的某些性质，进而改变其能量分布，以达到改善围岩应力分布、提高支护结构的支撑作用。

2. 国内隧道支护理论

我国关于支护理论的研究相比国外较晚，始于 20 世纪 50 年代，对新奥法的引进也晚了十余年，但随着国内工程的逐渐增多，越来越多的学者对支护理论和技术进行了研究，现已形成几种重要的支护理论，包括轴变理论、联合支护理论、松动圈理论、主次承载区支护理论和软弱围岩工程力学支护理论等。

轴变理论是由于学馥[80]在 20 世纪 50 年代提出的，该理论认为隧道的坍落破坏是围岩应力超过了岩体的极限强度引起的，隧道发生坍落后改变了隧道的轴比，进而导致围岩的应力进行重分布。应力重分布的特点是隧道逐渐趋于平衡，达到稳定轴比，稳定后的隧道形状为椭圆形。

联合支护理论是我国学者郑雨天[81]、冯豫[82]、陆家梁[83]、朱效嘉[84]在新奥法的基础上提出来的，该理论认为，为了加强隧道的稳定性，不能一味地加强支护的刚度，而是要刚柔并重，即先采用"柔"的支护结构适应隧道的"刚"，再根据隧道的状态采用"刚"的支护结构，达到先让后抗的目的。该理论已应用到实际工程，发展而来的技术有锚喷网架技术、锚带网技术等。

松动圈理论是由董方庭等[85]根据开挖区域周围所产生的松动圈以及松动圈在支护中的作用和地位提出的，该理论的主要观点是隧道围岩松动圈都接近零，隧道所处的岩土体虽然会发生弹塑性变形，但此时不需要支护。董方庭教授建立了松动圈大小与支护结构之间的经验关系，松动圈越大，变形也越大，支护难度也越大。但该理论仅从松动圈的因素进行考虑，难以考虑影响围岩受力的各种复杂因素。

主次承载区支护理论是由方祖烈[86]提出的，该理论认为，隧道开挖完成后，围岩中会形成拉区域,而围岩深部会形成压区域。隧道周围的拉区域需要通过支护进行加固维稳,但支护所提供的承载力占隧道承载区的次要部分,主要部分是深部的压区域。支护结构需要根据主次承载区之间的关系进行确定,并要求其强度一次到位。

软弱围岩工程力学支护理论是一种新的隧道软弱围岩支护理论,它是由何满潮等[87]通过分析围岩变形的力学机制提出来的,涵盖了软弱围岩的基本属性、连续性概化、变形机制、支护荷载等内容,是比较全面的体现软弱围岩支护力学特性的理论。

1.2.6 数值方法的研究及其应用现状

边界元法(boundary element method,BEM)可分为直接边界元法(direct boundary element method,DBEM)与间接边界元法(indirect boundary element method,IBEM),IBEM 又可分为 FSM 和 DDM。IBEM 的基本积分方程是依据假想虚拟量在边界上的分布密度函数与待求解对象的微分控制方程基本解的乘积建立的,其中边界上的分布密度函数并没有明确的物理含义,可根据已知边界条件建立边界积分方程组求出,然后进行积分计算即可得到求解域内部任意点的物理量。

Crouch 等[88,89]提出 DDM 可用于解决二维含裂纹弹性体问题,之后 DDM 被广泛应用于含有节理、断层等断裂构造的无限区域问题。在 DDM 中,断裂问题分为真实断裂和虚拟断裂两种,其中虚拟断裂是一种假想的不连续面,介于求解域与非求解域之间。在荷载作用下,问题域断裂边界将产生相对位移,会在问题域内任意一点引起位移和应力响应,这种由位移不连续量表示的位移和应力在边界上满足给定的边界条件,由此得到的解即真实问题的解。这种在边界(真实断裂或虚拟断裂)上设置相对位移(或称相对位错、不连续位移)作为虚拟的未知待求解量,从而构成间接边界元法的中间过渡量的方法,即为位移不连续法。

自从 DDM 被提出以来,在理论与应用上都得到了不断的发展。Bui[90]和 Telles 等[91]将 DDM 应用到矿山开采的地下工程稳定性分析中。Kuriyama 等[92]、Li 等[93]推导了三维条件下三角形位移不连续常单元的系数的精确解。Shou 等[94]开发了一种 DDM 二次单元,详细给出了相关积分的解析公式,提高了 DDM 的计算精度。Wen[95]独立发展了三维弹性条件下的 DDM,并推广到动态断裂问题的研究。Shou 等[96]开发了一种二次矩形单元,利用 Lagrange 插值函数在单元数目不变的情况下提高了计算结果的精度。Shou 等[97]又利用叠加原理对二维三层复合弹性材料问题进行了 DDM 求解。Vijayakumar 等[98]开发了一种三维线弹性的三角形 DDM 单元,并开发了一种自适应的积分方法,利用边界函数精确地计算了影响函数,给出的算例表明该方法计算精度较高。

BEM 与其他各类数值方法有所不同，在求解应力或者位势问题时，格林函数或基本解通常情况下是必须要用到的。也正是由于格林函数或基本解的应用，才使 BEM 相对于其他各类数值方法具有独特的优点，但是除了一些典型的或者规则简单的特殊情况，格林函数或基本解是不容易获得的。Bigoni 等[99]研究了非线性弹性情况下的格林函数，并成功解决了分岔和剪切带问题。Martin[100]对二维半空间情况下的双层各向异性弹性格林函数进行了研究。Phan 等[101]推导了三维情况下的各向异性格林函数。

应力强度因子是线弹性断裂力学问题中的一个关键求解问题，也一直是一个难点问题，因为在裂尖处的应力场具有奇异性，一般常用的 DDM 单元在求解裂尖应力强度因子时难以达到足够的精度。对于该问题，有学者开发了一种适用于裂尖处的二维 DDM 单元，这种裂尖单元采用 1/2 次的位移模式，从而可以精确地求解其系数的积分值，克服了裂尖应力场的奇异性问题，其计算结果显示具有较高的精度。利用此裂尖单元，有学者采用 DDM 对不同形状的孔边衍生裂纹的应力强度因子求解问题进行了一系列的研究。

在数值积分方法上，对于传统的数值积分奇异性问题，Wang 等[102]采用复映射来处理物理上的奇异性，并提出了两种用于处理 DDM 公式中积分奇异性的方法：直接法和边界法。Xiao 等[103]推导了层状条件下的 DDM 基本解，并将其应用于三维层状岩石裂纹问题的模拟计算。Gordeliy 等[104]推导了半空间或全空间中模拟镜像对称裂纹的 DDM 方程。Zhao 等[105]将 DDM 应用到压电材料的求解中，进行了三维横观各向同性条件下的竖向裂纹问题求解。

在岩体工程中，DDM 得到了充分的应用，国内外学者采用 DDM 对地下工程开挖过程的岩体位移场和应力场问题、锚杆加固问题以及岩石动力学问题等进行了研究。在这些应用中，由于 DDM 只需对断裂面进行单元划分，相对于其他数值方法具有计算量较小的优势，因此三维 DDM 的应用也较多。在成果转化方面，DDM 也得到了应用，美国斯坦福大学的学者研究了一套三维 DDM 软件 POLY3D，可用于解决多裂纹问题，但未考虑多裂纹之间的相互作用。在国内，DDM 的相关研究与应用自 20 世纪 90 年代起发展较多，朱先奎等[106]对三维条件下的多裂纹问题进行了 DDM 求解。赵明皞等[107]对二维黏弹性问题采用 DDM 进行了求解。朱合华等[108]系统总结了边界元法在岩土工程中的应用，作为一种间接边界元，DDM 在该文献中得到了详细介绍，并被应用于隧道工程的计算。刘承论等[109]将 FSM 与 DDM 结合，建立了三维 FSM-DDM 联合求解方法，并开发了相关软件，在矿山工程等岩体工程中进行了应用，可考虑岩体与锚杆的相互作用，得出了一些有价值的结论。

综上所述，国内外研究者及岩土工程技术人员围绕复杂地质(尤其是断裂构造发育)条件下隧道开挖及其稳定性的关键技术与理论问题进行了大量有价值的研究，研究内容涉及断裂构造发育区隧道施工技术、节理岩石物理力学性质、断裂构造带岩体状态及水文地质特征探测、断裂构造发育区隧道稳定性、隧道稳定性分析数值方法等。大量研究集中在数值模型建立、结构静力稳定性模拟分析以及工程施工环节中特殊技术问题的应急处理。由于断裂构造发育区地质条件的复杂性、隧道开挖引起围岩变形的强非线性及其时间依存性等，迄今的研究尚难以满足复杂地质条件下隧道建设的要求，断裂构造发育区隧道建设仍有许多亟待解决的理论与技术问题，主要包括：①断层带周边初始应力场反演；②断层带内岩体各向异性特性的判别与定量评价；③隧道施工扰动地压特征及支护控制；④围岩变形局部化及其突变演化的预测与控制；⑤隧道结构工后变形预测及其稳定性评价缺乏完整的理论体系支撑，数学、力学方法的引入及其实用化尚需大量的研究积累。

1.3　主　要　内　容

全书围绕穿越断层带区域构造应力状态、初始应力场的模拟计算方法、隧道建设扰动状态、地压特征、新型支护技术等相关的理论、方法以及结构稳定风险防控等脉络，融合作者十多年研究和工程实践经验，力图形成断层区隧道工程建设的系统理论和完整技术体系，给复杂地质条件下隧道工程设计、施工及其稳定性分析提供借鉴。本书内容及章节概要如下。

第1章，绪论。概要介绍国内外复杂地质构造区域地压特征及隧道工程建设的理论和研究现状。

第2章，断层区域地应力状态。阐述地应力概念、地应力的成因及其影响因素、断层构造力学模型、断层周边应力场的分布规律、断层面力学参数对构造应力状态的影响等。

第3章，断层发育区地应力场的DDM建模与反演。基于地应力成因及其地质因素影响、断层面物理力学参数的影响，研究建立层状弹性半平面问题的DDM基本解、复合半平面问题的DDM基本解、黏弹性介质充填裂隙问题的DDM基本解；建立复杂断层区应力场分布规律的DDM数值模型和计算方法；研究揭示断层周边地应力场的基本分布规律、断层力学参数影响；建立基于工程区域有限点实测数据、地质构造产状特性的DDM数值模拟适用方法。

第4章，断层破碎带岩体变形特性及其评价。内容包括断层破碎带岩体结构特征及其等效叠加模型、断层破碎带岩体变形特性、应力-应变关系特点及其一般化本构模型、断层区岩体各向异性特征的评价方法。

第5章，断层破碎带岩体剪胀机理及其评价。基于裂隙岩体中不同界面特性及其 DDM 数值模型的建立，揭示断层发育区岩体剪胀变形的力学机理并建立适用的数值模拟计算方法。

第 6 章，开挖卸载条件下断层破碎带岩体变形及宏观位移特性。包括开挖卸载扰动特性及变形位移的局部化、扰动位移影响因素及其敏感性、工程开挖卸载条件下裂隙岩体扩容处理。

第 7 章，断层构造区围岩地压特性及其合理支护方式。内容包括地压特征及其影响因素分析、断层带隧道合理支护方式及其稳定性、穿越断裂带隧道施工工艺的最优化及应用。

第 8 章，穿越断层带隧道稳定性及其灾变预控。内容包括基于支护结构强度及位移的隧道施工预控方法、基于现场监测及线性规划法的优化反演方法、断层带隧道开挖扰动特性及其工艺优化、断层区隧道结构地震响应特性及减振技术、断层区隧道开挖岩体加固方式及其作用机理。

第 9 章，实例应用。主要介绍几种隧道穿越断层破碎带设计，施工过程中作者研究成果、理论和技术方法的应用示范。

本书内容的创新点主要包括以下几个。

(1)建立了三维复杂构造应力场 DDM 数值方法及软件系统。采用拉格朗日插值函数，建立高精度 DDM 数值方法。针对断层构造发育特点，建立 DDM 数值方法在有限边界、黏弹性介质条件下的控制方程组和非线性控制变量的循环迭代计算方法，有效解决断层带岩体非线性变形特性的模拟计算问题并研发相应二维及三维 DDM 软件系统，突破以往 DDM 仅用于线弹性介质求解的局限性，有效解决层状异性介质问题、半无限体及复合平面问题、断层带非线性变形特性问题、任意复杂构造地应力场模拟问题，为隧道穿越大规模断层破碎带设计所需基本荷载数据的获取提供技术支撑。

(2)研究了随机节理发育岩体剪胀机理及评价方法。研究阐明了裂隙岩体在压载条件下体积扩容的力学成因，有效解决了考虑裂隙面非线性变形特性、岩块弹塑性变形、节理断裂扩展等复杂条件下裂隙岩体体积应变(剪胀)的三维 DDM 数值方法，建立了随机节理发育岩体剪胀效应的量化评价方法。

(3)研究揭示了断层破碎带地压及岩体变形特性，建立了裂隙岩体变形各向异性评价理论模型及灾变演化预测方法。包括：①基于变形等效法，建立了裂隙岩体统一本构模型；②构建了裂隙岩体一维柱状结构，建立了裂隙岩体任意方向非线性变形的多元件组合模型及其解析方法，从而建立了各向异性裂隙岩体三维非线性应力-应变关系的模拟方法；③构建了变形模量球坐标，将一维柱状结构与概率分布评价结合，建立了断层带裂隙岩体各向异性特征定量评价方法；④揭示了隧道穿越断层破碎带开挖卸载围岩位移局部化及灾变演化特征，建立了相应的预测计算理论和方法。

(4)深入研究了断层破碎带围岩地压特性及合理支护方式,建立了新型支护技术并在工程中示范应用。基于支护结构强度及位移控制综合优化理念建立了更具实用性的施工理论体系及其工艺流程。实现了理论预测与现场监测的有机结合,具有明确的预控目标、技术路线及永久支护位移预控值有效避免了传统施工方法中支护控制目标的盲目性、设计施工目标与施工工艺关系的非确定性、永久支护实施时间的人为因素影响,实现了支护方法的事前及过程控制。

第 2 章　断层区域地应力状态

2.1　概　　述

岩体介质有许多区别于其他介质的重要特性，由岩体的自重和历史上地壳构造运动引起并残留至今的构造应力等因素导致岩体具有初始地应力是最具有特色的性质之一。这种初始地应力通常简称为地应力。

地应力一般是指地壳岩体处在未经人为扰动的天然状态下所具有的内应力，或称为初始应力、原岩应力。更准确地说，地应力不是像力学性质这种参数指标，而是岩体存在的一种力学状态。对于岩体工程，如果不考虑岩体地应力的存在，就难以进行合理的分析并提出符合实际的结论。地下工程的开挖必然会使围岩应力场和变形场重新分布并引起围岩损伤，严重时甚至导致失稳、垮塌和破坏。这都是在具有初始地应力场的岩体中进行开挖所致，这种开挖"荷载"（实则是卸载）通常是地下工程问题中的重要荷载。由此可见，如何测定和评估岩体的地应力场大小、方向等分布形式是岩石力学与工程中一个不可回避的重要问题。正因如此，在岩石力学发展史中有关地应力测量、地应力场模拟等问题的研究和地应力测试设备的研制一直占有重要的地位。

人们对地应力的认识只有近百年的历史。地应力的概念是由瑞士地质学家海姆于1878年首次提出的，他假定地应力处于一种静水应力状态，即地壳中任意一点的应力大小等于单位面积上覆盖层的重量，应力在各个方向上均相等。自此以后，对地应力的研究一直发展至今，尚未完全解决其形成机理、影响因素等问题。

一个区域的岩体中的应力场除受岩体自重和地壳运动的控制外，还与该区域已有的地形、地质构造和岩体的力学性质等影响因素有关。只有了解各种因素对地应力场分布的影响规律，才能正确地分析区域应力场，并正确地使用应力计算结果。对岩体工程而言，更需要了解的是工程区域的局部应力场，而局部应力场和区域应力场往往有相当大的差异，造成这种差异的主要原因之一在于不同尺度的断裂构造的发育，如断层。在不同尺度的断裂构造附近，地应力的方向和大小都会发生一定程度的变化，这一点已经在工程实践和地应力测量结果中得到了验证。因此，研究断层对地应力场的影响，探讨产生这些影响的机理，对完善地应力的研究具有重要的理论意义。同时，许多工程场地或其附近往往都存在一定尺度的断层等断裂构造，因此这方面的研究也具有重要的工程意义。

虽然断层对地应力场的影响早已被认识到,但限于研究方向与学科特点,往往还是从地质观点进行定性描述,少见合适的力学方法进行定量研究。针对断层这一不连续面问题模拟的难点问题,近年来,多种数值模拟方法均有所涉及,如 FEM、DEM 等。本章采用的 DDM 由于具有降维和直接以位移不连续量为基本求解量的特点,对研究断层具有独到的优势。本章采用工程界中得到广泛应用的 Barton-Bandis 双曲非线性模型(简称 BB 模型)作为断层模型,以研究地应力场在断层区域的分布规律问题。

2.2 地应力的成因及其影响因素

苏联学者金尼克于 1926 年修正了海姆的静水压力地应力假设,他根据弹性理论分析,认为岩体的铅垂应力为上覆层的重量,即 $\sigma_v = \gamma h$(γ 为岩石重度,h 为埋深),而侧向水平应力是由泊松效应造成的,即 $\sigma_h = \dfrac{\nu}{1-\nu}\gamma h$($\nu$ 为岩石泊松比),如图 2-1 所示。这样,海姆假说只是泊松比为 0.5 时的特例。

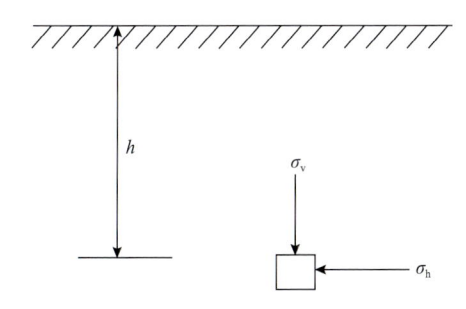

图 2-1　岩体自重应力

然而,这两种关于地应力成因的假说与实际情况并不相符。1958 年,瑞典工程师哈斯特发明了压磁式应力计,在斯堪的纳维亚半岛的 4 个矿区进行了地应力钻孔测量,结果发现,地壳浅层的最大主应力几乎是水平或接近水平的,从根本上动摇了地应力是静水压力的理论和以铅垂应力为主的观点。之后的大量地应力现场实测均显示出浅层地应力中水平地应力往往大于铅垂应力(在断裂构造变形区域尤其如此)。我国地质学家李四光认为岩体中地应力以水平地应力为主是由地球自转及自转速率与角度的变化产生的,但这只是地应力成因之一,在很多情况下地应力并非与最新构造应力场相同,而与古老构造应力场更接近,这便与地球自转速度改变假说相悖。通过大量的地应力实测与分析,可以认识到岩体地应力场不是由简单的一种原因引起的,产生地应力的原因十分复杂,其中包括地心引力、地球内应力、地球旋转、地幔热对流、岩浆侵入、板块边界受压地壳非均匀扩容等。

对于工程界所接触到的浅层岩体，地应力的来源主要有五个方面：岩体自重、地质构造运动、地形、剥蚀作用和封闭应力。

自重应力场是岩体在地心引力下形成的，是各种应力场中唯一能够准确计算的应力场。地质构造运动引起的应力包括古构造运动应力和新构造运动应力，前者是地质史上构造运动残留于岩体内部的应力，也称为构造残余应力；后者是现在正在形成某种构造体系和构造形式的应力，也是导致当今地震和最新地壳变形的应力。地形与剥蚀作用引起的应力仅影响局部应力场，例如，高山峡谷或深切河谷底部的应力往往比较集中，地标剥蚀会使该处地应力的铅垂应力分量降低，而水平应力基本保持不变。地壳经受高温高压引起岩石变形时，由于岩石颗粒的晶体之间发生摩擦，部分变形受到阻碍而将应力积聚封闭于岩石之中并处于平衡状态，即使卸载，其变形往往也不能完全恢复，故称为封闭应力。其中，构造应力场和自重应力场是现今地应力场的主要组成部分。

对于地应力场的影响因素，总结比较多但又各不相同，这也说明地应力场的影响因素确实非常复杂，但有些因素却是各国学者都有提及的，总结起来有以下几点。

1. 地质构造的影响

地质构造对地应力的影响主要表现在影响应力的分布和传递方面。

(1)在均匀应力场中，断裂构造对地应力量值和方向的影响是局部的。

(2)在同一地质构造单元内，被断层或其他大结构面切割的各个大块体中的地应力量值和方向均较一致，而靠近断裂或其他分离面附近，特别是拐弯处、交叉处及两端，因为都是应力集中的地方，所以它的量值和方向有较大变化。

(3)在活动断层附近和地震地区，地应力量值和方向都有较大变化。

Hudson 等[110]根据结构面与岩石强度的相对关系，将结构面附近地应力的分布概括为以下三种情况：张开结构面，最大主应力平行于结构面；结构面性质与岩石一致，主应力不受影响；结构面是刚性的，最大主应力垂直于结构面。三种情况如图 2-2 所示。

2. 岩性的影响

大量实测地应力统计资料显示，岩浆岩中水平地应力最高，最大和最小水平地应力差值较大；沉积岩中水平地应力较低，最大和最小水平地应力差值较小；变质岩中水平地应力分散，最大和最小水平地应力差值介于前两者之间。

岩石自身具有一定强度，其中的地应力必然不能超过其强度，因此地应力的上限受岩体强度限制。岩石弹性模量与地应力之间呈正相关增长关系，据白世伟等[111]的研究，当弹性模量分别为 2MPa 和 100MPa 时，地应力分别为 3MPa 和

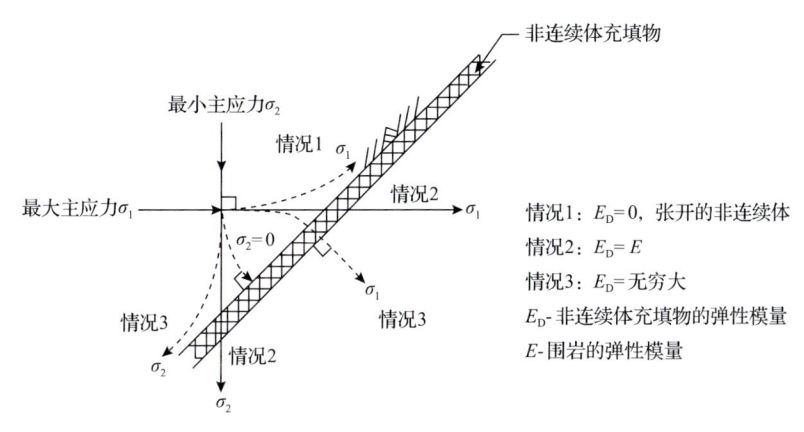

图 2-2 结构面对地应力的影响[110]

30MPa，即弹性模量为 50 倍时，地应力却为 10 倍。因此，在相同的地质构造环境中，地应力量值是岩性因素的函数。弹性模量较大的岩体有利于地应力的积累，因此地震和岩爆容易发生在这些部位，而塑性岩体容易产生变形，有利于应力的积累。在软硬相交和互层的地质结构，就会由于变形不均匀而产生附加应力。

此外，软硬不同的岩石或重度不同的岩体，会造成自重应力分布不均匀和塑性状态深度不等的现象，特别是在层状岩体中，软硬两层中主应力方向不同。

3. 地形的影响

地形对地应力的影响重要而复杂，特别是在河谷地区，从谷坡表面到山体内部，地应力可分为三个不同应力带：靠近谷坡为应力降低带；中间为应力升高带；内部为应力平衡带。谷底为应力集中区。

但是应该注意，地形对地应力场的影响范围主要是在地表附近，虽然上覆层厚度不同，但是在一定深度以下其影响逐渐减弱。

4. 水的影响

岩石自身包含节理、裂隙等不连续面，其中往往含有水，尤其是在深层岩体中，水对地应力的影响是非常显著的。由于岩体中水的存在会形成岩石孔隙压力，它与岩石骨架承受的应力共同组成岩体的地应力。

5. 岩体温度的影响

岩体温度对地应力的影响主要有两个方面：低温梯度和岩体局部温度。

各地区低温梯度不同，一般为 3℃/100m，其量值仅为自重应力的 1/9 左右，是一静水压力场。

岩体局部温度不均会产生膨胀与收缩，从而产生内部应力，如岩浆侵入等。

2.3 断层模型概述

断层的变形性质一直是岩石力学研究的一个重要课题。1968年，Goodman等[112]提出了法向刚度和切向刚度，线性断层模型将变形刚度定义为不变量，由于模型简单、计算方便，在工程中得到了广泛的应用。然而，这种线性断层模型并不能完全反映出断层的变形特性，各种非线性断层模型被相继提出。

针对断层闭合变形问题，Goodman[113]采用双曲线、Greenwood[114]等采用半对数曲线、Sun[115]采用幂函数曲线来描述法向应力和法向闭合变形的关系。断层的切向应力-变形曲线一般是非线性的，常用的拟合曲线是双曲线。在岩石力学与工程中应用最广的断层模型是双曲模型（BB模型）[116,117]。

各种断层模型大多是根据大量的试验数据建立起来的，之后被引入各类数值计算中，如有限元计算中常用的Goodman断层单元。离散元由于适宜解决非连续介质问题，在岩石力学与工程中的应用较多，特别是二维软件UDEC和三维软件3DEC的出现，更加促进了离散元的推广。Souley等[118]利用UDEC软件，采用三种不同的断层模型对地下开挖进行模拟并与实测数据进行了比较；Bhasin等[119]用UDEC中的BB模型对断层发育区的开挖进行了参数分析；Choi等[120]用UDEC中的MC模型和BB模型两种断层模型对岩石边坡的稳定性进行了比较分析。

位移不连续法（DDM）是一种间接边界元法，尤其适用于计算岩体不连续面问题，Chan等[121]用二维直接与间接边界元混合的方法模拟了一种非线性裂纹扩展，Fotoohi等[122]用同样的方法对地下开挖区附近非线性断层表现进行了研究，Shou[123]用三维混合边界元对隧道开挖区附近的软弱面进行了非线性分析。

2.3.1 法向变形模型

1. Goodman双曲线方程

Goodman[113]认为节理的最大法向闭合量δ_{nmax}小于其厚度，并用双曲函数来表达节理闭合量δ_n与法向应力σ_n的关系：

$$\delta_n = \delta_{nmax}\left(1 - \frac{\sigma_0}{\sigma_n}\right) \qquad (2\text{-}1)$$

其无量纲形式为

$$\frac{\sigma_n - \sigma_0}{\sigma_n} = A\left(\frac{\delta_n}{\delta_{nmax} - \delta_n}\right)^t \qquad (2\text{-}2)$$

式中，σ_0为初始应力；A、t为系数。

其法向刚度 K_n 为

$$K_n = K_{ni}\left(\frac{K_{ni}\delta_{nmax} + \sigma_n}{K_{ni}\delta_{nmax}}\right)^2 \tag{2-3}$$

式中，K_{ni} 为节理的初始法向刚度。

2. Barton-Bandis 双曲线模型

该模型通过大量的试验研究，建立了天然节理法向闭合量 δ_n 与有效法向应力 σ_n 之间的双曲函数关系：

$$\delta_n = \frac{\sigma_n \delta_{nmax}}{K_{ni}\delta_{nmax} + \sigma_n} \tag{2-4}$$

式中，K_{ni} 为节理的初始法向刚度；δ_{nmax} 为节理最大法向闭合量。

Bandis 给出了用 JRC（节理粗糙度系数）和 JCS（节理壁抗剪强度）表示的初始法向刚度 K_{ni} 公式：

$$K_{ni} = -7.15 + 1.75 \text{JRC} + 0.02\left(\frac{\text{JCS}}{a_j}\right) \tag{2-5}$$

式中，a_j 为在自重应力作用下的初始节理开度，mm，$a_j = \frac{\text{JRC}}{5}\left(0.2\frac{\sigma_c}{\text{JCS}} - 0.1\right)$；$\sigma_c$ 为单轴抗压强度。

可以得到法向刚度 K_n 公式：

$$K_n = \frac{K_{ni}}{\left(1 - \dfrac{\delta_n}{\delta_{nmax}}\right)^2} \tag{2-6}$$

或用含法向应力 σ_n 的公式表达：

$$K_n = \left(1 - \frac{\sigma_n}{K_{ni}\delta_{nmax} + \sigma_n}\right)^{-2} \tag{2-7}$$

对于最大法向闭合量 δ_{nmax}，Bandis 给出了试验拟合出的经验公式：

$$\delta_{nmax} = A + B \cdot \text{JRC} + C\left(\frac{\text{JCS}}{a_j}\right)^D \tag{2-8}$$

式中，A、B、C 和 D 均为拟合系数。

3. 半对数曲线

$$\delta_n = A + \sigma_b \ln \sigma_n = -\sigma_b \ln \sigma_0 + \sigma_b \ln \sigma_n \tag{2-9}$$

式中，σ_b 为峰点高度分度密度的均方根，其他符号同前面。

4. 幂函数曲线

当粗糙面弹性接触，两个粗糙面高度之和的峰点高度分布密度服从幂函数分布时，法向变形 δ_n 与法向应力 σ_n 呈幂函数关系：

$$\delta_n = m\sigma_n^n \tag{2-10}$$

式中，m、n 为系数。

5. 指数函数曲线

$$\delta_n = \delta_{n\max}\left(1 - e^{\frac{\sigma_n}{K_{in}}}\right) \tag{2-11}$$

式中，K_{in} 为节理法向压缩模量。

当 $\sigma < K_{in}$ 时，式(2-11)可简化为

$$\delta_n = \delta_{n\max} \frac{\sigma_n}{K_{in}} \tag{2-12}$$

法向刚度 K_n 为

$$K_n = \frac{K_{in}}{\delta_{n\max}} \tag{2-13}$$

2.3.2 切向变形模型

1. Barton-Bandis 剪切刚度

峰值剪切刚度 K_{sp} 为

$$K_{sp} = \left|\frac{\tau_p}{\delta_{sp}}\right| \tag{2-14}$$

式中，最大剪切强度 $\tau_p = \sigma_n \tan\left(JRC \lg \frac{JCS}{\sigma_n} + \varphi_r\right)$，$\varphi_r$ 为节理面残余内摩擦角；

最大剪切位移 $\delta_{sp} = \dfrac{L}{500}\left(\dfrac{\text{JRC}}{L}\right)^{0.33}$，$L$ 为试样节理长度，JRC 为试样的节理粗糙度系数。

2. Kulhaway 双曲线

剪切应力 τ 与剪切变形量 δ_s 的关系为

$$\tau = \dfrac{\delta_s}{m + n\delta_s} \tag{2-15}$$

式中，m 为初始剪切刚度的倒数；n 为剪切应力-位移双曲线渐近线的倒数。m 和 n 的取值可参照文献[116]。

由此得到剪切刚度 K_s 为

$$K_s = \dfrac{\partial \tau}{\partial \delta_s} = \dfrac{m}{(m + n\delta_s)^2} \tag{2-16}$$

3. Hungr 曲线

Hungr 等[124]得出了剪切应力-位移曲线的"屈服点"的关系式：

$$\tau = \dfrac{ut}{t - \delta_s} - u, \quad t < \delta_s \tag{2-17}$$

式中

$$u = -\dfrac{zaf\sigma_n^2}{a\sigma_n - b}, \quad t = \dfrac{zfb}{a(a\sigma_n - b)}$$

其中，z 为屈服应力比峰值应力；a 为屈服割线剪切刚度比法向应力；f 为法向应力 σ_n 作用下的峰值摩擦系数；b 为绘制 x、y 轴的尺寸系数。

由此得出剪切刚度 K_s 为

$$K_s = \dfrac{\partial \tau}{\partial \delta_s} = \dfrac{ut}{(t - \delta_s)^2} \tag{2-18}$$

2.3.3 剪切强度

1. Patton 双直线剪切强度公式[125]

$$\tau = \begin{cases} \sigma_n \tan(\varphi_b + i), & \sigma_n \leqslant \sigma_T \\ c + \sigma_n \tan\varphi_r, & \sigma_n > \sigma_T \end{cases} \tag{2-19}$$

式中，c 为节理面的黏聚力；φ_r 为节理面残余内摩擦角；σ_T 为节理面从滑动到剪断的临界应力，$\sigma_T = \dfrac{c}{\tan(\varphi_b + i) + \tan\varphi_r}$；$\varphi_b$ 为光滑表面的基本摩擦角；i 为剪胀角。

2. Landanyi 和 Archambault 公式[126]

$$\tau = \frac{\sigma_n(1-a_s)(V + \tan\varphi_b) + a_s\tau_r}{1-(1-a_s)V\tan\varphi_b} \tag{2-20}$$

式中，a_s 为被剪断的突起体面积比节理总面积；V 为峰值剪切应力下的剪胀率（割线剪胀率）；τ_r 为岩壁的剪切强度；φ_b 为光滑表面的基本摩擦角。

各式的计算公式如下：

$$a_s = 1 - \left(1 - \frac{\sigma_n}{\sigma_J}\right)^L \tag{2-21}$$

$$V = \left(1 - \frac{\sigma_n}{\sigma_J}\right)^K \tan i \tag{2-22}$$

$$\tau_r = \frac{\sqrt{1+n}-1}{n}\left(1 + n\frac{\sigma_n}{\sigma_J}\right)^{\frac{1}{2}} \tag{2-23}$$

式中，对于粗糙节理面，$K=4$，$L=1.5$；σ_J 为岩壁单轴抗压强度；n 为岩壁单轴抗压强度与抗拉强度的比值，Hoek 等[127]建议对大多数坚硬岩石，$n \approx 10$。

3. Barton 公式[9]

$$\tau = \sigma_n \tan\left(\mathrm{JRC}\lg\frac{\mathrm{JCS}}{\sigma_n} + \varphi_b\right) \tag{2-24}$$

当法向应力较小，节理面风化且其厚度不足 1mm 时，控制节理峰值剪切强度之后的残余剪切强度的是残余内摩擦角，这时光滑表面的基本摩擦角 φ_b 应用残余内摩擦角 φ_r 代替。

2.4 断层周边应力场分布规律的 DDM 分析

2.4.1 计算模型

在岩体内，地应力一般为压应力，如果岩体是理想的各向同性的均质体，则其内部地应力场的分布在局部应该是均匀场，而断层的存在使得断层周边地应力场的分布发生了明显改变，这种改变体现在主应力方向、主应力大小和应力集中系数的大小等方面。为了研究断层对其周边局部应力场的影响规律，考虑在一个无限大的水平面上存在一条断层，在东西方向上有远场均布压力 P_1，在南北方向上有远场均布压力 P_2，断层与东西方向的夹角为 θ，如图 2-3 所示。

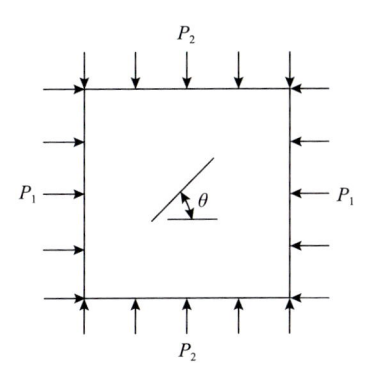

图 2-3 计算模型几何示意图

岩石与断层的计算参数取值如表 2-1 所示。

表 2-1 岩石与断层的计算参数取值

参数	岩石		断层				
	弹性模量/GPa	泊松比	JRC	JCS/MPa	φ_r/(°)	最大闭合量/m	初始法向刚度/MPa
数值	4.5	0.2	5	50	30	1	15

断层模型采用 BB 模型，其法向变形、切向变形与抗剪强度公式见前面所述。BB 模型采用 JRC、JCS 和 φ_b 等参数来定义断层的剪切强度，JRC 可按照标准轮廓线图进行比照取得，JCS 可以利用岩石试样进行常规抗压强度试验取得，φ_b 可以通过查表或者倾斜试验取得。

断层的各种力学参数、几何参数和荷载的作用方向与大小都会对断层周边应力场和位移场的分布产生影响，此处考虑一个 45° 倾角断层，以只受竖向荷载及同时受竖向荷载和水平荷载作用下的力学影响为分析对象。

2.4.2 断层附近应力方向

图 2-4 为断层附近岩体主应力分布矢量图。可以看出，主应力方向在断层附近发生了不同程度的变化。在远离断层的区域，主应力方向与边界应力方向一致，而在断层两侧，主应力方向与断层有斜交，也有平行或垂直，离断层越近，这种

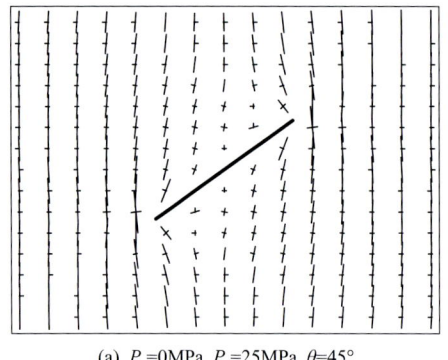

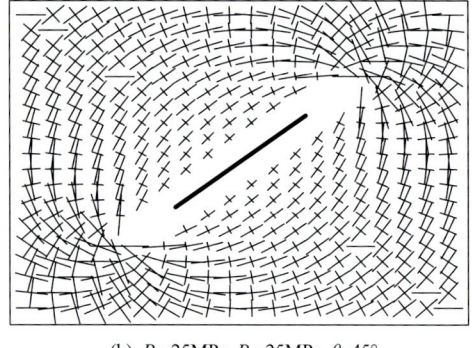

(a) P_1=0MPa, P_2=25MPa, θ=45° (b) P_1=25MPa, P_2=25MPa, θ=45°

图 2-4 断层附近岩体主应力分布矢量图

变化越显著。特别是在水平与竖向同时受载时，在断层两侧，最大主应力方向与最小主应力方向基本上与断层平行或垂直，而断层两端区域则是主应力从边界附近的与边界应力一致方向到断层两侧的平行或垂直断层方向的中间过渡区域。在断层两侧，最大主应力方向为与断层夹角较小或平行的方向，最小主应力方向为垂直于断层或与断层夹角较大的方向。

2.4.3 断层附近应力大小

在断层两侧，最大主应力与最小主应力均减小，距离断层越近，减小程度越大，而在断层两端，最大主应力与最小主应力均增大，出现应力集中(图 2-5 和图 2-6)。在仅竖向受压时，断层两侧的应力区域在竖向延伸较广，在断层两侧非对称分布。而在双向受压时，断层两侧的应力减小区域和两端的应力集中区域对称，可以明显划分出断层的影响区域。在仅竖向受压时，断层两侧和两个端部的各一侧出现了拉应力区域，两端的拉应力集中区和压应力集中区分布于断层的

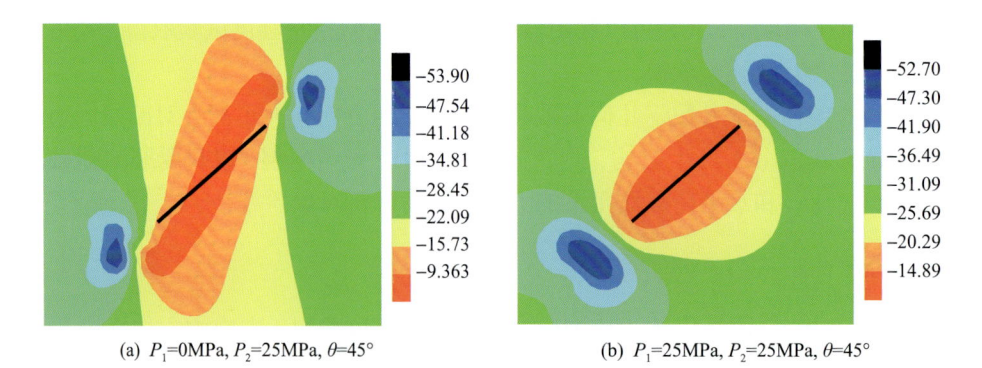

(a) P_1=0MPa, P_2=25MPa, θ=45° (b) P_1=25MPa, P_2=25MPa, θ=45°

图 2-5 断层附近岩体最大主应力分布图(单位：MPa)

(a) P_1=0MPa, P_2=25MPa, θ=45°　　　　(b) P_1=25MPa, P_2=25MPa, θ=45°

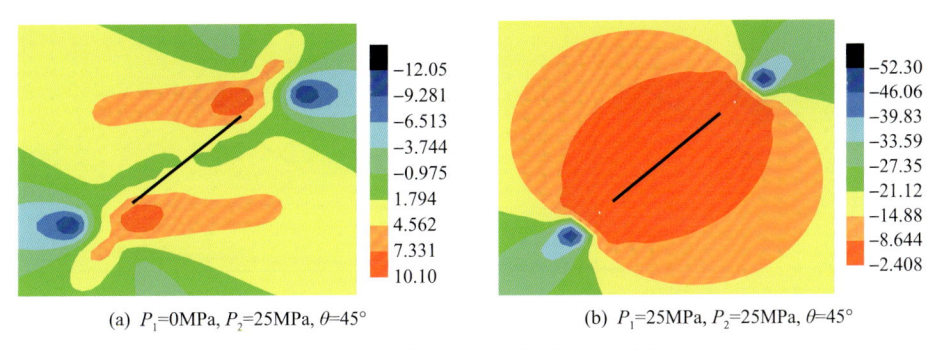

图 2-6　断层附近岩体最小主应力分布图(单位：MPa)

两边，由于实际岩体中构造应力的存在，不可能出现仅竖向受压的情况，因此如图 2-6 所示，最小主应力仍然均为压应力。

断层附近的剪切应力分布与主应力分布相似，断层两侧区域剪切应力小于断层端部区域剪切应力(图 2-7)。与主应力分布不同的是，在断层两侧区域，距离断层越近，剪切应力越小，但在距离断层一定距离之后，剪切应力逐渐增大至某一较大值后再逐渐减小。在断层两端，还出现剪切应力反号的应力集中区域。

(a) P_1=0MPa, P_2=25MPa, θ=45°　　　　(b) P_1=25MPa, P_2=25MPa, θ=45°

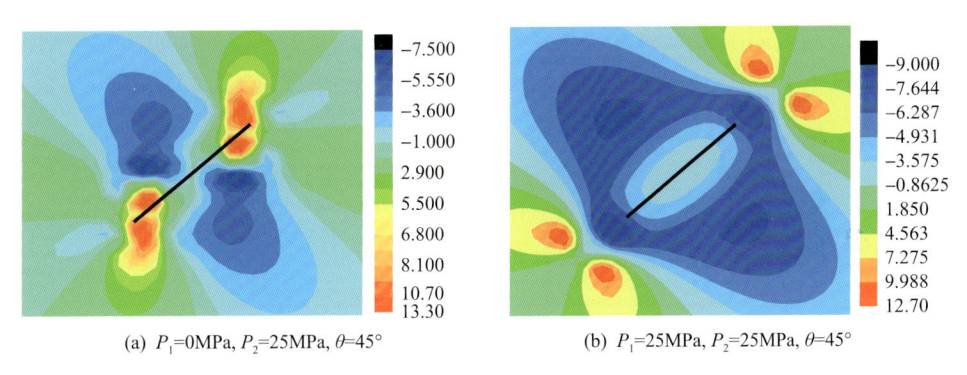

图 2-7　断层附近岩体剪切应力分布图(单位：MPa)

2.4.4　受载后断层附近位移分布

由于断层的存在，周围岩体在荷载作用下向断层移动，具体表现为在断层两侧向断层移动，断层中间部位两侧位移最大，而断层两端岩体由于断层两侧向中间的挤压作用而被沿断层长度方向挤出(图 2-8)。

在实际地下岩体中，重力与构造应力等外力作用处于稳定状态，位移已经停止，这种受荷载作用产生的岩体位移属于先期岩体位移，对断层周围岩体力学性质的影响有一定参考意义。

(a) P_1=0MPa, P_2=25MPa, θ=45°　　　　(b) P_1=25MPa, P_2=25MPa, θ=45°

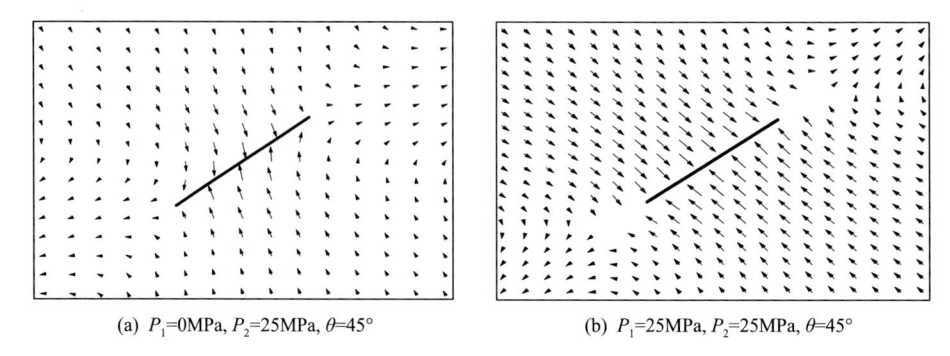

图 2-8　断层附近岩体位移分布矢量图

2.4.5　断层应力与变形

采用位移不连续法对断层建立模型，可以直接获得断层单元的应力与变形量用以分析断层受荷载作用的表现。由于竖向与水平向受相同大小的压应力作用时，45°倾角断层上受到的荷载合力仅有法向应力，此时断层没有剪切应力和切向变形。断层单元的法向应力、剪切应力、法向变形和切向变形如图 2-9～图 2-12 所示。断层单元的应力与变形呈现相同的规律，中间最大，往两端逐渐减小，这是由于断层两端受周围岩体约束，其变形量较小，应力也相对较小，而断层中间部位受约束最小，其应力与变形量都最大。

2.4.6　断层影响范围

取图 2-3 所示的简化断层模型，在 $P_1 = P_2 = 25$MPa、$\theta = 45°$条件下，断层影响区域内最大主应力应力集中系数分布如图 2-13 所示。

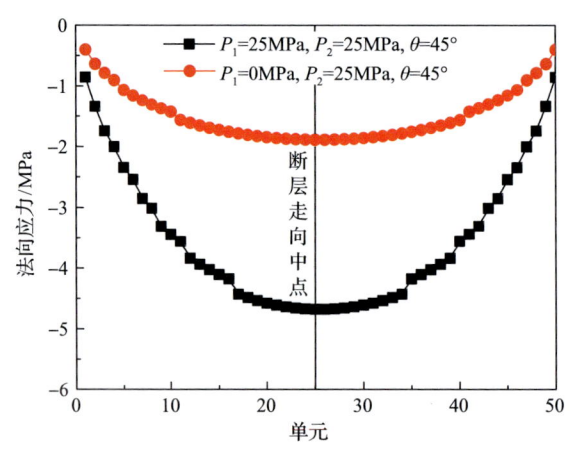

图 2-9　断层单元法向应力

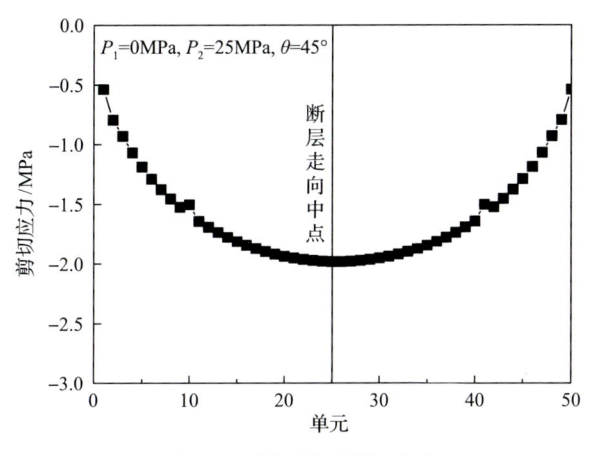

图 2-10　断层单元剪切应力

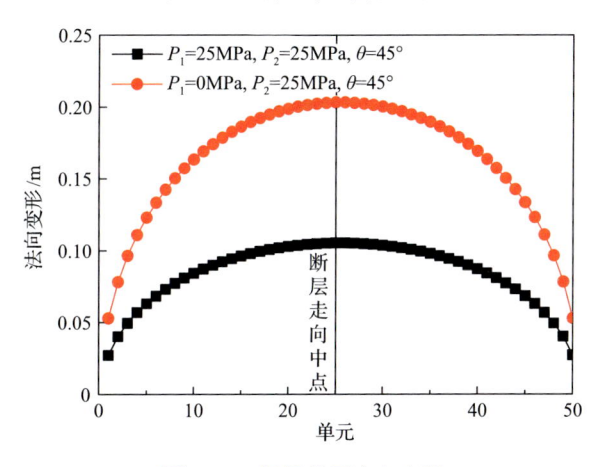

图 2-11　断层单元法向变形

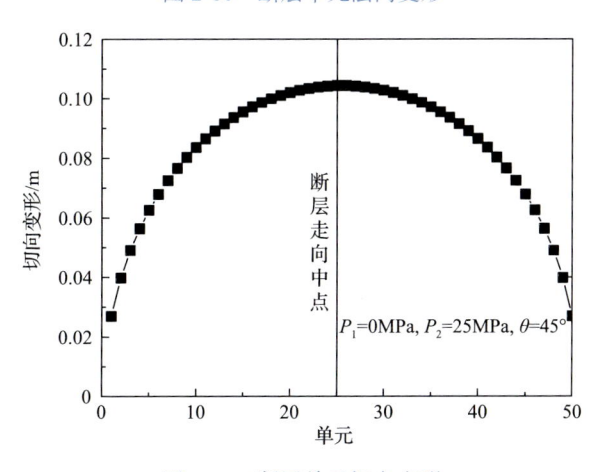

图 2-12　断层单元切向变形

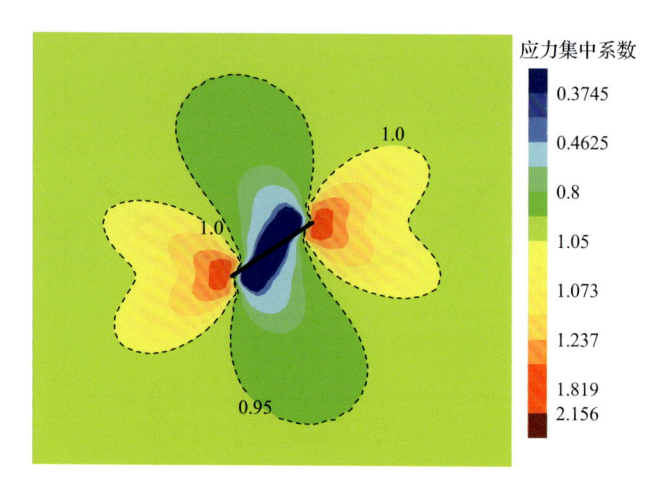

图 2-13　断层影响区域内最大主应力应力集中系数

通常认为应力集中系数在 0.95～1.05 为受断层扰动影响较小区域,将断层周边区域进行划分,在断层两端往外出现蝶形的应力放大区域,而在结构面两侧附近出现哑铃形的应力释放区域。断层的影响范围为 2～3 倍断层半长度。

可见,由于断层构造的发育和作用,原本均匀分布的应力场变成了极端各向异性非均匀分布的原岩构造应力场,使得断层区域内隧道工程处于极其复杂的外荷载条件下,隧道设计及其稳定性分析与预测评价更加复杂。

2.5　断层力学参数的影响

2.5.1　断层刚度

实际的断层变形是非线性的,变形刚度与结构面本身的物理力学属性有关,并随着所受荷载的变化而变化,BB 模型所采用的双曲线模型能较好地反映出断层受载的真实变形过程。

当断层法向刚度和切向刚度变化时,断层附近最大主应力的最大应力集中系数变化情况如图 2-14 和图 2-15 所示。

图 2-14 显示,断层影响区域内最大应力集中系数与断层面法向刚度呈负指数相关关系。随着法向刚度的增大,断层附近最大应力集中系数呈现减小趋势,断层带岩石越破碎、法向刚度越低,断层扰动构造应力场的各向异性和非均匀性越显著。

图 2-15 显示,最大应力集中系数随着切向刚度的变化近似直线型,当切向刚度增大到一定程度后,剪切应力将达到剪切强度,最大应力集中系数趋于稳定,不再随之增大。

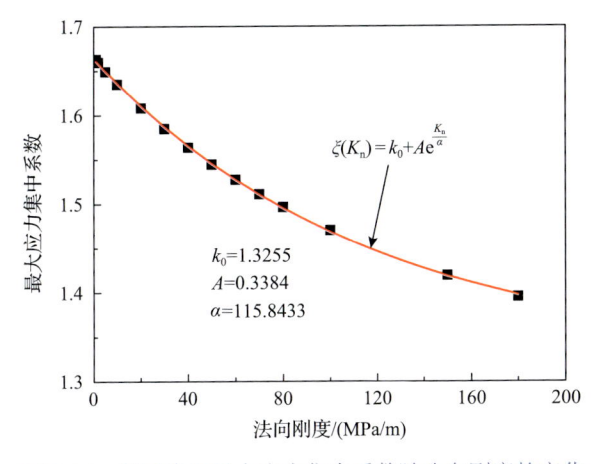

图 2-14　断层附近最大应力集中系数随法向刚度的变化

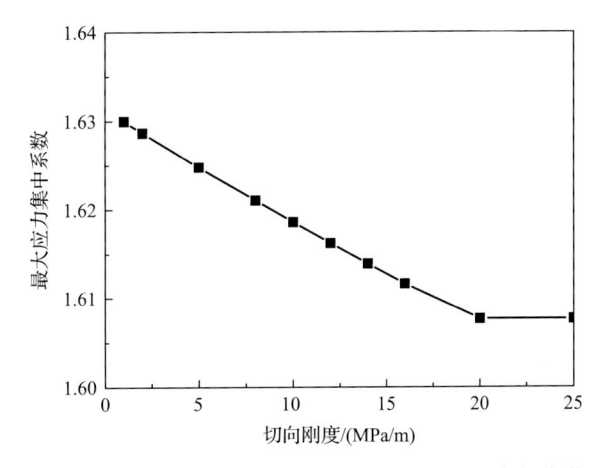

图 2-15　断层附近最大应力集中系数随切向刚度的变化

2.5.2　断层尺寸

BB 模型中断层最大闭合量小于断层厚度，但最大闭合量与断层厚度之间存在一定比例关系，为便于进行断层厚度的敏感性分析，假定最大闭合量为厚度的 60%，考察断层面厚度与长度之比（厚长比）对断层附近最大应力集中系数的影响，如图 2-16 所示。

最大应力集中系数（ξ）与断层面厚长比（x）的相关关系可表示为

$$\xi(x) = x_0 + A_1\left(1 - e^{-\frac{x}{t_1}}\right) + A_2\left(1 - e^{-\frac{x}{t_2}}\right) \tag{2-25}$$

随着断层面厚长比的增大，断层附近最大应力集中系数也增大，当断层面厚长比小于 0.05 时，最大应力集中系数急剧增大；当断层面厚长比大于 0.05 时，最大应力集中系数趋于一渐近值。说明在断层面厚长比较小的情况下，其变化对应力场的影响较大，当断层面厚长比较大时，其敏感性降低。

$$\xi(x) = x_0 + A_1\left(1-e^{-\frac{x}{t_1}}\right) + A_2\left(1-e^{-\frac{x}{t_2}}\right)$$

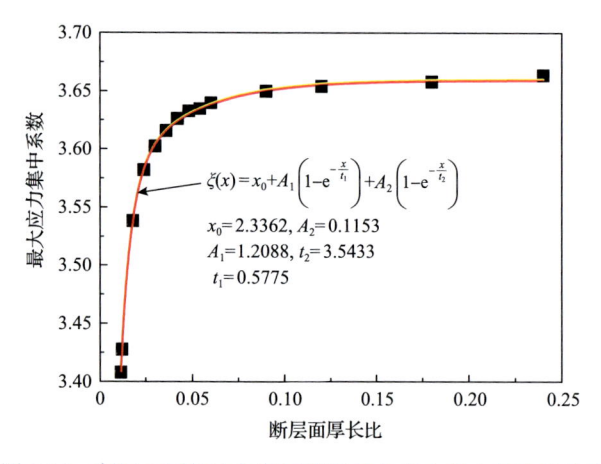

$x_0 = 2.3362$, $A_2 = 0.1153$
$A_1 = 1.2088$, $t_2 = 3.5433$
$t_1 = 0.5775$

图 2-16　断层面厚长比与断层附近最大应力集中系数的关系

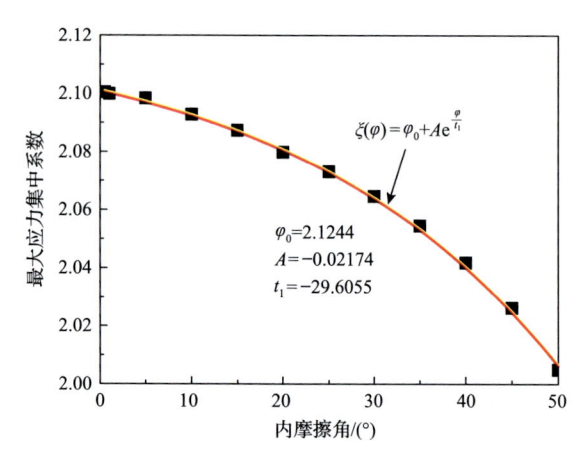

2.5.3　断层内摩擦角

断层内摩擦角与断层附近最大应力集中系数的关系如图 2-17 所示。

$$\xi(\varphi) = \varphi_0 + Ae^{\frac{\varphi}{t_1}}$$

$\varphi_0 = 2.1244$
$A = -0.02174$
$t_1 = -29.6055$

图 2-17　断层内摩擦角与断层附近最大应力集中系数的关系

图 2-17 显示，最大应力集中系数与断层内摩擦角呈负指数规律变化，随着内摩擦角的增大，最大应力集中系数逐渐减小。实际工程中，断层带岩体内摩擦角小于 40°，最大应力集中系数变化范围为 2.02～2.10，影响程度小于 4%。

从力学机理角度考虑，断层内摩擦角增大，对断层面之间相对剪切扰动的约束作用更显著，因此扰动应力场分布区域缓和，最大应力集中系数减小。

2.6 断层影响范围的影响因素分析

2.6.1 计算模型

断层法向变形采用 BB 模型，切向变形采用 Kulhaway 模型，强度准则采用莫尔-库仑准则。取表 2-2 所示的岩石和断层参数，研究断层内摩擦角和黏聚力对断层周边应力集中系数的影响。

模型荷载为水平方向，25MPa。

表 2-2 模型计算参数

参数	岩石		断层			
	弹性模量/GPa	泊松比	c/MPa	φ/(°)	最大闭合量/m	初始法向刚度/MPa
数值	4.5	0.2	0.5	10	1	15

与前面一致，应力集中系数在 0.95～1.05 的区域认为是受断层扰动影响较小的区域，将 0.95 和 1.05 等值线用虚线圈出，以获取断层影响范围。

2.6.2 断层倾角对影响范围的影响

断层不同倾角时周边应力集中系数分布如图 2-18 所示。

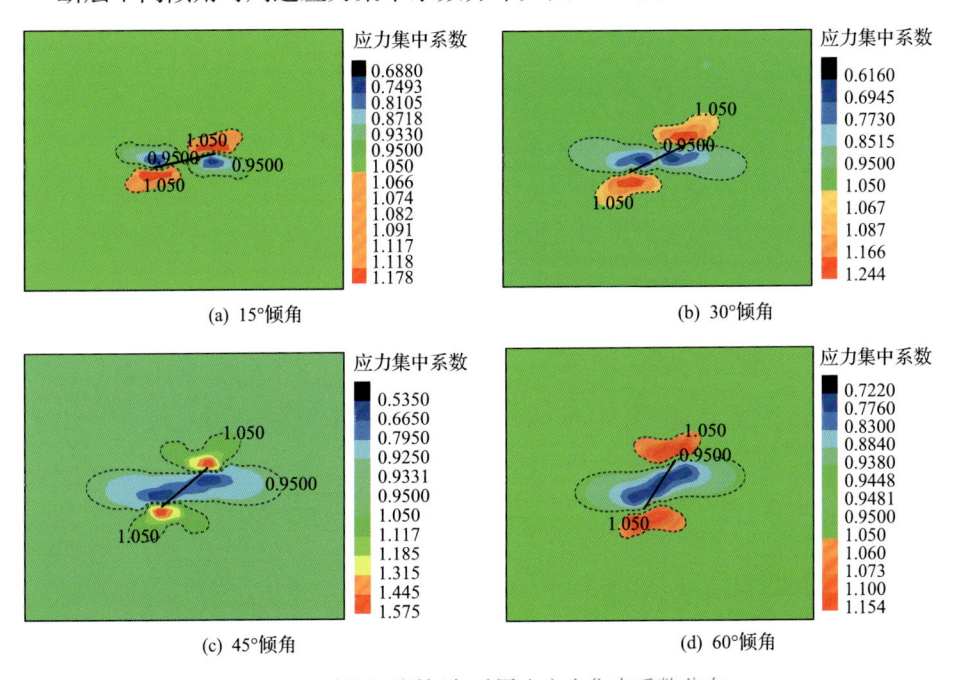

图 2-18 断层不同倾角时周边应力集中系数分布

将扰动区域边界最远点到断层中点距离与断层半长度做比，影响距离为 2～3 倍断层半长度，如图 2-19 所示。随着断层与主压应力夹角的增大(断层倾角增大)，断层对地应力场的影响范围先增大后减小，在 45°附近达到峰值。在主压应力方向，断层两侧出现压应力降低区，在断层两端以外部分出现压应力升高区，这两个区域均随断层与主压应力夹角的减小而增大，影响区域整体呈向外扩张突出形，但压应力升高区边界在断层延线方向出现部分凹进。

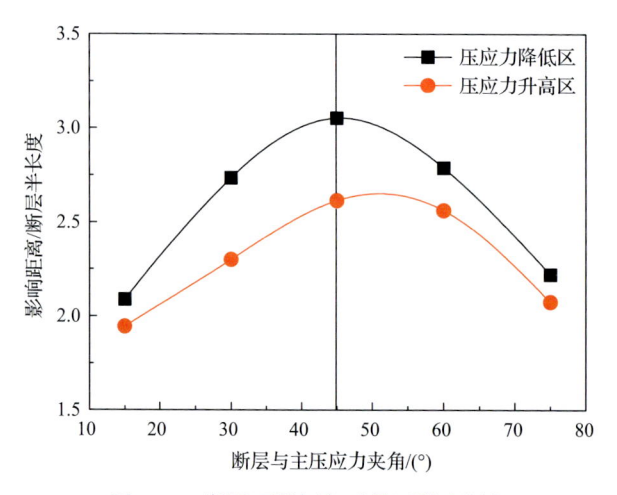

图 2-19　断层不同倾角时最远影响距离

2.6.3　断层内摩擦角对影响范围的影响

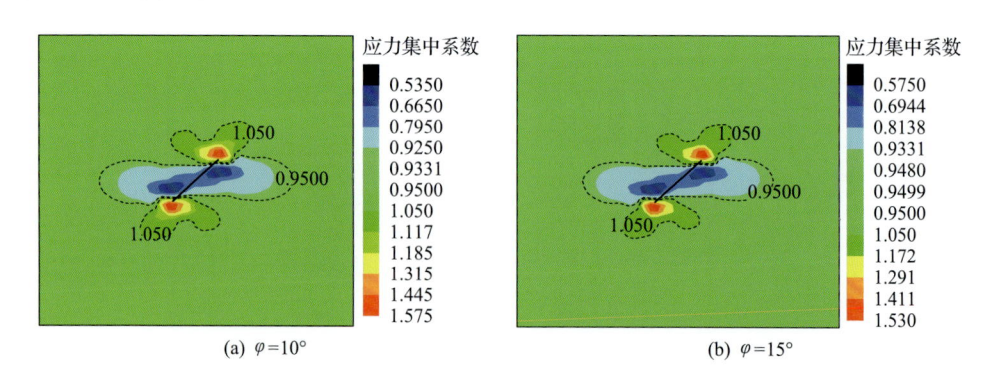

45°倾角、不同内摩擦角时断层周边应力集中系数分布如图 2-20 所示。同样，将扰动区域边界最远点到断层中点距离与断层半长度做比，随着断层内摩擦角的增大，断层对应力场的影响范围逐渐减小，影响距离为 2～3 倍断层半长度，如图 2-21 所示。

(a) $\varphi=10°$　　　　(b) $\varphi=15°$

(c) $\varphi=20°$　　　　　　　　　　　(d) $\varphi=25°$

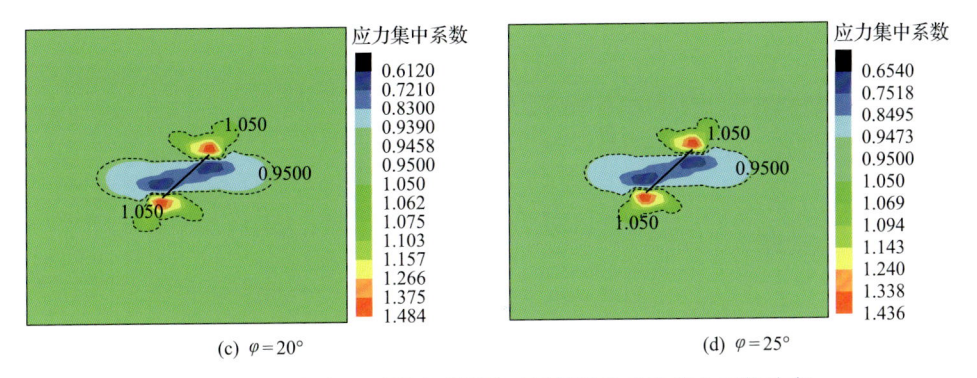

图 2-20　45°倾角、不同内摩擦角时断层周边应力集中系数分布

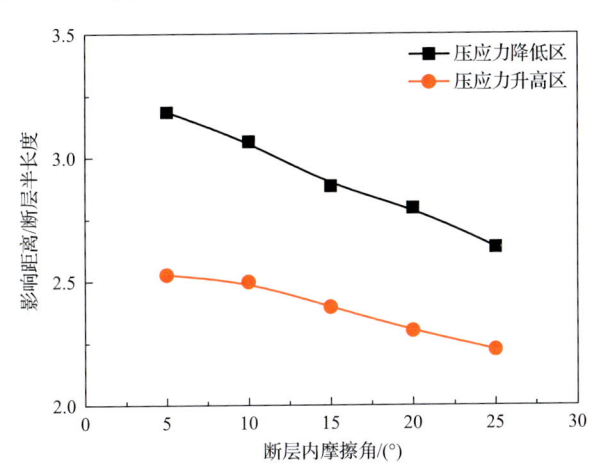

图 2-21　断层不同内摩擦角时最远影响距离

2.6.4　断层黏聚力对影响范围的影响

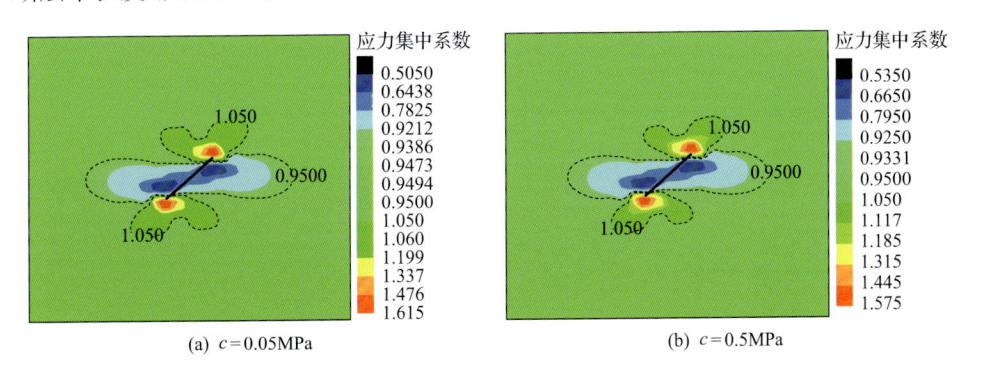

45°倾角、不同黏聚力时断层周边应力集中系数分布如图 2-22 所示。随着断层黏聚力的增大，断层对应力场的影响范围有微弱减小趋势，影响范围为 2～3 倍断层半长度(图 2-23)。

(a) $c=0.05\text{MPa}$　　　　　　　　　　(b) $c=0.5\text{MPa}$

(c) $c=1$MPa

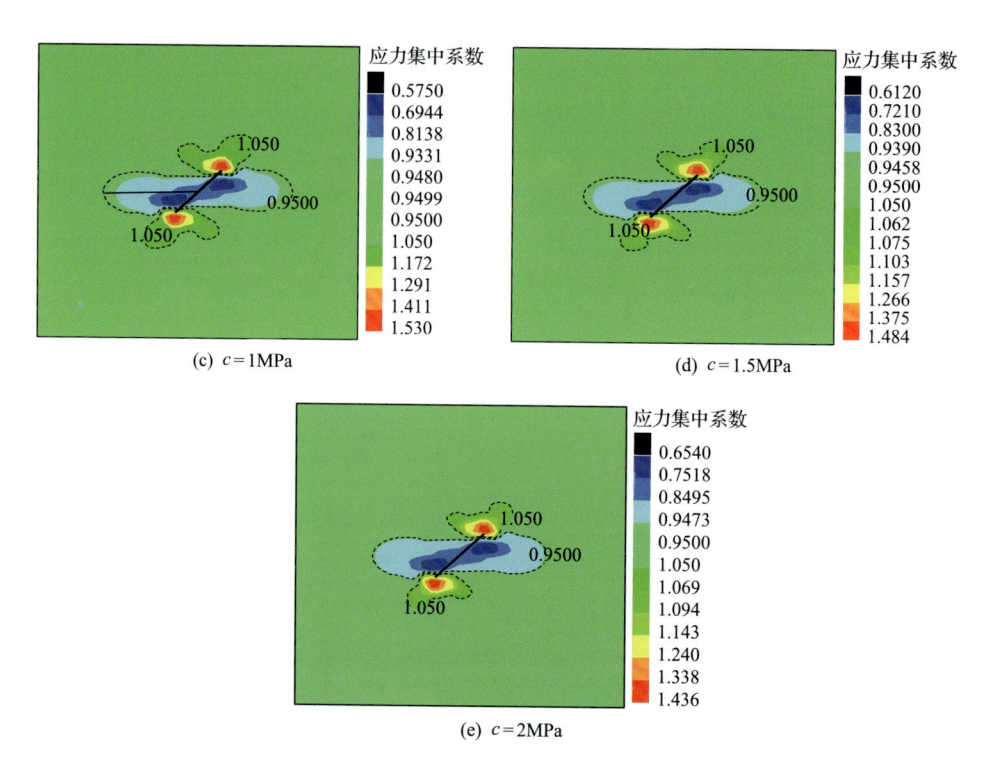

(d) $c=1.5$MPa

(e) $c=2$MPa

图 2-22　45°倾角、不同黏聚力时断层周边应力集中系数分布

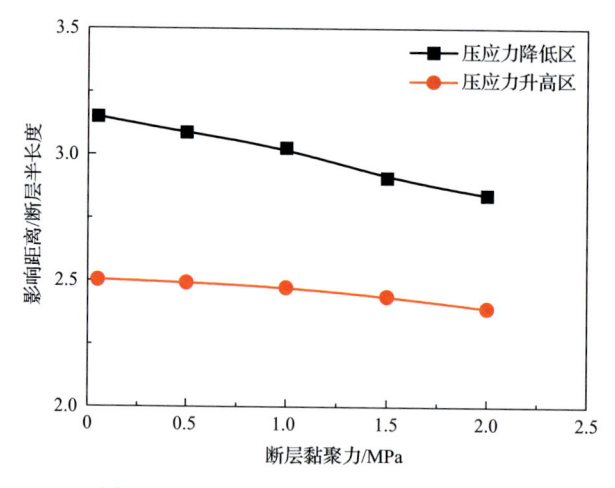

图 2-23　断层不同黏聚力时最远影响距离

2.7 线性与非线性断层模型比较

2.7.1 计算模型

莫尔-库仑(MC)模型被广泛应用于岩土工程中，作为一个经典本构模型，它不仅可以用于岩石和土的模拟，也可以用于断层的模拟。用于断层模拟的 MC 模型使用线性刚度表达式，可以简洁地表示断层的滑移，虽然线性变形不符合实际的断层变形情况，但由于其简洁易用，也广泛用于断层模拟中，特别是 UDEC 等商用软件中也采用 MC 线性断层模型，使其具有了广泛的应用范围。因此，有必要进行 MC 线性断层模型与 BB 非线性断层模型的比较，两个模型的应力-位移关系如图 2-24 所示。

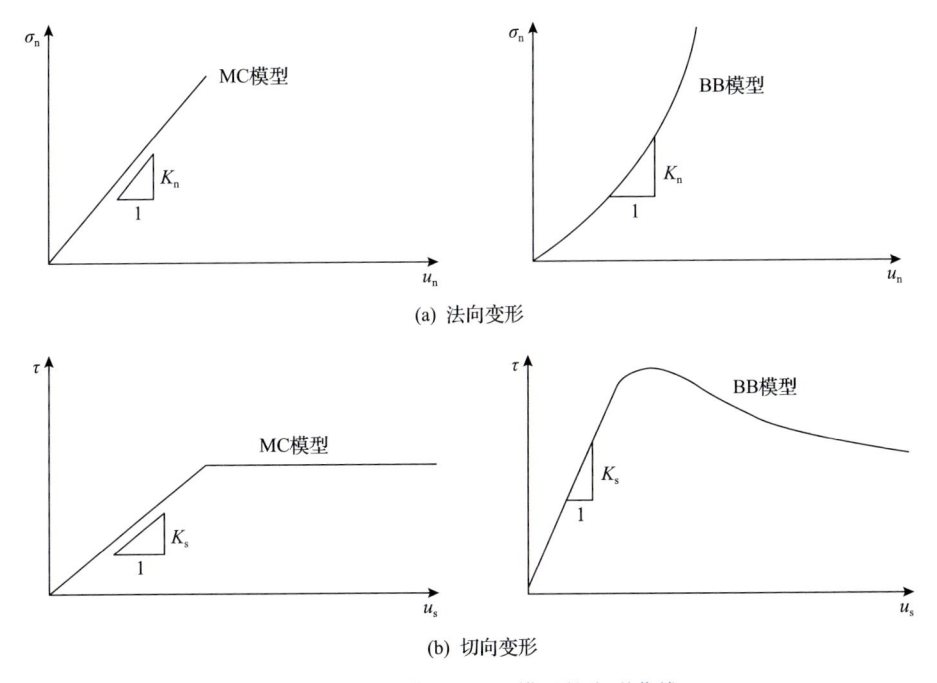

图 2-24 MC 模型和 BB 模型的变形曲线

BB 模型的法向刚度、切向刚度和剪切强度前面已述，MC 模型的法向刚度 K_n、切向刚度 K_s 均为常数，法向应力 σ_n 与剪切应力 τ 分别表示为

$$\sigma_n = K_n u_n \tag{2-26}$$

$$\tau = \begin{cases} K_s u_s, & |\tau| < \tau_p \\ \text{sign}(u_s)\tau_p, & |\tau| \geqslant \tau_p \end{cases} \tag{2-27}$$

式中，u_n 为法向变形；u_s 为切向变形；剪切强度 τ_p 为

$$\tau_p = c + \sigma_n \tan\varphi \tag{2-28}$$

MC 模型和 BB 模型计算参数分别如表 2-3 和表 2-4 所示，断层倾角为 45°，竖向受压 25MPa。

表 2-3　MC 模型计算参数

参数	岩石		断层			
	弹性模量/GPa	泊松比	K_n/(GPa/m)	K_s/(GPa/m)	φ/(°)	c/MPa
数值	4.5	0.2	4.15	3.1	30	0.6

表 2-4　BB 模型计算参数

参数	岩石		断层				
	弹性模量/GPa	泊松比	JRC	JCS/MPa	φ_r/(°)	最大闭合量/m	初始法向刚度/MPa
数值	4.5	0.2	5	50	25	1	15

从表 2-3 和表 2-4 可以看出，MC 模型需要的参数有断层内摩擦角和黏聚力，可以通过实验室试验获得，而 BB 模型需要的参数有节理粗糙度系数、节理壁抗压强度和残余摩擦角，可以通过现场观测与测试获得。由于断层填充物在采集与运输过程中容易丢失，而且断层开合度在扰动后容易发生变化，实验室试验结果不如现场获得的数据可靠，并且程序较烦琐，在这一点上 BB 模型优于 MC 模型。

2.7.2　断层附近应力场比较

两种模型的断层周边最大主应力场分布形状基本一致，如图 2-25 所示。

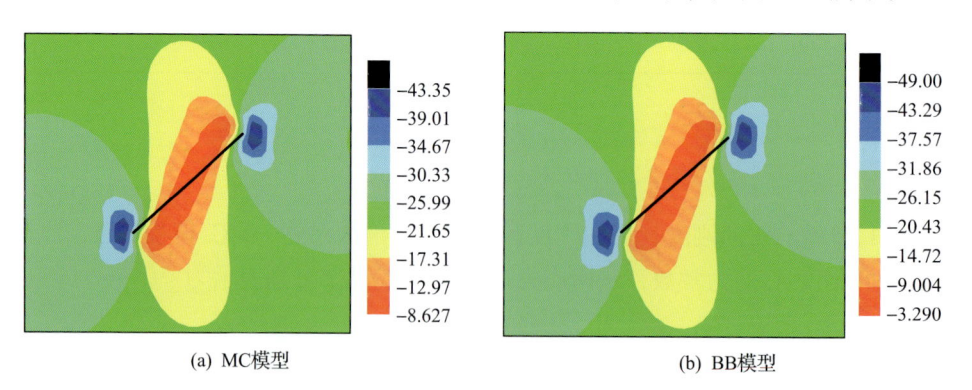

(a) MC 模型　　　(b) BB 模型

图 2-25　断层周边最大主应力场(单位：MPa)

在竖向压力作用下，断层两侧最大主应力降低，两端最大主应力逐渐增大，这种分布情况与岩体中实测情况一致。MC 模型断层周边最大主应力最大值小于 BB 模型，而最大主应力最小值大于 BB 模型。这意味着采用 BB 模型的断层对周边应力场的扰动程度大于采用 MC 模型时的扰动程度。

2.7.3 断层附近位移场比较

与应力场的情况相似，两种模型的断层周边位移场形状也基本一致，如图 2-26 所示。

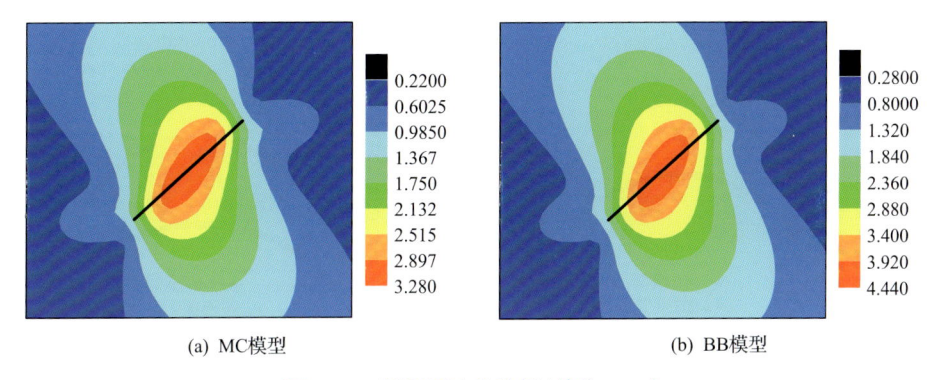

(a) MC模型　　　　　　　　(b) BB模型

图 2-26　断层周边位移场(单位：cm)

岩石的主要位移发生在断层两侧，离断层越近，位移越大，由于断层两侧岩石向断层移动，断层两端的岩石发生沿断层长度方向的挤出位移。采用 MC 模型的断层周边岩石最大位移与最小位移均小于采用 BB 模型时的值。

2.7.4　断层应力比较

两种断层模型周边应力场与位移场的区别是由于两种断层模型的力学性质不同，直接比较两种模型的断层单元应力与变形可以从本质上揭示导致断层周边应力场、位移场差异的原因。

由于断层两端岩石的约束作用，断层的剪切应力和法向应力从两端向中间逐渐增大，如图 2-27 和图 2-28 所示。

两种模型的断层应力曲线形状相似，但 MC 模型的断层应力值大于 BB 模型的断层应力值，反映出 MC 模型的法向刚度与切向刚度均大于 BB 模型。

2.7.5　断层变形比较

两种模型的断层切向变形与法向变形如图 2-29 和图 2-30 所示。

与断层的应力分布曲线相似，断层的变形也呈现出从中间往两端逐渐减小的趋势，但是两种模型对应的两条曲线的相对位置发生了改变，BB 模型的切向变形

图 2-27 断层单元的剪切应力

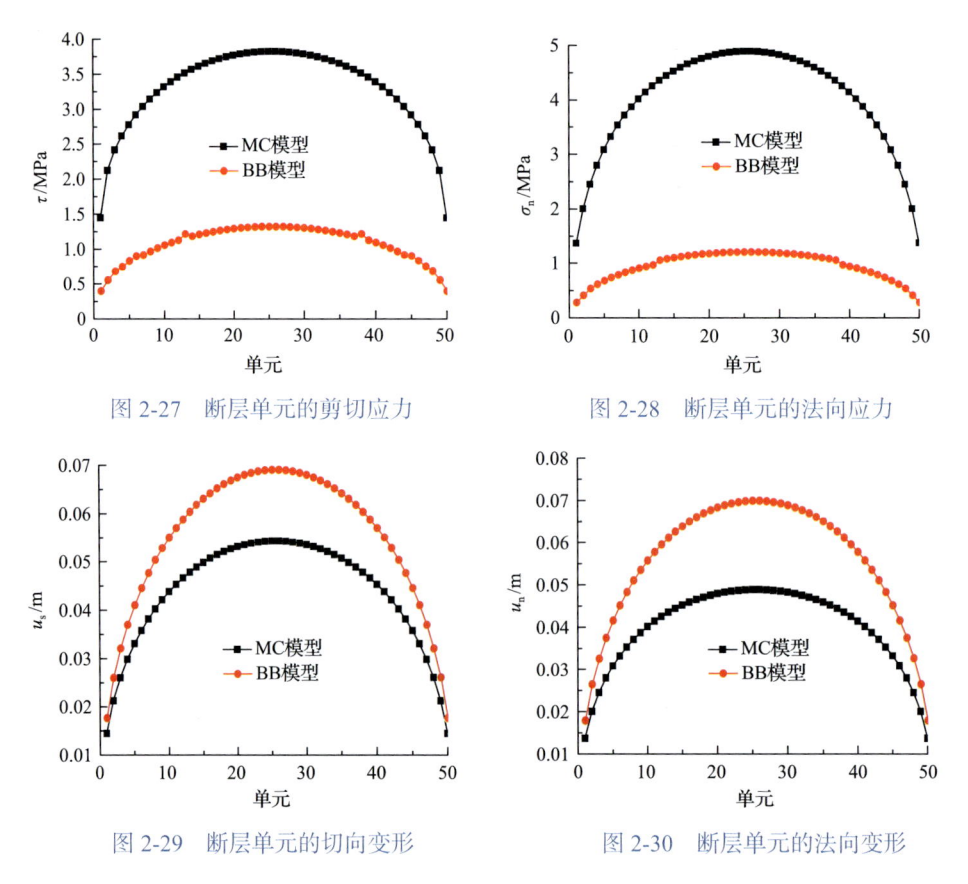

图 2-28 断层单元的法向应力

图 2-29 断层单元的切向变形

图 2-30 断层单元的法向变形

和法向变形均大于 MC 模型，这意味着 BB 模型对其周围岩石力学状态的影响会更加显著。

2.7.6 断层影响范围比较

两种模型的断层周边应力集中系数分布如图 2-31 所示。

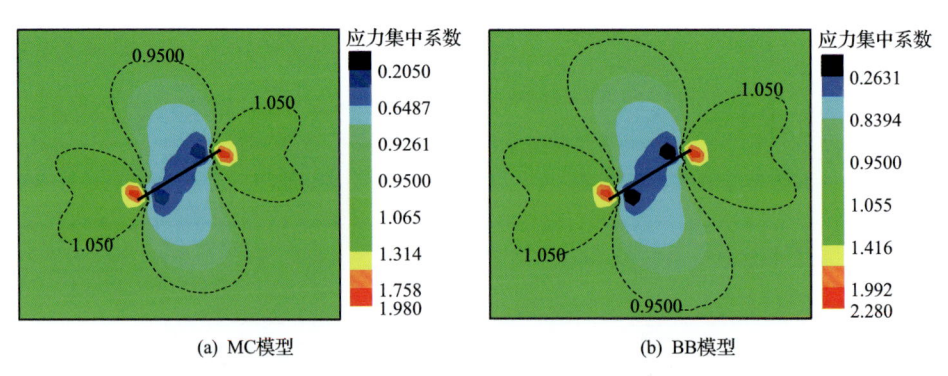

(a) MC模型　　　(b) BB模型

图 2-31 断层周边应力集中系数分布

断层两侧附近为应力降低区，断层两端区域为应力升高区，将应力集中系数在 0.95～1.05 的区域视为受断层影响不明显区域，用虚线将区域边界画出，受断层影响区域明显呈蝶状。MC 模型的最大影响距离是 1.78 倍断层半长度，而 BB 模型的最大影响距离是 2 倍断层半长度，可见 BB 模型的影响范围明显大于 MC 模型。

2.8 小　　结

本章采用 DDM 对非线性断层进行了模拟，从多方面研究了断层周边地应力的分布规律。

(1)对地应力的成因和影响因素进行了总结。

(2)对数值模拟中采用的各种断层模型进行了介绍，采用 BB 模型作为本章的非线性断层模型进行计算。

(3)对断层周边应力的大小和方向分布、位移分布和断层自身的应力与变形进行了研究，一般而言，断层两端为应力集中区，两侧为应力降低区，断层对周边地应力场的影响范围为 2～3 倍断层半长度。

(4)对断层力学参数对地应力场的影响进行了参数分析，随着断层刚度和摩擦角的增大，断层对其周边应力场的扰动程度有所降低。

(5)对不同参数情况下断层的影响范围进行了分析。

(6)对线性和非线性断层模型进行了 DDM 模拟对比，揭示出非线性断层模型对周边应力场的影响作用明显大于线性断层模型，在工程实际中须考虑到不同断层模型的特性，慎重选择。

第 3 章　断层发育区地应力场的 DDM 建模与反演

3.1　概　　述

如第 2 章所述，地应力受到地质构造、岩性、地形、水和岩体温度等因素的影响。虽然在地应力研究上已经取得不少成就，但是由于地应力问题的复杂性、研究方法的局限性和研究者研究目的的差异性，对地应力分布规律、影响因素等方面的研究还存在一些不足之处，主要有以下几个方面。

(1)在影响地应力因素的认识上，相当多的文献中比较模糊，没有区分出产生地应力的区域性因素和影响地应力的局部因素。

(2)地应力场研究方法虽然很多，但一般使用构造分析方法，只能定性提供地质构造应力的可能作用方向，并不能考虑影响地应力状态的其他各种重要因素的作用与影响，因而不能充分确定地应力状态。另外，同一地区往往经历多期构造运动，这就使构造应力的作用变得十分复杂，且构造应力随时间的变化是一个十分复杂且至今没有解决的问题。基于上述原因，目前国内外普遍认为，评价岩体中应力状态的最可靠方法是进行现场应力测量。然而，测量费用高，特别是我国，由于经济条件的限制，工程中实测地应力资料普遍不足，相当数量的工程设计所需地应力资料来自地质构造分析或数量极为有限的应力测量。

(3)测量和地质分析结合不够。现有的地应力测量方法没有一种是完全成熟的，而且往往也存在同一地点测量值分散的情况，使得直接用于工程设计有一定的困难，并且工程设计中过度地强调实测应力值，缺乏对产生地应力的地质构造条件特别是存在的断裂构造对其影响的分析。在相当多的有关地应力研究的文献中，往往只强调测量所使用的仪器和数据处理方法，却很少讨论测点所处的地质环境。

(4)已有的文献中讨论地应力问题时，在地应力的量值上，往往重视垂直应力和水平应力随深度的变化，在地应力方向上，则多与震源机制解以及地质资料推断出的方向相比较，而很少将地应力大小和方向与地质构造结合起来分析。而且，关于地应力的一些规律未能从地质、地貌这些形成地应力的基本条件上得出具有指导性的认识。在目前实测地应力费用高、时间长的情况下，需要在工程建设的前期工程地质研究阶段对工程区地应力状况有初步的但又比较准确的判断。

(5)虽然有人在测量中已经注意到了断裂构造对地应力的影响，但很少深入分析其机理，而且在以往的数值计算分析中多注意单条断层的作用，对断裂的复合和断裂两侧岩石的力学性质不够重视，使其结果的可靠性受到影响。在工程地质意义上，活动断裂和非活动断裂截然不同。尽管世界上已经有多处报道了在断裂及其附近的应力测量结果，但还没有对这些结果进行系统分析，更少注意区分活动断裂和非活动断裂的情况。

(6) 数值模拟是研究地应力分布规律的一个重要方法，但以往的研究多应用基于连续介质理论的有限元法，不能充分反映由于沿结构面的较大位移和岩石中的大变形而引起的应力场变化。而且，在有些工程区地应力场数值模拟中，往往是在无地应力实测值的情况下，利用外围已有地应力实测值反演推算工程区地应力场的方向及量级。在实际计算过程中，模型的尺寸都比较大，有时达上万平方公里，而模型内的地应力实测点较少，即使这样，拟合时也并未对这些有限的实测点的应力状态全部进行拟合。很难想象在这么大的区域内地应力场不受地形、地质构造和岩体特性等因素的影响，显然这是把复杂的问题简单化了。应力场是一个空间存在的场，对地应力的认识必须有空间的概念和地质条件、地形条件等的概念，因此充分认识形成和影响地应力的因素，得出一般性的认识，才能对工程实践有指导意义。

3.2 半平面非连续介质问题力学方法

3.2.1 含不连续面有限层弹性半平面问题描述

实际工程中的地基是一个非常复杂的体系，往往呈大面积不规则的层状结构。如果建立一个包罗万象的力学模型来分析，势必出现过于复杂甚至无法求解的局面。因此，在建立模型时，应力图采用某些假设，抓住主要矛盾，使层状结构体系的力学模型得以简化。数值计算与实际不一致的地方可以通过各种试验手段进行修正，以取得统一。这种理论加修正的方法是解决实际工程设计行之有效的办法。

如图 3-1 所示的含裂隙层状弹性半平面问题，上面 n 层的材料性质和厚度不一定相同，假定层与层之间的界面除裂隙处都结合很好(否则，视为裂隙)，最底层是无限大半平面。假设裂隙都与层间界面平行，且若裂隙不发生在层与层的交界面上，则可以把裂隙所在的平面也作为层与层之间的交界面。设第 m 层($m=1,2,\cdots,n$)界面的裂隙总数为 $Q(m)$，且设第 i 个裂隙存在于区间 $a_i^m \leqslant x \leqslant b_i^m$。

需要补充说明的是，如果各层的厚度与裂隙的长度相比很小，那么可以将问题视为含裂隙的横观各向同性半平面来处理；如果各层的厚度比裂隙的长度大得多，则可忽略分层性，问题又简化为无限大各向同性体中的裂隙问题了。

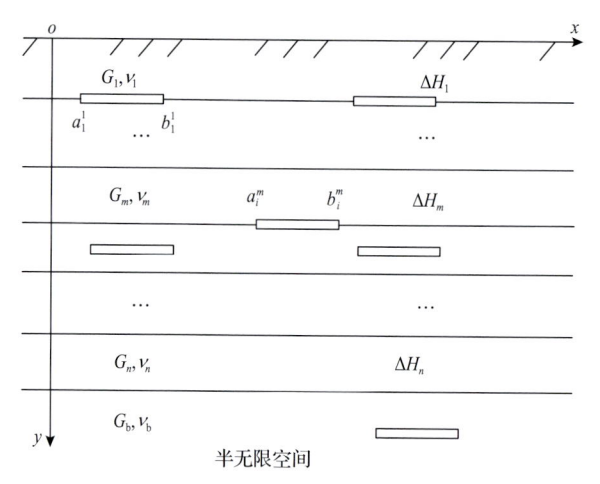

图 3-1 含裂隙层状弹性半平面问题

3.2.2 层状弹性半平面问题的 DDM 基本解

要运用位移不连续法分析层状弹性半平面的多裂隙问题，就必须首先建立位移不连续基本解，包括位移、应力等。对于复杂的情况，这是一个难点。下面采用传递矩阵-刚度矩阵方法来建立这样的基本解。

由弹性力学可知，对于体力不计的平面问题，应力分量可由艾里应力函数表示成

$$\sigma_{xx} = \varphi_{,yy}, \quad \sigma_{yy} = \varphi_{,xx}, \quad \tau_{xy} = -\varphi_{,xy} \tag{3-1}$$

式中，应力函数 φ 由如下相容方程确定：

$$\varphi_{,xxxx} + 2\varphi_{,xxyy} + \varphi_{,yyyy} = 0 \tag{3-2}$$

对式(3-2)关于变量 x 进行傅里叶变换，利用积分变换有关性质可得到如下常微分方程：

$$\bar{\varphi}_{,yyyy} - 2\omega^2 \bar{\varphi}_{,yy} + \omega^4 \bar{\varphi} = 0 \tag{3-3}$$

式中，ω 为变换参数；变量名上面加"–"表示变换后的量。

为了方便，式(3-3)的通解可取为

$$\bar{\varphi}(\omega, y) = \left(\frac{A}{|\omega|} + By\right) e^{-y|\omega|} + \left(\frac{C}{|\omega|} + Dy\right) e^{y|\omega|} \tag{3-4}$$

式中，A、B、C、D 为变换参数 ω 的函数，可由边界条件确定。

对式(3-1)进行傅里叶变换，变换域内的应力分量如下：

$$\bar{\sigma}_{xx} = \bar{\varphi}_{,yy}, \quad \bar{\sigma}_{yy} = \omega^2 \bar{\varphi}, \quad \bar{\tau}_{xy} = \mathrm{i}\omega\bar{\varphi}_{,y} \qquad (3\text{-}5)$$

式中，$\mathrm{i} = \sqrt{-1}$。

对于平面应变问题，变换域内的位移分量可由几何方程、本构关系和式(3-5)联合求得，即

$$\begin{cases} \bar{u}_x = \dfrac{\mathrm{i}}{2G}\left(\dfrac{1-\nu}{\omega}\bar{\varphi}_{,yy} + \nu\omega\bar{\varphi}\right) \\ \bar{u}_y = \dfrac{1}{2G}\left[\dfrac{1-\nu}{\omega^2}\bar{\varphi}_{,yyy} + (\nu-2)\bar{\varphi}_{,y}\right] \end{cases} \qquad (3\text{-}6)$$

式中，G 为剪切模量；ν 为泊松比。

将式(3-4)代入式(3-5)和式(3-6)，可以得到变换域内平面应变问题的位移和应力通解。令向量

$$\bar{\psi}(\omega, y) = \begin{bmatrix} \bar{\sigma}_y & \bar{\tau}_{xy} & \bar{u}_y & \bar{u}_x \end{bmatrix}^{\mathrm{T}} = K(\omega, y)\begin{bmatrix} A & B & C & D \end{bmatrix}^{\mathrm{T}} \qquad (3\text{-}7)$$

式中，$K(\omega, y)$ 为 4×4 的方阵，具体为

$$K(\omega, y) = \begin{bmatrix} -|\omega|\mathrm{e}^{-|\omega|y} & -\omega^2 y \mathrm{e}^{-|\omega|y} & -|\omega|\mathrm{e}^{|\omega|y} & -\omega^2 y \mathrm{e}^{|\omega|y} \\ -\mathrm{i}\omega\mathrm{e}^{-|\omega|y} & \mathrm{i}\omega(1-|\omega|y)\mathrm{e}^{-|\omega|y} & \mathrm{i}\omega\mathrm{e}^{|\omega|y} & \mathrm{i}\omega(1+|\omega|y)\mathrm{e}^{|\omega|y} \\ \dfrac{1}{2G}\mathrm{e}^{-|\omega|y} & \dfrac{1-2\nu+|\omega|y}{2G}\mathrm{e}^{-|\omega|y} & -\dfrac{1}{2G}\mathrm{e}^{|\omega|y} & \dfrac{1-2\nu-|\omega|y}{2G}\mathrm{e}^{|\omega|y} \\ \dfrac{\mathrm{i}|\omega|}{2G\omega}\mathrm{e}^{-|\omega|y} & \dfrac{\mathrm{i}\left[2(\nu-1)|\omega|+\omega^2 y\right]}{2G\omega}\mathrm{e}^{-|\omega|y} & \dfrac{\mathrm{i}|\omega|}{2G\omega}\mathrm{e}^{|\omega|y} & \dfrac{\mathrm{i}\left[2(1-\nu)|\omega|+\omega^2 y\right]}{2G\omega}\mathrm{e}^{|\omega|y} \end{bmatrix}$$

$$(3\text{-}8)$$

根据式(3-7)，当 $y = 0$ 时，有

$$\begin{bmatrix} A & B & C & D \end{bmatrix}^{\mathrm{T}} = K(\omega, 0)^{-1} \bar{\psi}(\omega, 0) \qquad (3\text{-}9)$$

再把式(3-9)代入式(3-7)，得

$$\bar{\psi}(\omega, y) = K(\omega, y)K(\omega, 0)^{-1}\bar{\psi}(\omega, 0) = \Phi(\omega, y)\bar{\psi}(\omega, 0) \qquad (3\text{-}10)$$

式(3-10)中的 $\Phi(\omega, y)$ 就是传递矩阵，也为 4×4 方阵，其各个元素具体表达式为

$$\Phi_{11} = \cosh|\omega|y + \frac{|\omega|y}{2(\nu-1)}\sinh|\omega|y$$

$$\Phi_{12} = -\mathrm{i}\frac{|\omega|y}{2(\nu-1)}\cosh|\omega|y - \mathrm{i}\frac{(2\nu-1)\omega}{2(\nu-1)|\omega|}\sinh|\omega|y$$

$$\Phi_{13} = \frac{G\omega^2 y}{\nu-1}\cosh|\omega|y - \frac{G|\omega|}{\nu-1}\sinh|\omega|y$$

$$\Phi_{14} = -\mathrm{i}\frac{G|\omega|\omega y}{\nu-1}\sinh|\omega|y$$

$$\Phi_{21} = -\mathrm{i}\frac{|\omega|y}{2(\nu-1)}\cosh|\omega|y - \mathrm{i}\frac{(2\nu-1)\omega}{2(\nu-1)|\omega|}\sinh|\omega|y$$

$$\Phi_{22} = \cosh|\omega|y - \frac{|\omega|y}{2(\nu-1)}\sinh|\omega|y$$

$$\Phi_{23} = -\mathrm{i}\frac{G|\omega|\omega y}{\nu-1}\sinh|\omega|y$$

$$\Phi_{24} = -\frac{G\omega^2 y}{\nu-1}\cosh|\omega|y - \frac{G|\omega|}{\nu-1}\sinh|\omega|y$$

$$\Phi_{31} = \frac{y}{4G(\nu-1)}\cosh|\omega|y + \frac{4\nu-3}{4G(\nu-1)|\omega|}\sinh|\omega|y$$

$$\Phi_{32} = -\mathrm{i}\frac{\omega y}{4G(\nu-1)|\omega|}\sinh|\omega|y$$

$$\Phi_{33} = \cosh|\omega|y + \frac{|\omega|y}{2(\nu-1)}\sinh|\omega|y$$

$$\Phi_{34} = -\mathrm{i}\frac{\omega y}{2(\nu-1)}\cosh|\omega|y - \mathrm{i}\frac{(2\nu-1)\omega}{2(\nu-1)|\omega|}\sinh|\omega|y$$

$$\Phi_{41} = -\mathrm{i}\frac{\omega y}{4G(\nu-1)|\omega|}\sinh|\omega|y$$

$$\Phi_{42} = -\frac{y}{4G(\nu-1)}\cosh|\omega|y + \frac{4\nu-3}{4G(\nu-1)|\omega|}\sinh|\omega|y$$

$$\Phi_{43} = -\mathrm{i}\frac{\omega y}{2(v-1)}\cosh|\omega|y - \mathrm{i}\frac{(2v-1)\omega}{2(v-1)|\omega|}\sinh|\omega|y$$

$$\Phi_{44} = -\cosh|\omega|y - \frac{|\omega|y}{2(v-1)}\sinh|\omega|y$$

为了求解半无限平面问题的基本解,还必须建立底层半平面的刚度矩阵,即底层表面上的位移和应力之间的关系。由于半无限平面问题中位移和应力有界,变换域的艾里应力函数可设为

$$\overline{\varphi}(\omega, y) = \left(\frac{A'}{|\omega|} + B'y\right)\mathrm{e}^{-y|\omega|} \tag{3-11}$$

则根据式(3-5)和式(3-6),有

$$\begin{Bmatrix} \overline{\sigma}_{yy} \\ \overline{\tau}_{xy} \\ \overline{u}_y \\ \overline{u}_x \end{Bmatrix} = \begin{bmatrix} K_\mathrm{s}(\omega, y) \\ K_\mathrm{u}(\omega, y) \end{bmatrix}_{4\times 2} \begin{Bmatrix} A' \\ B' \end{Bmatrix} \tag{3-12}$$

式中,$\begin{Bmatrix} \overline{\sigma}_{yy} \\ \overline{\tau}_{xy} \end{Bmatrix} = K_\mathrm{s}(\omega, y)\begin{Bmatrix} A' \\ B' \end{Bmatrix}$,$\begin{Bmatrix} \overline{u}_y \\ \overline{u}_x \end{Bmatrix} = K_\mathrm{u}(\omega, y)\begin{Bmatrix} A' \\ B' \end{Bmatrix}$。因此,

$$\begin{Bmatrix} \overline{\sigma}_{yy} \\ \overline{\tau}_{xy} \end{Bmatrix} = K_\mathrm{s}(\omega, y)K_\mathrm{u}^{-1}(\omega, y)\begin{Bmatrix} \overline{u}_y \\ \overline{u}_x \end{Bmatrix} = K_\mathrm{b}(\omega, y)\begin{Bmatrix} \overline{u}_y \\ \overline{u}_x \end{Bmatrix} \tag{3-13}$$

式中,2×2 的方阵 $K_\mathrm{b}(\omega, y)$ 即为半平面的刚度矩阵,其物理意义是半平面任意截面上位移和应力满足的关系。值得指出的是,K_b 与坐标 y 无关,而只与材料性质有关。下面具体给出了 K_b 的表达式:

$$K_\mathrm{b} = \frac{2G}{4v-3}\begin{bmatrix} 2(1-v)|\omega| & \mathrm{i}(2v-1)\omega \\ \mathrm{i}(1-2v)\omega & 2(1-v)|\omega| \end{bmatrix} \tag{3-14}$$

根据传递矩阵的表达式(3-10),可知底层半平面部分的传递矩阵为 4×4 单位阵,即 $\Phi_\mathrm{b}(\omega, y) = I_{4\times 4}$。

有了上面的传递矩阵和刚度矩阵,就可以求解图 3-2 所示问题的基本解。设图中有 n 层,每层厚度为 $\Delta H_1, \Delta H_2, \cdots, \Delta H_n$,并设

$$H_1 = \Delta H_1, \quad H_2 = \Delta H_1 + \Delta H_2, \quad \cdots, \quad H_n = \Delta H_1 + \cdots + \Delta H_n \tag{3-15}$$

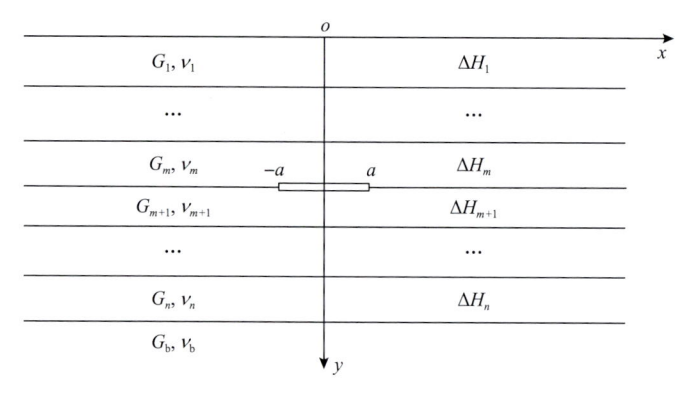

图 3-2 含裂隙层状弹性半平面问题的位移不连续基本解

最底层是无限大半平面。由前面得到的传递矩阵，有

$$\begin{cases} \bar{\psi}(\omega, H_1^-) = \Phi(\omega, \Delta H_1)\bar{\psi}(\omega, 0) \\ \bar{\psi}(\omega, H_2^-) = \Phi(\omega, \Delta H_2)\bar{\psi}(\omega, H_1^+) \\ \vdots \\ \bar{\psi}(\omega, H_n^-) = \Phi(\omega, \Delta H_n)\bar{\psi}(\omega, H_{n-1}^+) \end{cases} \quad (3\text{-}16)$$

由式(3-12)得

$$\bar{\psi}(\omega, H_n^+) = \begin{bmatrix} S_b(\omega, H_n^+) \\ U_b(\omega, H_n^+) \end{bmatrix} = \begin{bmatrix} K_b U_b \\ U_b \end{bmatrix} \quad (3\text{-}17)$$

式中

$$S_b(\omega, H_n^+) = \begin{bmatrix} \bar{\sigma}_{yy}(\omega, H_n^+) & \bar{\tau}_{xy}(\omega, H_n^+) \end{bmatrix}^T$$

$$U_b(\omega, H_n^+) = \begin{bmatrix} \bar{u}_y(\omega, H_n^+) & \bar{u}_x(\omega, H_n^+) \end{bmatrix}^T$$

如图3-2所示，假设裂隙发生在 m 层底部和 m+1 层顶部交界处，长度为 2a。层与层之间除了裂隙处无相对位移发生，因此满足界面上的位移和应力连续条件。为了得到基本解，设在裂隙表面作用单位法向均布不连续位移，则连续性条件可以写成

$$\bar{\psi}(\omega, H_i^+) = \bar{\psi}(\omega, H_i^-), \quad i = 1, 2, \cdots, n \, (n \neq m) \quad (3\text{-}18)$$

$$\overline{\psi}\left(\omega, H_m^+\right) = \overline{\psi}\left(\omega, H_m^-\right) + \begin{bmatrix} 0 & 0 & \overline{\delta}(\omega) & 0 \end{bmatrix}^T \tag{3-19}$$

式中，$\overline{\delta}(\omega) = \int_{-a}^{a} e^{-i\omega x} dx = \frac{2}{\omega}\sin(a\omega)$。若裂隙表面作用的是单位切向均布不连续位移，那么式(3-19)右端的最后一项变为 $\begin{bmatrix} 0 & 0 & \overline{\delta} & 0 \end{bmatrix}^T$。

利用式(3-18)和式(3-19)，从表层向下递推，得到

$$\overline{\psi}\left(\omega, H_n^+\right) = \Phi(\omega, \Delta H_n) \cdots \Phi(\omega, \Delta H_{m+1}) \Phi(\omega, \Delta H_m) \cdots \Phi(\omega, \Delta H_1) \overline{\psi}(\omega, 0) \\ + \begin{bmatrix} 0 & 0 & \overline{\delta} & 0 \end{bmatrix}^T \tag{3-20}$$

若令

$$f(\omega, H_1, \cdots, H_n) = \begin{bmatrix} f_{11} & f_{12} \\ f_{21} & f_{22} \end{bmatrix} \Phi(\omega, \Delta H_n) \cdots \Phi(\omega, \Delta H_{m+1}) \Phi(\omega, \Delta H_m) \cdots \Phi(\omega, \Delta H_1) \tag{3-21}$$

$$p(\omega, H_1, \cdots, H_n) = \begin{bmatrix} p_1 \\ p_2 \end{bmatrix} = \Phi(\omega, \Delta H_n) \cdots \Phi(\omega, \Delta H_{m+1}) \begin{bmatrix} 0 & 0 & \overline{\delta} & 0 \end{bmatrix}^T \tag{3-22}$$

$$\overline{\psi}(\omega, 0) = \begin{bmatrix} S_0 \\ U_0 \end{bmatrix} = \begin{bmatrix} \overline{\sigma}_{yy}(\omega, 0) & \overline{\tau}_{xy}(\omega, 0) & \overline{u}_y(\omega, 0) & \overline{u}_x(\omega, 0) \end{bmatrix}^T \tag{3-23}$$

则式(3-20)可以写成

$$\begin{bmatrix} f_{11} & f_{12} \\ f_{21} & f_{22} \end{bmatrix} \begin{bmatrix} S_0 \\ U_0 \end{bmatrix} + \begin{bmatrix} p_1 \\ p_2 \end{bmatrix} = \begin{bmatrix} K_b U_b \\ U_b \end{bmatrix} \tag{3-24}$$

由于 S_0 已知，式(3-24)有两个未知量 U_0、U_b。

$$U_0 = \left(K_b f_{22} - f_{12}\right)^{-1} \left(f_{11} S_0 + p_1 - K_b f_{21} S_0 - K_b p_2\right) \tag{3-25}$$

得到表面的位移，初始函数 $\overline{\psi}(\omega, 0)$ 也得到了，然后利用递推矩阵得到裂隙面以上任意截面的位移和应力。

$$\overline{\psi}(\omega, H_i) = \Phi(\omega, \Delta H_i) \cdots \Phi(\omega, \Delta H_1) \begin{bmatrix} S_0 \\ U_0 \end{bmatrix} \tag{3-26}$$

若要求的量在向量 $\overline{\psi}(\omega, y)$ 中没有，如 $\overline{\sigma}_{xx}$，可以计算出式(3-7)中的 A、B、C、D 之后再得到。

对于位于裂隙面以下的截面上的未知量，为了方便，可以从底层半平面向上推，有

$$\bar{\psi}(\omega,0) = \begin{bmatrix} S_0 \\ U_0 \end{bmatrix} \Phi(\omega,-\Delta H_0)\cdots\Phi(\omega,-\Delta H_m)\Phi(\omega,-\Delta H_{m+1})\cdots\Phi(\omega,-\Delta H_n) \begin{bmatrix} K_b U_b \\ U_b \end{bmatrix}$$
$$-\begin{bmatrix} 0 & 0 & \bar{\delta} & 0 \end{bmatrix}^T \tag{3-27}$$

若令

$$g(\omega,H_1,\cdots,H_n) = \Phi(\omega,-\Delta H_1)\cdots\Phi(\omega,-\Delta H_m)\cdots\Phi(\omega,-\Delta H_n) = \begin{bmatrix} g_{11} & g_{12} \\ g_{21} & g_{22} \end{bmatrix} \tag{3-28}$$

$$q(\omega,H_1,\cdots,H_n) = \begin{bmatrix} q_1 \\ q_2 \end{bmatrix} = -\Phi(\omega,-\Delta H_1)\cdots\Phi(\omega,-\Delta H_m)\begin{bmatrix} 0 & 0 & \bar{\delta} & 0 \end{bmatrix}^T \tag{3-29}$$

利用式(3-27)，得

$$U_b = (K_b g_{11} + g_{12})^{-1}(S_0 - q_1) \tag{3-30}$$

裂隙面以下任意截面的位移和应力为

$$\bar{\psi}(\omega,H_i) = \Phi(\omega,-\Delta H_i)\cdots\Phi(\omega,-\Delta H_n)\begin{bmatrix} K_b U_b \\ U_b \end{bmatrix} \tag{3-31}$$

由式(3-26)和式(3-31)，可以通过傅里叶逆变换得到物理量，一般需要用到数值方法。

通过以上的传递矩阵-刚度矩阵方法建立基本解，避免了其他方法需要求解多元线性方程组的麻烦，减少了计算量，提高了计算速度，是解决此类基本解问题的有效方法。

对上面得到基本解的方法进行验证，考察均质各向同性弹性半平面问题的基本解。假设在深度 h 有一长 $2a$ 的直裂纹受单位法向均布不连续位移作用，由于表面自由，S_0 为 0，根据式(3-25)和式(3-26)，有

$$\bar{\psi}(\omega,h) = -\Phi(\omega,h)\begin{bmatrix} 0 \\ 0 \\ (K_b f_{22} - f_{12})^{-1} K_b p_2 \end{bmatrix} \tag{3-32}$$

$$\begin{cases}\bar{\sigma}_{yy}=\dfrac{G}{\nu-1}\left[\left(2|\omega|^2 h^2+2|\omega|h+1\right)\mathrm{ie}^{-2|\omega|h}-1\right]\sin(a|\omega|)\\ \bar{\tau}_{xy}=\dfrac{2G\omega^2 h^2}{\nu-1}\mathrm{ie}^{-2|\omega|h}\sin(a\omega)\end{cases} \quad (3\text{-}33)$$

依照积分变换表，对其进行傅里叶逆变换，得到

$$\begin{cases}\sigma_{yy}=\dfrac{G}{2\pi(1-\nu)}\left\{\dfrac{-2a}{x^2-a^2}+\dfrac{(x-a)\left[(x-a)^4-12h^2(x-a)^2+96h^4\right]}{\left[(x-a)^2+4h^2\right]^3}\right.\\ \qquad\qquad\left.-\dfrac{(x+a)\left[(x+a)^4-12h^2(x+a)^2+96h^4\right]}{\left[(x+a)^2+4h^2\right]^3}\right\}\\ \tau_{xy}=\dfrac{4Gh^3}{\pi(1-\nu)}\left\{\dfrac{4h^2-3(x-a)^2}{\left[(x-a)^2+4h^2\right]^3}-\dfrac{4h^2-3(x+a)^2}{\left[(x+a)^2+4h^2\right]^3}\right\}\end{cases} \quad (3\text{-}34)$$

同样，如果裂纹面上作用的是单位切向均布不连续位移，则有

$$\begin{cases}\sigma_{yy}=\dfrac{-4Gh^3}{\pi(1-\nu)}\left\{\dfrac{4h^2-3(x-a)^2}{\left[(x-a)^2+4h^2\right]^3}-\dfrac{4h^2-3(x+a)^2}{\left[(x+a)^2+4h^2\right]^3}\right\}\\ \tau_{xy}=\dfrac{G}{2\pi(1-\nu)}\left\{\dfrac{-2a}{x^2-a^2}+\dfrac{(x-a)\left[(x-a)^4-4h^2(x-a)^2+32h^4\right]}{\left[(x-a)^2+4h^2\right]^3}\right.\\ \qquad\qquad\left.-\dfrac{(x+a)\left[(x+a)^4-4h^2(x+a)^2+32h^4\right]}{\left[(x+a)^2+4h^2\right]^3}\right\}\end{cases} \quad (3\text{-}35)$$

这与 Crouch 得到的结果[2]一致，证明本章的方法是可行的。表 3-1 给出了一些常用到的积分变换。

考虑图 3-3 所示的两层弹性半平面问题。两层弹性材料的剪切模量与泊松比分别设为 G_1、ν_1 和 G_2、ν_2，G_1 分别取 2GPa、20GPa 和 200GPa 三个不同值，并设 $\nu_1=0.3$、$G_2=20$GPa 和 $\nu_2=0.3$。如果在 $h=1$m 处长 2m 的裂纹上作用有单位法向均布不连续位移，那么得到的裂纹上的应力分布如图 3-4 和图 3-5 所示，由于对称性（τ_{xy} 反对称），只画一半。可见，剪切模量越大，应力值越小。

表 3-1　傅里叶积分变换表

频域	物理域	频域	物理域
$\dfrac{\pi}{\lvert\omega\rvert}\mathrm{e}^{-\lvert\omega\rvert y}$	$\ln\dfrac{1}{r}$	$\mathrm{i}\pi\omega\mathrm{e}^{-\lvert\omega\rvert y}$	$-\dfrac{2xy}{r^4}$
$\dfrac{\mathrm{i}\pi}{\lvert\omega\rvert}\mathrm{e}^{-\lvert\omega\rvert y}$	$\arctan\dfrac{y}{x}$	$\pi\lvert\omega\rvert^2\mathrm{e}^{-\lvert\omega\rvert y}$	$\dfrac{2y(y^2-3x^2)}{r^6}$
$\pi\mathrm{e}^{-\lvert\omega\rvert y}$	$\dfrac{y}{r^2}$	$\mathrm{i}\pi\lvert\omega\rvert\omega\mathrm{e}^{-\lvert\omega\rvert y}$	$\dfrac{2x(x^2-3y^2)}{r^6}$
$\mathrm{i}\pi\dfrac{\lvert\omega\rvert}{\omega}\mathrm{e}^{-\lvert\omega\rvert y}$	$-\dfrac{x}{r^2}$	$\pi\lvert\omega\rvert^3\mathrm{e}^{-\lvert\omega\rvert y}$	$\dfrac{6(x^4-6x^2y^2+y^4)}{r^8}$
$\pi\lvert\omega\rvert\mathrm{e}^{-\lvert\omega\rvert y}$	$\dfrac{y^2-x^2}{r^4}$	$\mathrm{i}\pi\omega^3\mathrm{e}^{-\lvert\omega\rvert y}$	$\dfrac{24xy(x^2-y^2)}{r^8}$

注：$r=\sqrt{x^2+y^2}$，$y\geqslant 0$。

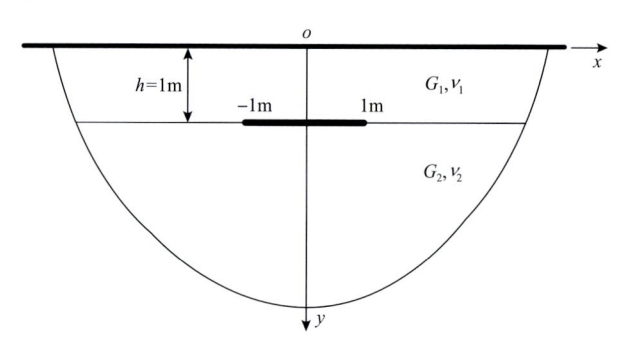

图 3-3　两层弹性半平面问题的基本解

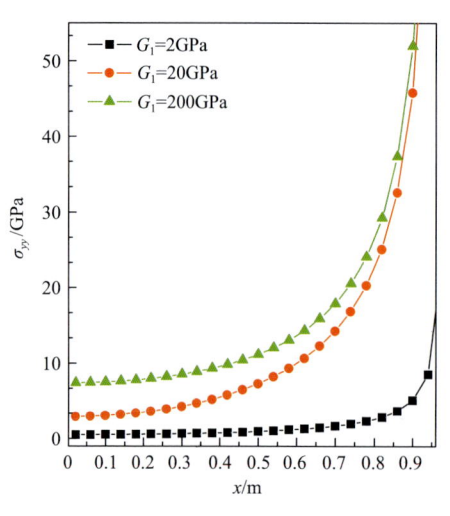

图 3-4　不同 G_1 下 σ_{yy} 分布对比

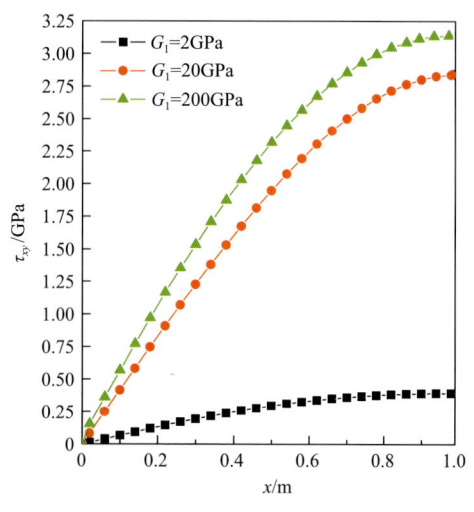

图 3-5　不同 G_1 下 τ_{xy} 分布对比

基本解函数得到之后，影响系数矩阵就可以求解，进而可以建立位移不连续分析模型，其具体过程在前面已有介绍，这里不再重复。

3.2.3 复合半平面问题的 DDM 基本解

工程中经常遇到复合材料的问题，对于两个不同弹性常数的半平面完全结合在一起的复合材料问题，前面推导方法仍适用。

如图 3-6 所示，假设在界面上一长为 $2a$ 的裂纹上作用有单位法向均布不连续位移。

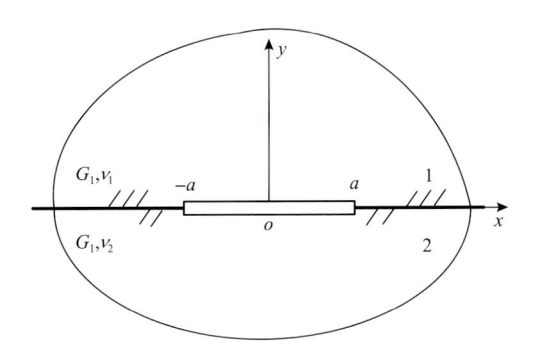

图 3-6　复合弹性半平面

根据前面的推导，变换域内半平面上的应力和位移有如下关系：

$$\begin{Bmatrix} \bar{\sigma}_{yy} \\ \bar{\tau}_{xy} \end{Bmatrix} = K_b \begin{Bmatrix} \bar{u}_y \\ \bar{u}_x \end{Bmatrix} \tag{3-36}$$

式中

$$K_b = \frac{2G}{4v-3} \begin{bmatrix} 2(1-v)|\omega| & \mathrm{i}(2v-1)\omega \\ \mathrm{i}(1-2v)\omega & 2(1-v)|\omega| \end{bmatrix} \tag{3-37}$$

由应力相等的条件，得

$$K_b^2 \begin{Bmatrix} \bar{u}_y^2 \\ \bar{u}_x^2 \end{Bmatrix} = K_b^{-1} \begin{Bmatrix} \bar{u}_y^1 \\ \bar{u}_x^1 \end{Bmatrix} \tag{3-38}$$

式中，上标 1、2 分别表示上、下半平面。再把位移连续性条件

$$\begin{Bmatrix} \bar{u}_y^2 \\ \bar{u}_x^2 \end{Bmatrix} = \begin{Bmatrix} \bar{u}_y^1 \\ \bar{u}_x^1 \end{Bmatrix} + \begin{Bmatrix} \bar{\delta}(\omega) \\ 0 \end{Bmatrix} \tag{3-39}$$

代入式(3-38)，得到

$$\left\{\begin{matrix}\bar{u}_y^1\\ \bar{u}_x^1\end{matrix}\right\} = \left(K_b^1 - K_b^2\right)^{-1} K_b^2 \left\{\begin{matrix}\bar{\delta}(\omega)\\ 0\end{matrix}\right\} \tag{3-40}$$

$$\left\{\begin{matrix}\bar{u}_y^2\\ \bar{u}_x^2\end{matrix}\right\} = \left[\left(K_b^1 - K_b^2\right)^{-1} K_b^2 + I\right] \left\{\begin{matrix}\bar{\delta}(\omega)\\ 0\end{matrix}\right\} \tag{3-41}$$

式中，$\bar{\delta}(\omega) = 2\sin(a\omega)/\omega$。

再由式(3-33)得

$$\left\{\begin{matrix}\bar{\sigma}_{yy}^1\\ \bar{\tau}_{xy}^1\end{matrix}\right\} = K_b^1 \left(K_b^1 - K_b^2\right)^{-1} K_b^2 \left\{\begin{matrix}\bar{\delta}\\ 0\end{matrix}\right\} \tag{3-42}$$

$$\left\{\begin{matrix}\bar{\sigma}_{yy}^2\\ \bar{\tau}_{xy}^2\end{matrix}\right\} = \left[K_b^2 \left(K_b^1 - K_b^2\right)^{-1} K_b^2 + K_b^2\right] \left\{\begin{matrix}\bar{\delta}\\ 0\end{matrix}\right\} \tag{3-43}$$

最后，进行傅里叶逆变换，可以得到裂纹面上的应力。

具体地，设 $G_1 = 2G_2 = 2G$，$\nu_1 = \nu_2 = \nu$，这时 Dundurs 参数 $\alpha = \beta = 1/3$，推导得到界面上 ($y=0$) 的正应力分布为

$$\sigma_{yy} = \frac{3G}{2\pi(1-\nu)} \frac{a}{a^2 - x^2} \tag{3-44}$$

这个结果与用复位势理论[110]计算得到的结果相同。若裂纹面上作用的是单位切向均布不连续位移，也可以此类推，这里不再赘述。

3.2.4 黏弹性介质充填裂隙问题的 DDM 基本解

实际土木工程中的地基，不管是各种岩石还是土，都不是线弹性的，如岩石就常常表现出黏弹性。实际上，上面的推导过程不仅适用于线弹性层状体系，也适用于黏弹性层状体系，因为黏弹性材料和弹性材料之间存在对应关系。

先简单说明对应性原理。对于黏弹性材料，根据 Boltzmann 方程，其正应力和正应变的关系可以写成

$$\begin{cases}\varepsilon(t) = J(0)\sigma(t) + \int_0^t \sigma(\tau)\frac{\mathrm{d}J(t-\tau)}{\mathrm{d}(t-\tau)}\mathrm{d}\tau\\ \sigma(t) = Y(0)\varepsilon(t) + \int_0^t \varepsilon(\tau)\frac{\mathrm{d}Y(t-\tau)}{\mathrm{d}(t-\tau)}\mathrm{d}\tau\end{cases} \tag{3-45}$$

式中，$J(t)$ 为单位常应力作用下的应变，称为蠕变度函数，它是时间 t 的单调增函数；$Y(t)$ 为单位常应变作用下的应力，称为蠕变模量，它是时间 t 的单调减函数。经 Laplace 变换，得

$$\begin{cases} \bar{\varepsilon} = s\bar{J}\bar{\sigma} \\ \bar{\sigma} = s\bar{Y}\bar{\varepsilon} = \dfrac{1}{s\bar{J}}\bar{\varepsilon} \end{cases} \tag{3-46}$$

式中，s 为变换参数。

可见，只要把弹性方程中的弹性模量 E 换成 $\dfrac{1}{s\bar{J}}$，经变换的黏弹性体的物理方程和弹性体的物理方程相同，为

$$\bar{\sigma}_{ij} = \frac{1}{(1+\nu)s\bar{J}}\left(\bar{\varepsilon}_{ij} + \frac{\nu}{1-\nu}\bar{\varepsilon}_V \delta_{ij}\right) \tag{3-47}$$

黏弹性体的静力平衡方程、几何方程也和相应弹性体方程一样，经过 Laplace 变换后，有

$$\begin{cases} \bar{\sigma}_{ij,j} = 0 \\ \bar{\varepsilon}_{ij} = \dfrac{1}{2}(\bar{u}_{i,j} + \bar{u}_{j,i}) \end{cases} \tag{3-48}$$

因此，一旦流变模型确定，黏弹性问题的基本解可以由相应弹性问题的基本解得到，这就是对应性原理。在研究岩土材料流变现象时，通常采用一个简单的流变模型，把流变的性质直观表现出来。这样，可以用数学表达式来直接描述蠕变、应力松弛等与时间有关的现象。但是，真实岩土材料的流变性又是十分复杂的。例如，土的应力松弛现象，很像 Maxwell 体，然而它的弹性后效性质又和 Kelvin 体很相似，从土体的极限强度看，它又具有 Bingham 体的特性。因此，不能单纯地通过一个流变模型来反映土的所有流变性质，只有结合具体的土，通过试验才能合理地确定其流变模型及参数。

在这里，不对采用何种流变模型合适加以分析比较，我们的目的是了解求解层状黏弹性位移不连续基本解的过程，因此只介绍一种较典型的流变模型，即图 3-7 所示的 Merchant 模型，它的特点是能够反映材料的瞬时弹性特性以及蠕变和松弛特性。Merchant 模型的本构关系为

$$\frac{\eta}{E_0 + E_1}\sigma + \sigma = \frac{\eta E_0}{E_0 + E_1}\varepsilon + \frac{E_0 E_1}{E_0 + E_1}\varepsilon \tag{3-49}$$

式中，E_0、E_1 和 η 为蠕变参数。

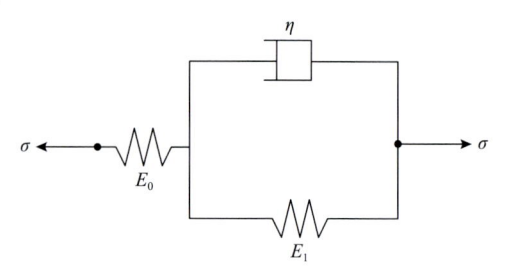

图 3-7　Merchant 模型

根据该本构关系考虑加载的三种情形。

(1) $\sigma = \sigma_c$ 为常数。

这时 $\dot{\sigma} = 0$，本构关系为

$$\frac{E_0 + E_1}{\eta E_0}\sigma_c = \dot{\varepsilon} + \frac{E_1}{\eta_1}\varepsilon \qquad (3\text{-}50)$$

求解上述微分方程，并利用初始条件，得

$$\varepsilon = \frac{\sigma_c}{E_1} e^{-\frac{E_1}{\eta}t} + \frac{\sigma_c}{E} \qquad (3\text{-}51)$$

式中，$\dfrac{1}{E} = \dfrac{1}{E_0} + \dfrac{1}{E_1}$。

不难看出，Merchant 体的应变逐渐增加，反映了该模型的蠕变特性，同时也可以看出在初始时刻应力作用下，Merchant 体有瞬时弹性变形。

(2) 从 $t = 0$ 开始 $\sigma = \sigma_c$ 为常数，到 $t = t_1$ 时卸载。

本构关系为

$$\dot{\varepsilon} + \frac{E_1}{\eta_1}\varepsilon = 0 \qquad (3\text{-}52)$$

利用初始条件解得

$$\varepsilon = \frac{\sigma_c}{E_1}\left(e^{-\frac{E_1}{\eta}t} - 1\right)e^{-\frac{E_1}{\eta}t} \qquad (3\text{-}53)$$

从式 (3-53) 可知，$t \to \infty$ 时，Merchant 体无黏性流动，只有弹性后效。

(3) $\varepsilon = \varepsilon_c$ 为常数。

本构关系为

$$\eta\dot{\sigma}+\left(E_0+E_1\right)\sigma=E_0E_1\varepsilon_c \tag{3-54}$$

由初始条件可得上述微分方程的解为

$$\sigma=\left(E_0-E\right)\varepsilon_c\mathrm{e}^{-\frac{E_0+E_1}{\eta}t+E\varepsilon_c} \tag{3-55}$$

从式(3-55)可以看出，应变恒定时，Merchant 体应力随时间逐渐减小，因此具有松弛特性。

Merchant 体的蠕变度函数为

$$J(t)=\frac{1}{E_0}+\frac{1}{E_1}\left(1-\mathrm{e}^{-\frac{E_1}{\eta}t}\right) \tag{3-56}$$

对式(3-56)进行 Laplace 变换，得到

$$s\overline{J}(s)=\frac{1}{E_0}+\frac{1}{\eta s+E_1} \tag{3-57}$$

得到参数 $s\overline{J}(s)$ 之后，根据对应性原理，代入相应弹性体系下的基本解函数，再做 Laplace 逆变换即可得到物理域内的基本解。

3.3 DDM 及其在地应力场模拟中的应用

3.3.1 DDM 原理及其基本方程

DDM 由美国学者 Crouch 于 1973 年提出，1976 年 Crouch 发表了 DDM 奠基性论文，此后美国明尼苏达大学、麻省理工学院以及日本京都大学都有研究。迄今，已有大量文献利用 DDM 解决岩石力学中的问题。DDM 通过位移不连续的边界上给定的边界条件求出位移不连续量，然后求得相应的应力场与位移场，也可得到与断裂力学相关的量。

结构体中的裂纹在受到外荷载作用时，裂纹的上、下表面之间会发生相互错动，这种错动称为位移不连续，错动的大小称为位移不连续量。定义长为 $2a$ 的不连续单元如图 3-8 所示，图中 D_x 为不连续单元的切向位移不连续量，D_y 为不连续单元的法向位移不连续量。

$$\begin{cases} D_x=u_x(x,0^-)-u_x(x,0^+) \\ D_y=u_y(y,0^-)-u_y(y,0^+) \end{cases},\ |x|\leqslant a \tag{3-58}$$

式中，正号表示上表面；负号表示下表面。

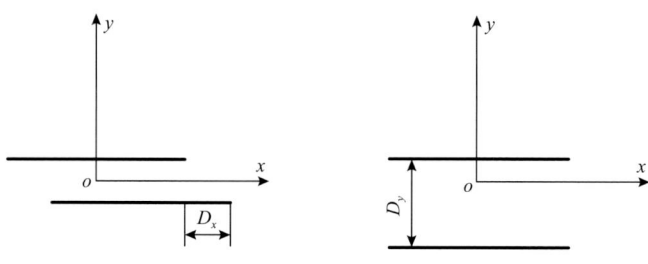

图 3-8 二维位移不连续单元

取 x 轴上 $|x|<a$ 的位移不连续量 $\bar{u}_s(\xi,\eta)$ ($s=x,y$)，$y \geqslant 0$ 上调和函数取 $v = \bar{u}_s(\xi,\eta)$，则边界上点 P 的位移不连续量可表达为

$$\bar{u}_s = -\frac{1}{\pi}\frac{\partial}{\partial y}\int_C \left(\ln\frac{1}{r_0}\right)\bar{u}_s \mathrm{d}l, \quad y=0 \tag{3-59}$$

假定在 $|x|<a$ 上只有切向位移不连续量 D_x 均匀分布（取定值），令 $I = \int_C \ln\frac{1}{r_0}\mathrm{d}l$，则

$$\bar{u}_x = -\frac{D_x}{\pi}I_{,y}, \quad y=0 \tag{3-60}$$

通过相关数学力学推导，可得单元的位移不连续量和位移之间的关系：

$$\begin{cases} u_x = D_x[2(1-v)f_{,y} - yf_{,xx}] - D_y[(1-2v)f_{,x} + yf_{,xy}] \\ u_y = D_x[(1-2v)f_{,x} - yf_{,xy}] + D_y[2(1-v)f_{,y} - yf_{,yy}] \end{cases} \tag{3-61}$$

式中，u_x、u_y 为位移坐标分量；D_x、D_y 为弱面不连续位移坐标分量；$f_{,x}$ 等为与单元点坐标有关的系数，函数 $f(x,y)$ 为

$$\begin{aligned} f(x,y) &= \frac{-1}{4\pi(1-v)}\int_{-a}^{a}\ln[(x-\xi)^2 + y^2]^{1/2}\mathrm{d}\xi \\ &= \frac{-1}{4\pi(1-v)}\left[y\left(\arctan\frac{y}{x-a} - \arctan\frac{y}{x+a}\right)\right. \\ &\quad \left. -(x-a)\ln\sqrt{(x-a)^2+y^2} + (x+a)\ln\sqrt{(x+a)^2+y^2}\right] \end{aligned} \tag{3-62}$$

根据弹性理论公式，各应力分量如下：

$$\begin{cases} \sigma_{xx} = 2GD_x(2f_{,xy} + yf_{,xyy}) + 2GD_y(2f_{,yy} + yf_{,yyy}) \\ \sigma_{yy} = 2GD_x(-yf_{,xyy}) + 2GD_y(f_{,yy} - yf_{,yyy}) \\ \tau_{xy} = 2GD_x(2f_{,yy} + yf_{,yyy}) + 2GD_y(-yf_{,xyy}) \end{cases} \tag{3-63}$$

式中，σ_{xx} 为 x 方向的正应力；σ_{yy} 为 y 方向的正应力；τ_{xy} 为剪应力。

把若干不连续面沿长度方向分成 N 个单元，并且把各个单元的影响系数组装成一个矩阵，即可以得到以下方程组：

$$\begin{bmatrix} a_{11} & a_{12} & \cdots & a_{1n} \\ a_{21} & a_{22} & \cdots & a_{2n} \\ \vdots & \vdots & & \vdots \\ a_{n1} & a_{n2} & \cdots & a_{nn} \end{bmatrix} \begin{bmatrix} D_1 \\ D_2 \\ \vdots \\ D_n \end{bmatrix} = \begin{bmatrix} P_1 \\ P_2 \\ \vdots \\ P_n \end{bmatrix} \tag{3-64}$$

式中，$n=2N$；$a_{ij}(i,j=1,2,\cdots,n)$ 为位移或应力影响系数；$D_j(j=1,2,\cdots,n)$ 为单元节点位移不连续量；$P_j(j=1,2,\cdots,n)$ 为单元节点上的边界条件，既可以是应力，也可以是位移。

不连续面上的应力边界条件可以由体力法或者叠加原理确定，待不连续面上的位移不连续量求出后，即可通过影响函数计算域内各点的应力和位移及其他待求物理量。

3.3.2　DDM 高精度化探讨

3.3.1 节给出了常单元的计算公式，但是在某些对计算精度要求很高的情况下，仅仅采用常单元计算的结果就显得有些粗糙，尤其在裂纹的两端，由于存在应力集中，不能简单通过增加单元数来获得结果的改善。本小节利用 Lagrange 插值函数，建立提高单元精度的 DDM。

如图 3-9 所示，三个相邻的单元为一组，每个单元只有一个位于单元中点的节点，其位移不连续量为 $(D_i)_m$ ($i=x,y$; $m=1,2,3$)。任意点处的位移不连续量可设为

$$D_i(\xi) = \sum_{m=1}^{3} N_m(\xi)(D_i)_m \tag{3-65}$$

式中，形函数 $N_m(\xi)$ ($m=1,2,3$) 采用 Lagrange 插值函数。

$$N_m(\xi) = \frac{\prod_{k=1}^{3}(\xi-\xi_k)}{\prod_{k=1}^{3}(\xi_m-\xi_k)}, \quad k \neq m \tag{3-66}$$

$$\xi_1 = -2a, \quad \xi_2 = 0, \quad \xi_3 = 2a$$

影响函数为

$$u_x = \sum_{m=1}^{3}(D_x)_m [2(1-v)f_{m,y} - yf_{m,xx}] - \sum_{m=1}^{3}(D_y)_m [(1-2v)f_{m,x} + yf_{m,xy}] \tag{3-67}$$

$$u_y = \sum_{m=1}^{3}(D_x)_m [(1-2v)f_{m,x} - yf_{m,xy}] + \sum_{m=1}^{3}(D_y)_m [2(1-v)f_{m,y} - yf_{m,yy}]$$

$$\sigma_{xx} = 2G\sum_{m=1}^{3}(D_x)_m \left(2f_{m,xy} + yf_{m,xyy}\right) + 2G\sum_{m=1}^{3}(D_y)_m \left(2f_{m,yy} + yf_{m,yyy}\right)$$

$$\sigma_{yy} = 2G\sum_{m=1}^{3}(D_x)_m \left(-yf_{m,xyy}\right) + 2G\sum_{m=1}^{3}(D_y)_m \left(f_{m,yy} - yf_{m,yyy}\right) \tag{3-68}$$

$$\tau_{xy} = 2G\sum_{m=1}^{3}(D_x)_m \left(2f_{m,yy} + yf_{m,yyy}\right) + 2G\sum_{m=1}^{3}(D_y)_m \left(-yf_{m,xyy}\right)$$

式中，$f_m = \dfrac{-1}{4\pi(1-v)}\int_{-a}^{a} N_m(\xi)\ln[(x-\xi)^2 + y^2]^{1/2}\mathrm{d}\xi (m=1,2,3)$。

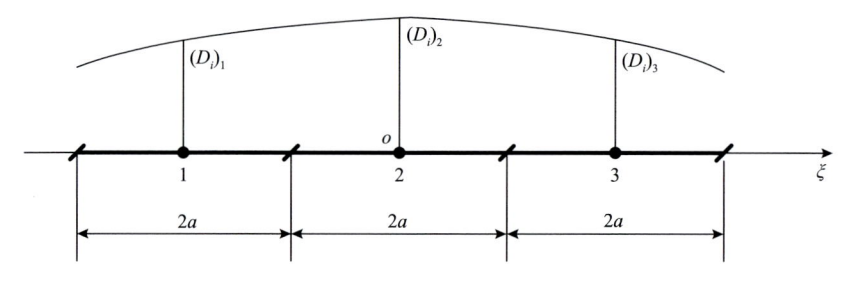

图 3-9 二次 Lagrange 插值单元

不管是常单元的计算公式还是高次单元的计算公式，都会遇到如下形式的积分及其导数：

$$I_i = \int_{-a}^{a} \xi^i \ln[(x-\xi)^2 + y^2]^{0.5}\mathrm{d}\xi, \quad i=0,1,2 \tag{3-69}$$

这不是普通的积分，当 $\xi = x$、$y = 0$ 时，被积函数为无穷大，而这种情况在计算单元对自身的影响系数并形成求解方程组时必然会遇到。式中各符号的含义如图 3-10 所示，对应式(3-69)中 I_i 的各部分导数可直接对 I_i 求导获得。

用一个简单的算例来说明其对 DDM 精度的改进。设长 $6a$ 的直裂纹受均布内压 p 作用，其法向位移不连续量的解析公式为

$$D_y(x) = -\frac{12(1-v^2)}{E}pa\sqrt{1-\frac{x^2}{9a^2}} \tag{3-70}$$

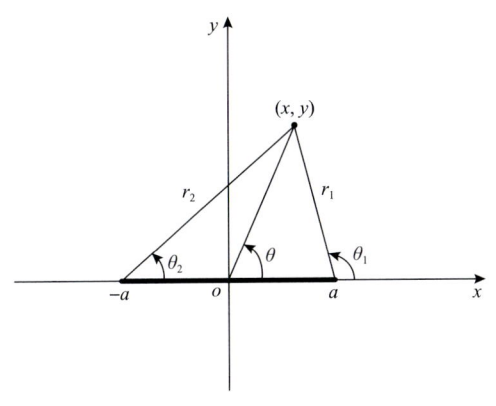

图 3-10　积分公式各符号的含义

如图 3-9 所示，把裂纹划分成三个单元，分别用常单元公式和二次 Lagrange 插值单元公式计算法向位移不连续量，结果比较如表 3-2 所示。在不增加单元数目的基础上，二次 Lagrange 插值单元对精度的改善是明显的。

表 3-2　两种单元精度比较

计算方法	单元 1 $\dfrac{-D_yE}{pa(1-v^2)}$	误差/%	单元 2 $\dfrac{-D_yE}{pa(1-v^2)}$	误差/%	单元 3 $\dfrac{-D_yE}{pa(1-v^2)}$	误差/%
解析法	8.944	—	12.000	—	8.944	—
常单元	11.781	31.72	14.137	17.81	11.781	31.72
二次 Lagrange 插值单元	9.339	4.42	12.566	4.72	9.339	4.72

3.3.3　三维 DDM 基本理论

1. 三维 DDM 基本公式

如图 3-11 所示，定义不连续面上的位移不连续量为下表面（用"−"表示）的位移与上表面（用"+"表示）的位移之差，那么 x 方向上的位移不连续分量为 $\bar{u}_x(x,y) = u_x(x,y,0^-) - u_x(x,y,0^+)$，取调和函数 $v = \bar{u}_x(x,y)$，则边界上点 P 的位移不连续量可由式(3-71)给出

$$\bar{u}_x = -\frac{1}{2\pi}\frac{\partial}{\partial z}\iint_S \frac{\bar{u}_x(x,y)}{r_0}\mathrm{d}S, \quad z=0 \tag{3-71}$$

下面的推导中假定在不连续面上只有均匀分布的切向位移不连续量 D_x 作用，且令 $I = \iint_S \dfrac{1}{r_0}\mathrm{d}S$，则

$$\overline{u}_x = -\frac{D_x}{2\pi} I_{,z}, \quad z = 0 \tag{3-72}$$

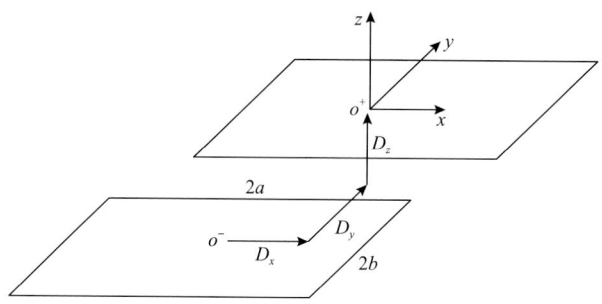

图 3-11 三维矩形位移不连续单元

对于长为 2a、宽为 2b 的矩形常位移不连续单元，均布不连续位移基本解（包括位移和应力）为

$$\begin{cases} u_x = D_x \left[2(1-v)I_{,z} - zI_{,xx} \right] + D_y \left(-zI_{,xy} \right) + D_z \left[-(1-2v)I_{,x} - zI_{,xz} \right] \\ u_y = D_x \left(-zI_{,xy} \right) + D_y \left[2(1-v)I_{,z} - zf_{,yy} \right] + D_z \left[-(1-2v)I_{,y} - zI_{,yz} \right] \\ u_z = D_x \left[(1-2v)I_{,x} + zI_{,xz} \right] + D_y \left[(1-2v)I_{,y} + zI_{,yz} \right] + D_z \left[2(1-v)I_{,z} - zI_{,zz} \right] \end{cases} \tag{3-73}$$

$$\begin{cases} \sigma_{xx} = 2G\{D_x \left(2I_{,xz} - zI_{,xxx} \right) + D_y \left(2vI_{,yz} - zI_{,xxy} \right) + D_z \left[I_{,zz} + (1-2v)I_{,yy} - zI_{,xxz} \right]\} \\ \sigma_{yy} = 2G\{D_x \left(2vI_{,xz} - zI_{,xyy} \right) + D_y \left(2I_{,yz} - zI_{,yyy} \right) + D_z \left[I_{,zz} + (1-2v)I_{,xx} - zI_{,yyz} \right]\} \\ \sigma_{zz} = 2G\left[D_x \left(-zI_{,xzz} \right) + D_y \left(-zI_{,yzz} \right) + D_z \left(I_{,zz} - zI_{,zzz} \right) \right] \\ \tau_{xy} = 2G\{D_x \left[(1-v)I_{,yz} - zI_{,xxy} \right] + D_y \left[(1-v)I_{,xz} - zI_{,xyy} \right] + D_z \left[-(1-2v)I_{,xy} - zI_{,xyz} \right]\} \\ \tau_{yz} = 2G\left[D_x \left(-vI_{,xy} - zI_{,xyz} \right) + D_y \left(I_{,zz} + vI_{,xx} - zI_{,yyz} \right) + D_z \left(-zI_{,yzz} \right) \right] \\ \tau_{zx} = 2G\left[D_x \left(I_{,zz} + vI_{,yy} - zI_{,xxz} \right) + D_y \left(-vI_{,xy} - zI_{,xyz} \right) + D_z \left(-zI_{,xzz} \right) \right] \end{cases}$$

$$\tag{3-74}$$

式中，G 为剪切模量；v 为泊松比。

$$I(x,y,z) = \frac{1}{8\pi(1-v)} \int_{-b}^{b} \int_{-a}^{a} \frac{1}{(x-\xi)^2 + (y-\eta)^2 + z^2} \mathrm{d}\xi \mathrm{d}\eta \tag{3-75}$$

2. 三维 DDM 数值模型

若将任意不连续面离散为 N 个单元，利用上面给出的基本解，以裂纹的局部坐标分别代替上面公式中的 x、y 和 z，于是单元 i 的应力可以表示为

$$\begin{cases} S_1^i = \sum_{j=1}^{N} A_{11}^{ij} D_1^j + \sum_{j=1}^{N} A_{12}^{ij} D_2^j + \sum_{j=1}^{N} A_{13}^{ij} D_3^j \\ S_2^i = \sum_{j=1}^{N} A_{21}^{ij} D_1^j + \sum_{j=1}^{N} A_{22}^{ij} D_2^j + \sum_{j=1}^{N} A_{23}^{ij} D_3^j \\ S_3^i = \sum_{j=1}^{N} A_{31}^{ij} D_1^j + \sum_{j=1}^{N} A_{32}^{ij} D_2^j + \sum_{j=1}^{N} A_{33}^{ij} D_3^j \end{cases} \quad (3-76)$$

式中，S_1^i、S_2^i 和 S_3^i 分别为单元 i 的切向和法向面力；D_1^j、D_2^j 和 D_3^j 分别为单元 j 的切向和法向不连续位移；A_{11}^{ij}、A_{12}^{ij}、A_{13}^{ij}、A_{21}^{ij}、A_{22}^{ij}、A_{23}^{ij}、A_{31}^{ij}、A_{32}^{ij} 和 A_{33}^{ij} 均为应力影响系数；N 为单元数。

在得到单元的间断位移之后，即可求得问题的位移场和应力场。

3. 程序验证

根据上面的模型编制了三维 DDM 计算程序，下面通过两个算例验证矩形常单元模拟的精度。

(1) 无限大弹性体中有一半径为 a 的圆币形扁平裂隙。弹性模量 $E=10000$MPa，泊松比 $\nu = 0.1$，单向(z 轴方向)拉伸荷载为 p。

图 3-12 对比了 DDM 计算程序得到的 z 方向应力 σ_{zz} 和理论值。可以看出，DDM 计算程序得到的 z 方向应力 σ_{zz} 比理论值稍大，最大误差也小于 2%，即使在距裂隙表面约 $0.2a$ 的地方，计算结果仍然与理论值符合很好。

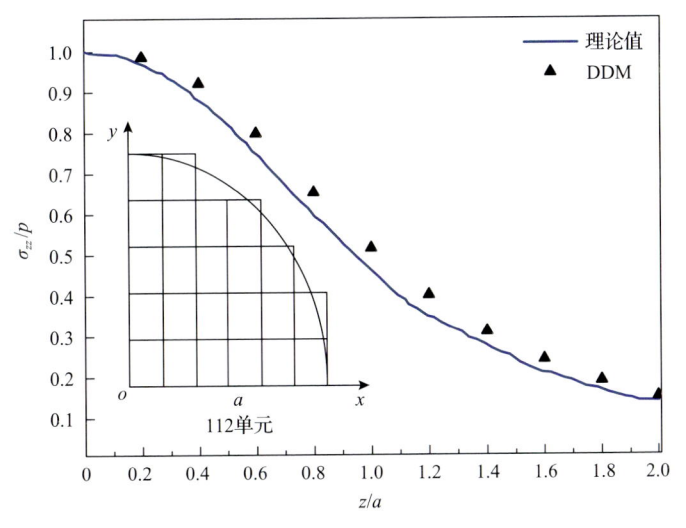

图 3-12 DDM 计算程序得到的 σ_{zz} 和理论值比较

图 3-13 对比了与圆心距离为 r 的单元在 z 方向上位移间断量 D_z 的计算值与理论值。可以看出，二者也符合很好。

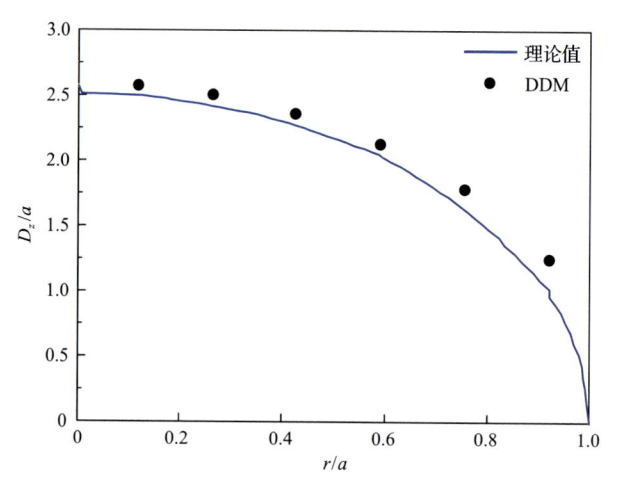

图 3-13　DDM 计算程序得到的 D_z 和理论值比较

图 3-14 给出了圆币形裂纹径向应力 σ_{zz} 的 DDM 计算值与理论值的对比结果。从图中可以看出，向裂尖靠近时，应力急剧上升，理论上达到无穷大。DDM 计算得到的应力值要大于理论值，在距裂尖约 $0.3a$ 处开始，越靠近裂尖，计算误差越大，精度下降越快。

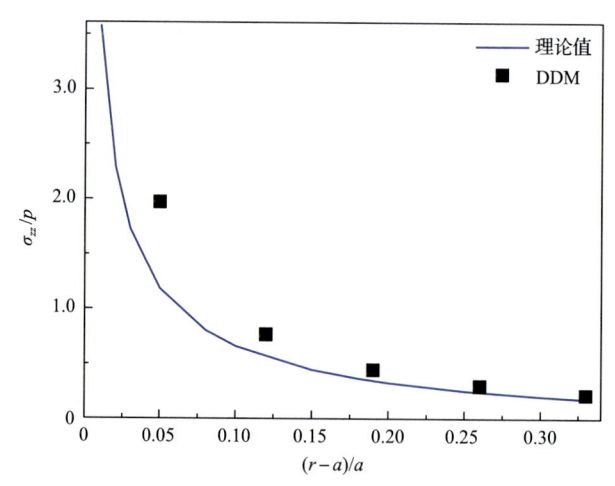

图 3-14　沿径向 DDM 计算程序得到的 σ_{zz} 和理论值比较

(2) 无限大弹性体中有两个半径为 a 的圆币形裂隙，它们之间的距离为 $2.1a$。弹性模量 $E=10000\text{MPa}$，泊松比 $v=0.1$，单向（z 轴方向）拉伸荷载为 p。每个裂隙划分单元的方法同上一个算例。

图 3-15 给出了裂隙面内(z=0)沿 y 轴正向上的正应力变化情况，可以看出，大概离坐标系原点的距离超过裂隙半径长 a 之后，应力值就与不存在裂隙时的值基本一样了。

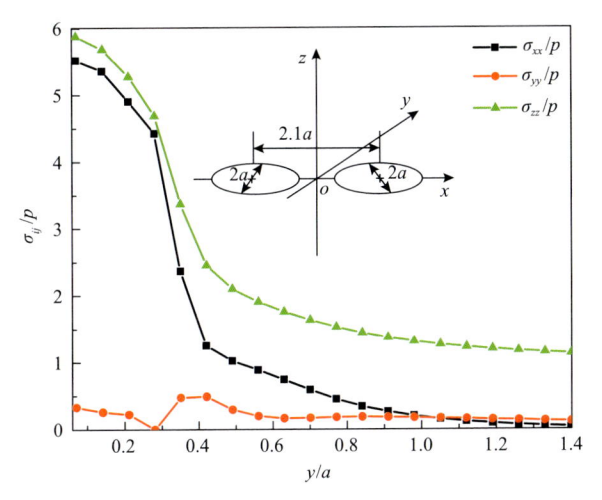

图 3-15　沿 y 轴正向上的正应力分布

3.4　断层破碎带岩体非线性特性及其 DDM 建模

3.4.1　断层的流变本构关系

以往在用力学原理分析断层对工程的影响时，断层在工程有效期内被认为是不运动的，需根据断层所处的地质环境及受力条件来选择合理的力学模型。前人在研究岩石的应力-应变曲线基础上提出了许多破碎岩体的蠕变模型，如 Maxwell 模型、Bingham 模型、Burgers 模型、广义 Kelvin 模型以及西原正夫模型等。这些力学模型基本上是由弹性元件、黏性元件、塑性元件及结构面闭合元件的串并联形式给出的，这些简单元件的组合可以考虑到断层带岩体的黏弹性、黏塑性及结构面的闭合与张开等特点，其中一些力学本构模型已在工程实践中得到证实。

上述蠕变模型并不能很好地描述岩体蠕变的全过程，尤其是对于加速蠕变阶段的描述。基于广义 Bingham 蠕变本构方程，通过引入能够表现衰减蠕变阶段和加速蠕变阶段的非线性函数到广义 Bingham 蠕变本构方程中来建立一个新的断层破碎带的蠕变模型，很好地描述了蠕变衰减阶段、稳态阶段和蠕变加速阶段。

如图 3-16 所示，广义 Bingham 蠕变模型由一个黏性体 N 和一个塑性体 V 并联后再与一个弹性体 H 串联，其形式为 H-N|V，它有一瞬态蠕变，并且应变随着

时间呈直线上升趋势,可以对岩石的稳态蠕变进行描述,其计算公式为

$$\varepsilon(t) = \frac{\sigma}{E} + \frac{\sigma - \sigma_s}{\eta} t \qquad (3\text{-}77)$$

式中,σ_s 为屈服应力;t 为蠕变时间;E 和 η 为蠕变参数。

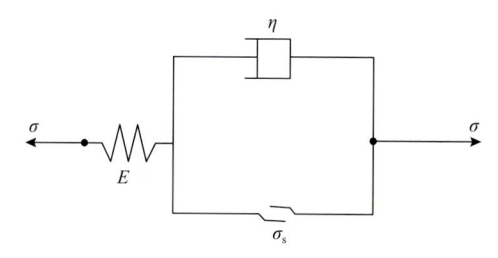

图 3-16　广义 Bingham 蠕变模型

把两个分别表示蠕变衰减和加速的非线性函数引入广义 Bingham 模型的蠕变方程中,构造新的蠕变方程,其非线性蠕变方程为

$$\varepsilon(t) = \frac{\sigma}{E} + \gamma\left(1 - e^{-\alpha t}\right) + \frac{\sigma - \sigma_s}{\eta} t e^{\beta f(t - t^*)} \qquad (3\text{-}78)$$

式中,α、β、γ 为材料常数。

$$f(t - t^*) = \begin{cases} 0, & t < t^* \\ t - t^*, & t \geqslant t^* \end{cases} \qquad (3\text{-}79)$$

可知法向柔度为

$$C_n(t) = \frac{\delta_0}{E} + \frac{\delta_0}{\eta} t e^{\beta f(t - t^*)} \qquad (3\text{-}80)$$

切向柔度 C_s 也类似得到。

3.4.2　断层带非线性变形特性

Barton-Bandis 法向变形模型将结构面变形与应力的关系以双曲函数表示,考虑了结构面最大闭合量和初始刚度,其法向刚度为

$$K_n = K_{ni} \bigg/ \left(1 - \frac{\delta_n}{\delta_m}\right)^2 \qquad (3\text{-}81)$$

式中,K_{ni} 为初始法向刚度;δ_n 为法向闭合量;δ_m 为最大法向闭合量。

Kulhaway 切向变形模型是双曲函数型模型,其应力-应变关系为

$$\tau = \frac{\delta_s}{m + n\delta_s} \tag{3-82}$$

式中,δ_s 为切向变形量;m、n 为相应的系数,m 为初始剪切刚度的倒数,n 为剪切应力-位移双曲线渐近线的倒数。其剪切刚度为

$$K_s = \frac{\partial \tau}{\partial \delta_s} = \frac{m}{(m + n\delta_s)^2} \tag{3-83}$$

莫尔-库仑抗剪强度准则为

$$\tau = c + \sigma_n \tan\varphi \tag{3-84}$$

式中,c 为黏聚力;σ_n 为法向应力;φ 为内摩擦角。

3.5 复杂构造应力场的 DDM 实用计算方法

3.5.1 基于有限实测值的地应力场 DDM 反演

原岩应力的构成复杂多样,但对于断层发育区域,地应力场的主要组成成分为自重应力场和地质构造应力场(温度应力、地下水、岩性差异等影响一般可忽略),本节将以此为依据,建立地应力场计算 DDM 数值模型,采用多元回归分析法与线性规划法相结合,建立断层发育区复杂地应力场的优化拟合方法。

根据多元回归分析法原理,将地应力回归计算值 $\hat{\sigma}_k$ 作为因变量,把 DDM 计算求得的自重应力场和对应实测点的应力计算值 σ_k^i 作为自变量,则回归方程的形式为

$$\hat{\sigma}_k = \sum_{i=1}^{n} L_i \sigma_k^i \tag{3-85}$$

式中,k 为观测点的序号;$\hat{\sigma}_k$ 为第 k 个观测点的应力回归计算值;L_i 为相应于自变量的多元回归系数;σ_k^i 为相应应力分量计算值的单列矩阵;n 为工况数。

假定有 m 个观测点,则最小二乘法的残差平方和为

$$S_{\text{残}} = \sum_{k=1}^{m} \sum_{j=1}^{6} \left(\sigma_{jk}^* - \sum_{i=1}^{n} L_i \sigma_{jk}^i \right)^2 \tag{3-86}$$

式中,σ_{jk}^* 为第 k 个观测点第 j 个应力分量的观测值;σ_{jk}^i 为 i 工况下第 k 个观测

点第 j 个应力分量的 DDM 计算值；$j=1, 2, \cdots, 6$，对应 6 个初始应力分量。

根据最小二乘法原理，使得 $S_残$ 为最小值的方程为

$$\text{对称}\begin{bmatrix} \sum_{k=1}^{m}\sum_{j=1}^{6}\left(\sigma_{jk}^{1}\right)^{2} & \sum_{k=1}^{m}\sum_{j=1}^{6}\sigma_{jk}^{1}\sigma_{jk}^{2} & \cdots & \sum_{k=1}^{m}\sum_{j=1}^{6}\sigma_{jk}^{1}\sigma_{jk}^{n} \\ & \sum_{k=1}^{m}\sum_{j=1}^{6}\left(\sigma_{jk}^{2}\right)^{2} & \cdots & \sum_{k=1}^{m}\sum_{j=1}^{6}\sigma_{jk}^{2}\sigma_{jk}^{n} \\ & & \ddots & \vdots \\ & & & \sum_{k=1}^{m}\sum_{j=1}^{6}\left(\sigma_{jk}^{n}\right)^{2} \end{bmatrix} \begin{bmatrix} L_1 \\ L_2 \\ \vdots \\ L_n \end{bmatrix} = \begin{bmatrix} \sum_{k=1}^{m}\sum_{j=1}^{6}\sigma_{jk}^{*}\sigma_{jk}^{1} \\ \sum_{k=1}^{m}\sum_{j=1}^{6}\sigma_{jk}^{*}\sigma_{jk}^{2} \\ \vdots \\ \sum_{k=1}^{m}\sum_{j=1}^{6}\sigma_{jk}^{*}\sigma_{jk}^{n} \end{bmatrix} \quad (3\text{-}87)$$

解此方程，可得 n 个待定回归系数 $L=(L_1, L_2, \cdots, L_n)^{\mathrm{T}}$，则计算域内任一点 p 的回归初始应力可由该点各工况 DDM 计算值叠加而得，即

$$\sigma_{jp} = \sum_{i=1}^{n} L_i \sigma_{jp}^{i} \quad (3\text{-}88)$$

式中，$j=1, 2, \cdots, 6$。

基于有限实测值的 DDM 模拟如图 3-17 所示。

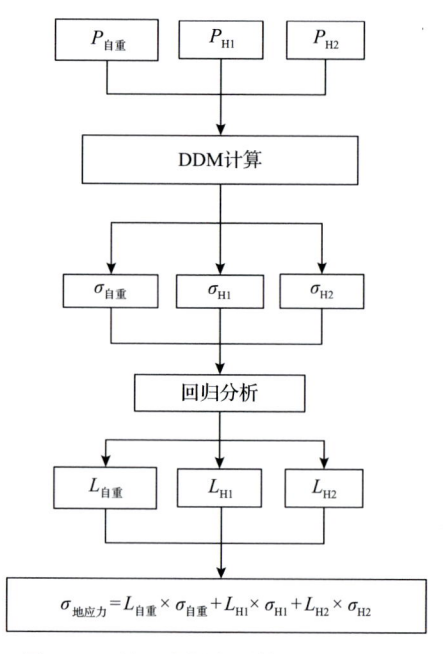

图 3-17 基于有限实测值的 DDM 模拟

3.5.2 基于断层产状参数和线性规划法的地应力场 DDM 反演

假定断层是由初始荷载作用形成的，此处的初始荷载即自重应力作用和构造应力作用，在已知某些点的实测应力情况下，可根据实测应力值进行回归分析求得初始荷载，而实际上初始荷载作用下形成的断层产状本身即可作为回归分析的依据，具体的处理方法如下。

(1) 根据断层倾角及落差，计算断层面相对位移。
(2) 把初始外荷载(形成断层构造前的地应力)作为待求量。
(3) 利用多元回归分析法求解初始外荷载。

根据多元回归分析法原理，将断层落差回归计算值 $\hat{h}_k$ 作为因变量，把 DDM 计算求得的自重应力场和构造应力场作用下断层落差计算值 h_k^i 作为自变量，则回归方程的形式为

$$\hat{h}_k = \sum_{i=1}^{n} L_i h_k^i \tag{3-89}$$

式中，k 为观测断层的序号；$\hat{h}_k$ 为第 k 个断层落差回归计算值；L_i 为相应于自变量的多元回归系数；h_k^i 为 i 工况下第 k 个断层落差的 DDM 计算值；n 为工况数。

假定有 m 个观测点，则最小二乘法的残差平方和为

$$S_{残} = \sum_{k=1}^{m} \left(h_k^* - \sum_{i=1}^{n} L_i h_k^i \right)^2 \tag{3-90}$$

式中，h_k^* 为第 k 个断层落差的观测值。

根据最小二乘法原理，使得 $S_{残}$ 为最小值的方程为

$$\begin{bmatrix} \sum_{k=1}^{m}(h_k^1)^2 & \sum_{k=1}^{m} h_k^1 h_k^2 & \cdots & \sum_{k=1}^{m} h_k^1 h_k^n \\ 对 & \sum_{k=1}^{m}(h_k^2)^2 & \cdots & \sum_{k=1}^{m} h_k^2 h_k^n \\ & & \ddots & \vdots \\ 称 & & & \sum_{k=1}^{m}(h_k^n)^2 \end{bmatrix} \begin{bmatrix} L_1 \\ L_2 \\ \vdots \\ L_n \end{bmatrix} = \begin{bmatrix} \sum_{k=1}^{m} h_k^* h_k^1 \\ \sum_{k=1}^{m} h_k^* h_k^2 \\ \vdots \\ \sum_{k=1}^{m} h_k^* h_k^n \end{bmatrix} \tag{3-91}$$

解此方程，得 n 个待定回归系数 $L=(L_1, L_2, \cdots, L_n)^\mathrm{T}$，则计算域内任一点 p 的回归初始应力可由该点各工况 DDM 计算值叠加而得，即

$$\sigma_{jp} = \sum_{i=1}^{n} L_i \sigma_{jp}^i \qquad (3\text{-}92)$$

式中，$j=1, 2, \cdots, 6$。

基于构造产状的 DDM 模拟如图 3-18 所示。

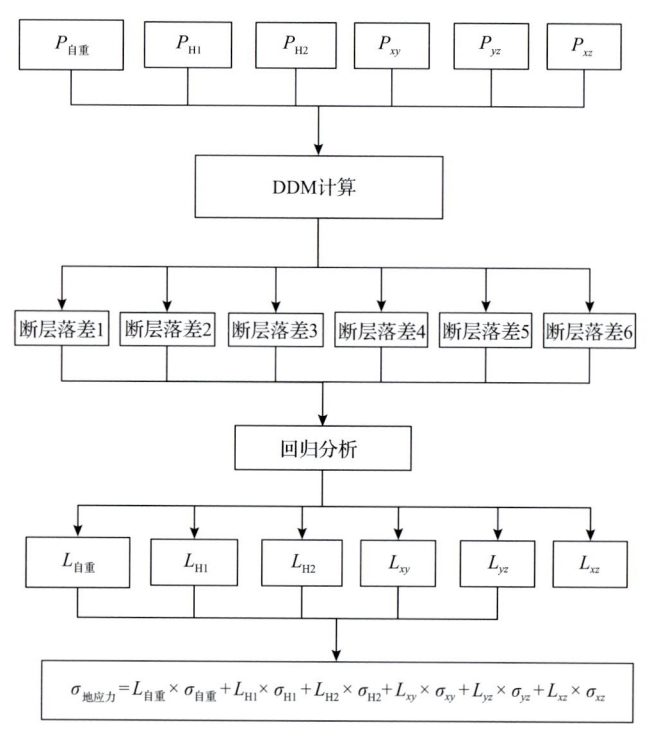

图 3-18　基于构造产状的 DDM 模拟

3.6　实例分析

3.6.1　基于有限实测值的三维初始应力场 DDM 模拟

1. 工程及地质概况

某地下工程区位于青藏高原东缘的侵蚀型高山峡谷区，为川西北高山～高原过渡地带的侵蚀型高山峡谷地貌。工程区及其外围出露的主要地层为五龙断裂以西和川滇南北构造带以北的金弧形构造带及其邻近地区的地槽型沉积变质岩区，地层出露齐全，为一套堆积巨厚的前震旦系～三叠系的变质碳酸盐建造和浅海相泥砂岩建造、火山岩系以及类复理石建造。

地下厂房系统布置在左岸山体内，水平埋深为230～430m，垂直埋深为285～480m，岩性以花岗岩为主，夹少量闪长岩和辉长岩，岩性较单一，岩体强度高。

在大地构造部位上，本区处于川滇南北构造带北端的鸡心梁子地块，是不同构造单元的多组构造交汇复合地带。川滇南北构造带、龙门山构造带、北西向构造带、金汤弧形构造带构成了本区最基本的构造框架。

坝址附近河谷狭窄，河谷形态呈相对对称的V形，地段陡峻。左岸自然边坡坡度一般为70°～75°，顶部变缓为30°～40°，右岸自然边坡坡度一般为78°～80°，顶部变缓为50°～60°。地表调查表明，有四条小规模的错动带，带宽一般为2～10cm，最大可达30～40cm，产状为N50°～70°E/SE∠40°～60°。在坝址右岸附近发育有三组结构面：①EW/N∠80°，面平直粗糙，延伸约5m，表面卸荷张开1～3cm，间距0.2～2m；②N60°W/SW∠85°，延伸大于5m，间距1～2cm，面起伏粗糙，卸荷张开1～3cm，最大为10cm，局部见块碎石充填；③N30°W/NE∠70°～75°，面起伏，顺坡向，延伸1～2cm。左岸结构面为：①EW/N∠15°～20°，面平直，延伸大于30m，间距为30～150cm，微张，较发育；②N40°E/SE∠85°，面平直，延伸大于10m，个别间距50cm，零星发育；③N60°W/SW∠85°～90°，面平直，延伸大于10m，局部间距10～50cm，微张。左岸边坡主要受①、②组结构面控制。预可行性研究阶段试验主要布置在上坝址。

下坝址河谷相对开阔，似V形谷底套U形谷。谷坡坡度一般为50°～60°，陡的地段为60°～85°。枯水期河水面宽90～100m，最宽段达170m。由于谷底开阔，Ⅰ级阶地保存较好，Ⅱ级阶地残缺不全。地质调查表明，区域内有小型断层发育，归纳起来主要有三组：①SN倾E或W，陡倾角，破碎带宽数厘米至数十厘米，断面波状起伏，延伸短小；②N60°～80°W/NE或SW，陡倾角为主，破碎带宽0.5～2m，最大宽3～4m，延伸规模短小；③N70°～80°E/NW或SE，陡倾角，破碎带宽0.5～2m。坝区节理裂隙主要发育有5组：①N35°～45°E/SE∠45°～60°，为坝区最发育的节理组，延伸度大，裂面平直粗糙；②SN/W∠70°～80°，较发育，延伸长，现场多见大陡面；③N35°～50°W/SW∠70°～85°；④N70°～80°W/NE∠45°；⑤NWW倾NE或SW∠75°～85°，延伸长，节理面平直粗糙。此外，局部地段还有缓倾裂隙分布。可行性研究阶段试验均布置在下坝址及厂房区。

2. 围岩力学参数

根据工程地质条件和岩体力学试验结果，地下厂区洞室主要围岩为中粗粒Ⅱ类花岗岩、Ⅲ类花岗岩和Ⅳ类花岗岩，计算模型中取用的岩体力学参数如表3-3所示。

表 3-3　岩体力学参数

岩类	变形模量/GPa	泊松比	抗剪强度参数 $\varphi/(°)$	c/MPa
Ⅱ类花岗岩	30.6	0.187	55.77	3.14
Ⅲ类花岗岩	11.8	0.198	57	2.27
Ⅳ类花岗岩	5.63	0.22	46.39	1.05

3. 实测地应力及其坐标转换

孔径变形法测得的岩体地应力测点信息如表 3-4 所示。

表 3-4　岩体地应力测点信息

测点编号	测点位置	测点高程/m	水平埋深/m	垂直埋深/m	测点岩性
XPD01-1	XPD010+249m	1490	250	308.7	花岗岩
XPD01-2	XPD010+360m	1490	360	424.5	花岗岩
XPD10-1	XPD100+300m	1489	300	350	花岗岩
XPD10-2	XPD100+450m	1489	450	470	花岗岩
XPD10-3	XPD100+380m	1489	380	420	花岗岩
XPD10-4	XPD100+200m	1489	200	238	花岗岩
XPD10上支-1	XPD10上支洞 0+100m	1489	300	350	花岗岩
XPD10下支-1	XPD10下支洞 0+140m	1489	300	350	花岗岩

建立以隧道轴向为 x 轴(远离河谷为正方向)、垂直于隧道轴向为 y 轴(指向上游为正方向)、竖向为 z 轴(向上为正方向)的计算区域局部三维直角坐标系，将以主应力形式表示的实测地应力转换到该三维直角坐标系中，岩体初始应力测量结果如表 3-5 所示。

表 3-5　岩体初始应力测量结果

测点编号	σ_1 测量值/MPa	$\alpha/(°)$	$\beta/(°)$	σ_2 测量值/MPa	$\alpha/(°)$	$\beta/(°)$	σ_3 测量值/MPa	$\alpha/(°)$	$\beta/(°)$
XPD01-1	18.76	317.64	68.08	15.18	91.33	15.53	8.81	5.62	−15.07
XPD01-2	20.00	299.42	6.70	17.26	122.88	−82.47	12.13	29.83	−3.45
XPD10-1	15.52	339.53	−16.28	9.14	19.05	69.27	3.92	73.24	−12.49
XPD10-2	31.96	282.00	−20.42	13.45	52.97	−60.49	7.31	3.90	20.35
XPD10-3	25.68	304.10	−20.41	13.10	91.55	−66.18	7.12	29.65	11.74
XPD10-4	21.82	280.50	−54.98	13.64	5.45	3.53	2.98	93.00	−34.79
XPD10上支-1	17.36	288.63	−26.78	12.77	144.35	−58.13	6.00	26.94	−15.97
XPD10下支-1	16.01	278.10	−24.57	11.80	55.67	−58.23	7.98	359.11	18.84

注：α 为主应力在水平面上的投影方位角，β 为主应力倾角，仰角为正。

主应力坐标与计算坐标夹角如表 3-6 所示。

表 3-6 主应力坐标与计算坐标夹角

XPD10-1	x	y	z	XPD10-2	x	y	z
x'	117.23°	86.11°	27.56°	x'	159.21°	69.63°	93.84°
y'	32.45°	69.67°	65.86°	y'	86.25°	69.61°	20.74°
z'	106.28°	20.73°	102.49°	z'	110.42°	150.49°	69.65°
XPD10-3	x	y	z	XPD10-4	x	y	z
x'	137.31°	66.34°	24.49°	x'	124.98°	92.55°	35.10°
y'	65.65°	87.40°	68.82°	y'	88.57°	4.35°	85.90°
z'	110.41°	156.18°	78.26°	z'	144.98°	86.47°	124.79°
XPD10-5	x	y	z	XPD10-6	x	y	z
x'	151.33°	68.63°	71.82°	x'	155.43°	64.23°	98.38°
y'	80.52°	112.46°	24.58°	y'	89.91°	72.73°	20.75°
z'	116.78°	148.13°	105.97°	z'	114.57°	148.23°	71.16°

坐标变换后的各应力分量为

$$\begin{cases}
\sigma_{x'} = \sigma_x l_{11}^2 + \sigma_y l_{12}^2 + \sigma_z l_{13}^2 + 2\tau_{xy} l_{11} l_{12} + 2\tau_{yz} l_{12} l_{13} + 2\tau_{zx} l_{13} l_{11} \\
\sigma_{y'} = \sigma_x l_{21}^2 + \sigma_y l_{22}^2 + \sigma_z l_{23}^2 + 2\tau_{xy} l_{21} l_{22} + 2\tau_{yz} l_{22} l_{23} + 2\tau_{zx} l_{23} l_{21} \\
\sigma_{z'} = \sigma_x l_{31}^2 + \sigma_y l_{32}^2 + \sigma_z l_{33}^2 + 2\tau_{xy} l_{31} l_{32} + 2\tau_{yz} l_{32} l_{33} + 2\tau_{zx} l_{33} l_{31} \\
\tau_{x'y'} = \tau_{y'x'} = \sigma_x l_{11} l_{21} + \sigma_y l_{12} l_{22} + \sigma_z l_{13} l_{23} + \tau_{xy} (l_{11} l_{22} + l_{12} l_{21}) \\
\qquad + \tau_{yz} (l_{13} l_{22} + l_{12} l_{23}) + \tau_{zx} (l_{11} l_{23} + l_{13} l_{21}) \\
\tau_{y'z'} = \tau_{z'y'} = \sigma_x l_{21} l_{31} + \sigma_y l_{22} l_{32} + \sigma_z l_{23} l_{33} + \tau_{xy} (l_{21} l_{32} + l_{22} l_{31}) \\
\qquad + \tau_{yz} (l_{22} l_{33} + l_{23} l_{32}) + \tau_{zx} (l_{21} l_{33} + l_{23} l_{31}) \\
\tau_{z'x'} = \tau_{x'z'} = \sigma_x l_{31} l_{11} + \sigma_y l_{32} l_{12} + \sigma_z l_{33} l_{13} + \tau_{xy} (l_{31} l_{12} + l_{32} l_{11}) \\
\qquad + \tau_{yz} (l_{32} l_{13} + l_{33} l_{12}) + \tau_{zx} (l_{31} l_{13} + l_{33} l_{11})
\end{cases}$$

式中

$l_{11}=\cos(x',x)$, $l_{12}=\cos(x',y)$, $l_{13}=\cos(x',z)$

$l_{21}=\cos(y',x)$, $l_{22}=\cos(y',y)$, $l_{23}=\cos(y',z)$

$l_{31}=\cos(z',x)$, $l_{32}=\cos(z',y)$, $l_{33}=\cos(z',z)$

求得各方向余弦，继而得到坐标变换后的六个应力分量，如表 3-7 所示。

表 3-7　计算坐标下各应力分量　　　　　　　　（单位：MPa）

测点编号	σ_x	σ_y	σ_z	τ_{xy}	τ_{yz}	τ_{zx}
XPD10-1	6.372	12.811	9.398	−4.356	−1.048	2.571
XPD10-2	29.596	8.163	14.961	−0.781	−2.430	6.350
XPD10-3	21.880	5.322	14.381	−5.203	−3.713	1.733
XPD10-4	9.193	13.590	15.656	−0.743	0.270	10.207
XPD10-5	15.644	7.297	13.188	−2.584	1.354	2.911
XPD10-6	15.642	8.018	12.129	0.413	−0.579	1.693

按坐标进行调整，$x→-z$、$y→-x$、$z→y$，得各应力分量，如表 3-8 所示。

表 3-8　数值模型坐标下各应力分量　　　　　　（单位：MPa）

测点编号	σ_x	σ_y	σ_z	τ_{xy}	τ_{xz}	τ_{yz}
XPD10-1	12.811	9.398	6.372	1.048	−4.356	−2.571
XPD10-2	8.163	14.961	29.596	2.430	−0.781	−6.350
XPD10-3	5.322	14.381	21.880	3.713	−5.203	−1.733
XPD10-4	13.590	15.656	9.193	−0.270	−0.743	−10.207
XPD10-5	7.297	13.188	15.644	−1.354	−2.584	−2.911
XPD10-6	8.018	12.129	15.642	0.579	0.413	−1.693

4. DDM 优化回归计算模型

考虑地表和主要断层的三维 DDM 计算模型如图 3-19 所示，6 个地应力实测点的位置也标示在图中。

依据地下工程区域地应力实测位置建立 DDM 回归计算模型，工程处在具有 55°坡度表面的山体内，水平埋深为 230～430m，垂直埋深为 285～480m，岩石为具有较高强度的中粗粒花岗岩。开挖区域主要受部分断层影响，断层编号为 FC-1、FC-11、FC-13 和 FC-23。

岩石力学试验结果显示，岩石密度为 2700kg/m³，变形模量为 5.63～30.6GPa，泊松比为 0.178～0.22。FC-1 断层的黏聚力为 0.02～0.82MPa，内摩擦角为 19.79°～29.79°；FC-11 断层的黏聚力为 0.02～0.84MPa，内摩擦角为 23.267°～33.822°；FC-13 断层的黏聚力为 0.02～0.8MPa，内摩擦角为 19.79°～29.79°；FC-23 断层的黏聚力为 0.02～0.78MPa，内摩擦角为 23.3°～30.47°。

断层法向变形采用 BB 模型，切向变形采用 Kulhaway 模型，强度准则采用莫尔-库仑准则，模型各参数如下：m=0.01，n=0.2，最大闭合量为 1m，初始法向刚度为 20MPa。

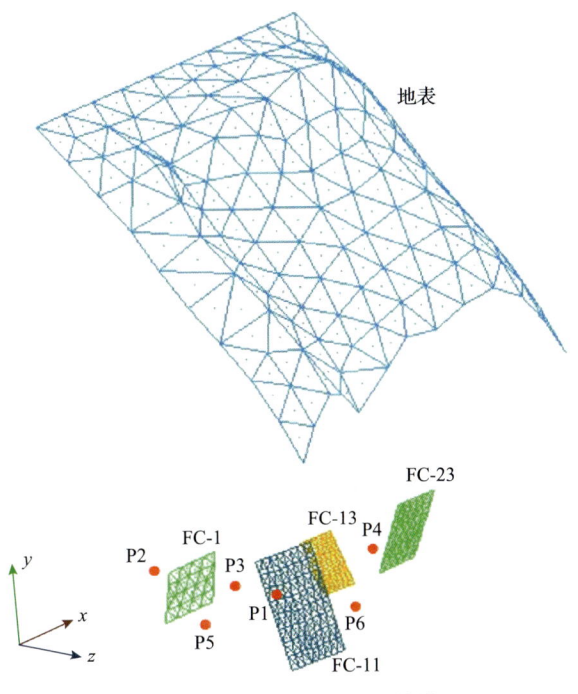

图 3-19 三维 DDM 回归计算模型

地应力场由岩体自重引起的重力场和 x、z 两个方向的水平构造应力场组成，自重应力场由岩石密度计算，构造应力场分别在 x、z 两个方向施加水平压应力形成，各应力组成部分的影响大小由各自的回归系数体现。

5. 初始地应力场的回归反演结果

将计算域内的地应力场视为自重应力场和边界构造应力场的线性叠加，通过分解模拟自重应力场和边界构造应力场，再线性组合计算得到地应力场。

自重应力场：根据岩体实际密度，计算在自重荷载作用下的自重应力场。

边界构造应力场：在两个水平边界方向分别施加单位荷载来模拟构造应力作用，其作用效果通过回归系数来体现。

计算求得自重应力、z 向水平正应力（垂直河谷）、x 向水平正应力（平行河谷）的回归系数分别为 1.0763、17.5387、8.3725，即

$$\sigma_{地}=1.0763\sigma_{自}+17.5387\sigma_{H1}+8.3725\sigma_{H2}$$

回归得到了计算区域的初始地应力场，下面分析主厂房纵剖面和 1#机组横断面最大主应力分布情况。回归得到的待开挖区域纵剖面初始地应力分布情况

如图 3-20～图 3-22 所示。可以看出，z 向水平构造应力对初始地应力场的影响最大，最大水平地应力为 24.65MPa，x 向水平构造应力对初始地应力场的影响最小，最大水平地应力为 17.15MPa，最大竖向地应力为 20.25MPa。

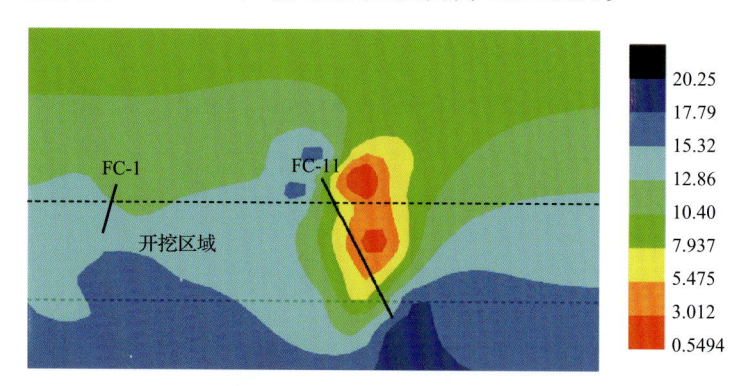

图 3-20 待开挖区域竖向地应力场(单位：MPa)

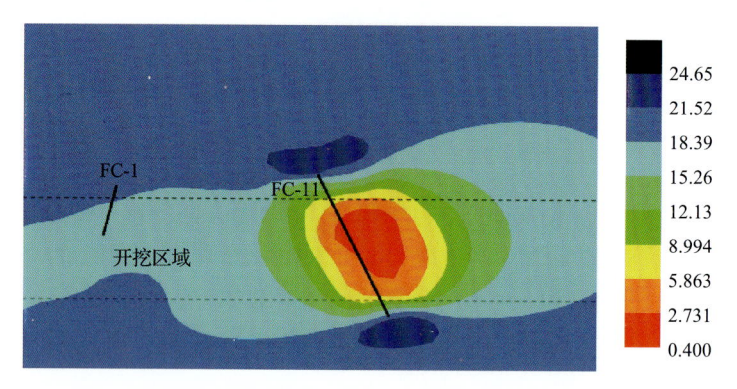

图 3-21 待开挖区域水平向地应力(隧道轴向)(单位：MPa)

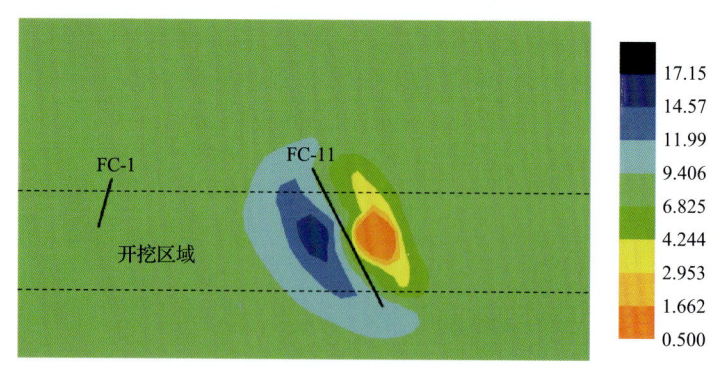

图 3-22 待开挖区域水平向地应力(垂直隧道轴向)(单位：MPa)

一般而言，在断层两端区域应力明显增大，在两侧区域则减小。在 FC-11 断层两侧，x 向应力在断层上方减小，在断层下方增大。FC-1 断层由于尺寸较小，对地应力场的影响有限。从图 3-22 中还可以看出，断层对其周边地应力的影响范围为 2～3 倍断层半长度。

在获得初始地应力场的同时，也得到了相应的岩石与断层优化力学参数，如表 3-9 所示。

表 3-9 岩石与断层优化力学参数

参数	岩石			FC-1		FC-11		FC-13		FC-23	
	$\rho/(\text{kg/m}^3)$	E/GPa	v	c/MPa	$\varphi/(°)$	c/MPa	$\varphi/(°)$	c/MPa	$\varphi/(°)$	c/MPa	$\varphi/(°)$
数值	2700	15	0.18	0.4	21.75	0.41	24.69	0.39	24.09	0.38	23.94

岩石弹性模量处于其允许范围内的 40%位置，泊松比处于其允许范围内的 20%位置，断层的黏聚力和内摩擦角处于其允许范围内的 40%～50%位置。

6. 回归值与实测值的比较

取地应力实测点位置 DDM 反演结果与相应实测值进行比较，如表 3-10 所示。从表中可以看到，基于实测值和线性规划法的区域地应力反算，得到的回归值与实测值较吻合，其中正应力的吻合程度较高。

表 3-10 地应力回归值与实测值比较

测点号	应力	实测值/MPa	回归值/MPa	测点号	应力	实测值/MPa	回归值/MPa
1	σ_x	12.811	12.858	2	σ_x	8.163	9.0408
	σ_y	9.398	7.5388		σ_y	14.961	12.0894
	σ_z	6.372	6.6147		σ_z	29.596	19.8474
	τ_{xy}	1.048	0.3743		τ_{xy}	2.43	0.27
	τ_{yz}	−4.356	0.0127		τ_{yz}	−0.781	−0.0194
	τ_{xz}	−2.571	−0.0525		τ_{xz}	−6.35	0.9378
3	σ_x	5.322	7.9867	4	σ_x	13.59	14.366
	σ_y	14.381	12.1832		σ_y	15.656	14.5229
	σ_z	21.880	17.446		σ_z	9.193	10.4761
	τ_{xy}	3.713	0.3271		τ_{xy}	−0.27	−0.2371
	τ_{yz}	−5.203	−0.022		τ_{yz}	−0.743	0.0059
	τ_{xz}	−1.733	1.1244		τ_{xz}	−10.207	−0.0706
5	σ_x	7.297	8.5248	6	σ_x	8.018	9.0665
	σ_y	13.188	8.1079		σ_y	12.129	9.6718
	σ_z	15.644	16.7309		σ_z	15.642	19.5586
	τ_{xy}	−1.354	0.4484		τ_{xy}	0.579	0.4248
	τ_{yz}	−2.584	0.0045		τ_{yz}	0.413	0.0004
	τ_{xz}	−2.911	0.0466		τ_{xz}	−1.693	−0.96

3.6.2 基于断层产状参数的三维初始应力场 DDM 模拟

1. 工程及地质概况

某高速公路隧道双线总长 6180m，单向 3 车道，设计断面积为 113.91m²。隧道设计概要如表 3-11 所示。

表 3-11 隧道设计概要

隧道名称		起点桩号	止点桩号	隧道长度/m
麻地箐隧道	右幅	K14+785	K17+920	3135
	左幅	K14+845	K17+890	3045

根据隧道沿线地质勘探资料，隧道区断层构造极其发育，工程地质和水文地质复杂，隧道穿越施工过程及其稳定性存在巨大的技术与安全风险。隧道区内共 5 条断层发育，断层破碎带宽 50~250m。隧道区岩石节理裂隙发育、岩体破碎，在白云质灰岩中岩溶、溶隙发育。各断层走向与路线呈斜交关系。隧道区地下水主要为基岩孔隙裂隙水及岩溶水，分别赋存于岩性接触带、断层碎破带及白云岩、白云质灰岩中，水源较丰富。地下水主要接受大气降水补给，常常顺岩层裂隙面渗透，在岩性接触带或断层带附近聚集。

2. 计算模型

工程区域岩石主要为白云岩、白云质灰岩，根据现场资料，取岩石密度为 2400kg/m³，弹性模量取为 1GPa，岩体物理力学参数如表 3-12 所示。

表 3-12 岩体物理力学参数

参数	岩石			断层				
	密度/(kg/m³)	弹性模量/GPa	泊松比	剪切系数 m	剪切系数 n	c/MPa	φ/(°)	初始法向刚度/MPa
数值	2400	1	0.2	0.01	0.2	0.06	30.6	20

三维 DDM 计算模型如图 3-23 所示，地表在 x 方向长度取 5km，隧道区内共 5 条断层发育，F7 断层所在区域有较大断层破碎带，将 F7 断层厚度设为 100m，以模拟破碎带，各个断层沿走向长度取 2km，竖向深度取 3km，隧道覆盖层最大深度约 300m，模型尺寸满足对该区域地应力场的模拟。

竖向四周及下部边界处理为无限长，上部地表根据设计断面图资料进行简化。

3. 计算结果

将计算域内的地应力场视为自重应力场和边界构造应力场的线性叠加，通过分解模拟自重应力场和边界构造应力场，再线性组合计算得到地应力场。

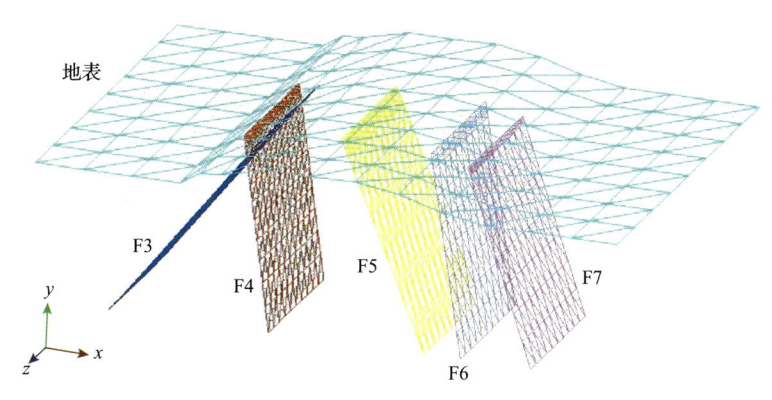

图 3-23 三维 DDM 计算模型

表 3-13 为回归反演得到的各断层落差与实测值的比较，可以看出，回归分析法得到的断层落差比较接近实测值。

表 3-13 各断层落差实测值与反演值比较

断层	实测值/m	反演值/m	误差/%
F3	30	31.560	5.20
F4	23	21.378	7.05
F5	80	79.406	0.74
F6	34	36.924	8.60
F7	30	28.333	5.56

DDM 反演获得工程区域的三维初始地应力场，直观起见，取过隧道轴线剖面竖向应力和水平应力(沿隧道轴线及垂直隧道轴线)进行分析，如图 3-24 所示。

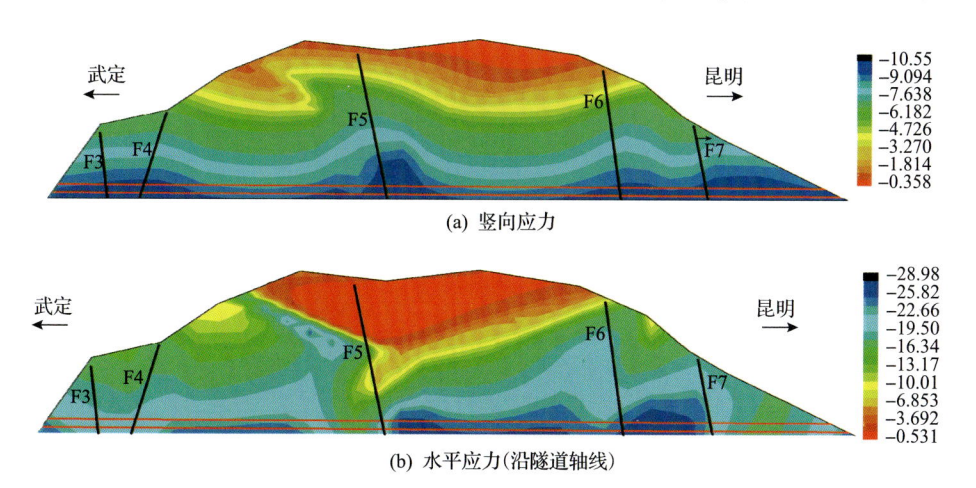

(a) 竖向应力

(b) 水平应力(沿隧道轴线)

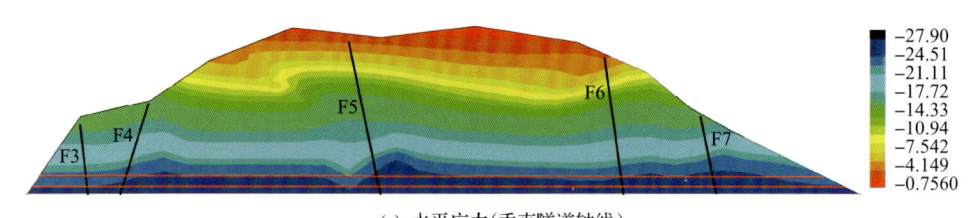

(c) 水平应力(垂直隧道轴线)

图 3-24　右线隧道轴线剖面地应力分布(单位：MPa)

3.7　小　　结

岩体初始应力及其空间分布状态受地质构造、自重、地形地貌、地温等综合因素影响，十分复杂，岩体初始应力场的实测和数值模拟十分困难。

本章将 BB 法向变形模型、Kulhaway 切向变形模型和莫尔-库仑准则引入 DDM 程序中进行三维计算，由于抓住了断层这一影响工程区域地应力场的主要因素，而且 DDM 具有降维特性，计算效率较高，用于初始地应力场的反演是高效可行的。

传统的回归分析反演地应力场，力学概念清晰，操作流程规范，具有很高的实用价值，但是由于往往采用商用有限元软件建模，不能实现力学参数的优化反演，大大限制了其进一步应用发展。DDM 计算程序则能很方便地嵌入 Nelder-Mead 优化反演算法程序中，从而发展出考虑力学参数优化的 DDM 回归反演方法，通过与传统的有限元回归分析结果比较，前者的计算结果更接近实测值，且所需建立的模型更简单，计算效率更高。

针对无地应力实测资料的工程项目，如西部众多的隧道工程，假定断层是由初始荷载作用造成的，提出了基于断层断距的回归分析反演方法，可以大量节省经济、时间与人力投入，工程应用情况显示该方法反演得到的断距结果与实测结果较吻合，反演地应力场可以作为设计与施工的参考依据。

第4章 断层破碎带岩体变形特性及其评价

4.1 断层破碎带岩体结构特征及其等效叠加模型

4.1.1 岩体结构特征

断裂构造形成过程中，断裂面一定范围内的岩体在地质构造运动产生的巨大挤压荷载作用下断裂破坏，形成构造断裂带。断裂带由断层破碎带和两侧对称的诱导裂缝带构成，断层破碎带由后期胶结的碎裂岩和未胶结的断层角砾、断层泥组成。构造运动使岩层沿着一定方向相互张拉、压剪或纯剪切，当岩石受力超过其强度时便开始破裂，破裂初期出现微裂隙，呈羽状展布，微裂隙逐渐发展联合，形成明显的破裂面。断层两盘围岩受到构造应力及两盘相互作用的影响，常常会产生大量的裂缝，通常将原岩分割成三角形、扁菱形等岩块，形成诱导裂缝带。诱导裂缝带所分布的岩石保留了母岩的特征，岩石未破碎，发育有多条低级别、多次序的裂缝。根据断层的性质，可以把断层分为张性断层、压性断层和扭性断层。不同性质的断层，断层破碎带结构也有差别。在张性断层中，由于断层所处地层岩性的差异，会造成断层破碎带的结构有所差别。在脆性岩层中，断层破碎带结构有以下类型：由断层两盘对称的派生裂缝和断面充填物组成，断面充填物由周围的断层岩和断层泥组成，派生裂缝发育在断层两盘，对称分布；由断层两盘不对称的派生裂缝和断面充填物组成，派生裂缝在断面上盘发育，下盘不发育，断面下部为断面充填物；仅由派生裂缝不完整结构组成，在断层面的主动盘或者两盘仅发育裂缝，通常主动盘的裂缝比被动盘发育。在塑性岩层中，断层破碎带以断面充填物为主，派生裂缝一般发育较少，甚至不发育。

与张性断层一样，在脆性岩层中，断层破碎带发育对称结构和只有派生裂缝的不完整结构等类型；在塑性岩层中，断层破碎带仅发育断面充填物类型。压性断层的派生裂缝特征：断层两侧岩石没有发生破碎，仅被纵横交错的低级别及多次序裂隙切割，岩石被切割成菱形、三角形等块体。

扭性断层主要受到走滑的力，还会受到张拉力或挤压力。张扭性断层主要受到拉张和剪切的力，断层破碎带发育。断面充填物常为断层泥、岩粉和泥砾的松散混杂物，与压性断层破碎带中的磨砾相比，扁度减小，圆度增加。扭性断层破碎带中的磨砾是圆化的，近似圆形，有的甚至呈浑圆状，张扭性断层破碎带则具有磨砾-角砾特征，即不完全是磨砾，也存在角砾的特征。另外，张扭性断层的断面充填物除因扭动摩擦形成的断层泥、岩粉等外，还可见到部分表生泥土的混入。

综上所述，断裂带一般呈现不同尺度层级发育，即主断裂带周边发育次一级的断裂带，次一级的断裂带周边发育更次一级的断裂带。同时，各层级的断裂带具有一定程度的自相似特性。图 4-1 为我国龙门山断裂带及其伴生断裂带分布状态。龙门山断裂带周边发育有龙泉山断裂、塔藏断裂、鲜水河断裂、岷江断裂等不同几何尺度和产状特征的断裂带。

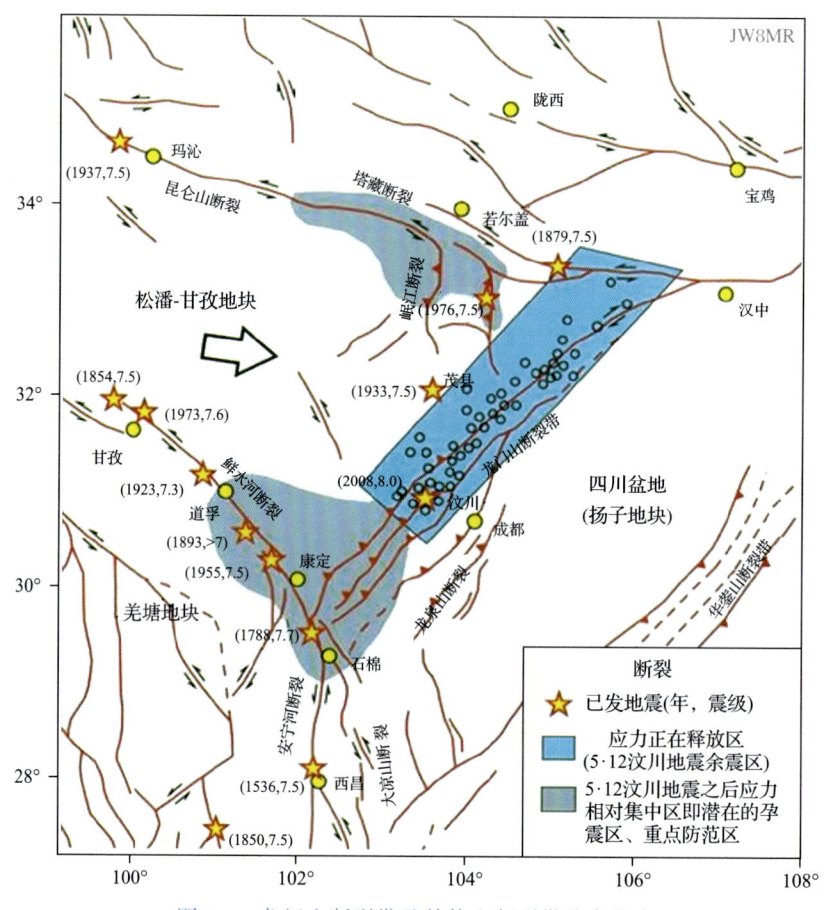

图 4-1 龙门山断裂带及其伴生断裂带分布状态

图 4-2 为断层带岩体结构特征及其 Monte-Carlo 随机分布示意图。由于岩体矿物成分、原生节理(层理)、构造的非均质性和各向异性特点，破碎状态下的断层带岩体裂隙分布、块体形状等千差万别，组构形式及其物理力学性质十分复杂，其变形及强度通常具有强非线性和各向异性的特点。

第 4 章　断层破碎带岩体变形特性及其评价

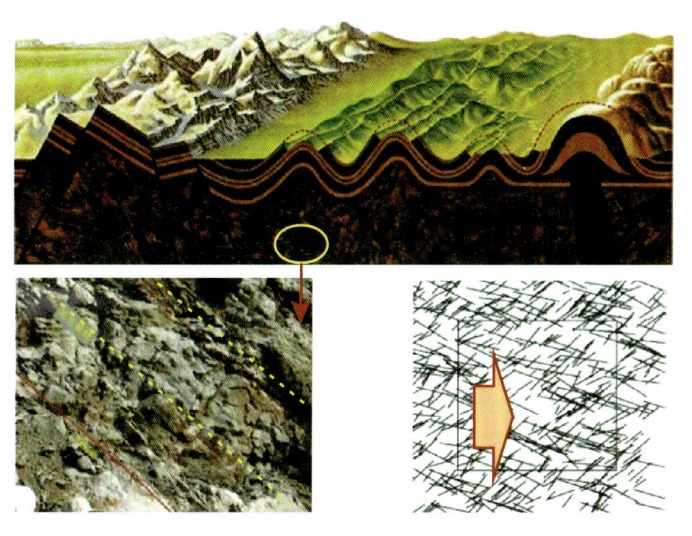

图 4-2　断层带岩体结构特征及其 Monte-Carlo 随机分布示意图

4.1.2　岩体结构等效叠加模型

按节理的产状特性及其组构关系，断层带内裂隙可分为成组不相交裂隙、规则排列成组交互贯通裂隙和非规则排列交互贯通裂隙。取岩体表征单元体，岩体裂隙分布状态模型可抽象为图 4-3 所示的断裂带岩体结构等效叠加模型。

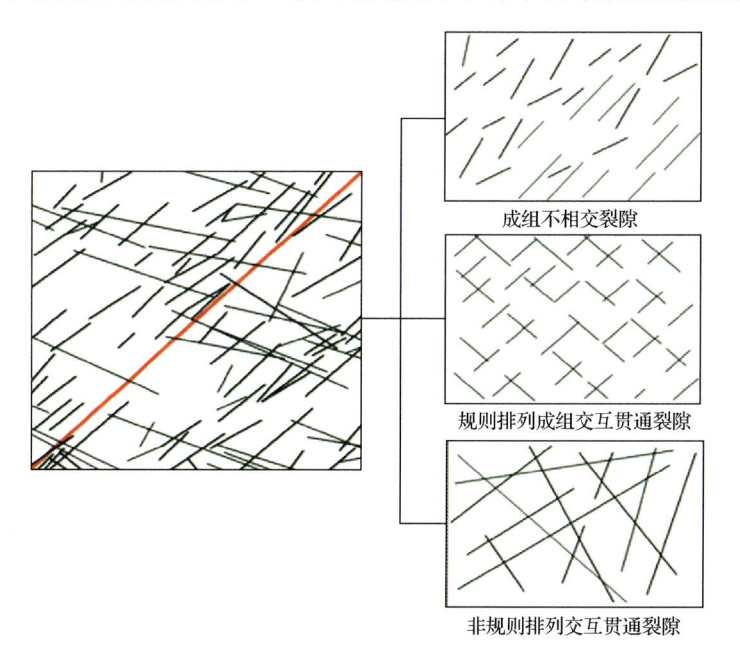

图 4-3　基于表征单元体的断裂带岩体结构等效叠加模型

4.2 断层破碎带岩体变形特性

4.2.1 研究现状分析

岩体作为非均质、各向异性介质，其强度、变形特性主要由分布裂隙控制，其力学性质在很大程度上依赖于裂隙的力学特性、几何特性及分布规律。国内外学者对裂隙岩体进行了大量的研究，取得了一定的成果。而关于裂隙岩体的研究主要有断裂力学方法、损伤力学方法、数值方法、试验方法等。

1) 断裂力学方法

断裂力学方法着眼于追踪岩体中节理、裂隙的起裂、扩展、相互贯通到引起岩体局部破坏。

2) 损伤力学方法

岩石类脆性材料在宏观裂纹出现之前已经产生了微裂纹与微观孔洞，材料中这些微观缺陷的出现和扩展称为损伤。岩体中的节理裂隙是岩体内部的初始损伤，通过引入内部状态变量(损伤变量)来描述受损材料的力学行为，研究裂纹的产生、演化、体积元破坏直至断裂的过程。

3) 数值方法

该类方法是随着数值模拟技术的日益强大发展起来的，它通过现场地质调查、节理裂隙统计，结合室内小试件试验，模拟岩体节理裂隙，采取不同尺度岩体试件进行数值分析，再根据数值分析的结果应用连续等效应变理论来确定岩体力学参数，由此得到等效连续体的本构关系。

4) 试验方法

试验方法主要有现场原位试验方法和室内模型试验方法。其中，现场原位试验方法是获取岩体力学参数直接、重要的方法，如确定岩体变形参数的承压板法、狭缝法、钻孔径向加压法、隧洞水压法，确定岩体强度参数的原位岩体剪切试验法、三轴压缩试验法、荷载试验法等。

目前，在断裂力学方法、损伤力学方法、数值方法、试验方法等方面有一定的研究进展及成果，但它们在裂隙岩体的研究中都有一定的局限性。因此，往往是综合几种方法进行研究，如断裂力学方法与损伤力学方法、试验方法与数值方法。此外，突变理论、人工神经网络、蒙特卡罗等新方法、新技术也逐渐被应用在裂隙岩体的研究中，推动了相关研究的发展。

4.2.2 岩体变形特性

迄今为止，大量研究表明，断层破碎带岩体的本构关系与母岩组构和矿物成分有关且受节理裂隙的发育程度、产状特征、充填状态等因素的影响,十分复杂。通常,其应力-应变关系具有强非线性及各向异性特征。

由于节理裂隙的切割作用、裂隙面物理力学特性(裂隙表面粗糙度、剪切刚度、法向刚度)等综合因素的影响,断层破碎带岩体的应力-应变关系通常表现出强非线性及各向异性特征。

根据前述研究,假定断层带岩体内裂隙分布状态可以近似表达为成组不相交裂隙、规则排列成组交互贯通裂隙、非规则排列交互贯通裂隙。为阐明各类裂隙对断层带岩体应力-应变关系的影响,将各类裂隙解耦并分别建立 DDA 数值模型进行系统研究,考察规则排列裂隙、随机发育多裂隙贯通切割状态下岩体受不同方向荷载作用时的应力-应变关系并进行力学成因及机理分析。

1. 成组不相交裂隙条件下岩体变形的各向异性

假设完整岩块为各向同性均质结构(完整岩块各向异性特征可以忽略不计),岩体中发育 n 条贯穿模型边界的平行节理,采用 DDA 模拟不同荷载作用方向下断层带节理岩体应力-应变关系及其各向异性特性。

根据前述裂隙分类状态,考虑成组不相交裂隙,取平面应变计算模型如图 4-4 所示。

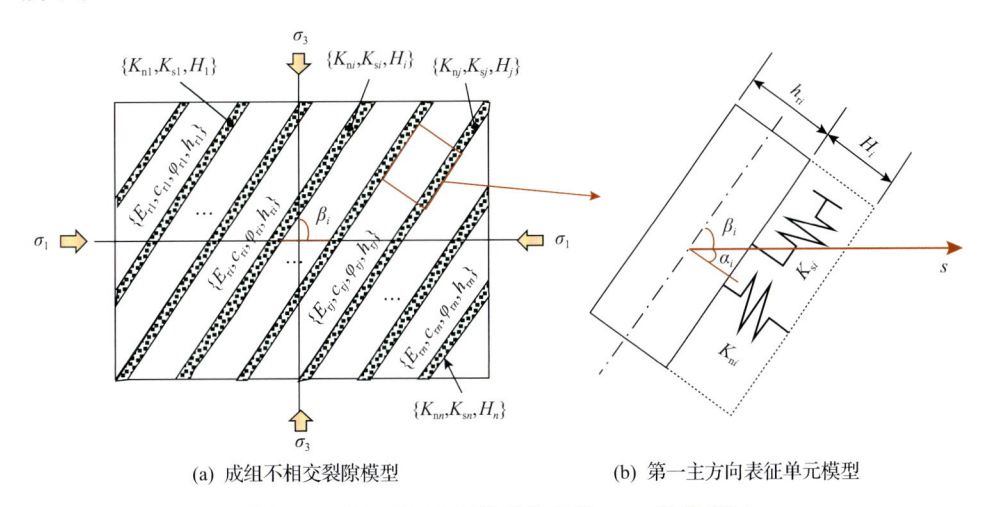

(a) 成组不相交裂隙模型　　(b) 第一主方向表征单元模型

图 4-4　成组不相交裂隙岩体变形 DDA 数值模型

E_{ri}-第 i 层岩石的弹性模量,MPa; c_{ri}-第 i 层岩石的黏聚力,MPa; φ_{ri}-第 i 层岩石的内摩擦角,(°); h_{ri}-第 i 层岩石的厚度,m; K_{ni}-第 i 层裂隙的法向刚度,MPa; K_{si}-第 i 层裂隙的切向刚度,MPa; H_i-第 i 层裂隙的厚度,m; α_i-第 i 层岩石(裂隙面)与 σ_1 的夹角,(°)

任意完整岩块力学及几何参数为 $\{E_{ri},c_{ri},\varphi_{ri},h_{ri}\}$,任意裂隙力学及几何参数为 $\{K_{ni},K_{si},H_i\}$。

建立第 i 裂隙组的应力和应变简化计算模型，如图 4-5 所示。

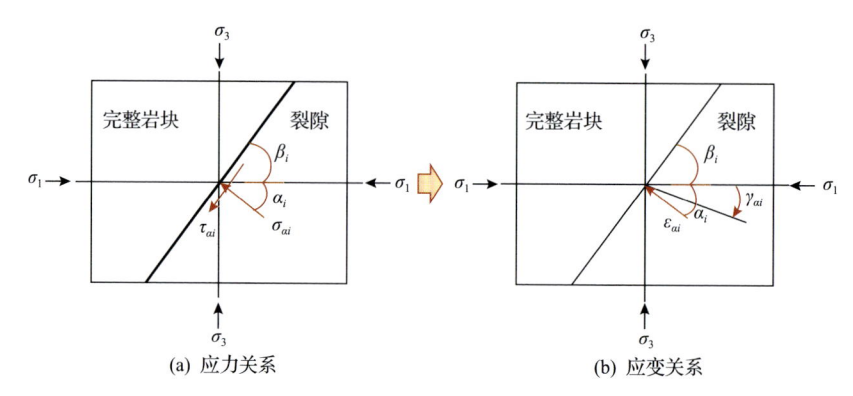

图 4-5　第 i 裂隙组的应力和应变简化计算模型

图 4-5(a) 所示的斜截面 α_i 上的应力为

$$\begin{cases} \sigma_{\alpha i} = \dfrac{\sigma_1 + \sigma_3}{2} + \dfrac{\sigma_1 - \sigma_3}{2}\cos(2\alpha_i) \\ \tau_{\alpha i} = \dfrac{\sigma_1 - \sigma_3}{2}\sin(2\alpha_i) \end{cases} \tag{4-1}$$

式中，$\sigma_{\alpha i}$ 为斜截面 α_i 上的法向正应力，MPa；$\tau_{\alpha i}$ 为斜截面 α_i 上的剪应力，MPa。

对应图 4-5(b) 所示的斜截面 α_i 上的应变为

$$\begin{cases} \varepsilon_{\alpha i} = \dfrac{1}{k_{ni}}\left(\dfrac{\sigma_1 + \sigma_3}{2} + \dfrac{\sigma_1 - \sigma_3}{2}\cos(2\alpha_i)\right) \\ \gamma_{\alpha i} = \dfrac{1}{k_{si}}\left(\dfrac{\sigma_1 - \sigma_3}{2}\sin(2\alpha_i)\right) \end{cases} \tag{4-2}$$

式中，$\varepsilon_{\alpha i}$ 为斜截面 α_i 上的法向正应变；$\gamma_{\alpha i}$ 为斜截面 α_i 上的剪应变。

根据图 4-4(b) 所示的数值模型，岩块 i 沿 s 方向的变形可表示为

$$U_{ri} = \dfrac{h_{ri}}{\cos\alpha_i}\varepsilon_1 = \left(\dfrac{\sigma_1}{E_{ri}} - \nu\dfrac{\sigma_3}{E_{ri}}\right)\dfrac{h_{ri}}{\cos\alpha_i} \tag{4-3}$$

取任意第 i 组裂隙，其水平变形计算模型如图 4-6 所示。

裂隙面法向压缩引起的 s 方向的变形为

$$U_{ci}^n = H_i\varepsilon_{\alpha i}\cos\alpha_i \tag{4-4}$$

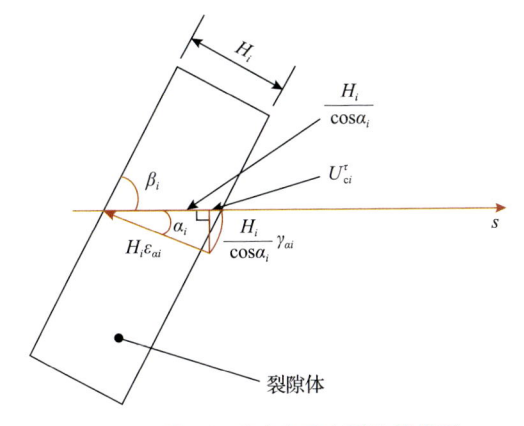

图 4-6 第 i 组裂隙水平变形计算模型

剪切引起的 s 方向的变形为

$$U_{ci}^{\tau} = \frac{H_i}{\cos\alpha_i}(1-\cos\gamma_{\alpha i}) \tag{4-5}$$

第 i 组裂隙沿 S 方向（σ_1）的变形为

$$U_{ci} = U_{ci}^{n} + U_{ci}^{\tau} = H_i\varepsilon_{\alpha i}\cos\alpha_i + \frac{H_i}{\cos\alpha_i}(1-\cos\gamma_{\alpha i}) \tag{4-6}$$

第 i 组完整岩块与裂隙组合体沿 s 方向（σ_1 方向）的变形为

$$U_i = U_{ri} + U_{ci} \tag{4-7}$$

将式(4-3)和式(4-6)代入式(4-7)得

$$U_i = \frac{h_{ri}}{E_{ri}\cos\alpha_i}(\sigma_1 - v\sigma_3) + H_i\varepsilon_{\alpha i}\cos\alpha_i + \frac{H_i}{\cos\alpha_i}(1-\cos\gamma_{\alpha i}) \tag{4-8}$$

当存在 m 组不相交的岩块裂隙组合体时，沿 σ_1 方向的累计变形可表达为

$$U = \sum_{i=1}^{m}U_i = (\sigma_1 - v\sigma_3)\sum_{i=1}^{m}\frac{h_{ri}}{E_{ri}\cos\alpha_i} + \sum_{i=1}^{m}\left[H_i\varepsilon_{\alpha i}\cos\alpha_i + \frac{H_i}{\cos\alpha_i}(1-\cos\gamma_{\alpha i})\right] \tag{4-9}$$

将 $\varepsilon_{\alpha i} = \sigma_{\alpha i}/K_{ni}$，$\gamma_{\alpha i} = \tau_{\alpha i}/K_{si}$ 代入式(4-9)得

$$U = (\sigma_1 - v\sigma_3)\sum_{i=1}^{m}\frac{h_{ri}}{E_{ri}\cos\alpha_i} + \sum_{i=1}^{m}\left[H_i\frac{\sigma_{\alpha i}}{K_{ni}}\cos\alpha_i + \frac{H_i}{\cos\alpha_i}\left(1-\cos\frac{\tau_{\alpha i}}{K_{si}}\right)\right] \tag{4-10}$$

注意到式(4-10)在 $\alpha_i = 90°$ 时存在奇异性，且在实际问题中，当 $\alpha_i = 90°$ 时，$\sigma_{\alpha i} = \sigma_1$，$\tau_{\alpha i} = 0$，式(4-10)可用分段函数表示为

$$U = \begin{cases} (\sigma_1 - \nu\sigma_3)\sum_{i=1}^{m}\dfrac{h_{ri}}{E_{ri}\cos\alpha_i} + \sum_{i=1}^{m}\left[H_i\dfrac{\sigma_{\alpha i}}{K_{ni}}\cos\alpha_i + \dfrac{H_i}{\cos\alpha_i}\left(1-\cos\dfrac{\tau_{\alpha i}}{K_{si}}\right)\right], & 0 \leqslant \alpha_i < 90° \\ \dfrac{h}{E_{ri}}(\sigma_1 - \nu\sigma_3), & \alpha_i = 90° \end{cases}$$

(4-11)

式中，h 为模型水平方向长度，m；其余变量物理力学意义同前面。

定义 σ_1 方向的等效应变为 $\bar{\varepsilon}_1$，则

$$\bar{\varepsilon}_1 = \dfrac{U}{\sum_{i=1}^{m}\dfrac{1}{\cos\alpha_i}(h_{ri} + H_i)} \tag{4-12}$$

设模型等效变形模量为 E_{eq}，对图4-4所示的数值模型有 $\varepsilon_1^* = \dfrac{1}{E_{eq}}(\sigma_1 - \mu\sigma_3)$，则

$$U^* = \dfrac{1}{E_{eq}}(\sigma_1 - \nu\sigma_3)\sum_{i=1}^{m}\dfrac{1}{\cos\alpha_i}(h_{ri} + H_i) \tag{4-13}$$

令 $U^* = U$，则

$$\dfrac{1}{E_{eq}}(\sigma_1 - \nu\sigma_3)\sum_{i=1}^{m}\dfrac{1}{\cos\alpha_i}(h_{ri} + H_i) = (\sigma_1 - \nu\sigma_3)\sum_{i=1}^{m}\dfrac{h_{ri}}{E_{ri}\cos\alpha_i}$$
$$+ \sum_{i=1}^{m}\left[H_i\dfrac{\sigma_{\alpha i}}{K_{ni}}\cos\alpha_i + \dfrac{H_i}{\cos\alpha_i}\left(1-\cos\dfrac{\tau_{\alpha i}}{K_{si}}\right)\right] \tag{4-14}$$

式(4-14)两边同乘 $\cos\alpha_i$，得

$$\dfrac{1}{E_{eq}}(\sigma_1 - \nu\sigma_3)\sum_{i=1}^{m}(h_{ri} + H_i) = (\sigma_1 - \nu\sigma_3)\sum_{i=1}^{m}\dfrac{h_{ri}}{E_{ri}} + \sum_{i=1}^{m}\left[H_i\dfrac{\sigma_{\alpha i}}{K_{ni}}\cos^2\alpha_i + H_i\left(1-\cos\dfrac{\tau_{\alpha i}}{K_{si}}\right)\right]$$

(4-15)

模型的等效变形模量为

$$E_{eq} = \dfrac{(\sigma_1 - \nu\sigma_3)\sum_{i=1}^{m}(h_{ri} + H_i)}{(\sigma_1 - \nu\sigma_3)\sum_{i=1}^{m}\dfrac{h_{ri}}{E_{ri}} + \sum_{i=1}^{m}\left[H_i\dfrac{\sigma_{\alpha i}}{K_{ni}}\cos^2\alpha_i + H_i\left(1-\cos\dfrac{\tau_{\alpha i}}{K_{si}}\right)\right]} \tag{4-16}$$

根据式(4-11)、式(4-12)和式(4-15)即可分别计算模型在任意裂隙夹角条件下 σ_1 方向的变形、等效应变和相应方向上的等效变形模量，为裂隙岩体各向异性特征的分析评价提供理论方法。

在上述模型和公式建立过程中，对模型的几何尺寸、每组裂隙的夹角、裂隙组数、裂隙尺寸等均未提出任何约定。因此，式(4-11)和式(4-15)可用于任意方向不相交的成组发育裂隙状态。

根据图 4-4 所示的数值模型，在式(4-11)和式(4-15)中，令 $\beta_i = 90° - \alpha_i$，代入可得沿 σ_3 方向的变形和等效变形模量计算式。

式(4-11)显示，成组不相交发育的裂隙岩体变形由 3 部分组成：①完整岩块在复杂应力状态下的变形(式中第一部分)；②裂隙体在法向应力作用下产生的压缩变形(式中第二部分)；③裂隙体沿斜面剪切变形的水平向分量(式中第三部分)。

当外荷载 $\{\sigma_1, \sigma_3\}$ 确定时，U 和 E_{eq} 受模型几何参数 $\{h_{ri}, H_i, \alpha_i\}$ 和力学参数 $\{E_{ri}, K_{ni}, K_{si}\}$ 的综合影响，极其复杂。

1) 节理组倾角的影响

模型边界条件及计算参数如下。

荷载：水平压力 σ_1=5MPa，竖向压力 σ_3=1MPa；

岩石参数：E_{ri}=4.4GPa，ν_{ri}=0.2，c_{ri}=3MPa，φ_{ri}=30°，h_{ri}=10m；

节理参数：K_{ni}=2GPa，K_{si}=1GPa，c_{ji}=0.6MPa，φ_{ji}=30°，H_i=2m；

裂隙组数：m=10；

边界条件：约束底边法向位移；

裂隙面法向与 σ_1 的夹角：$0° \leqslant \alpha_i \leqslant 90°$。

裂隙岩体变形的方向相关性如图 4-7 所示。结果显示，当外荷载、完整岩石

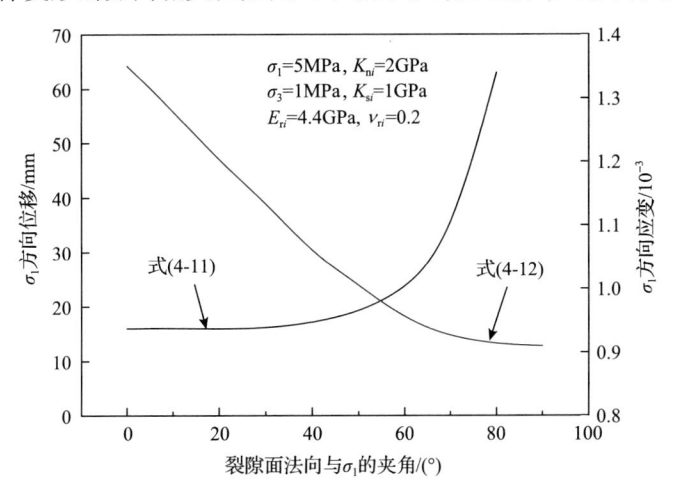

图 4-7 裂隙岩体变形的方向相关性

参数和裂隙面岩体力学参数不变时，岩体变形与裂隙面方向呈指数型正相关关系，岩体等效应变与裂隙面方向呈非线性递减的相关关系。

为便于比较分析，取 $\alpha_i = \{0°, 15°, 30°, 40°, 60°, 75°, 90°\}$，在其他计算参数保持不变的条件下，计算获得了裂隙面法向与最大主应力夹角对应的位移及等效变形模量。部分位移分布如图 4-8 所示。

(a) $\alpha_i = 0°$ 水平位移

(b) $\alpha_i = 0°$ 竖向位移

(c) $\alpha_i = 30°$ 水平位移

(d) $\alpha_i = 30°$ 竖向位移

(e) $\alpha_i = 60°$ 水平位移

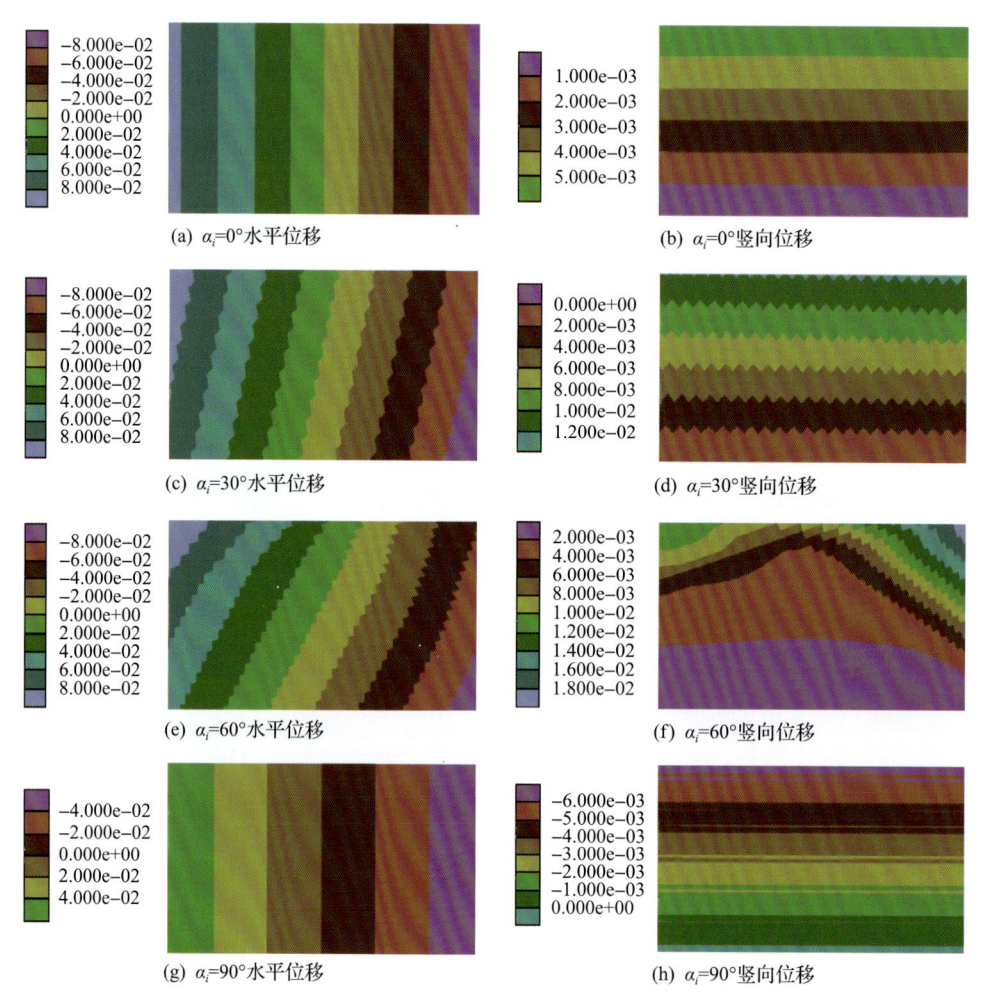

(f) $\alpha_i = 60°$ 竖向位移

(g) $\alpha_i = 90°$ 水平位移

(h) $\alpha_i = 90°$ 竖向位移

图 4-8　不同加载方向下成组不相交裂隙岩体模型水平位移和竖向位移分布（单位：m）

图 4-8 显示，在外荷载大小不变的条件下，模型水平位移和竖向位移的大小及其分布特征直接受 α_i 的支配，水平位移绝对值随 α_i 增大而减小。当 $\alpha_i = 0°$（σ_1 与节理面垂直）时，水平位移最大；当 $\alpha_i = 90°$（σ_1 与节理面平行）时，水平位移最小。即平行节理面方向裂隙岩体的刚度最大，垂直节理面方向裂隙岩体的刚度最小，其

余作用方向($0°<\alpha_i<90°$)介于二者之间。在最大主应力作用方向上的位移分布形式与α_i直接相关。在垂直于σ_1的方向上，当$\alpha_i \leqslant 60°$时，岩石块体沿节理面产生的相对位移大于σ_3的压缩位移，从而形成宏观上竖向位移增大的现象。

为直观研究成组平行节理发育岩体变形特性的各向异性特征，取模型σ_1荷载作用面内的平均应力和平均应变，计算不同α_i条件下岩体等效变形模量，如图4-9所示。

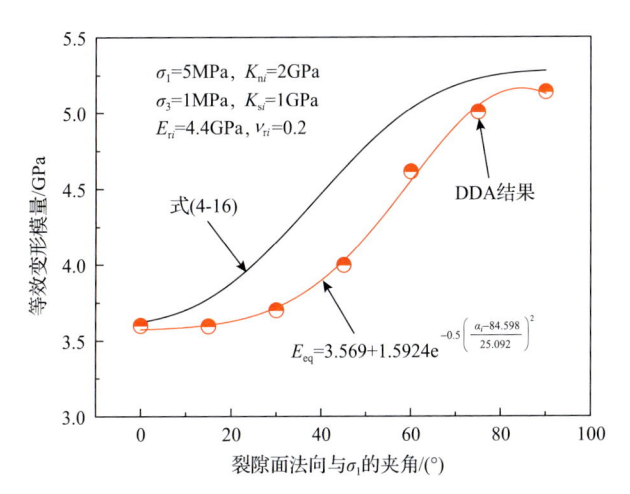

图4-9 不同节理组倾角时的岩体等效变形模量（成组不相交裂隙）

从图4-9中可以看出，等效变形模量随α_i呈负指数关系变化。以$\alpha_i=45°$为分界，当$\alpha_i \leqslant 45°$时，等效变形模量急剧增大，节理面影响的敏感度较高；当$\alpha_i > 45°$时，等效变形模量缓慢增大；当$\alpha_i > 75°$时，等效变形模量几乎无变化。

综上所述，节理面发育导致岩体变形呈显著的各向异性特征，在节理面参数保持不变的条件下，表征岩体变形特征的等效变形模量主要受节理面的控制。当然，上述结论是在节理法向刚度及切向刚度给定的条件下获得的，节理法向刚度及切向刚度对裂隙岩体位移及其空间分布的影响将在后续研究。

2) 节理面法向刚度K_n的影响

以$\alpha_i=45°$（裂隙面法向与σ_1的夹角）为例，分析不同节理面法向刚度时裂隙岩体位移的变化规律。参照图4-4所示DDA数值模型，模型边界条件及计算参数如下。

荷载：水平压力$\sigma_1=5$MPa，竖向压力$\sigma_3=1$MPa；

岩石参数：$E_r=4.4$GPa，$v_r=0.2$，$c_r=3$MPa，$\varphi_r=30°$；

节理参数：$K_s=1$GPa，$c_j=0.6$MPa，$\varphi_j=30°$，$\alpha_i=45°$；

边界条件：约束底边法向位移。

计算获得K_n分别为1GPa、1.5GPa、2GPa、2.5GPa、3GPa、3.5GPa时模型水

平位移和竖向位移分布，部分结果如图 4-10 所示。

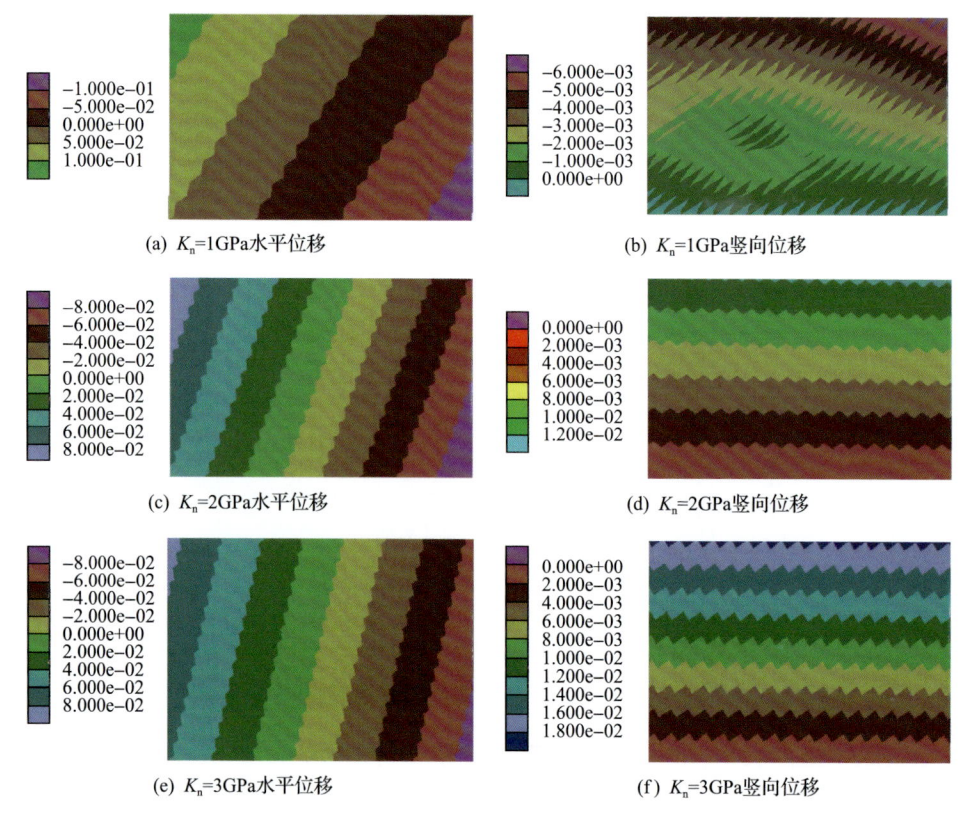

(a) K_n=1GPa水平位移
(b) K_n=1GPa竖向位移
(c) K_n=2GPa水平位移
(d) K_n=2GPa竖向位移
(e) K_n=3GPa水平位移
(f) K_n=3GPa竖向位移

图 4-10　不同 K_n 条件下成组不相交裂隙岩体模型水平位移和竖向位移分布（α_i =45°）（单位：m）

图 4-10 显示，模型水平位移总体呈倾斜条带状分布，随节理面法向刚度 K_n 的增大，水平位移绝对值减小。当 K_n=1GPa 时，水平位移最大值接近 100mm；当 K_n≥1.5GPa 时，水平位移最大值为 80mm 并且不随 K_n 变化。由此推断，节理面法向刚度存在一门槛值（与 α_i 有关），当 K_n 达到该门槛值后，对节理岩体变形的影响趋于恒定。在垂直于 σ_1 方向上，当 K_n=1GPa 时，模型表现为压缩变形（模型底边固支且坐标方向正向向上时，图中位移为负值），此时模型的竖向位移以节理面法向压缩引起的条块刚体位移为主。当 K_n>1GPa（即 K_n>K_s=1GPa）时，竖向位移均大于 0（沿坐标正向向上移动），这可能是由于 K_n>K_s（α_i=45°）、{σ_1,σ_3} 复合应力作用下节理面的剪切位移显著，宏观上 σ_1 作用导致竖向位移增大。

取模型中 σ_1 作用面内平均应力和平均应变，计算不同法向刚度 K_n 条件下岩体等效变形模量，如图 4-11 所示。图中的实线对应式(4-16)的理论值，方块点线为 α_i=45°时 DDA 模拟计算结果及其数学拟合曲线。

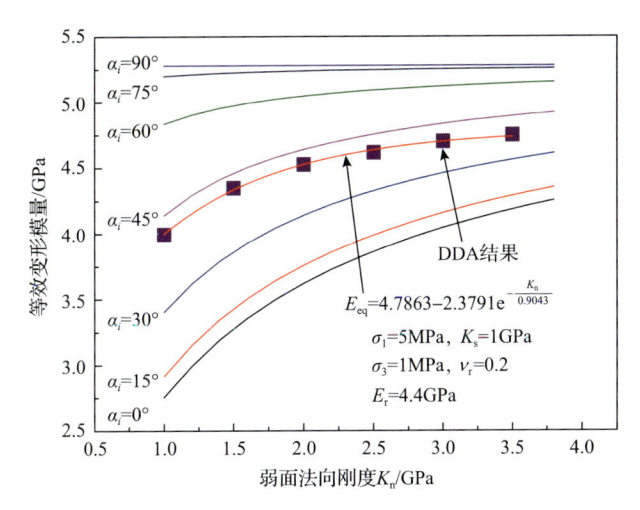

图 4-11　不同节理面法向刚度时的岩体等效变形模量(成组不相交裂隙)

从图 4-11 中可以看出，在 α_i（σ_1 与节理面法向的夹角）及节理面切向刚度 K_s 保持不变的条件下，随 K_n 的增大，σ_1 方向上的等效变形模量呈负指数规律变化；随 α_i 的增大，$E_{eq}(K_n)$ 的非线性特征逐渐减弱，当 $\alpha_i>75°$ 时，$E_{eq}(K_n)$ 近似为线性关系。DDA 模拟计算结果与式(4-16)理论值有微小差异，但随 K_n 的变化规律高度吻合。

当 $\alpha_i=0°$ 时，裂隙面垂直于第一主应力方向，裂隙岩体的等效变形模量等于裂隙带岩体和完整岩石变形模量对于各分层厚度的加权平均值。此时，受裂隙岩体的影响最为显著，表现为等效变形模量最小。当 $\alpha_i=90°$ 时，裂隙面与 σ_1 平行，荷载主要由完整岩石承担，岩体的等效变形模量接近完整岩石的变形模量。根据力学常识，当 K_n 趋近于完整岩石的变形模量时，节理岩体的变形主要受裂隙面切向刚度 K_s 的支配。

3）节理面切向刚度 K_s 的影响

以 $\alpha_i=45°$ 为例，在岩体力学参数和节理面法向刚度 K_n 不变的条件下研究节理面切向刚度 K_s 对裂隙岩体变形各向异性的影响。模型边界条件及计算参数如下。

荷载：水平压力 $\sigma_1=5\text{MPa}$，竖向压力 $\sigma_3=1\text{MPa}$；
岩石参数：$E_r=4.4\text{GPa}$，$\nu_r=0.2$，$c_r=3\text{MPa}$，$\varphi_r=30°$；
节理参数：$K_n=2\text{GPa}$，$c_j=0.6\text{MPa}$，$\varphi_j=30°$，$\alpha_i=30°$；
边界条件：约束底边法向位移。

计算获得 K_s 分别为 0.5GPa、1.0GPa、1.5GPa、2.0GPa、2.5GPa、3.0GPa 时模型水平位移和竖向位移分布，部分结果如图 4-12 所示。

计算结果显示，在 $K_s=0.5\sim3.0\text{GPa}$ 条件下，水平位移的最大值及分布形式变化甚微，而竖向位移的最大值及分布形式明显不同。当 $K_s\leqslant 1.5\text{MPa}$ 时，σ_3 方向表

(a) K_s=1GPa水平位移

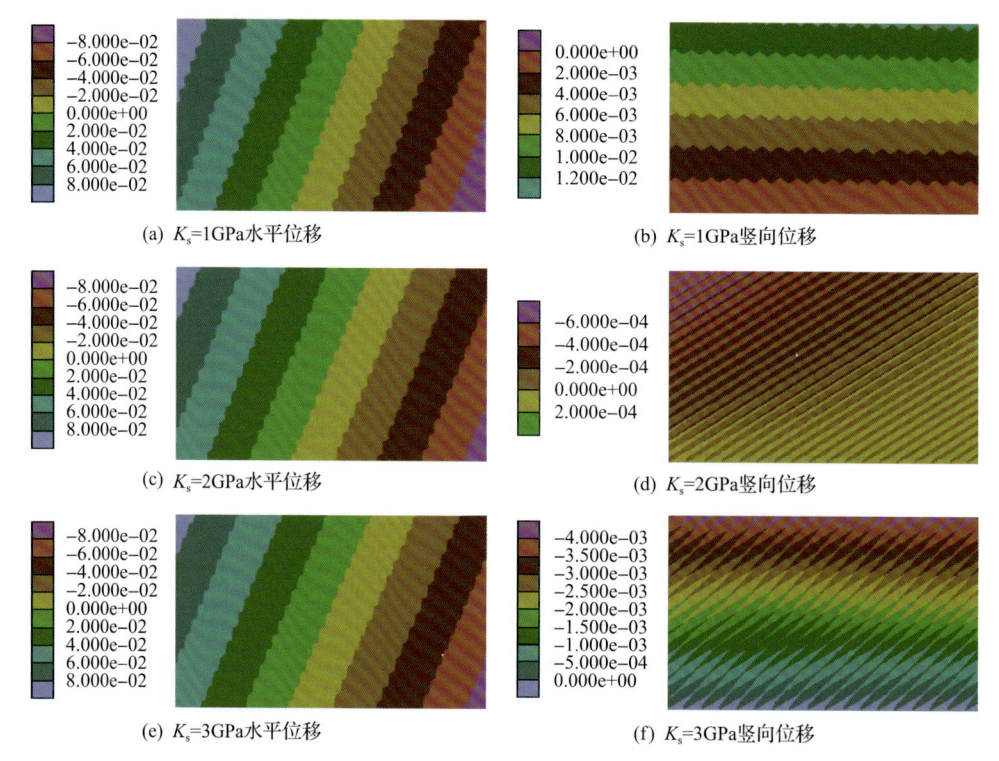

(b) K_s=1GPa竖向位移

(c) K_s=2GPa水平位移

(d) K_s=2GPa竖向位移

(e) K_s=3GPa水平位移

(f) K_s=3GPa竖向位移

图 4-12　不同 K_s 条件下成组不相交裂隙岩体模型水平位移和竖向位移分布（α_i=45°）(单位：m)

现为坐标正向向上位移（在模型底部零位移约束条件下，该位移为剪胀位移），即岩体表现为沿节理面剪切向上移动。当 K_s>1.5MPa 时，σ_1 作用下岩块沿节理面剪切向上移动的效应减弱，模型宏观上表现为 σ_3 方向的向下压缩位移。

取 σ_1 作用面上的平均正应力和平均正应变，按式(4-16)计算不同切向刚度条件下模型水平方向等效变形模量，并与 DDA 数值模拟结果比较，如图 4-13 所示。图中曲线为 α_i 分别为 0°、15°、30°、45°、60°、75°、90°的等效变形模量理论解，紫色圆点和曲线为 DDA 数值模拟结果。结果显示：①随节理面切向刚度 K_s 的增大，等效变形模量近似呈二次非线性增大，当 K_s<0.5GPa 时，$E_{eq}(K_s)$ 的非线性特征显著；当 K_s>0.5MPa 时，$E_{eq}(K_s)$ 近似为水平直线；②裂隙面法向与第一主应力夹角对裂隙岩体等效变形模量影响显著，在 0°~90°范围内，随 α_i 增大，裂隙岩体等效变形模量呈非线性增大；③比较式(4-16)理论值和 DDA 数值模拟结果，当 K_s≤1.0GPa 时，二者有一定差异（最大差值约 0.2GPa），当 K_s>1.0GPa 时，二者总体吻合。

考虑到 K_s 只对节理面剪切位移起约束作用，可以认为 K_s 增大，节理面剪切滑移的约束作用增强，从而使块体滑移减弱，宏观上表现为 σ_1 方向等效变形模量增大。

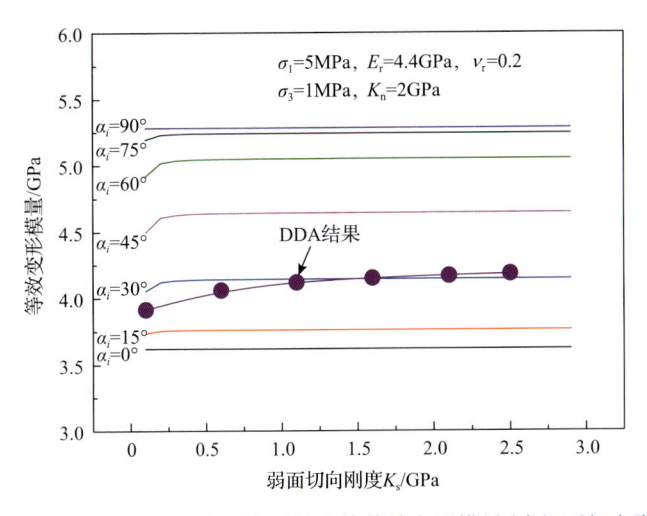

图 4-13　不同节理面切向刚度时的岩体等效变形模量(成组不相交裂隙)

2. 规则排列成组交互贯通裂隙条件下岩体变形的各向异性

假设完整岩块为各向同性均质结构,岩体中发育 2 组 n 条贯穿模型边界且相互正交的节理,采用 DDA 模拟不同荷载作用方向下断层带节理岩体应力-应变关系及其各向异性特性。

根据前述裂隙分类状态,考虑规则排列成组交互贯通裂隙,取 DDA 数值模型如图 4-14 所示。

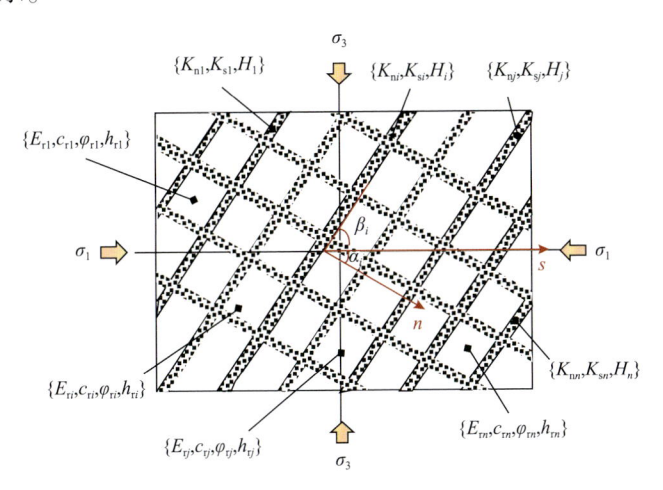

图 4-14　规则排列成组交互贯通裂隙岩体变形 DDA 数值模型

E_{ri} - 第 i 层完整岩石弹性模量($i=1,2,\cdots,n$), GPa; c_{ri} - 第 i 层完整岩石黏聚力($i=1,2,\cdots,n$), MPa; φ_{ri} - 第 i 层完整岩石内摩擦角($i=1,2,\cdots,n$), (°); h_{ri} - 第 i 层完整岩石厚度($i=1,2,\cdots,n$), m; K_{ni} - 第 i 层裂隙的法向刚度($i=1,2,\cdots,n$), GPa; K_{si} - 第 i 层裂隙的切向刚度($i=1,2,\cdots,n$), GPa; H_i - 第 i 层裂隙岩石厚度, m; β_i - 第 i 层裂隙面与 σ_1 的夹角, (°)

1) 节理组倾角的影响

模型边界条件及计算参数如下。

荷载：水平压力 σ_1=5MPa，竖向压力 σ_3=1MPa；

岩石参数：E_{ri}=4.4GPa，ν_{ri}=0.2，c_{ri}=3MPa，φ_{ri}=30°；

节理参数：K_{ni}=2GPa，K_{si}=1GPa，c_{ji}=0.6MPa，φ_{ji}=30°；

边界条件：约束底边法向位移，σ_1 采用对称加载。

计算获得不同加载方向（σ_1 方向与其中一组节理面法向的夹角）条件下水平位移及竖向位移分布，部分结果如图 4-15 所示。

(a) α_i=15°水平位移

(b) α_i=15°竖向位移

(c) α_i=30°水平位移

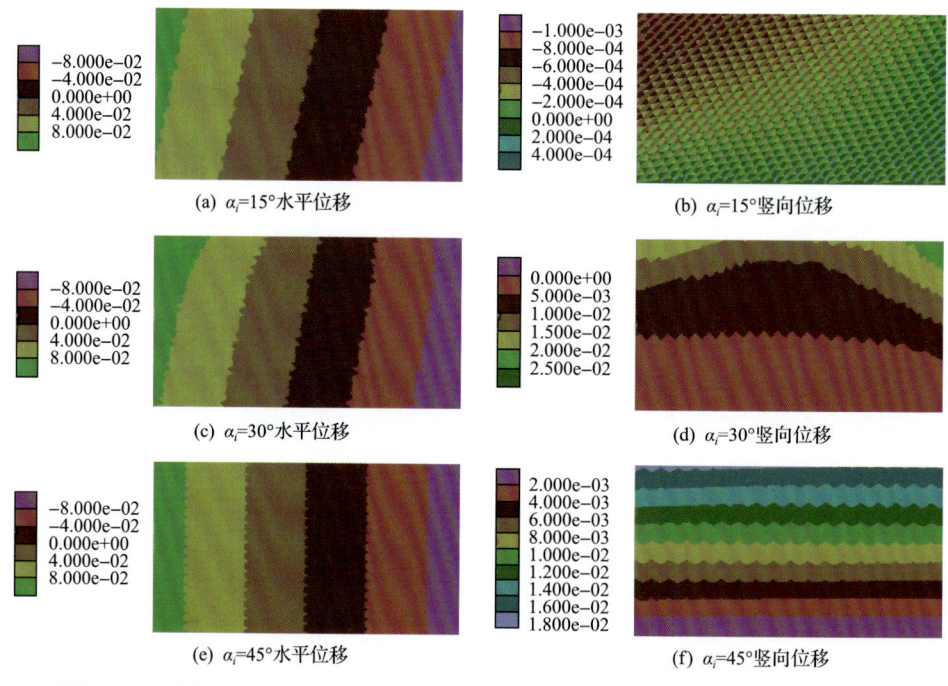

(d) α_i=30°竖向位移

(e) α_i=45°水平位移

(f) α_i=45°竖向位移

图 4-15　不同加载方向下规则排列成组交互贯通裂隙岩体模型位移分布（单位：m）

图 4-15 显示，当 α_i=0°～90°时（图中给出了 15°～45°，根据二组裂隙几何分布及节理面序数对称性的特点，可推出 45°～90°时的位移场），水平位移峰值和位移的空间分布变化较小，竖向位移变化明显。当 $0°\leqslant\alpha_i\leqslant 15°$（$75°\leqslant\alpha_i\leqslant 90°$）时，模型竖向呈现压缩位移（模型底部为零位移约束，坐标正向向上，图中位移负值表示与正向相反）；当 $15°\leqslant\alpha_i\leqslant 45°$（$45°\leqslant\alpha_i\leqslant 75°$）时，竖向位移呈张拉状态。说明在该作用角度区间内，节理面剪切滑移作用显著，导致向上刚体移动大于 σ_3 引起的坐标方向压缩变形，从而宏观上表现为张拉状态（实际上是 σ_1 作用下的模型 σ_3 方向间接拉伸状态）。

取模型 σ_3 作用面上的平均正应力与平均正应变，计算不同节理组倾角时 σ_3 方向等效变形模量,如图 4-16 所示。

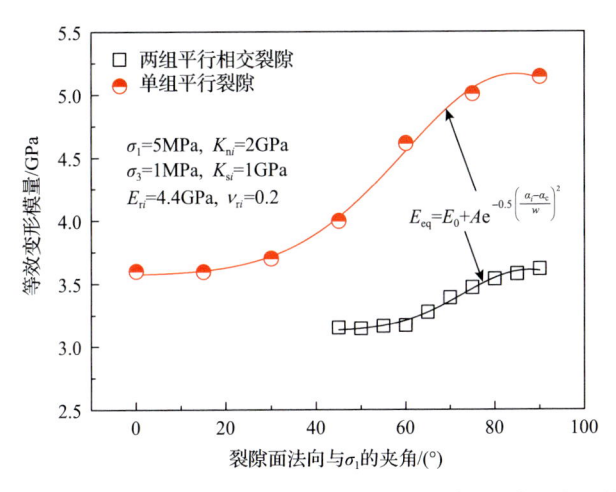

图 4-16 不同节理组倾角时的岩体等效变形模量(规则排列成组交互贯通裂隙)

随 α_i 增大,等效变形模量呈非线性增大且与 α_i 角度区间存在明显的相关性。对于单组平行裂隙,当 $\alpha_i \leqslant 30°$ 时,等效变形模量缓慢增大;当 $30° < \alpha_i \leqslant 60°$ 时,等效变形模量快速增大;当 $\alpha_i > 60°$ 时,等效变形模量回归缓慢增大状态。两组平行相交裂隙条件下,当 $45° \leqslant \alpha_i \leqslant 60°$ 时,等效变形模量缓慢增大;当 $\alpha_i > 60°$ 时,等效变形模量先显著增大后趋于平缓。两种裂隙状态计算结果比较,两组平行相交裂隙条件下,岩体的等效变形模量显著小于单组裂隙条件下的计算值。

图 4-16 显示,单组平行裂隙和两组平行相交裂隙的等效变形模量随 α_i 的变化可用统一的指数函数表述,即

$$E_{\text{eq}} = E_0 + A\text{e}^{-0.5\left(\frac{\alpha_i - \alpha_c}{w}\right)^2} \tag{4-17}$$

等效变形模量的拟合系数如表 4-1 所示。

表 4-1 等效变形模量的拟合系数(不同 α_i 条件下)

拟合系数	单组平行裂隙	两组平行相交裂隙
E_0	3.569	3.125
A	1.5924	0.4826
α_c	84.598	87.7533
w	25.092	14.8479

图 4-16 中红色圆点为单组平行裂隙模型 DDA 模拟计算获得的等效变形模量,红色曲线为相应计算值(离散)的高斯拟合曲线,黑色方点为两组平行相交裂隙模

型 DDA 模拟计算结果，黑色曲线为相应计算值的高斯拟合曲线。比较分析可知，两组平行相交裂隙模型的等效变形模量远小于单组平行裂隙模型，说明相交和相互切割裂隙发育将严重削弱岩体的抗压刚度。

2) 节理面法向刚度 K_n 的影响

取图 4-14 模型 α_i =45°的两组相互平行相交的节理，模型边界条件及计算参数如下。

荷载：水平压力 σ_1=5MPa，竖向压力 σ_3=1MPa；

岩石参数：E_r=4.4GPa，v_r=0.2，c_r=3MPa，φ_r=30°；

节理参数：K_s=1GPa，c_j=0.6MPa，φ_j=30°，α_i=45°；

边界条件：约束底边法向位移。

保持 K_s 及其他材料参数不变，DDA 模拟计算获得 K_n 分别为 1.0GPa、1.5GPa、2.0GPa、2.5GPa、3.0GPa、3.5GPa 条件下模型水平位移和竖向位移分布，部分结果如图 4-17 所示。

(a) K_n=1GPa水平位移

(b) K_n=1GPa竖向位移

(c) K_n=2GPa水平位移

(d) K_n=2GPa竖向位移

(e) K_n=3GPa水平位移

(f) K_n=3GPa竖向位移

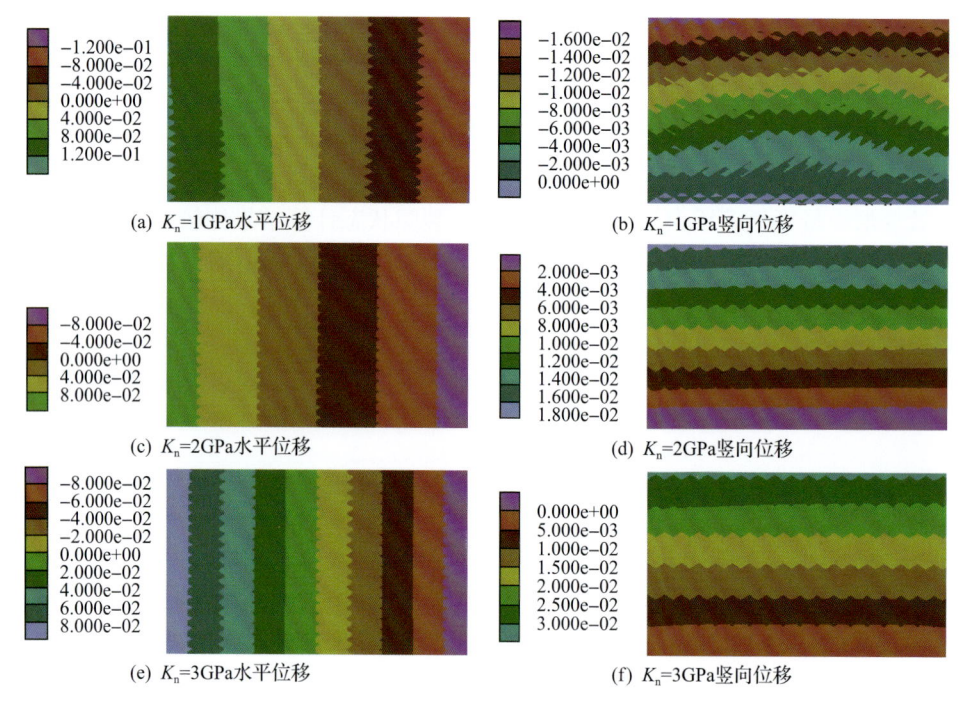

图 4-17　不同 K_n 条件下规则排列成组交互贯通裂隙岩体模型位移分布(单位：m)

比较图 4-17 中计算结果可见，当 K_n≤1GPa 时，水平位移较大，当 1GPa＜K_n≤3.5GPa 时，水平位移峰值缓慢增大，但其空间分布形态基本保持不变。当 K_n≤1GPa 时，模型竖向位移呈压缩状态(图中负值表示位移方向与模型纵坐标正向相反)；当 K_n=1～3.5GPa 时，竖向位移呈现张拉状态(模型底边零位移约束条件下)，位移沿坐标正向增大。值得注意的是，在 DDA 模拟计算中，节理面切向刚度 K_s=1GPa，竖向位移正负变化的结果显示，当 $K_n > K_s$ 时，岩石块体沿节理面剪切滑移的效果逐渐增强，表现出 σ_3 方向间接张拉位移增大的现象。

为比较裂隙发育状态对岩体变形特性的影响，考虑单组平行裂隙和两组平行相交裂隙，取 σ_1 作用方向上的平均正应力及平均正应变计算裂隙岩体水平方向等效变形模量，如图 4-18 所示。

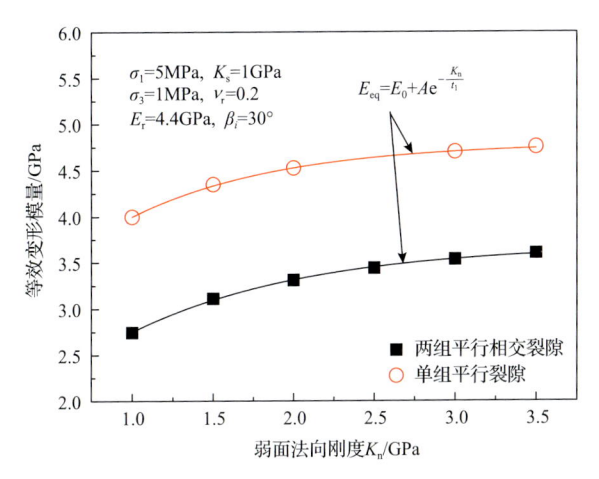

图 4-18　不同节理面法向刚度时的岩体等效变形模量（规则排列成组交互贯通裂隙）

由图 4-18 可见，在两种裂隙发育状态下，岩体等效变形模量随弱面法向刚度的变化规律高度吻合。等效变形模量 $E_{eq}(K_n)$ 与 K_n 的相关关系可用式(4-18)所示的负指数函数统一表达。

$$E_{eq}(K_n) = E_0 + A e^{-\frac{K_n}{t_1}} \tag{4-18}$$

等效变形模量的拟合系数分别如表 4-2 所示。

表 4-2　等效变形模量的拟合系数(不同 K_n 条件下)

拟合系数	单组平行裂隙	两组平行相交裂隙
E_0	4.7863	3.6863
A	−2.3791	−2.3462
t_1	0.9043	1.0868

另外，在两组平行相交裂隙发育状态下，岩体的等效变形模量显著降低，约为单组平行裂隙发育状态的 68%，且这一降低比例基本上与弱面法向刚度无关。

3) 节理面切向刚度 K_s 的影响

以 $\alpha_i = 45°$ 为例，分析不同节理面切向刚度时裂隙岩体位移的变化规律。模型边界条件及计算参数如下。

　　荷载：水平压力 σ_1=5MPa，竖向压力 σ_3=1MPa；
　　岩石参数：E_r=4.4GPa，ν_r=0.2，c_r=3MPa，φ_r=30°；
　　节理参数：K_n=2GPa，c_j=0.6MPa，φ_j=30°，α_i=45°；
　　边界条件：约束底边法向位移。

保持 K_n 及其他材料参数不变，DDA 模拟计算获得 K_s 分别为 0.5GPa、1.0GPa、1.5GPa、2.0GPa、2.5GPa 条件下模型水平位移及竖向位移分布，部分结果如图 4-19 所示。

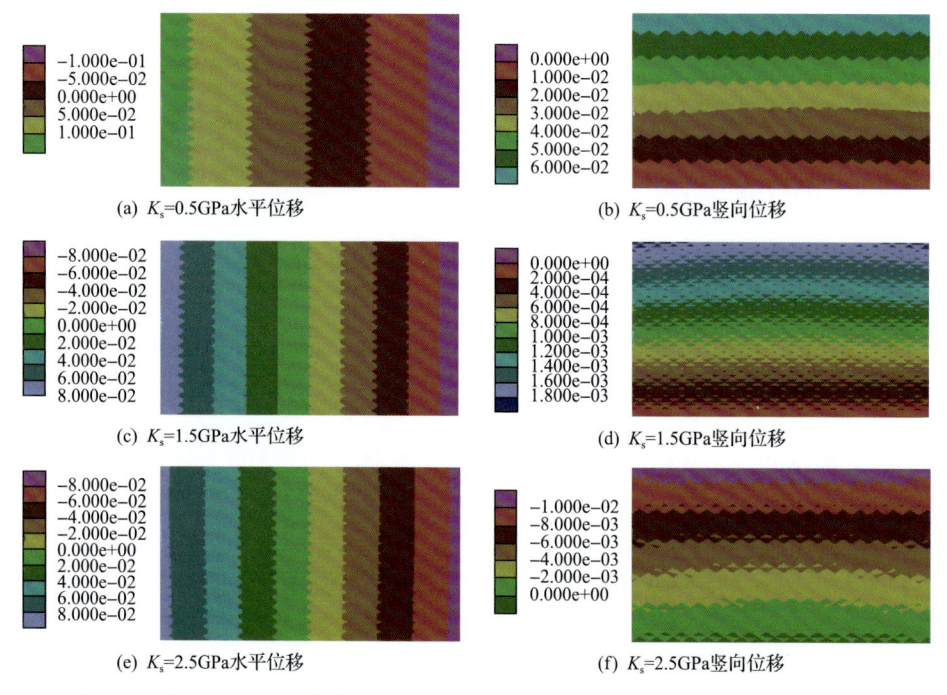

(a) K_s=0.5GPa水平位移　　(b) K_s=0.5GPa竖向位移

(c) K_s=1.5GPa水平位移　　(d) K_s=1.5GPa竖向位移

(e) K_s=2.5GPa水平位移　　(f) K_s=2.5GPa竖向位移

图 4-19　不同 K_s 条件下规则排列成组交互贯通裂隙岩体模型位移分布（单位：m）

比较图 4-19 中计算结果可见，当 K_s≤0.5GPa 时，水平位移较大；当 1≤K_s≤2.5GPa 时，水平位移峰值及其空间分布基本保持不变；当 K_s≤1.5GPa 时，模型竖向位移呈张拉状态（模型底边零位移约束条件下），位移沿坐标正向增大；当 K_s=2～2.5GPa 时，竖向位移呈现压缩状态（图中负值表示位移方向与模型纵坐标正向相反）。值得注意的是，在 DDA 模拟计算中，节理面切向刚度 K_n=2GPa，竖向位移正负变化的结果显示，当 K_s>K_n 时，岩石块体沿节理面剪切滑移的效果逐渐减弱，表现出 σ_3 方向（σ_1 的正交方向）间接压缩位移增大。

考虑单组平行裂隙和两组平行相交裂隙的 DDA 模拟计算结果，取 σ_1 作用方向上的平均正应力及平均正应变计算岩体等效变形模量，如图 4-20 所示。结果显示：

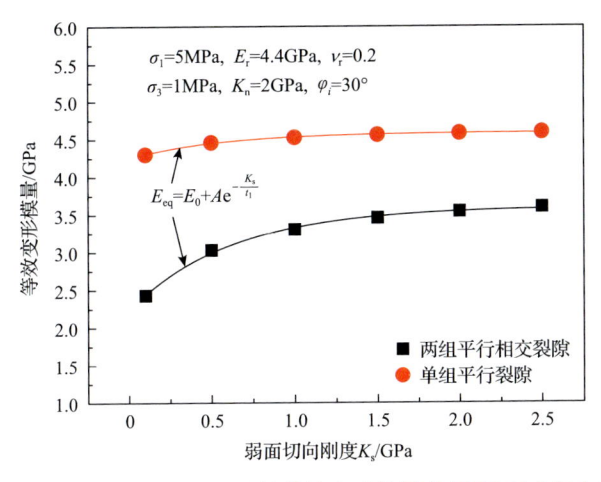

图 4-20　不同节理面切向刚度时的岩体等效变形模量(规则排列成组交互贯通裂隙)

(1)在两种裂隙发育状态下，岩体等效变形模量随节理面切向刚度 K_s 的增大呈非线性缓慢增大，两组平行相交裂隙状态下的曲线斜率显著大于单组平行裂隙。

(2)尽管两种裂隙状态下的等效变形模量随节理面切向刚度的变化梯度略有差异，但回归分析结果显示，相应的变化规律仍然可以用负指数函数统一表达，如

$$E_{eq}(K_s) = E_0 + Ae^{-\frac{K_s}{t_1}} \tag{4-19}$$

(3)在两组平行相交裂隙发育状态下，岩体的等效变形模量显著降低，且降低程度与节理面切向刚度 K_s 存在明显相关性。

等效变形模量的拟合系数如表 4-3 所示。

表 4-3　等效变形模量的拟合系数(不同 K_s 条件下)

拟合系数	单组平行裂隙	两组平行相交裂隙
E_0	4.5910	3.6003
A	−0.3049	−1.3633
t_1	0.5601	0.6193

综合上述 K_n 及 K_s 影响分析结果，尽管 $E_{eq}(K_n)$ 与 $E_{eq}(K_s)$ 的变化梯度对裂隙发育状态的敏感性有差异，但 $E_{eq}(K_n)$ 和 $E_{eq}(K_s)$ 的变化规律相似，二者均可用负指数函数表达，即

$$E_{eq}(K) = E_0 + Ae^{-\frac{K}{t_1}} \tag{4-20}$$

式中，K 为弱面刚度系数，$K=K_n, K_s$，GPa；E_0、A、t_1 为拟合系数，可通过试验或数值模拟计算确定。

3. 非规则排列交互贯通裂隙条件下岩体变形的各向异性

假设完整岩块为各向同性均质结构，岩体中发育 n 条贯穿模型边界的平行节理，采用 DDA 模拟不同荷载作用方向下断层带节理岩体应力-应变关系及其各向异性特性。

1) 不同加载方向下位移特征

采用 Monte-Carlo 法生成随机节理组并建立相应 DDA 数值模型，如图 4-21 所示。

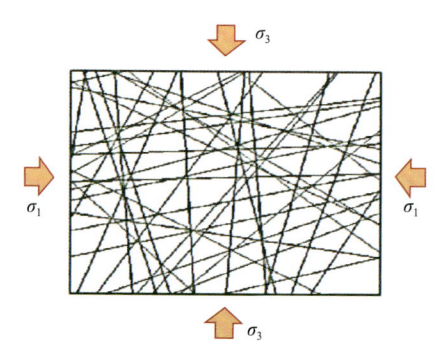

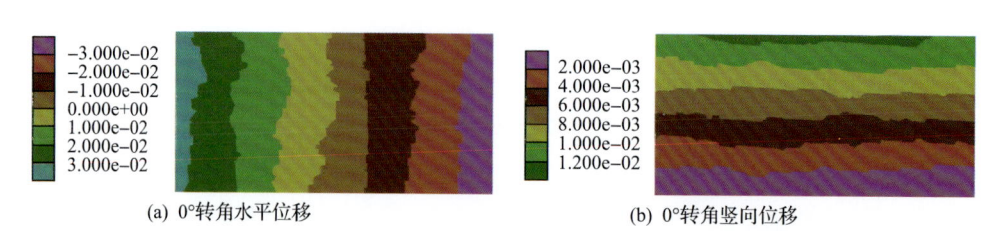

图 4-21　非规则排列交互贯通裂隙岩体变形 DDA 数值模型

模型边界条件及计算参数如下。

荷载：水平压力 σ_1=2MPa，竖向压力 σ_3=0.1MPa；

岩石参数：E_r=4.4GPa，ν_r=0.2，c_r=3MPa，φ_r=30°；

节理参数：K_n=2GPa，K_s=1GPa，c_j=0.6MPa，φ_j=30°；

边界条件：模型底边零位移约束，左、右两边 σ_1 对称加载，上部为 σ_3 应力边界。

计算获得不同加载方向模型位移分布，部分结果如图 4-22 所示。图中的角度是 σ_1 加载方向与模型水平轴方向的夹角。计算结果显示，0°~360°范围内 σ_1 沿任意方向(按 30°等间距给出典型计算结果)加载，模型水平位移和竖向位移峰值及其空间分布形式变化不大。为明了起见，取水平方向正应力平均值与正应变平均值计算等效变形模量，如图 4-23 所示。

(a) 0°转角水平位移　　　　　(b) 0°转角竖向位移

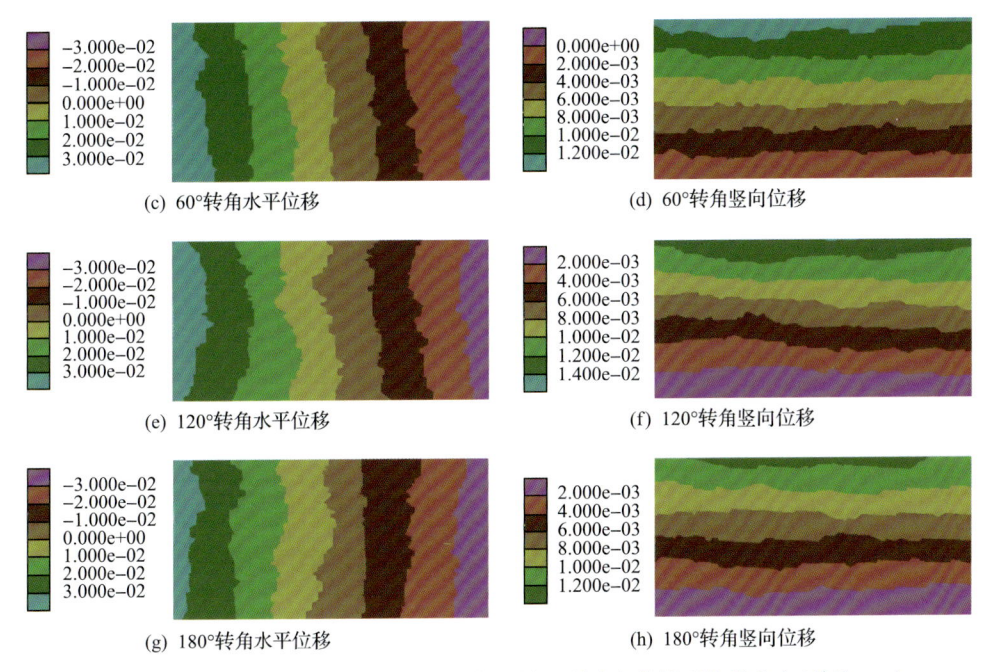

(c) 60°转角水平位移　　　　　　　　　(d) 60°转角竖向位移

(e) 120°转角水平位移　　　　　　　　(f) 120°转角竖向位移

(g) 180°转角水平位移　　　　　　　　(h) 180°转角竖向位移

图 4-22　不同加载方向下非规则排列交互贯通裂隙岩体模型位移分布(单位：m)

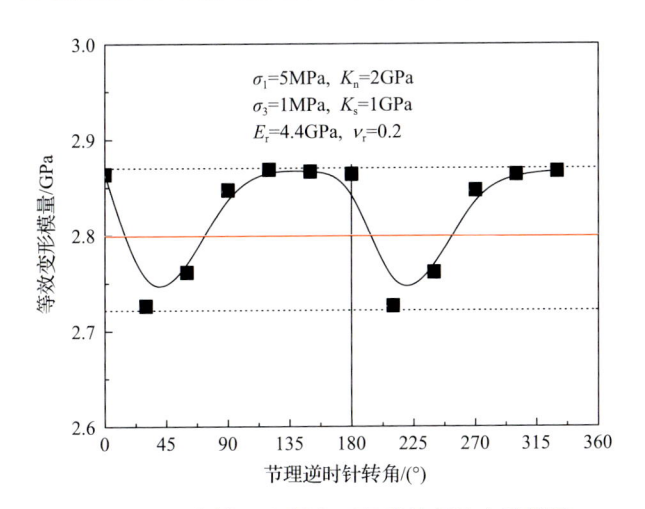

图 4-23　不同节理组转角时的岩体等效变形模量

由图 4-23 可见，随加载方向变化，等效变形模量在 2.8GPa 上下变化，变化幅度在 3%左右，总体上呈现各向异性特征且以 180°为周期变化的特点。

2) 节理面法向刚度 K_n 的影响

根据图 4-21 所示计算模型，采用 DDA 模拟研究节理面法向刚度 K_n 对随机节理发育岩体变形特性的影响。模型边界条件及计算参数如下。

荷载：水平压力 σ_1=5MPa，竖向压力 σ_3=1MPa；
岩石参数：E_r=4.4GPa，v_r=0.2，c_r=3MPa，φ_r=30°；
节理参数：K_s=1GPa，c_j=0.6MPa，φ_j=30°，倾角45°；
边界条件：约束底边法向位移。

保持 K_s 及其他材料参数不变，通过 DDA 模拟计算获得不同节理法向刚度 K_n 条件下的模型位移分布，如图 4-24 所示。

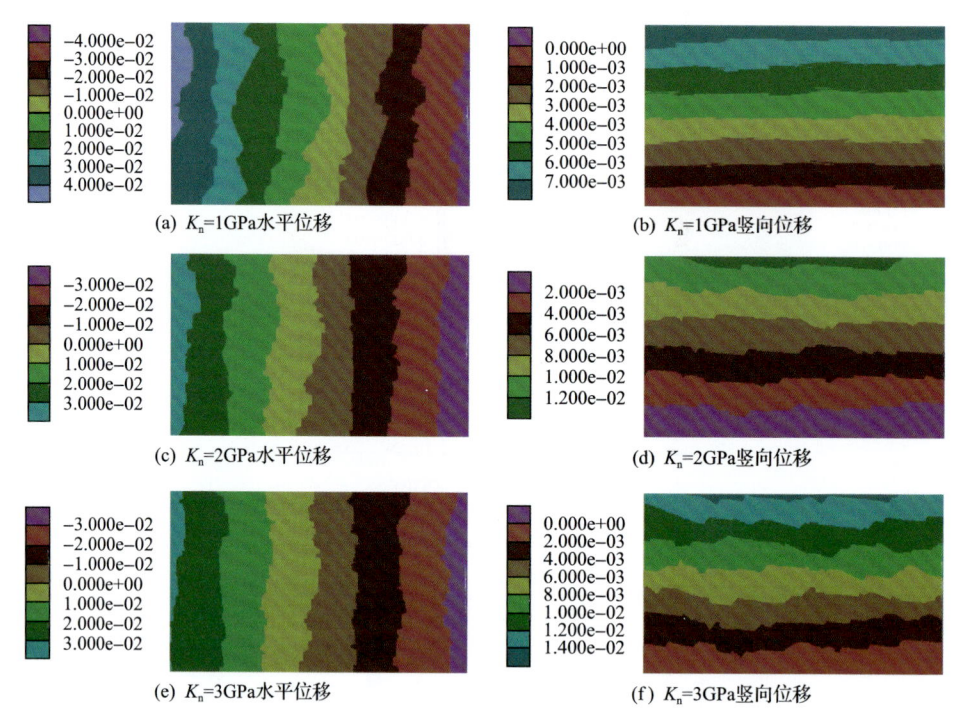

(a) K_n=1GPa水平位移

(b) K_n=1GPa竖向位移

(c) K_n=2GPa水平位移

(d) K_n=2GPa竖向位移

(e) K_n=3GPa水平位移

(f) K_n=3GPa竖向位移

图 4-24 不同 K_n 条件下非规则排列交互贯通裂隙岩体模型位移分布(单位：m)

随着节理面法向刚度 K_n 的增大，水平位移相应减小，模型水平位移最大值变化范围为 30～40mm，其空间分布形式大致相同。竖向位移随 K_n 增大呈张拉形增大，其原因在于，当 $K_n \geqslant K_s$(计算中取 K_s=1GPa)时，随 K_n 增大，节理面法向压缩位移效果减弱，而沿节理面剪切滑移引起的竖向张拉形位移效果增强。

为分析在不同裂隙发育状态下等效变形模量的变化特点，考虑单组平行裂隙、两组平行相交裂隙和随机发育裂隙条件，取水平方向平均正应力与平均正应变计算不同节理面法向刚度条件下裂隙岩体等效变形模量，如图 4-25 所示。

图 4-25 结果显示：

(1)裂隙发育状态和程度对裂隙岩体等效变形模量的大小影响显著，裂隙发育程度越高，岩体的等效变形模量越小。

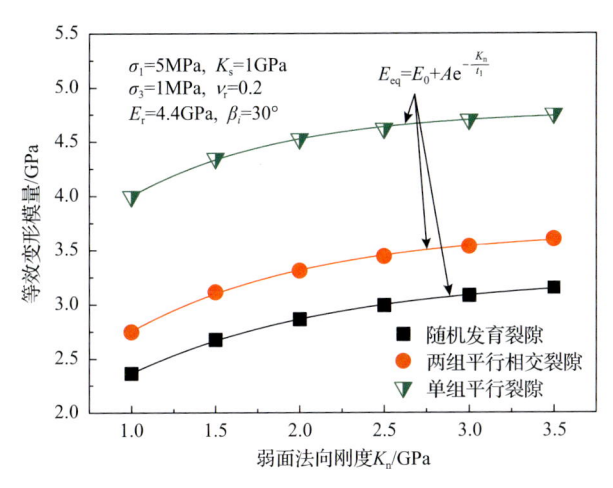

图 4-25　不同节理面法向刚度时的岩体等效变形模量(非规则排列交互贯通裂隙)

(2) 随 K_n 增大，节理岩体等效变形模量呈非线性(弱非线性)增大。

(3) 任意裂隙发育状态下，等效变形模量随弱面法向刚度的变化可采用式(4-18)的函数形式统一表达，拟合系数如表 4-4 所示。

表 4-4　不同裂隙发育状态的岩体等效变形模量拟合系数(不同 K_n 条件下)

拟合系数	单组平行裂隙	两组平行相交裂隙	随机发育裂隙
E_0	4.1759	3.0975	3.2613
A	−0.3101	−1.1730	−2.0179
t_1	0.5601	0.6193	1.2283

3) 节理面切向刚度 K_s 的影响

根据图 4-21 所示的裂隙岩体模型，采用 DDA 模拟研究节理面切向刚度 K_s 对随机节理发育岩体变形特性的影响。模型边界条件及计算参数如下。

荷载：水平压力 σ_1=5MPa，竖向压力 σ_3=1MPa；

岩石参数：E_r=4.4GPa，v_r=0.2，c_r=3MPa，φ_r=30°；

节理参数：K_n=2GPa，c_j=0.6MPa，φ_j=30°，倾角 45°；

边界条件：约束底边法向位移。

考虑弱面切向刚度 1GPa≤K_s≤2.5GPa，DDA 模拟计算得到模型的位移如图 4-26 所示。

由图 4-26 可见，当 K_s≤1GPa 时，随 K_s 增大，水平位移相应减小；当 1GPa<K_s≤2.5GPa 时，水平位移最大值基本保持不变，只有位移的空间分布形式有所不同。模型竖向位移对 K_s 变化相对敏感，随 K_s 增大，剪切滑移引起的竖向间接张拉位移明显减小。

(a) K_s=0.5GPa水平位移

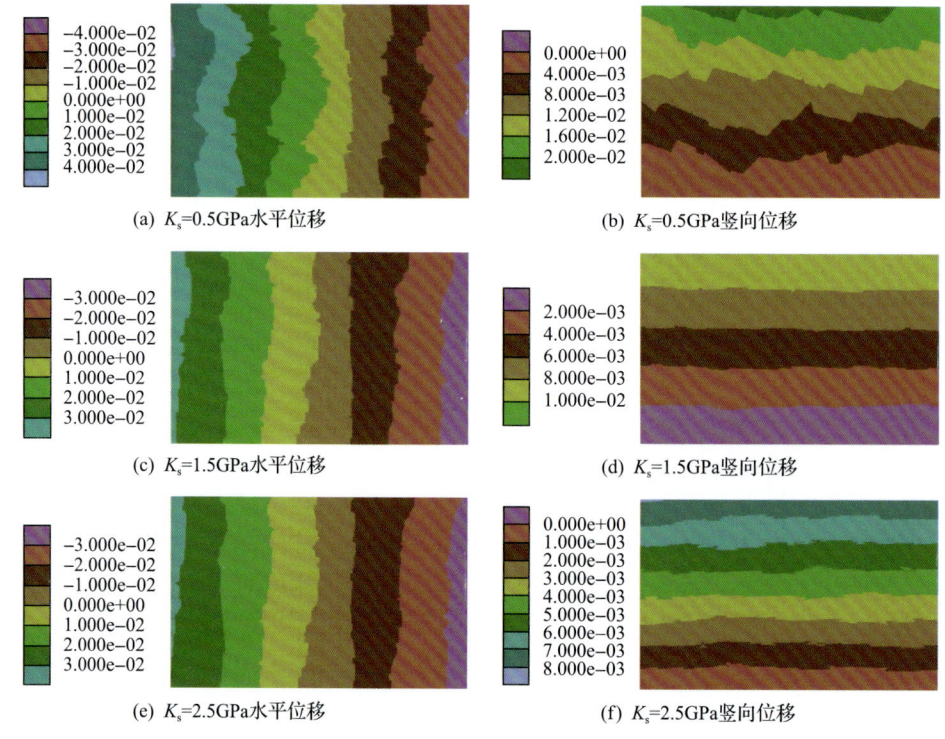

(b) K_s=0.5GPa竖向位移

(c) K_s=1.5GPa水平位移

(d) K_s=1.5GPa竖向位移

(e) K_s=2.5GPa水平位移

(f) K_s=2.5GPa竖向位移

图 4-26　不同 K_s 条件下非规则排列交互贯通裂隙岩体模型位移分布(单位：m)

为便于比较不同裂隙发育状态对 $E_{eq}(K_s)$ 的影响，考虑单组平行裂隙、两组平行相交裂隙和随机发育裂隙条件，取水平方向平均正应力与平均正应变计算不同节理面切向刚度条件下裂隙岩体等效变形模量，如图 4-27 所示。结果显示：

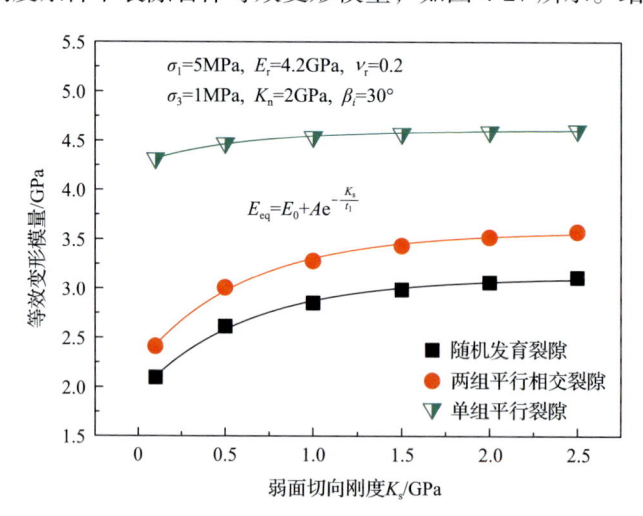

图 4-27　不同节理面切向刚度时的岩体等效变形模量(非规则排列交互贯通裂隙)

(1)任意裂隙发育状态，裂隙岩体等效变形模量随节理面切向刚度 K_s 的增大呈非线性增大。

(2)等效变形模量与弱面切向刚度的相关关系符合负指数函数关系(图 4-27 中表达式)，拟合系数如表 4-5 所示。

(3)裂隙发育状态和发育程度对等效变形模量的影响显著，裂隙发育程度越高，岩体等效变形模量越低。

表 4-5 不同裂隙发育状态的岩体等效变形模量拟合系数(不同 K_s 条件下)

拟合系数	单组平行裂隙	两组平行相交裂隙	随机发育裂隙
E_0	4.5910	3.6003	3.1081
A	−0.3049	−1.3633	−1.1769
t_1	0.5601	0.6193	0.6193

4. 节理分布状态与岩体变形各向异性特征

将前述三种节理发育状态下变形模量分布的方向性特性进行对比分析，定性评价节理发育岩体变形各向异性状态，如图 4-28 所示。

图 4-28(a)中，黑色点线为单组平行裂隙作用下裂隙岩体等效变形模量的方向性特征，红色曲线为两组平行相交裂隙作用下岩体等效变形模量的方向性特征，蓝色点线为随机发育裂隙作用下岩体等效变形模量的方向特性。结果显示：①有限裂隙发育状态下，岩体等效变形模量随方向角呈显著的周期性变化特征，单组裂隙发育状态下，$E_{eq}(\alpha_i)$ 呈以 180° 为周期的变化特征，两组平行相交裂隙发育状态下，$E_{eq}(\alpha_i)$ 呈以 90° 为周期的变化特征；②随机发育裂隙状态下，等效变

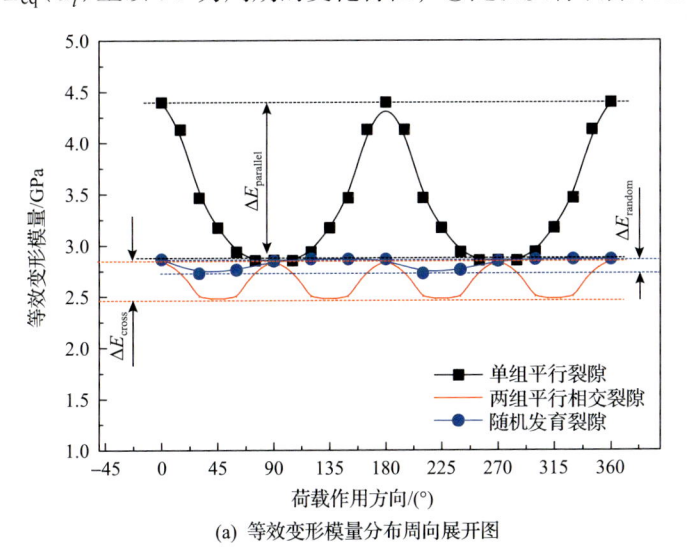

(a) 等效变形模量分布周向展开图

(b) 等效变形模量分布周向图

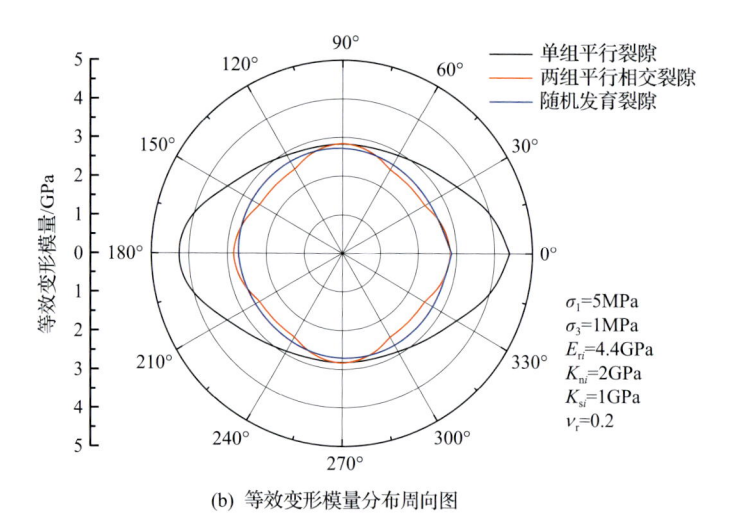

图 4-28　不同节理分布状态变形的方向特性比较

形模量不再具有周期性变化特征；③裂隙发育程度越高，岩体等效变形模量的变化幅度越小。

图 4-28(b)中，黑色曲线、红色曲线和蓝色曲线分别为单组平行裂隙、两组平行相交裂隙和随机发育裂隙三种裂隙发育状态下岩体等效变形模量沿不同方位的变化。0°和 180°单组平行裂隙发育岩体的等效变形模量最大，90°和 270°时最小；两组平行相交裂隙和随机发育裂隙状态下岩体等效变形模量的各向异性特征逐渐减弱。

不同节理状态岩体变形方向性差异如图 4-29 所示。图中，状态 I 为成组平行发育，状态 II 为成组正交发育，状态 III 为随机发育。分析可得，状态 I 下的变形

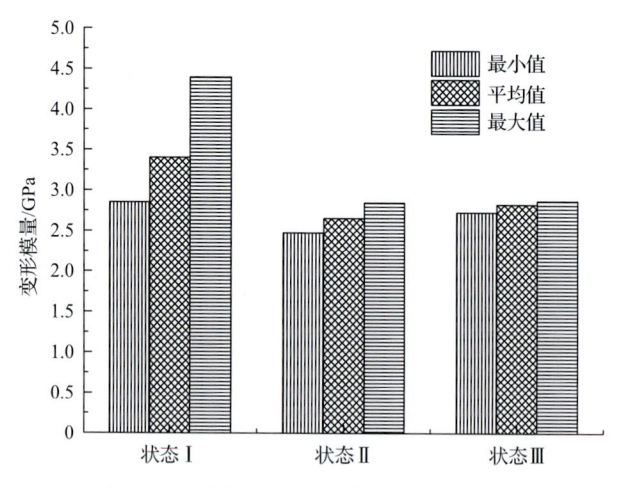

图 4-29　不同节理状态岩体变形方向性差异

模量离散度最大，最大值接近 4.5GPa，最小值在 2.85GPa 左右，方差为 0.49，而状态 II 和状态 III 下的变形模量离散度比状态 I 小得多，状态 II 下方差为 0.12，状态 III 下方差为 0.05 左右。因此，节理正交发育岩体和节理随机发育岩体可以看成各向同性等效弱化模型，又由于变形模量概率分布较平均，可取平均值作为各向同性等效弱化模型的等效变形模量。

4.3 应力-应变关系特点及其一般化本构模型

在采用均化方法处理裂隙岩体本构关系之前，先定义表征单元体。表征单元体是指其力学性质不再具有尺寸效应的最小体积，其尺寸比节理的特征尺寸大，但比工程的特征尺寸小。表征单元体的总体力学行为可认为是连续介质理论中一点的力学行为。对于裂隙化程度较高的岩体，一般认为存在表征单元体。

4.3.1 裂隙对岩体弹性模量、泊松比与剪切模量的影响

为探讨裂隙对岩体弹性模量、泊松比与剪切模量的影响，建立裂隙岩体等效单元，如图 4-30 所示。

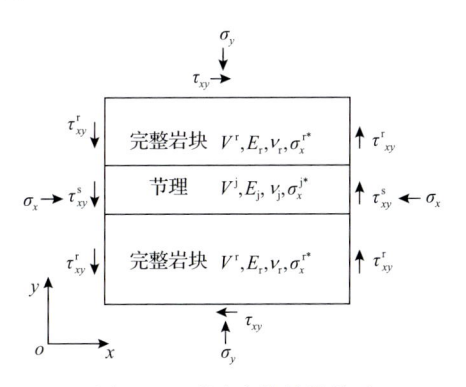

图 4-30 裂隙岩体等效单元

裂隙岩体等效单元的应变能为

$$W = W_j + W_r \tag{4-21}$$

式中，下标 j 代表节理，r 代表完整岩体，下面相同。

将式(4-21)展开得

$$\sigma_x \varepsilon_x + \sigma_y \varepsilon_y + \tau_{xy} \gamma_{xy} = V^j \left(\sigma_x^j \varepsilon_x^j + \sigma_y^j \varepsilon_y^j + \tau_{xy}^j \gamma_{xy}^j \right) + \left(1 - V^j\right) \left(\sigma_x^r \varepsilon_x^r + \sigma_y^r \varepsilon_y^r + \tau_{xy}^r \gamma_{xy}^r \right) \tag{4-22}$$

式中，V^j 为等效单元中节理的体积。

根据图 4-30 中的应力平衡条件，有

$$\sigma_x = V^j \sigma_x^j + \left(1 - V^j\right) \sigma_x^r \tag{4-23}$$

$$\sigma_y = \sigma_y^j = \sigma_y^r \tag{4-24}$$

$$\tau_{xy} = \tau_{xy}^j = \tau_{xy}^r \tag{4-25}$$

把式(4-23)～式(4-25)代入式(4-22)，可得

$$V^j \sigma_x^j \left(\varepsilon_x - \varepsilon_x^j\right) + V^r \sigma_x^r \left(\varepsilon_x - \varepsilon_x^r\right) + \sigma_y \left(\varepsilon_y - V^j \varepsilon_y^j - V^r \varepsilon_y^r\right) + \tau_{xy} \left(\gamma_{xy} - V^j \gamma_{xy}^j - V^r \gamma_{xy}^r\right) = 0 \tag{4-26}$$

式中应力为任意情况，因此有

$$\varepsilon_x = \varepsilon_x^j = \varepsilon_x^r \tag{4-27}$$

$$\varepsilon_y = V^j \varepsilon_y^j + \left(1 - V^j\right) \varepsilon_y^r \tag{4-28}$$

$$\gamma_{xy} = V^j \gamma_{xy}^j + \left(1 - V^j\right) \gamma_{xy}^r \tag{4-29}$$

由弹性体的胡克定律公式可知，若式(4-27)成立，则岩石与节理中应有内力 σ_x^{r*}、σ_x^{j*}，有

$$\varepsilon_y = \frac{\sigma_y}{E} - v \frac{\sigma_x}{E}, \quad \varepsilon_y^j = \frac{\sigma_y^j}{E_j} - v_j \frac{\sigma_x^j + \sigma_x^{j*}}{E_j}, \quad \varepsilon_y^r = \frac{\sigma_y^r}{E_r} - v_r \frac{\sigma_x^r + \sigma_x^{r*}}{E_r} \tag{4-30}$$

$$\varepsilon_x = \frac{\sigma_x}{E} - v \frac{\sigma_y}{E}, \quad \varepsilon_x^j = \frac{\sigma_x^j + \sigma_x^{j*}}{E_j} - v_j \frac{\sigma_y^j}{E_j}, \quad \varepsilon_x^j = \frac{\sigma_x^r + \sigma_x^{r*}}{E_r} - v_r \frac{\sigma_y^r}{E_r} \tag{4-31}$$

$$\gamma_{xy} = \frac{\tau_{xy}}{G}, \quad \gamma_{xy}^j = \frac{\tau_{xy}^j}{G_j}, \quad \gamma_{xy}^r = \frac{\tau_{xy}^r}{G_r} \tag{4-32}$$

将式(4-30)代入式(4-28)，并由式(4-24)整理可得

$$\frac{\sigma_y}{E} - v \frac{\sigma_x}{E} = V^j \left(\frac{\sigma_y}{E_j} - v_j \frac{\sigma_x^j + \sigma_x^{j*}}{E_j}\right) + \left(1 - V^j\right) \left(\frac{\sigma_y}{E_r} - v_r \frac{\sigma_x^r + \sigma_x^{r*}}{E_r}\right) \tag{4-33}$$

将式(4-31)代入式(4-27)，并由式(4-24)整理可得

$$\frac{\sigma_x^j + \sigma_x^{j*}}{E_j} = \frac{\sigma_x}{E} - v \frac{\sigma_y}{E} + v_j \frac{\sigma_y}{E_j} \tag{4-34}$$

$$\frac{\sigma_x^{\mathrm{r}}+\sigma_x^{\mathrm{r}*}}{E_{\mathrm{r}}}=\frac{\sigma_x}{E}-\nu\frac{\sigma_y}{E}+\nu_{\mathrm{r}}\frac{\sigma_y}{E_{\mathrm{r}}} \tag{4-35}$$

将式(4-34)和式(4-35)代入式(4-33)得

$$\frac{\sigma_y}{E}-\nu\frac{\sigma_x}{E}=V^{\mathrm{j}}\left[\frac{\sigma_y}{E_{\mathrm{j}}}-\nu_{\mathrm{j}}\left(\frac{\sigma_x}{E}-\nu\frac{\sigma_y}{E}+\nu_{\mathrm{j}}\frac{\sigma_y}{E_{\mathrm{j}}}\right)\right]$$
$$+\left(1-V^{\mathrm{j}}\right)\left[\frac{\sigma_y}{E_{\mathrm{r}}}-\nu_{\mathrm{r}}\left(\frac{\sigma_x}{E}-\nu\frac{\sigma_y}{E}+\nu_{\mathrm{r}}\frac{\sigma_y}{E_{\mathrm{r}}}\right)\right] \tag{4-36}$$

式(4-36)对任意应力状态均成立，因此等式左右应力的系数项应相等，整理得

$$\nu=V^{\mathrm{j}}\nu_{\mathrm{j}}+\left(1-V^{\mathrm{j}}\right)\nu_{\mathrm{r}} \tag{4-37}$$

$$\frac{1}{E}=\frac{V^{\mathrm{j}}}{E_{\mathrm{j}}}+\nu\nu_{\mathrm{j}}\frac{V^{\mathrm{j}}}{E}-\nu_{\mathrm{j}}^2\frac{V^{\mathrm{j}}}{E_{\mathrm{j}}}+\frac{1-V^{\mathrm{j}}}{E_{\mathrm{r}}}+\nu_{\mathrm{r}}\nu\frac{1-V^{\mathrm{j}}}{E}-\nu_{\mathrm{r}}^2\frac{1-V^{\mathrm{j}}}{E_{\mathrm{r}}} \tag{4-38}$$

由式(4-37)和式(4-38)得

$$E=\frac{1-\left[V^{\mathrm{j}}\nu_{\mathrm{j}}+\left(1-V^{\mathrm{j}}\right)\nu_{\mathrm{r}}\right]^2}{\dfrac{V^{\mathrm{j}}\left(1-\nu_{\mathrm{j}}^2\right)}{E_{\mathrm{j}}}+\dfrac{\left(1-V^{\mathrm{j}}\right)\left(1-\nu_{\mathrm{r}}^2\right)}{E_{\mathrm{r}}}} \tag{4-39}$$

将式(4-32)代入式(4-29)，并由式(4-25)整理可得

$$G=\frac{1}{\dfrac{V^{\mathrm{j}}}{G_{\mathrm{j}}}+\dfrac{1-V^{\mathrm{j}}}{G_{\mathrm{r}}}} \tag{4-40}$$

应用中需要注意，V^{j} 为等效单元中节理的体积，为小于 1 的正数，将式(4-37)～式(4-39)中 V^{j} 取 0，即退化为完整岩石参数，表明结果可靠。

4.3.2 裂隙岩体的弹性柔度矩阵

将图 4-30 中的裂隙岩体等效为一个完整岩体单元，二者具有相同的应变能，以此获得等效单元体柔度矩阵。

为考虑节理的变形特性，引入节理切向刚度 K_{s}、法向刚度 K_{n} 以及传压系数 C_{n} 和传剪系数 C_{s}。首先回顾完整岩体的柔度矩阵 C_0，式中弹性模量 E、泊松比 ν 和剪切模量 G 按前面得出的结果进行替换：

$$C_0 = \begin{bmatrix} C_{11}^0 & C_{12}^0 & C_{13}^0 \\ C_{21}^0 & C_{22}^0 & C_{23}^0 \\ C_{31}^0 & C_{32}^0 & C_{33}^0 \end{bmatrix} = \begin{bmatrix} \dfrac{1}{E} & -\dfrac{\nu}{E} & 0 \\ -\dfrac{\mu}{E} & \dfrac{1}{E} & 0 \\ 0 & 0 & \dfrac{1}{G} \end{bmatrix} \tag{4-41}$$

等效完整岩体单元泊松比已按存在裂隙情况进行了考虑，因此在裂隙岩体柔度矩阵 C_e 中：

$$C_{11} = \frac{1}{E}, \quad C_{12} = C_{21} = -\frac{\nu}{E} \tag{4-42}$$

在图 4-30 中，当 $\sigma_x = \tau_{xy} = 0$，$\sigma_y \neq 0$ 时，单元中节理应变能为

$$W_j = V^j \frac{1}{2} \frac{\sigma_y^2 C_n^2}{K_n} \tag{4-43}$$

单元中完整岩石应变能为

$$W_r = \left(1 - V^j\right) \frac{1}{2} C_{22}^0 \sigma_y^2 \tag{4-44}$$

等效完整岩体单元应变能为

$$W = \frac{1}{2} \sigma_y^2 C_{22} \tag{4-45}$$

由 $W = W_j + W_r$ 整理可得

$$C_{22} = \frac{V^j C_n^2}{K_n} + \left(1 - V^j\right) C_{22}^0 \tag{4-46}$$

在图 4-30 中，当 $\sigma_x = \sigma_y = 0$，$\tau_{xy} \neq 0$ 时，单元中节理应变能为

$$W_j = V^j \frac{1}{2} \frac{\tau_{xy}^2 C_s^2}{K_s} \tag{4-47}$$

单元中完整岩石应变能为

$$W_r = \left(1 - V^j\right) \frac{1}{2} C_{33}^0 \tau_{xy}^2 \tag{4-48}$$

等效完整岩体单元应变能为

$$W = \frac{1}{2} \tau_{xy}^2 C_{33} \tag{4-49}$$

由 $W = W_j + W_r$ 整理可得

$$C_{33} = \frac{V^j C_s^2}{K_s} + (1 - V^j) C_{33}^0 \tag{4-50}$$

这样即得到二维裂隙岩体柔度矩阵 C_e 为

$$C_e = \begin{bmatrix} C_{11} & C_{12} & C_{13} \\ C_{21} & C_{22} & C_{23} \\ C_{31} & C_{32} & C_{33} \end{bmatrix} = \begin{bmatrix} \dfrac{1}{E} & -\dfrac{v}{E} & 0 \\ -\dfrac{v}{E} & \dfrac{V^j C_n^2}{K_n} + (1-V^j)\dfrac{1}{E} & 0 \\ 0 & 0 & \dfrac{V^j C_s^2}{K_s} + (1-V^j)\dfrac{1}{G} \end{bmatrix} \tag{4-51}$$

由式(4-51)可知，当裂隙岩体单元中 $V^j = 0$ 时，裂隙岩体柔度矩阵 C_e 即退化为完整岩体的柔度矩阵 C_0。

与二维情况的分析方法一样，三维裂隙岩体柔度矩阵为

$$C_e = \begin{bmatrix} C_{11} & C_{12} & C_{13} & 0 & 0 & 0 \\ C_{21} & C_{22} & C_{23} & 0 & 0 & 0 \\ C_{31} & C_{32} & C_{33} & 0 & 0 & 0 \\ 0 & 0 & 0 & C_{44} & 0 & 0 \\ 0 & 0 & 0 & 0 & C_{55} & 0 \\ 0 & 0 & 0 & 0 & 0 & C_{66} \end{bmatrix}$$

$$= \begin{bmatrix} \dfrac{1}{E} & -\dfrac{v}{E} & -\dfrac{v}{E} & 0 & 0 & 0 \\ -\dfrac{v}{E} & \dfrac{1}{E} & -\dfrac{v}{E} & 0 & 0 & 0 \\ -\dfrac{v}{E} & -\dfrac{v}{E} & \dfrac{V^j C_n^2}{K_n} + (1-V^j)\dfrac{1}{E} & 0 & 0 & 0 \\ 0 & 0 & 0 & \dfrac{1}{G} & 0 & 0 \\ 0 & 0 & 0 & 0 & \dfrac{V^j C_s^2}{K_s} + (1-V^j)\dfrac{1}{G} & 0 \\ 0 & 0 & 0 & 0 & 0 & \dfrac{V^j C_s^2}{K_s} + (1-V^j)\dfrac{1}{G} \end{bmatrix} \tag{4-52}$$

4.3.3 裂隙岩体的弹性本构方程

由上面已求得局部坐标系下的裂隙岩体柔度矩阵，将其转换到整体坐标系下，即得到裂隙岩体的本构方程：

$$\varepsilon = T^\mathrm{T} C_\mathrm{e} T \sigma \tag{4-53}$$

二维情况的坐标转换矩阵 T 为

$$T = \begin{bmatrix} \cos^2\theta & \sin^2\theta & \sin(2\theta) \\ \sin^2\theta & \cos^2\theta & -\sin(2\theta) \\ -\dfrac{1}{2}\sin(2\theta) & \dfrac{1}{2}\sin(2\theta) & \cos(2\theta) \end{bmatrix} \tag{4-54}$$

式中，θ 为节理与 x 轴的夹角。

三维情况的坐标转换矩阵 T 为

$$T = \begin{bmatrix} l_1^2 & m_1^2 & n_1^2 & 2l_1m_1 & 2m_1n_1 & 2n_1l_1 \\ l_2^2 & m_2^2 & n_2^2 & 2l_2m_2 & 2m_2n_2 & 2n_2l_2 \\ l_3^2 & m_3^2 & n_3^2 & 2l_3m_3 & 2m_3n_3 & 2n_3l_3 \\ l_1l_2 & m_1m_2 & n_1n_2 & l_1m_2+l_2m_1 & m_1n_2+m_2n_1 & n_1l_2+n_2l_1 \\ l_2l_3 & m_2m_3 & n_2n_3 & l_2m_3+l_3m_2 & m_2n_3+m_3n_2 & n_2l_3+n_3l_2 \\ l_3l_1 & m_3m_1 & n_3n_1 & l_3m_1+l_1m_3 & m_3n_1+m_1n_3 & n_3l_1+n_1l_3 \end{bmatrix} \tag{4-55}$$

式中，局部坐标系与整体坐标系的方向余弦定义如表 4-6 所示。

表 4-6　局部坐标系与整体坐标系的方向余弦定义

	x	y	z
x'	$l_1=\cos(x',x)$	$m_1=\cos(x',y)$	$n_1=\cos(x',z)$
y'	$l_2=\cos(y',x)$	$m_2=\cos(y',y)$	$n_2=\cos(y',z)$
z'	$l_3=\cos(z',x)$	$m_3=\cos(z',y)$	$n_3=\cos(z',z)$

当有 n 组节理同时存在时，由叠加原理可得本构方程为

$$\varepsilon = \left[\sum_{i=1}^n T_i^\mathrm{T} C_{\mathrm{e}i} T_i - (n-1)C_0 \right] \sigma \tag{4-56}$$

4.3.4 裂隙岩体的弹塑性本构方程

非关联塑性理论认为,塑性应变增量 $d\varepsilon^p$ 与塑性势函数 g 有如下关系:

$$d\varepsilon^p = d\lambda \frac{\partial g}{\partial \sigma} \tag{4-57}$$

式中,$d\lambda$ 为非负的比例系数。

根据 Drucker 公设,$d\varepsilon^p$ 的方向一定是指向屈服面的外法向,此时可用屈服函数 f 作为塑性势函数 g,此时即为相关联的流动法则:

$$d\varepsilon^p = d\lambda \frac{\partial f}{\partial \sigma} \tag{4-58}$$

加载时应变增量 $d\varepsilon$ 可分解为弹性应变增量 $d\varepsilon^e$ 和塑性应变增量 $d\varepsilon^p$,即

$$d\varepsilon = d\varepsilon^e + d\varepsilon^p \tag{4-59}$$

弹性应变增量 $d\varepsilon^e$ 可根据弹性刚度矩阵 D_e 和应力增量 $d\sigma$ 由胡克定律求得

$$d\varepsilon^e = D_e^{-1} d\sigma \tag{4-60}$$

将式(4-57)和式(4-60)代入(4-59)可得

$$d\sigma = D_e d\varepsilon - d\lambda D_e \frac{\partial g}{\partial \sigma} \tag{4-61}$$

塑性加载时,状态保持在屈服面上,因而有如下一致性条件:

$$df = \left(\frac{\partial f}{\partial \sigma}\right)^T d\sigma + \frac{\partial f}{\partial \kappa} d\kappa = 0 \tag{4-62}$$

式中,κ 为塑性内变量,它可以是塑性功 ω^p,也可以是等效塑性应变 $\bar{\varepsilon}^p$。

将式(4-61)代入式(4-62)可求得

$$d\lambda = \frac{1}{A + \left(\frac{\partial f}{\partial \sigma}\right)^T D_e \frac{\partial g}{\partial \sigma}} \left(\frac{\partial f}{\partial \sigma}\right)^T D_e d\varepsilon \tag{4-63}$$

式中,硬化函数 A 为

$$A = \begin{cases} -\dfrac{\partial f}{\partial \omega^p} \sigma^T \dfrac{\partial g}{\partial \sigma}, & \kappa = \omega^p \\ -\dfrac{\partial f}{\partial \overline{\varepsilon}^p} \left[\left(\dfrac{\partial g}{\partial \sigma} \right)^T \dfrac{\partial g}{\partial \sigma} \right], & \kappa = \overline{\varepsilon}^p \end{cases} \tag{4-64}$$

将式(4-63)代入式(4-61)可得非关联塑性材料的本构方程：

$$d\sigma = D_{ep} d\varepsilon \tag{4-65}$$

式中

$$D_{ep} = D_e - D_p = D_e - \dfrac{D_e \dfrac{\partial g}{\partial \sigma} \left(\dfrac{\partial f}{\partial \sigma} \right)^T D_e}{A + \left(\dfrac{\partial f}{\partial \sigma} \right)^T D_e \dfrac{\partial g}{\partial \sigma}}$$

这里采用 Drucker-Prager 屈服函数和塑性势函数，分别如下：

$$f = \alpha I_1 + \sqrt{J_2} - k = 0 \tag{4-66}$$

$$g = \theta \alpha I_1 + \sqrt{J_2} - k \tag{4-67}$$

式中，$I_1 = e^T \sigma$ 为应力张量第一不变量；J_2 为应力偏量第二不变量；θ 为材料的塑性流动参数，其取值范围为 0~1，当取值为 1 时，成为关联塑性模型；α 和 k 为材料参数。

可以算出：

$$\dfrac{\partial f}{\partial \sigma} = \alpha e + \dfrac{\overline{s}}{2\sqrt{J_2}}, \quad \dfrac{\partial g}{\partial \sigma} = \theta \alpha e + \dfrac{\overline{s}}{2\sqrt{J_2}} \tag{4-68}$$

式中，$e = \begin{bmatrix} 1 & 1 & 1 & 0 & 0 & 0 \end{bmatrix}^T$；$\overline{s} = \begin{bmatrix} s_{11} & s_{22} & s_{33} & 2s_{12} & 2s_{23} & 2s_{31} \end{bmatrix}^T$。

4.3.5 模型中参数的确定

Drucker-Prager 屈服函数和塑性势函数中的参数 α 和 k 可以与工程中常用的黏聚力 c 和内摩擦角 φ 进行转换，当 Drucker-Prager 准则和 Coulomb 棱锥顶重合时，

$$\alpha = \dfrac{2\sin\varphi}{\sqrt{3}(3 - \sin\varphi)}, \quad k = \dfrac{6c\sin\varphi}{\sqrt{3}(3 - \sin\varphi)} \tag{4-69}$$

当 Drucker-Prager 准则和 Coulomb 棱锥顶的内顶点重合时，

$$\alpha = \dfrac{2\sin\varphi}{\sqrt{3}(3 + \sin\varphi)}, \quad k = \dfrac{6c\sin\varphi}{\sqrt{3}(3 + \sin\varphi)} \tag{4-70}$$

在平面应变情况下，有

$$\alpha = \frac{\tan\varphi}{\sqrt{9+12\tan^2\varphi}}, \quad k = \frac{3c}{\sqrt{9+12\tan^2\varphi}} \quad (4\text{-}71)$$

节理的剪切刚度 K_s 和法向刚度 K_n 可以取为常数，也可以按照 Barton-Bandis 节理模型[1]进行取值：

$$K_n = K_{ni} \Big/ \left(1 - \frac{\sigma_n}{\sigma_n + K_{ni}\delta_m}\right)^2 \quad (4\text{-}72)$$

$$K_s = \frac{100}{l}\sigma_n \tan\left(\varphi_r + JRC \cdot \lg\frac{JCS}{\sigma_n}\right) \quad (4\text{-}73)$$

式中，K_{ni} 为初始法向刚度；σ_n 为节理法向应力；δ_m 为最大法向闭合量；φ_r 为残余内摩擦角；JRC 为节理粗糙度系数；JCS 为节理壁抗压强度；l 为节理的特征长度。

传压系数 C_n 可按照 Kunin[128]建议的公式取值：

$$C_n = \frac{\dfrac{1-v^2}{E}\pi a}{\dfrac{1-v^2}{E}\pi a + \dfrac{1}{K_n}} \quad (4\text{-}74)$$

式中，a 为节理的半长度。

节理裂隙面产生相对滑移的条件满足 Mohr-Coulomb 抗剪强度准则：

$$\tau_m = c + \sigma_n \tan\varphi = c + C_n \sigma \tan\varphi \quad (4\text{-}75)$$

当节理面剪应力未达到该临界应力时，节理面无相对滑移发生，剪应力完全传递，即 C_s=1；当剪应力达到临界应力发生相对滑移时，传剪系数为

$$C_s = \frac{C_n \sigma \tan\varphi + c}{|\tau|} \quad (4\text{-}76)$$

前述推导中索取的表征单元体反映了裂隙岩体力学性质的尺寸效应，当表征单元体达到一定大时，裂隙岩体的弹性参数就应该达到一个定值，否则表明表征单元体不存在，不能将岩体作为等效连续体来处理。

4.4 断层区岩体各向异性特征的评价方法

4.4.1 理论基础及研究现状

裂隙岩体本构模型特性及其相关参数主要受以下因素影响：
(1) 完整岩块的物理力学特性(变形模量、泊松比等)；
(2) 裂隙产状特性(走向、倾向、倾角)；
(3) 几何规模(迹线长度、延展深度等)；
(4) 裂隙面充填物及其充填状态(充填程度、充填物力学性质等)；
(5) 裂隙面力学特性(裂隙面法向刚度、剪切刚度、粗糙度、黏聚力、残余内摩擦角等)。

上述因素的综合影响导致裂隙岩体的应力-应变关系可能呈两种不同状态，即各向异性、等效弱化各向同性。迄今，大量研究成果难以在工程实际中予以应用推广，其原因是无法充分考虑这些影响因素的作用及其量化表达、多因素的综合影响，计算结果难以反映工程中裂隙岩体受力或卸载扰动条件下的变形特性。

本节将充分考虑上述各影响因素的单独影响或相互影响，以完整岩块应力-应变关系及裂隙面充填结构的应力-应变关系为基础，以地质编录所得断层带裂隙产状参数为依据，建立具有工程实用价值的裂隙岩体本构模型及相应力学参数的计算方法。

1. 基本假定

(1) 裂隙岩体主要由完整岩块、裂隙及其充填物组成。
(2) 完整岩块为均质各向同性理想弹塑性体。
(3) 裂隙被固体、水或气体等物质充填，同一裂隙中充填物相同。
(4) 固体充填物为均质各向同性弹塑性体。
(5) 裂隙中的水和气体处于自由流动状态，对固体结构的作用力可以忽略不计。
(6) 裂隙的产状特征及几何尺度呈随机分布。
(7) 完整岩块及裂隙内固体充填结构的拉压变形特性相同。

2. 裂隙岩体变形特性相关概念

将裂隙岩体的各向异性度定义为裂隙岩体中各方向裂隙产状及其发育程度、变形特性的差异程度。同理，裂隙岩体的各向同性度定义为裂隙岩体中各方向裂隙产状及其发育程度、变形特性的趋同程度。研究表明，裂隙岩体的各向同性度受裂隙发育程度、产状特征、裂隙面结构力学性质的影响(假定完整岩块具有均质、各向同性特性)。

根据岩体力学的基础理论,本节相关裂隙岩体的几个概念和指标如下所述。

裂隙度 K 是指沿着取样线方向单位长度上节理的数量。设有一取样直线,其长度为 l,在沿 l 长度内出现节理的数量为 n,则

$$K = \frac{n}{l} \tag{4-77}$$

那么,沿着取样线方向的节理平均间距 d 为

$$d = \frac{1}{K} = \frac{l}{n} \tag{4-78}$$

当取样线垂直节理的走向时,d 为节理走向的垂直间距。当 $d > 180\text{cm}$ 时,岩体的连续性具有整体的结构性质;当 $30\text{cm} < d \leqslant 180\text{cm}$ 时,岩体为块状结构;当 $6.5\text{cm} < d \leqslant 30\text{cm}$ 时,岩体为碎裂结构;当 $d \leqslant 6.5\text{cm}$ 时,岩体为极碎裂结构。

当岩体上有 n 组裂隙发育时,如图 4-31 所示,有两组节理 K_{a1}、K_{a2} 和 K_{b1}、K_{b2},沿取样线 x 方向的节理平均间距 m_{ax} 和 m_{bx} 为

$$m_{ax} = \frac{d_a}{\cos \xi_a}, \quad m_{bx} = \frac{d_b}{\cos \xi_b}, \quad \cdots, \quad m_{nx} = \frac{d_n}{\cos \xi_n} \tag{4-79}$$

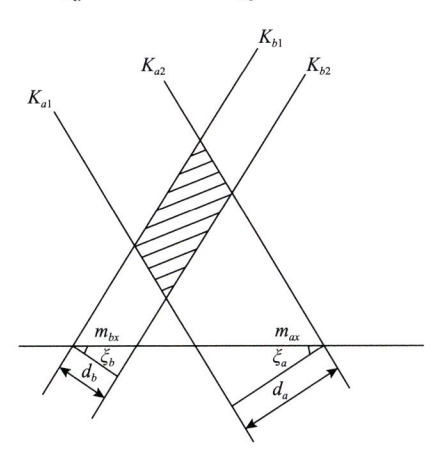

图 4-31 n 组裂隙发育时裂隙度的计算

该取样线上的裂隙度 K 为各组节理的裂隙度之和,即

$$K = K_a + K_b + \cdots + K_n \tag{4-80}$$

式中,$K_a, K_b, \cdots, K_n$ 为各组节理的裂隙度,即

$$K_a = \frac{1}{m_{ax}}, \quad K_b = \frac{1}{m_{bx}}, \quad K_n = \frac{1}{m_{nx}} \tag{4-81}$$

$$K = \frac{1}{m_{ax}} + \frac{1}{m_{bx}} + \cdots + \frac{1}{m_{nx}} = \frac{\cos \xi_a}{d_a} + \frac{\cos \xi_b}{d_b} + \cdots + \frac{\cos \xi_n}{d_n} \quad (4\text{-}82)$$

按裂隙度 K 的大小，可将节理分成疏节理（$K=0 \sim 1\text{m}^{-1}$）、密集节理（$K=1 \sim 10\text{m}^{-1}$）、非常密集节理（$K=10 \sim 100\text{m}^{-1}$）、压碎或糜棱化带节理（$K=100 \sim 1000\text{m}^{-1}$）。

切割度 X_e 指节理在岩体中分离的程度。有些节理可将整个岩体完全切割，而有些节理由于其伸延不长，只能切割岩体中的一部分，不能将整个岩体分离开。以一个节理为例，确定岩体切割度的方法如下。

首先，假设有一平行节理断面，它与岩体中该节理面重叠，而且完全横贯所考虑的岩体体积，该平行节理断面的面积设为 A（图 4-32），那么节理面面积 a 与 A 的比值称为切割度 X_e，则 $X_e = \dfrac{a}{A}$。

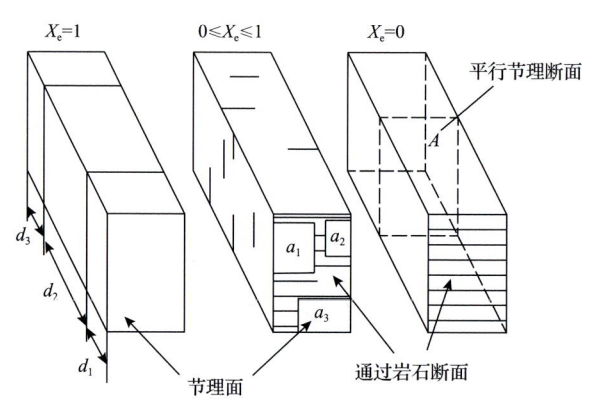

图 4-32　裂隙岩体结构面及切割度

对于成组平行节理，若在同一平直面上出现的节理面积为 a_1、a_2、a_3，则

$$X_e = \frac{a_1 + a_2 + a_3}{A} = \frac{\sum a_i}{A} \quad (4\text{-}83)$$

当岩体被完全切割时，$X_e = 1$，当岩体未被切割时，$X_e = 0$，上述切割度仅是某一平面上所占的节理面的面积。有时，为了研究岩体空间内部某组节理的切割程度 X_r，将裂隙度 K 与切割度 X_e 建立如下关系式：

$$X_r = X_e K \quad (4\text{-}84)$$

式中，X_r 为在给定的岩体体积内部由一个组的节理所产生的实际切割程度。

按照岩体的裂隙度和切割度的关系，可将岩体的破碎程度进行划分，如图 4-33 所示。由于裂隙度和切割度的关系不同，岩体的破碎程度不同。

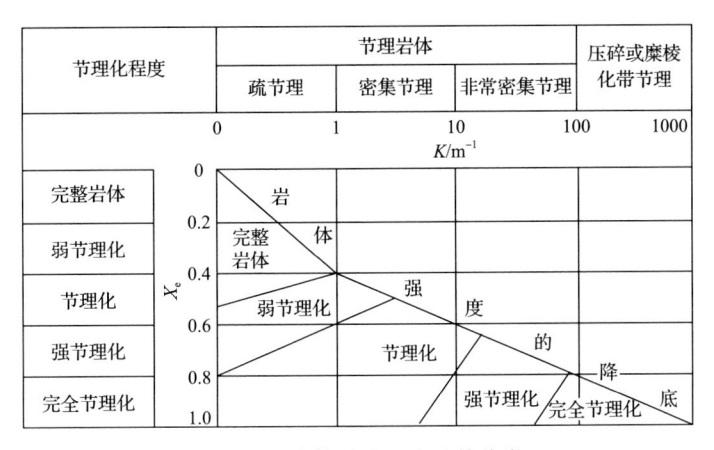

图 4-33 岩体破碎程度及其分类

在图 4-33 中分出五种不同破碎程度的岩体：完整岩体、弱节理化、节理化、强节理化及完全节理化。

3. 裂隙岩体变形参数计算方法及其适用性

1) 从现场岩体变形机理求解变形模量(方法 A)

由于岩体中节理的存在，岩体的现场变形模量和泊松比与岩块有很大差别。由于节理面往往处于部分接触状态，当岩体受载时，节理接触面积的弹性压缩和剪切位移增加了岩体的变形。Waldorf 等提出如下模型，岩体被节理切割成近似立方块，并使得一些地方节理的接触面较分散，而另一些地方节理面则脱开，接触面的面积与整个岩块相比是很小的。

若在岩体中取一个立方岩块及一条节理，在平均应力 σ 的作用下，岩体的变形 δ 由岩块的变形 δ_1 和节理闭合变形 δ_2 组成。当岩块边长为 d、弹性模量为 E，且在岩体上的平均应力为 σ 时，岩块的变形为

$$\delta_1 = \frac{\sigma d}{E} \tag{4-85}$$

节理中两壁的接触面积为 nh^2，n 为接触面的个数，h^2 为每个接触面的面积，则作用于节理上的压缩荷载为 σd^2。当压缩荷载作用时，节理中接触面积的表面闭合变形 δ_2 可按弹性理论中 Boussinesq 解求得。节理闭合弹性变形 δ_2 为

$$\delta_2 = \frac{2m\sigma d^2 (1-v^2)}{nhE} \tag{4-86}$$

式中，m 为与荷载面积形状有关的因素，当节理为方形面积时，$m=0.95$。Waldorf 认为 $m(1-v^2)$ 约为 0.9。

由式(4-85)和式(4-86)可得岩体变形为

$$\delta = \delta_1 + \delta_2 = \frac{\sigma d}{E} + \frac{2m\sigma d^2(1-v^2)}{nhE} \tag{4-87}$$

因岩体的有效变形模量为

$$E_m = \frac{\sigma}{q} = \frac{\sigma}{\delta/d} = \frac{\sigma d}{\delta} \tag{4-88}$$

则

$$\delta = \frac{\sigma d}{E_m} \tag{4-89}$$

将式(4-89)代入式(4-87)，可得

$$E_m = \frac{E}{1 + 2m(1-v^2)(d/nh)} \tag{4-90}$$

2) 层状岩体变形模量的计算(方法 B)

设岩体内存在单独一组有规律的节理(图 4-34)，这是一个不连续岩体，可采用等价连续岩体来代替。

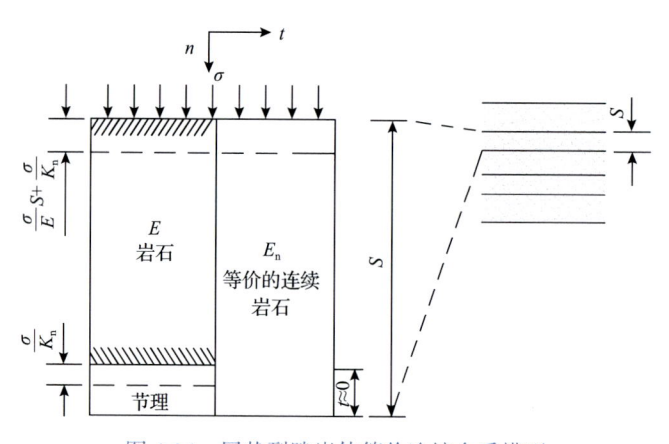

图 4-34 层状裂隙岩体等价连续介质模型

现设完整岩石本身是各向同性的线弹性体，其弹性模量为 E；节理面相互平行，其间距为 S；采用 n-t 坐标系，把 n 轴放在垂直于节理的方向，t 轴放在平行于节理的方向，即放在岩体的对称主向内。沿 n 方向作用有法向应力 σ，令节理的法向刚度为 K_n，即节理法向应力-法向位移相关曲线的斜率。又令等价连续岩体的弹性模量为 E_n，其法向变形为 $(\sigma/E_n)S$，此变形等于岩块变形 $(\sigma/E)S$ 与节理变形 σ/K_n 之和，由此得出下列方程：

$$\frac{1}{E_n} = \frac{1}{E} + \frac{1}{K_n S} \tag{4-91}$$

3) 裂隙岩体变形参数的估算(方法 C)

对于裂隙岩体，国内外都特别重视建立岩体分类指标与变形模量之间的经验关系，并用于推求岩体的变形模量 E_m。

Bieniawski 研究了大量的岩体变形模量实测资料，建立了岩体分类指标 RMR 值和变形模量 E_m 间的统计关系，即

$$E_m = 2\text{RMR} - 100 \tag{4-92}$$

岩体变形模量和 RMR 值的关系如图 4-35 所示，式(4-92)只适用于 RMR>55 的岩体。

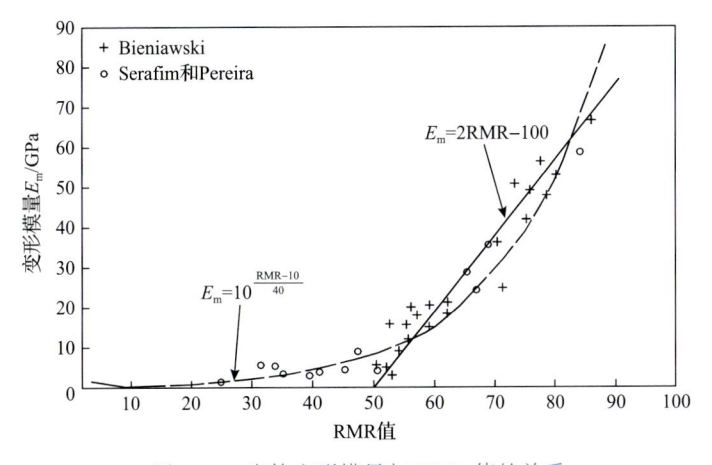

图 4-35　岩体变形模量与 RMR 值的关系

为弥补这一不足，Serafim 和 Pereira 根据收集到的资料以及 Bieniawski 的数据拟合出如下方程，用于 RMR≤55 的岩体：

$$E_m = 10^{\frac{\text{RMR}-10}{40}} \tag{4-93}$$

挪威的 Bhasin 和 Barton 研究了岩体分类指标 Q 值、纵波速度 v_{mp} (m/s)和岩体平均变形模量 E_{mean} 间的关系，提出了如下经验关系：

$$\begin{cases} v_{mp} = 1000\lg Q + 3500 \\ E_{mean} = \dfrac{v_{mp} - 3500}{40} \end{cases} \tag{4-94}$$

已知 Q 值或 v_{mp} 时，可求出岩体的平均变形模量 E_{mean}。式(4-94)只适用于 $Q>1$

的岩体。

这些方法从不同角度提供了裂隙岩体等效变形模量的计算方法，但因其自身理论依据的局限性，在表述工程区域裂隙岩体宏观变形特性、变形模量的各向异性等方面存在许多问题，甚至导致计算结果难以反映工程的实际情况。

无论采用何种方法都无法回避微细观节理与宏观破裂面的区分、微观节理面影响的分析及其合理取舍等问题。当采用方法 A 时，节理接触面形状为方形假定的合理性、接触面几何尺寸的实际测量及其精度评价在实际工程应用中有很大的技术难度，尤其节理接触面在压剪荷载作用下处于动态变化状态且与实时应力状态相关，非常复杂甚至难以实现。如何合理选择测量区间才能使编录结果具有工程区域内的普适性、多大的几何区域才能使结果有效代表工程意义上的断层破碎带裂隙岩体的变形性质等也是方法 A 难以解决的问题。

方法 B 从等效变形角度建立了层状裂隙岩体变形模量的计算方法，但由于仅考虑了理想层状裂隙岩体法向变形及节理面法向刚度，结果的适用性有很大的局限性。方法 C 从裂隙岩体总体完整性等质量状态角度，根据岩体的分类指标等试验统计数据，建立了裂隙岩体综合平均意义上的变形模量与岩体分类指标的相关关系。该方法在进行现场地质编录、试验修正的基础上被用于 RMR 及其指标对裂隙岩体力学特性方法差异的有效量化评价，仅能获得裂隙岩体各向同性的估算结果，而无法反映实际裂隙岩体变形的各向异性问题。

4.4.2 裂隙岩体变形特性一维柱状结构模型的构建

假定工程区域内断层破碎区可以用一个足够大的非规则三维空间表示，如图 4-36 所示。

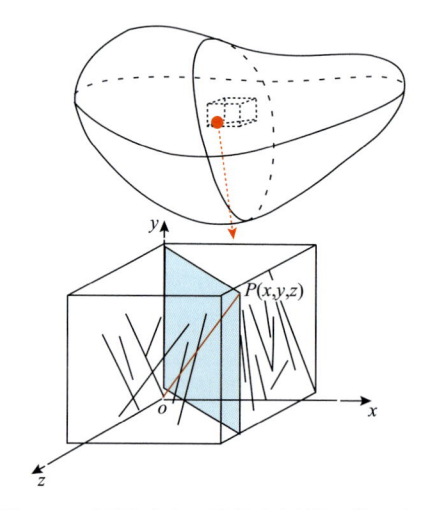

图 4-36 断层破碎区及其表征单元体示意图

第4章　断层破碎带岩体变形特性及其评价

在三维坐标系中，假设正交六面体为表征单元体。过 z 轴的任意竖平面 A_{op}，任意方向线 OP 及其在该假想平面上穿越的裂隙(不连续面)如图 4-37 所示。

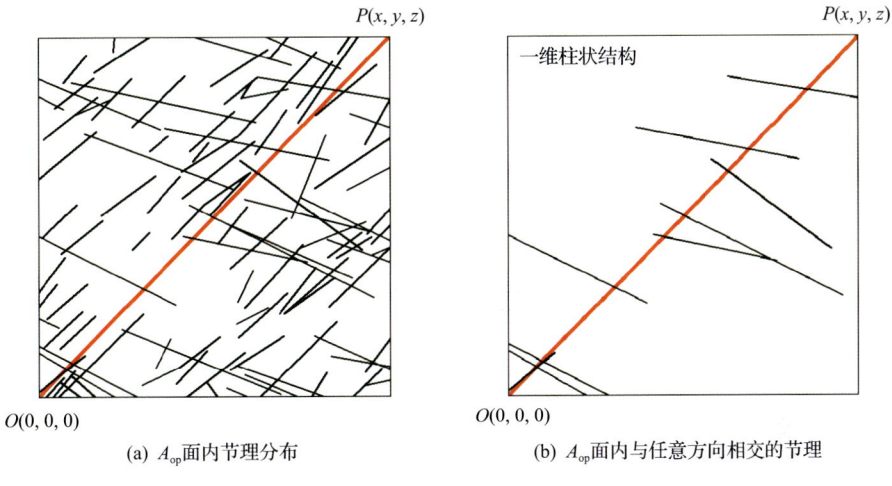

(a) A_{op} 面内节理分布　　　　(b) A_{op} 面内与任意方向相交的节理

图 4-37　A_{op} 面内裂隙分布及任意方向线与裂隙相交示意图

图 4-37 中红色线段为三维坐标系中与 xoy 平面成任意角、与 z 轴成任意角的三维空间中的任意直线。对于工程实际问题，地质勘探或现场开挖揭露的地质编录均无法实现节理裂隙产状及其变形特性的连续分布，而只能在离散条件下近似逼近，即裂隙岩体变形特性的空间分布由足够多的空间分布射线上岩体变形特性综合表达。

将选定的任意直线抽象为横断面为单位面积、轴向为完整岩块和节理(含充填物)的一维弹塑性柱状结构，忽略横向剪切影响和裂隙岩体变形可能存在的时滞作用，可建立裂隙岩体一维柱状结构等效力学模型如图 4-38 所示。

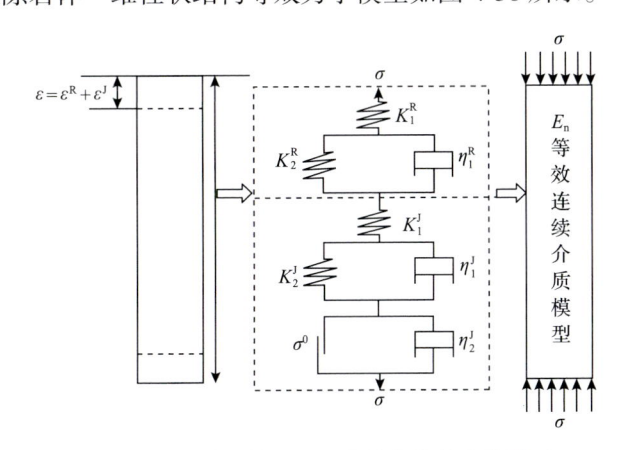

图 4-38　裂隙岩体一维柱状结构等效力学模型

该模型可以表达完整岩块的黏、弹、塑性，以及裂隙充填物的黏、弹、塑性本构关系。不失一般性，下面假定岩块及裂隙充填物分别具有不同的黏、弹、塑性，建立该裂隙岩体一维柱状结构模型的本构关系。

模型从上至下依次可分解为 5 个部分串联：①弹性体（K_1^R）；②黏弹性体（$K_2^R \| \eta_1^R$）；③弹性体（K_1^J）；④黏弹性体（$K_2^J \| \eta_1^J$）；⑤黏塑性体（$\sigma^0 \| \eta_2^J$）。其中，上标 R 表示完整岩石部分，上标 J 表示裂隙部分。

对于串联体，总应变等于各部分应变之和，即

$$\varepsilon = \varepsilon_{e1} + \varepsilon_{ve1} + \varepsilon_{e2} + \varepsilon_{ve2} + \varepsilon_{vp} \tag{4-95}$$

总应力与各部分应力相等，即

$$\sigma = \sigma_{e1} = \sigma_{ve1} = \sigma_{e2} = \sigma_{ve2} = \sigma_{vp} \tag{4-96}$$

对于弹性体，应变与应力满足胡克定律，故对于弹性体①和弹性体③，分别有

$$\varepsilon_{e1} = \frac{\sigma}{K_1^R} \tag{4-97}$$

$$\varepsilon_{e2} = \frac{\sigma}{K_1^J} \tag{4-98}$$

对于黏弹性体②，因为并联有

$$\varepsilon_{ve1} = \varepsilon_{K_2^R} = \varepsilon_{\eta_1^R} \tag{4-99}$$

$$\sigma_{ve1} = \sigma_{K_2^R} + \sigma_{\eta_1^R} = K_2^R \varepsilon_{K_2^R} + \eta_1^R \dot{\varepsilon}_{\eta_1^R} \tag{4-100}$$

将式(4-99)代入式(4-100)可得

$$\dot{\varepsilon}_{ve1} + \frac{K_2^R}{\eta_1^R} \varepsilon_{ve1} = \frac{\sigma_{ve1}}{\eta_1^R} \tag{4-101}$$

利用初值条件 $\varepsilon_{ve1}\big|_{t=0} = 0$，求解此微分方程得

$$\varepsilon_{ve1} = \frac{\sigma}{K_2^R}\left(1 - e^{-\frac{K_2^R}{\eta_1^R}t}\right) \tag{4-102}$$

同样，对于黏弹性体④，有

$$\varepsilon_{\text{ve2}} = \frac{\sigma}{K_2^{\text{J}}}\left(1 - e^{-\frac{K_2^{\text{J}}}{\eta_1^{\text{J}}}t}\right) \tag{4-103}$$

对于黏塑性体⑤，其中摩擦片应力 σ_{p} 按是否达到屈服应力 σ^0 分为两种情况：

$$\sigma_{\text{p}} = \begin{cases} \sigma, & \sigma < \sigma_0 \\ \sigma_0, & \sigma \geqslant \sigma_0 \end{cases} \tag{4-104}$$

总应力 σ 为摩擦片应力 σ_{p} 和黏应力 σ_{N} 之和，即

$$\sigma = \sigma_{\text{p}} + \sigma_{\text{N}} \tag{4-105}$$

当没有发生黏塑性屈服时，$\varepsilon_{\text{vp}}=0$，此时 $\sigma_{\text{N}}=0$，$\sigma=\sigma_{\text{p}}$；当发生黏塑性屈服时，有

$$\eta_2^{\text{J}}\dot{\varepsilon}_{\text{vp}} + \sigma_0 = \sigma \tag{4-106}$$

利用初值条件 $\varepsilon_{\text{vp}}|_{t=0} = 0$，求解此微分方程得

$$\varepsilon_{\text{vp}} = \frac{\sigma - \sigma_0}{\eta_2^{\text{J}}}t \tag{4-107}$$

当 $\sigma < \sigma_0$ 时，没有黏塑性变形发生，$\varepsilon_{\text{vp}}=0$，此时总应变为弹性应变①、③和弹塑性应变②、④之和，即

$$\varepsilon = \varepsilon_{\text{e1}} + \varepsilon_{\text{ve1}} + \varepsilon_{\text{e2}} + \varepsilon_{\text{ve2}} \tag{4-108}$$

将式(4-97)、式(4-98)、式(4-102)和式(4-103)代入式(4-108)，可得

$$\varepsilon = \frac{\sigma}{K_1^{\text{R}}} + \frac{\sigma}{K_2^{\text{R}}}\left(1 - e^{-\frac{K_2^{\text{R}}}{\eta_1^{\text{R}}}t}\right) + \frac{\sigma}{K_1^{\text{J}}} + \frac{\sigma}{K_2^{\text{J}}}\left(1 - e^{-\frac{K_2^{\text{J}}}{\eta_1^{\text{J}}}t}\right) \tag{4-109}$$

当 $\sigma \geqslant \sigma_0$ 时，黏塑性变形 $\varepsilon_{\text{vp}} \neq 0$，将式(4-97)、式(4-98)、式(4-102)、式(4-103)和式(4-107)代入式(4-95)得

$$\varepsilon = \frac{\sigma}{K_1^R} + \frac{\sigma}{K_2^R}\left(1 - e^{-\frac{K_2^R}{\eta_1^R}t}\right) + \frac{\sigma}{K_1^J} + \frac{\sigma}{K_2^J}\left(1 - e^{-\frac{K_2^J}{\eta_1^J}t}\right) + \frac{\sigma - \sigma_0}{\eta_2^J}t \qquad (4\text{-}110)$$

综上可得，裂隙岩体一维柱状结构模型的本构关系为

$$\varepsilon = \begin{cases} \dfrac{\sigma}{K_1^R} + \dfrac{\sigma}{K_2^R}\left(1 - e^{-\frac{K_2^R}{\eta_1^R}t}\right) + \dfrac{\sigma}{K_1^J} + \dfrac{\sigma}{K_2^J}\left(1 - e^{-\frac{K_2^J}{\eta_1^J}t}\right), & \sigma < \sigma_0 \\[2ex] \dfrac{\sigma}{K_1^R} + \dfrac{\sigma}{K_2^R}\left(1 - e^{-\frac{K_2^R}{\eta_1^R}t}\right) + \dfrac{\sigma}{K_1^J} + \dfrac{\sigma}{K_2^J}\left(1 - e^{-\frac{K_2^J}{\eta_1^J}t}\right) + \dfrac{\sigma - \sigma_0}{\eta_2^J}t, & \sigma \geqslant \sigma_0 \end{cases} \qquad (4\text{-}111)$$

等效连续介质模型的变形模量为

$$E_n = \begin{cases} \dfrac{1}{K_1^R} + \dfrac{1}{K_2^R}\left(1 - e^{-\frac{K_2^R}{\eta_1^R}t}\right) + \dfrac{1}{K_1^J} + \dfrac{1}{K_2^J}\left(1 - e^{-\frac{K_2^J}{\eta_1^J}t}\right), & \sigma < \sigma_0 \\[2ex] \dfrac{1}{K_1^R} + \dfrac{1}{K_2^R}\left(1 - e^{-\frac{K_2^R}{\eta_1^R}t}\right) + \dfrac{1}{K_1^J} + \dfrac{1}{K_2^J}\left(1 - e^{-\frac{K_2^J}{\eta_1^J}t}\right) + \dfrac{1 - \dfrac{\sigma_0}{\sigma}}{\eta_2^J}t, & \sigma \geqslant \sigma_0 \end{cases} \qquad (4\text{-}112)$$

考虑到完整岩块的刚度、强度均远大于裂隙充填物的刚度、强度，其出现黏塑性变形的可能性较小，裂隙岩体等效变形主要由于完整岩块的弹性变形和节理及其充填物的黏、弹、塑性变形的累加。

对图 4-38 所示的裂隙岩体等效模型所示的元件参数进行退化处理，即令 $K_1^R = K^R$，$\eta_1^R \to \infty$，则裂隙岩体一维柱状结构模型的本构关系退化为

$$\varepsilon = \begin{cases} \dfrac{\sigma}{K^R} + \dfrac{\sigma}{K_1^J} + \dfrac{\sigma}{K_2^J}\left(1 - e^{-\frac{K_2^J}{\eta_1^J}t}\right), & \sigma < \sigma_0 \\[2ex] \dfrac{\sigma}{K^R} + \dfrac{\sigma}{K_1^J} + \dfrac{\sigma}{K_2^J}\left(1 - e^{-\frac{K_2^J}{\eta_1^J}t}\right) + \dfrac{\sigma - \sigma_0}{\eta_2^J}t, & \sigma \geqslant \sigma_0 \end{cases} \qquad (4\text{-}113)$$

等效连续介质模型的等效变形模量为

$$E_n = \begin{cases} \dfrac{1}{K^R} + \dfrac{1}{K_1^J} + \dfrac{1}{K_2^J}\left(1 - e^{-\frac{K_2^J}{\eta_1^J}t}\right), & \sigma < \sigma_0 \\ \dfrac{1}{K^R} + \dfrac{1}{K_1^J} + \dfrac{1}{K_2^J}\left(1 - e^{-\frac{K_2^J}{\eta_1^J}t}\right) + \dfrac{1 - \dfrac{\sigma_0}{\sigma}}{\eta_2^J}t, & \sigma \geq \sigma_0 \end{cases} \quad (4\text{-}114)$$

为简明起见，在保证模拟精度的前提下，将完整岩块视为线弹性体、裂隙充填物视为弹塑性体，建立简单实用的一维柱状结构模型的本构关系。

由于柱状结构模型横断面为单位面积（与节理壁面接触面积小），为简便起见，忽略接触区域节理的粗糙度及起伏度。一维柱状结构与节理呈正交穿越、斜交穿越、平行穿越三种可能的空间关系，如图 4-39 所示。

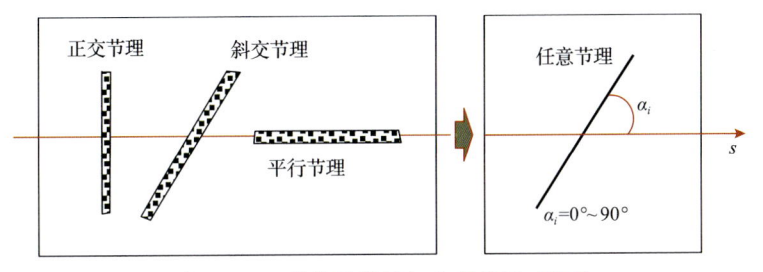

图 4-39　一维柱状结构与节理的相对关系

图 4-39 中，当一维柱状结构平行穿越节理时，由于节理厚度较小，其两侧壁面岩体起着主要受荷的作用且刚度远大于节理充填物刚度。为简化计算，忽略该类节理对柱状结构轴向变形的影响，将其处理为完整岩石。

对于斜交节理及正交节理（$0° \leq \alpha_i \leq 90°$），假定由 n 条节理组成，每条节理宽度为 H_i^J，节理与柱状结构的接触长度为

$$L_i^J = \dfrac{H_i^J}{\cos \alpha_i} \quad (4\text{-}115)$$

对于等效模型，节理等效累计厚度为

$$L^J = \sum_{i=1}^{n} L_i^J = \sum_{i=1}^{n} \dfrac{H_i^J}{\cos \alpha_i} \quad (4\text{-}116)$$

设一维柱状结构轴向长度为 L，完整岩块的等效累计厚度为 L^R，则 $L^R = L - L^J$。当 $\sigma \leq C^J = \sigma_{\max}$ 时

$$\sigma = K^R \varepsilon = K^R \dfrac{\Delta L^R}{L^R} = K^J \dfrac{\Delta L^J}{L^J} \quad (4\text{-}117)$$

$$\Delta L = \Delta L^{\mathrm{R}} + \Delta L^{\mathrm{J}} = \sigma\left(\frac{L^{\mathrm{R}}}{K^{\mathrm{R}}} + \frac{L^{\mathrm{J}}}{K^{\mathrm{J}}}\right) = \sigma\left(\frac{L - L^{\mathrm{J}}}{K^{\mathrm{R}}} + \frac{L^{\mathrm{J}}}{K^{\mathrm{J}}}\right) \tag{4-118}$$

由 $\varepsilon = \dfrac{\Delta L}{L} = \dfrac{\sigma}{E_{\mathrm{n}}}$，可得等效连续介质模型的弱化变形模量为

$$E_{\mathrm{n}} = \frac{\sigma L}{\Delta L} = \frac{L}{\dfrac{L - L^{\mathrm{J}}}{K^{\mathrm{R}}} + \dfrac{L^{\mathrm{J}}}{K^{\mathrm{J}}}} = \frac{L K^{\mathrm{R}} K^{\mathrm{J}}}{\left(L - L^{\mathrm{J}}\right)K^{\mathrm{J}} + K^{\mathrm{R}} L^{\mathrm{J}}} \tag{4-119}$$

式中，ΔL 为一维等效连续介质模型当量变形量；L 为一维等效连续介质模型长度；L^{J} 为节理累计厚度；L^{R} 为完整岩块累计厚度；K^{J} 为节理累计加权平均轴向变形刚度；K^{R} 为完整岩块轴向变形刚度。

考虑各节理变形特性差异，设各节理的法向刚度分别为 $K_1^{\mathrm{J}}, K_2^{\mathrm{J}}, \cdots, K_i^{\mathrm{J}}, \cdots, K_m^{\mathrm{J}}$，各节理在一维柱状结构模型中处理成串联关系，则

$$\Delta L^{\mathrm{J}} = \sum_{i=1}^{m} \Delta L_i^{\mathrm{J}} = \sum_{i=1}^{m} \frac{\sigma L_i^{\mathrm{J}}}{K_i^{\mathrm{J}}} \tag{4-120}$$

将式(4-115)代入式(4-120)，得

$$\Delta L^{\mathrm{J}} = \sum_{i=1}^{m} \frac{\sigma H_i^{\mathrm{J}}}{K_i^{\mathrm{J}} \cos \alpha_i} \tag{4-121}$$

则

$$\Delta L = \Delta L^{\mathrm{R}} + \Delta L^{\mathrm{J}} = \sigma \frac{L^{\mathrm{R}}}{K^{\mathrm{R}}} + \sum_{i=1}^{m} \frac{\sigma H_i^{\mathrm{J}}}{K_i^{\mathrm{J}} \cos \alpha_i} = \sigma\left(\frac{L^{\mathrm{R}}}{K^{\mathrm{R}}} + \sum_{i=1}^{m} \frac{H_i^{\mathrm{J}}}{K_i^{\mathrm{J}} \cos \alpha_i}\right) \tag{4-122}$$

一维等效连续介质模型的变形模量为

$$E_{\mathrm{n}} = \frac{\sigma L}{\Delta L} = \frac{L}{\dfrac{L^{\mathrm{R}}}{K^{\mathrm{R}}} + \sum_{i=1}^{m} \dfrac{H_i^{\mathrm{J}}}{K_i^{\mathrm{J}} \cos \alpha_i}} \tag{4-123}$$

将 $L^{\mathrm{R}} = L - L^{\mathrm{J}} = L - \sum_{i=1}^{m} L_i^{\mathrm{J}} = L - \sum_{i=1}^{m} \dfrac{H_i^{\mathrm{J}}}{\cos \alpha_i}$ 代入式(4-123)，得

$$E_{\mathrm{n}} = \frac{L}{\dfrac{L - \sum_{i=1}^{m} \dfrac{H_i^{\mathrm{J}}}{\cos \alpha_i}}{K^{\mathrm{R}}} + \sum_{i=1}^{m} \dfrac{H_i^{\mathrm{J}}}{K_i^{\mathrm{J}} \cos \alpha_i}} \tag{4-124}$$

式(4-124)反映了在任意裂隙分布状态条件下，一维等效连续介质模型的变形模量与裂隙产状、完整岩块变形特性及节理充填物变形特性的综合关系。在实际应用时，式中各参数值可通过现场地质编录和试验获得。

4.4.3 断层带裂隙岩体变形方向特性判定方法的构建

以研究区域三维空间的形心为坐标原点，裂隙岩体的空间分布可用上述离散状态下的一维柱状结构模型沿不同方位和倾角的空间组合等效表述。

在现场原位试验获得节理岩体变形特性相关参数(完整岩块物理力学参数、节理产状及其变形特性参数)的基础上，即可通过上述一维柱状结构模型计算对应的等效连续介质模型变形模量。一维柱状结构模型计算所得的全部等效变形模量在球面坐标系内的离散分布即可用于分析和评价相应研究区域裂隙岩体变形的各向异性程度，从而可将问题区分为各向异性或各向同性力学问题来处理，获得满足工程实际需要的结果。

为便于后面比较分析问题，首先定义各相关概念。

(1)定义球面坐标系内以任意方向裂隙岩体的变形模量为矢径的三维坐标系，$(\alpha, \beta, r=E_n)$为变形模量球坐标。

(2)定义球面坐标系内以任意方向完整岩块的变形模量为矢径的三维坐标系，$(\alpha, \beta, r=E_R)$为完整岩块变形模量球坐标。

(3)定义球面坐标系内以任意方向节理(含充填物)的变形模量为矢径的三维坐标系，$(\alpha, \beta, r=E_J)$为节理变形模量球坐标。

相应球坐标的定义分别如图4-40和图4-41所示。

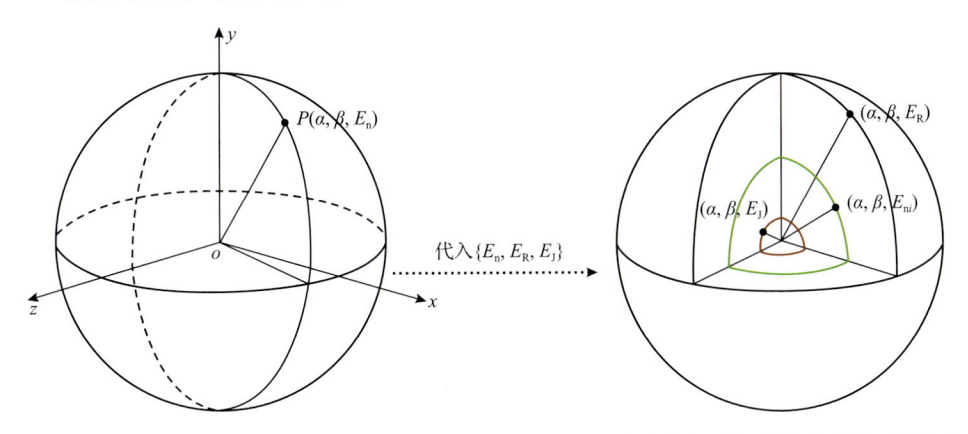

图4-40 变形模量球坐标　　图4-41 裂隙岩体相关变形模量及其三维分布

假定岩体为严格的各向同性体，则相应的变形模量与方向坐标无关，在球坐标系内为严格的三维球面(对任意过坐标原点的平面则表现为圆曲线分布)。

在实际工程问题中，由于岩块、节理、裂隙、充填物等千差万别，通常不可能呈严格的各向同性状态，但若将问题按严格的各向异性处理，势必大大增加计算的工作量和复杂性，有些问题甚至无法求解。因此，希望在满足精度要求的前提下，将问题简化处理为各向同性问题，从而以最简便的数值计算过程获得满足工程需要的计算结果。

工程岩体变形相关状态参数的方法及其流程如图 4-42 所示。

(1) 基于现场开挖地质编录及整理分析结果。

(2) 基于地质勘查及工程开挖揭露地质编录结果（RMR 岩体质量调查结果、RQD 岩体质量调查结果等）。

(3) 基于超声波检测数据、超声波特性与变形的相关关系。

(4) 基于钻孔成像解析方法所得节理分布状态资料。

界定具体工程问题中变形的各向同性将不可避免地面临两个难题：①等效变形模量在多大离散度范围内可以近似为各向同性问题，由此带来的计算误差大小及其量化评价；②如何确定宏观区间的几何尺度才能使判断结果有效代表整个工程区域裂隙岩体宏观变形特性。

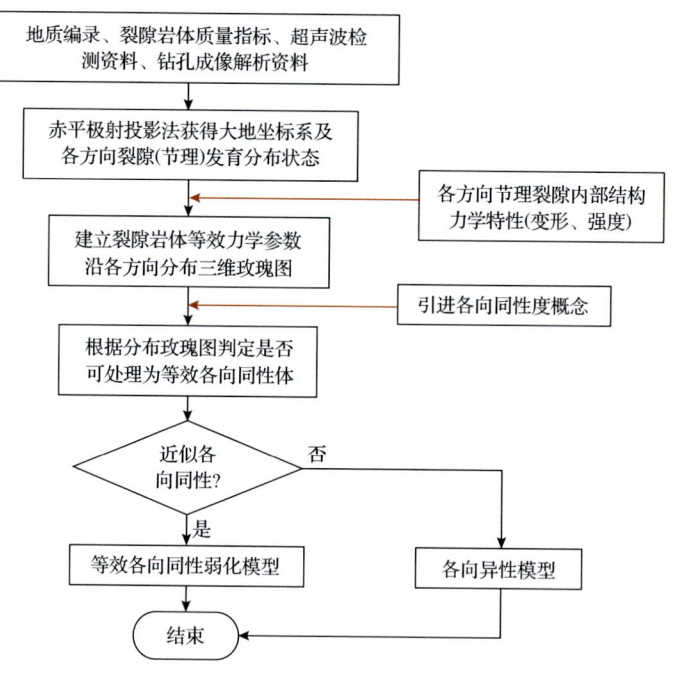

图 4-42 工程岩体变形相关状态参数的方法及其流程

对于严格的各向同性问题，$E_n = C$（常量），在球坐标系 (α, β, r) 中为 $E_n = r = C$ 的球面。假定在选取的计算区域内，通过上述方法获得了所有任意方向的一维柱状结构模型的等效变形模量 $E_n(\alpha, \beta)\big|_{\alpha=0°\sim180°, \beta=0°\sim90°}$，由于在实际工程问题中不可能出现

严格的各向同性问题，工程区域裂隙岩体各方向变形模量的球坐标分布如图 4-43 所示。

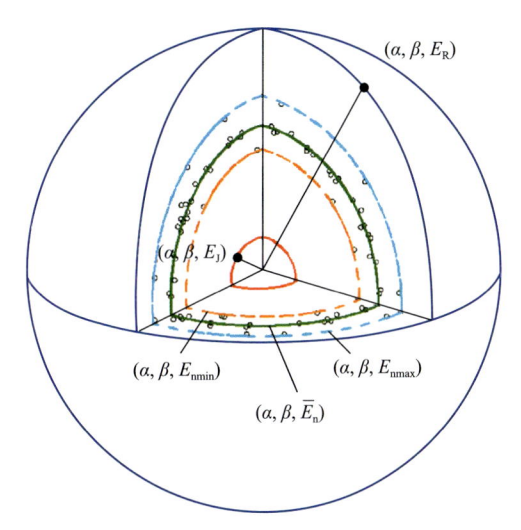

图 4-43 工程区域裂隙岩体各方向变形模量的球坐标分布

图 4-43 中，全部变形模量分布于内球面 $(\alpha, \beta, E_{nmin})$ 和外球面 $(\alpha, \beta, E_{nmax})$ 之间厚度为 ΔE_{nmax} 的球壳中，$(\alpha, \beta, \overline{E}_n)$ 为通过三维曲面拟合获得的球面方程，$\overline{E}_n$ 为加权平均意义上的等效连续介质的平均变形模量，ΔE_{nmax} 表征球坐标系内各方向分布变形模量的相对离散程度。

根据上述裂隙岩体变形模量分布状态，过坐标原点任意方向的变形模量分布可退化为如图 4-44 所示的圆形分布。

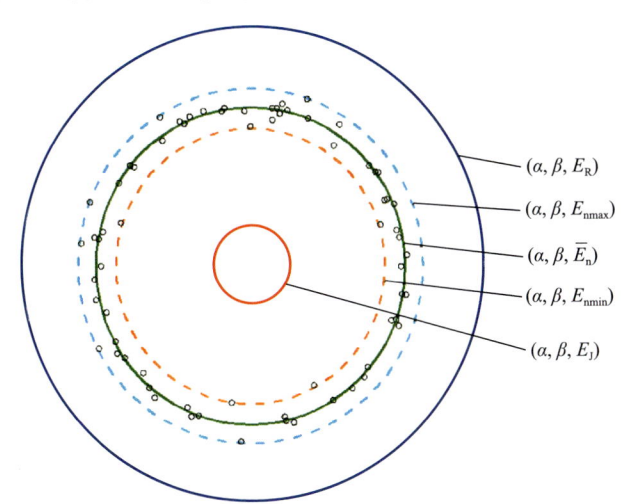

图 4-44 过坐标原点任意截平面变形模量分布

图 4-44 中显示，全部变形模量分布于内球面 $(\alpha, E_{n\min})$ 和外球面 $(\alpha, E_{n\max})$ 之间厚度为 $\Delta E_{n\max}$ 的圆环中，$(\alpha, \overline{E}_n)$ 为通过平面曲线拟合获得的圆方程，$\overline{E}_n$ 为加权平均意义上的等效连续介质的平均变形模量，$\Delta E_{n\max}$ 表征极坐标内各方向分布变形模量的相对离散程度。

在三维球坐标 (α, β, r) 中，假定任意方向区间 $(\Delta\alpha, \Delta\beta)_i$ 内（区间大小相同）取样点数相同，则 (α, β, E_n) 可等效简化为 E_n 的一维问题。对于现场试验获得的一组数据（样本数在区间 $(\Delta\alpha, \Delta\beta)_i$ 均匀分布）$E_n(E_{n1}, E_{n2}, \cdots, E_{nm})$，假定服从正态分布，则其概率分布如图 4-45 所示。

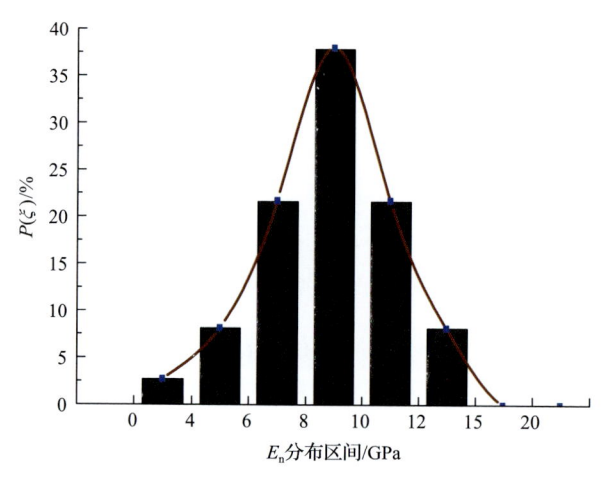

图 4-45 现场试验数据变形模量概率分布示意图

为剔除不可靠的试验数据，采用概率统计方法建立 E_n 在给定误差 $\xi(0<P<1)$ 内置信水平为 $1-\alpha$ 的置信区间，方法如下所述。

不失一般性，取断层破碎带岩体变形模量的现场试验值的样本函数

$$g(X_1, X_2, \cdots, X_n, \theta) \tag{4-125}$$

式 (4-125) 中含有待估参数 $(\overline{E}_n)$，不含其他未知参数。样本函数的分布为已知且分布不依赖于待估参数。

$$\overline{X} \sim N\left(\mu, \frac{1}{n}\right) \tag{4-126}$$

取枢轴量：

$$g(X_1, X_2, \cdots, X_n, \mu) = \frac{\overline{X}-\mu}{\sqrt{\frac{1}{n}}} \sim N(0,1) \tag{4-127}$$

对于给定的置信水平 $1-\alpha$，由式(4-128)可计算出 (ξ,η)，从而由 $\xi \leqslant g(X_1, X_2,\cdots,X_n,\theta) \leqslant \eta$ 求得置信区间 (T_1, T_2)。

$$P\{\xi \leqslant g(X_1, X_2,\cdots,X_n,\theta) \leqslant \eta\} = 1-\alpha \tag{4-128}$$

在置信区间内，变形模量的平均值为

$$\overline{E}_n = \overline{X} = \frac{1}{m}\sum_{i=1}^{m} X_i \tag{4-129}$$

变形模量的最大增量为

$$\Delta E_{n\max} = T_2 - T_1 \tag{4-130}$$

定义变形模量试验值的相对离散度为

$$\chi = \frac{\Delta E_{n\max}}{\overline{E}_n} = \frac{T_2 - T_1}{\dfrac{1}{m}\sum_{i=1}^{m} X_i} \tag{4-131}$$

相对离散度越小，试验值 E_{ni} 的差异越小，表征断层破碎带岩体变形特性的各向同性程度越好。相对离散度可以用于定量评价裂隙岩体的各向异性程度。

4.5 工程实例分析

以长河坝水电站地下厂房洞室群工程为例进行试算分析，证明本章方法的可行性。该工程区域围岩主要为花岗岩，岩性较为单一，无区域性大型断层带穿过，但有小型断层与节理裂隙发育，可较好地验证本章方法的适用性。

为获得节理裂隙岩体的等效变形特性，在该工程区域共完成了 26 组岩体变形试验，测试点数较多且分布均匀，可近似认为符合球坐标 (α,β,r) 中任意方向区间 $(\Delta\alpha,\Delta\beta)_i$ 内（区间大小相同）取样点数相同的假定，则变形模量分布在过坐标原点的任意圆环内，可按退化为一维柱状结构模型的变形模量取值进行处理。

实测的 26 个变形模量为 1.77GPa、3.01GPa、8.9GPa、14.6GPa、42.7GPa、60.1GPa、52.6GPa、52.6GPa、57.1GPa、79.9GPa、8.11GPa、13.2GPa、10.3GPa、13.3GPa、9.64GPa、27.3GPa、1.38GPa、2GPa、0.61GPa、1.59GPa、40.3GPa、53.6GPa、44.7GPa、75.4GPa、21.1GPa、29GPa。假定变形模量样本符合正态分布，在方差 σ^2 未知的情况下，考虑用 σ^2 的无偏差估计 $S^2 = \dfrac{1}{n-1}\sum_{i=1}^{n}\left(X_i - \overline{X}\right)^2$ 来代替，可得

$$T = \frac{\overline{X} - \mu}{S/\sqrt{n}} \sim t(n-1) \tag{4-132}$$

易验证 T 为关于 μ 的枢轴量，由如下关系式：

$$P\left(-t_{\frac{\alpha}{2}}(n-1) < \frac{\overline{X} - \mu}{S/\sqrt{n}} < t_{\frac{\alpha}{2}}(n-1)\right) = 1 - \alpha \tag{4-133}$$

进行恒等变形，即可得到置信水平为 $1-\alpha$ 的置信区间为

$$\left(\overline{X} - \frac{S}{\sqrt{n}} t_{\frac{\alpha}{2}}(n-1),\ \overline{X} + \frac{S}{\sqrt{n}} t_{\frac{\alpha}{2}}(n-1)\right) \tag{4-134}$$

变形模量的样本平均值为 27.877GPa，标准差为 24.939，抽样平均误差为 4.891，取 $\alpha=0.05$，t 分布的双侧分位数为 2.059539，则置信度为 95%的变形模量置信区间为(17.8, 37.95)。

在置信区间内，变形模量的平均值为

$$\overline{E}_n = \overline{X} = \frac{1}{m}\sum_{i=1}^{m} X_i = 15\text{GPa}$$

变形模量的最大增量为

$$\Delta E_{n\max} = T_2 - T_1 = 15.55414\text{GPa}$$

变形模量试验值的相对离散度为

$$\chi = \frac{\Delta E_{n\max}}{\overline{E}_n} = \frac{T_2 - T_1}{\frac{1}{m}\sum_{i=1}^{m} X_i} = 1.036943$$

变形模量的相对离散度较大，将围岩全部用此计算结果进行连续体等效计算与真实情况有较大差距，因此在数值计算中将主要断裂构造单独进行建模分析，而对其余岩体采用计算得到的变形模量进行模拟计算。

同理可计算岩石泊松比、内摩擦角和黏聚力的计算取值。

泊松比试验结果有 36 组，分别为 0.19、0.19、0.2、0.19、0.19、0.2、0.2、0.23、0.19、0.19、0.19、0.25、0.22、0.22、0.2、0.22、0.21、0.19、0.22、0.22、0.21、0.19、0.18、0.17、0.17、0.17、0.17、0.21、0.21、0.2、0.19、0.19、0.19、0.19、

0.18、0.18。置信度为 95%的置信区间为(0.182607, 0.187393)，在置信区间内，泊松比的平均值为 0.185，由于泊松比试验值的标准差极小，仅为 0.007071，其相对离散度仅为 0.025865，可认为 0.815 的取值是可靠的。

内摩擦角的试验结果有 8 组，分别为 48.493°、49.958°、50.194°、41.987°、32.619°、26.565°、30.541°、25.641°。置信度为 95%的置信区间为(23.55795°, 50.57565°)，在置信区间内，内摩擦角的平均值为 37.0668°，最大增量为 27.01771°，相对离散度为 0.728892。

黏聚力的试验结果有 8 组，分别为 2.08MPa、2MPa、1.72MPa、0.3MPa、0MPa、0.03MPa、0.19MPa、0.03MPa。由于黏聚力不可能小于 0，置信度为 95%的置信区间为(0, 2.26687)，在置信区间内，黏聚力的平均值为 1.055MPa，相对离散度为 2.148692。黏聚力的离散性较大，但黏聚力的数值较小，对计算结果的影响较小，该结果可用于计算中。

建立的 FEM 计算模型如图 4-46 所示。模型从地表取到洞室底部以下 50m，左右边界为洞室边界往外 100m，底边边界约束 3 个方向位移，左右边界约束法向位移，共划分 9797 个单元，在洞室区域网格进行加密。图中红色区域为开挖揭露的三个洞室主要岩体结构面，从左至右依次编号为 J1-1、J2-1 和 J3-1，其余岩体采用计算得到的变形模量等参数进行等效模拟。

图 4-46 FEM 计算模型

通过计算得到的连续体等效计算参数如表 4-7 所示，结构面力学参数仅有少量的试验数据，这里直接采用试验值进行计算。

表 4-7 连续体等效计算参数

模型区域	变形模量/GPa	泊松比	抗剪强度参数 c/MPa	抗剪强度参数 $\varphi/(°)$
岩石	25.8	0.2	1.055	35.049
结构面	7.5	0.18	0.1	21.3

第三期洞室开挖后的围岩 von Mises 应力与位移分布如图 4-47 所示。

(a) von Mises 应力

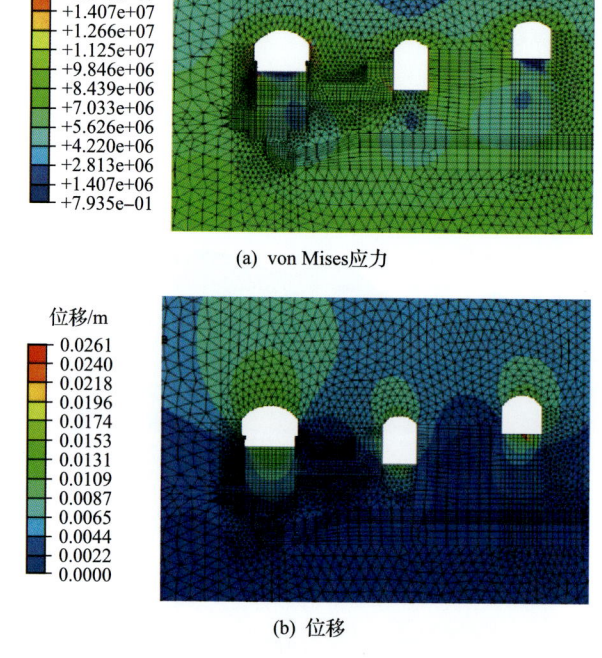

(b) 位移

图 4-47 围岩 von Mises 应力与位移分布

围岩水平位移与竖向位移分布如图 4-48 所示。

现场实测位移与 FEM 计算位移比较如表 4-8 所示，M1-4 测点位于左侧主厂房的左上方，M5-4 测点位于右侧尾调室的左上方。由表可知，M1-4 测点和 M5-4 测点的计算位移与实测位移非常接近，误差分别为 3.80% 和 5.32%，说明计算所采用的岩体力学参数是可靠的。可见，通过本章提出的等效方法得出的弹性模量等力学参数用于以连续体模拟裂隙岩体的方法是可行的。

第 4 章　断层破碎带岩体变形特性及其评价

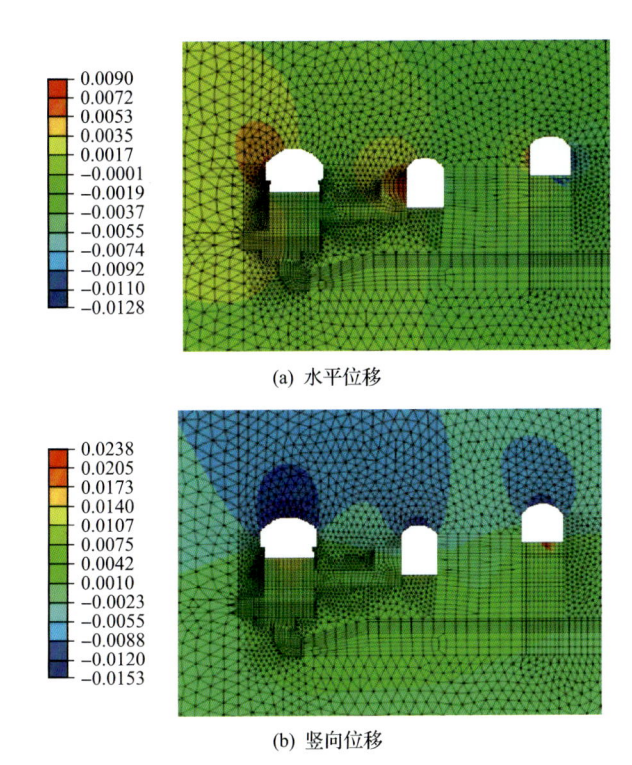

(a) 水平位移

(b) 竖向位移

图 4-48　围岩水平位移与竖向位移分布(单位：m)

表 4-8　实测位移与 FEM 计算位移比较

测点	实测位移/mm	计算位移/mm	误差/%
M1-4	8.95	8.61	3.80
M5-4	3.95	4.16	5.32

4.6　小　　结

本章对不同裂隙发育状态下岩体的各向异性变形特性及其参数敏感性、裂隙岩体一般化本构关系、断层区岩体各向异性特性的评价理论和方法进行了系统研究，取得了相应有理论意义和使用价值的结果。

(1)断层和裂隙的发育使岩体形成了显著的各向异性变形特性，裂隙岩体的变形特性受断层(裂隙)的产状特征、发育程度等支配，且对弱面岩体的力学参数具有显著的敏感性。

(2)当岩体中仅有限规律性断层或裂隙发育时，岩体变形的各向异性特征显著；当岩体中断层随机分布且充分发育时，裂隙岩体变形的各向异性特征弱化并趋于变形模量弱化的各向同性岩体。

(3)裂隙岩体的各向异性特征可以用等效变形模量进行定量描述，在裂隙发育状态确定的条件下，该等效变形模量与弱面刚度特性存在负指数型相关关系。

(4)通过建立裂隙岩体统一本构模型、一维柱状结构模型，可建立裂隙岩体任意方向非线性变形的多元件组合模型及其解析方法、各向异性裂隙岩体三维非线性应力-应变关系的模拟方法。

通过构建变形模量球坐标，将一维柱状结构模拟结果与概率分布评价方法相结合，可建立断层带裂隙岩体各向异性特征的定量评价方法。

第 5 章 断层破碎带岩体剪胀机理及其评价

5.1 概 述

在压缩荷载作用下,裂隙岩体体积扩容的根本原因在于压剪荷载作用下其内部产生的损伤演化、裂纹在外荷载作用下产生剪胀、间接张拉、节理切割体转动、块状结构位错等,形成宏观表面上的扩容现象。

裂隙岩体的体积应变由四部分组成:①完整岩块的弹塑性应变;②节理充填物体积应变;③节理切割体的平动及转动作用;④非贯通节理的损伤演化及裂尖破裂,如图 5-1 所示。

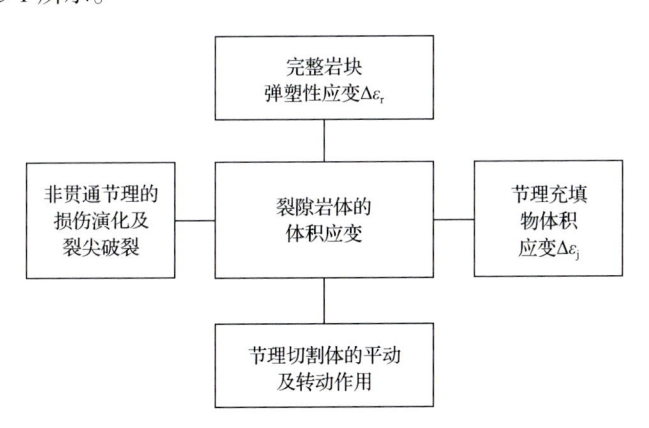

图 5-1 裂隙岩体的体积应变组成概念图

实际上,裂隙岩体的体积应变除上述 4 种因素作用外,还受到岩体中温度变化、地下水作用、膨胀性矿物成分引起的膨胀性体积应变等影响。

本章仅对裂隙岩体几何形状改变、裂隙的扩展演化等力学行为造成的岩体剪胀问题进行研究。假定:①不含膨胀性矿物成分;②地下水为非承压水;③温度变化在隧道穿越断层破碎带施工期间基本不变。

裂隙岩体的体积应变可表达为

$$\varepsilon_V = \varepsilon^r + \sum_i \varepsilon_i^j \tag{5-1}$$

式中,ε^r 为完整岩块体积应变;ε_i^j 为裂隙相关体积应变(包括节理充填物体积应变、块体平动形成的宏观体积应变、块体转动形成的宏观等效体积应变)。

完整岩块、节理充填物在压剪荷载作用下的体积应变可按弹塑性介质处理，本章主要研究裂隙空间几何尺寸变化引起的体积应变(包括非贯通节理断裂演化扩展、节理切割块体的平动及转动引起的体积应变及其宏观表状)。

裂隙岩体体积扩容的几何模式如图 5-2 所示。

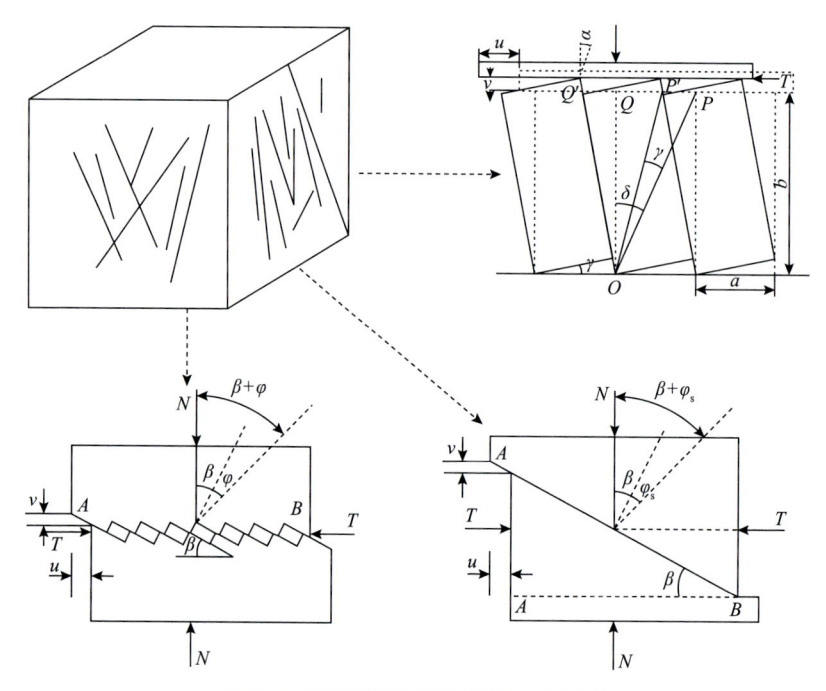

图 5-2　裂隙岩体体积扩容的几何模式

根据图 5-2 及式(5-1)，当满足

$$\varepsilon_V = \varepsilon^r + \sum_i \varepsilon_i^j > 0 \tag{5-2}$$

时，裂隙岩体宏观上表现为体积膨胀，否则为剪缩。因此，图 5-2 及式(5-2)简单明了地表达了裂隙岩体剪胀扩容的力学机理，但从工程应用角度考虑，上述裂隙岩体剪胀扩容力学行为存在以下问题：①对工程区域或工程尺度内的节理存在状态而言，假定节理及岩石块体随机分布，块体的平动及转动形成的孔隙性扩容将相互抵消，因此在宏观表象上不可能出现扩容；②基于上述概念模式直接进行节理岩体压载条件下的剪胀扩容定量评价有很大的技术难度甚至无法实现。为研究上述宏观扩容模式对工程条件下节理岩体宏观扩容的适用性，本章将采用理论分析及 DDM 模拟对上述节理岩体存在状态及其产生孔隙性扩容的宏观可能性进行概要分析。

迄今，关于裂隙岩体压载条件下剪胀扩容的相关研究集中在岩体裂隙单元岩石切割体几何特征的变化引起岩体宏观扩容方面，把裂隙切割块体的平动及转动引起的孔隙性体积增大视为裂隙岩体剪胀扩容的细观力学机理。结合矿山开采、隧道工程建设等活动，人们研究了开挖卸载引起岩体碎胀的问题（包括矿山顶板垮落碎胀、隧道围岩松动圈等），取得了大量有工程应用价值的研究成果，建立了包括煤系地层顶板冒落岩石碎胀系数、隧道围岩松动范围等实用经验方法，但由于工程地质条件及岩石力学性质的复杂性，裂隙岩体断裂演化及其相关剪胀扩容的量化计算和预测尚缺乏系统性成果。

如上所述，岩体中裂隙的存在状态包括成组不相交裂隙、规则排列成组交互贯通裂隙、非规则排列交互贯通裂隙，不同裂隙状态的岩体在压缩荷载条件下产生不同的体积应变状态。

本章在充分考虑成组非贯通裂隙发育岩体断裂演化及其体积应变条件下，采用断裂力学理论方法、位移不连续法建立岩体各变形阶段的判别准则和有效计算方法，节理岩体剪胀预测和评价分析技术路线如图 5-3 所示。

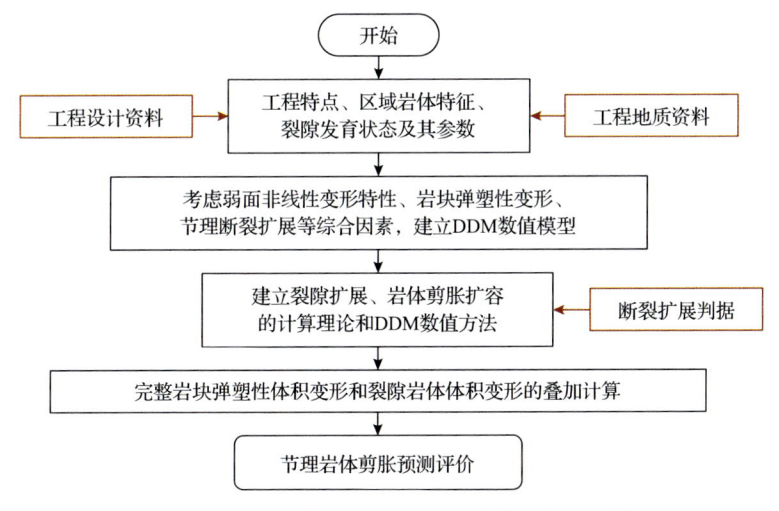

图 5-3 节理岩体剪胀预测和评价分析技术路线

5.2 裂隙演化阶段及体积应变状态

上述裂隙岩体的剪胀问题可归结为初始（原生）裂隙断裂扩展形成的岩体体积变形问题，包含以下三种可能的演化力学行为及体积应变状态：①裂隙周边应力场处于平衡状态，裂尖应力强度因子小于岩石介质的断裂韧性，裂纹未扩展，初始裂隙在压缩荷载作用下处于闭合状态；②裂尖应力强度因子大于岩石介质的断裂韧性（断裂临界应力状态），裂尖开始断裂并演化扩展且初始裂隙法向闭合量小于或等于极限(容许)闭合量；③初始裂隙法向闭合量达到极限值，裂尖继续断裂演化，初始裂隙法向位移不连续量不变，裂尖扩展增大，总的体积应变逆向发展并逐渐向扩容转变。

1. 基本假设

(1) 完整岩块为均质各向同性的线弹性体，且拉伸、压缩力学性质相同。
(2) 初始裂隙面法向刚度为 K_n(包括有限刚度、无限大刚度)，切向刚度为 K_s。
(3) 初始裂隙含水状态对裂隙面力学参数及其断裂扩展特性无影响。
(4) 孔隙水压力与岩体初始地应力相比可忽略不计。

2. 基于断裂理论的裂隙状态判断

在裂尖某点 P 定义三个方向：主法向 n、切向 t 以及次法向 b。当获得三维(二维)各向同性弹性体中裂尖的位移场和应力场(Williams 特征展开法、DDM、FEM 等)时，在应力主部表达式中，取 $\theta = \pm\pi$ 并相减，得到裂纹前缘附近裂纹上下表面位移不连续表示的应力场公式，即

$$\begin{cases} \sigma_{bb}(r,\theta) = \dfrac{\mu}{4(1-\nu)r}\left[\begin{array}{l}(u_n|_{\theta=\pi} - u_n|_{\theta=-\pi})\sin\dfrac{\theta}{2}\cos\dfrac{\theta}{2}\cos\dfrac{3\theta}{2} \\ +(u_b|_{\theta=\pi} - u_b|_{\theta=-\pi})\cos\dfrac{\theta}{2}\left(1+\sin\dfrac{\theta}{2}\sin\dfrac{3\theta}{2}\right)\end{array}\right] \\ \sigma_{bn}(r,\theta) = \dfrac{\mu}{4(1-\nu)r}\left[\begin{array}{l}(u_n|_{\theta=\pi} - u_n|_{\theta=-\pi})\cos\dfrac{\theta}{2}\left(1-\sin\dfrac{\theta}{2}\sin\dfrac{3\theta}{2}\right) \\ -(u_b|_{\theta=\pi} - u_b|_{\theta=-\pi})\sin\dfrac{\theta}{2}\cos\dfrac{\theta}{2}\cos\dfrac{3\theta}{2}\end{array}\right] \\ \sigma_{bt}(r,\theta) = \dfrac{\mu}{4r}(u_t|_{\theta=\pi} - u_t|_{\theta=-\pi})\cos\dfrac{\theta}{2} \end{cases} \quad (5\text{-}3)$$

根据应力强度因子的定义式：

$$\begin{cases} K_{\mathrm{I}} = \lim_{r\to 0}\sqrt{2\pi r}\,\sigma_{bb}(r,\theta)\big|_{\theta=0} \\ K_{\mathrm{II}} = \lim_{r\to 0}\sqrt{2\pi r}\,\sigma_{bn}(r,\theta)\big|_{\theta=0} \\ K_{\mathrm{III}} = \lim_{r\to 0}\sqrt{2\pi r}\,\sigma_{bt}(r,\theta)\big|_{\theta=0} \end{cases} \quad (5\text{-}4)$$

常见的二维复合型裂纹开裂判据有最大周向应力理论($\sigma_{\theta\max}$ 判据)、能量释放率理论(G 判据)、应变能密度理论(S 判据)以及等 ϖ 线上的最大正应力理论等，本章选用最大周向应力理论作为三维复合型裂纹在法平面内的扩展准则。该理论

基于下面两个基本假设：①裂纹沿产生最大周向应力的方向扩展；②在上述确定的方向上，等效应力强度因子达到临界应力强度因子 K_{Ic} 时裂纹开始扩展。

裂纹扩展的条件为

$$K_e \geqslant K_{Ic} \tag{5-5}$$

式中，断裂韧性 K_{Ic} 为材料参数。

裂纹前缘任一点处的等效应力强度因子为

$$K_e = \frac{1}{2}\cos\frac{\theta_0}{2}\left[K_I(1+\cos\theta_0) - 3K_{II}\sin\theta_0\right] \tag{5-6}$$

式中，θ_0 为扩展角。注意，K_I 始终不小于 0。

为了同时考虑Ⅲ型开裂的存在及影响，将式(5-6)中的 K_I 用等效Ⅰ型应力强度因子 K_{Ie} 代替，则

$$K_{Ie} = K_I + B|K_{III}| \tag{5-7}$$

式中，B 为经验系数，通常取 $B=1$。

5.3　非贯通节理断裂扩展及其孔隙性扩容

5.3.1　规则排列非贯通节理断裂扩展及其孔隙性扩容

对于规则排列非贯通节理，取 DDM 数值模型如图 5-4 所示。

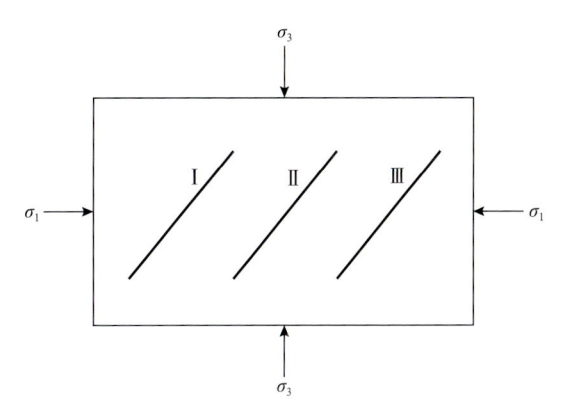

图 5-4　规则排列非贯通节理 DDM 数值模型

不失一般性，取模拟计算参数如下。

裂纹倾角 45°，竖向压力 30MPa；

岩石参数：E=24GPa，ν=0.02；

裂纹参数：c=0.05MPa，φ=25°；

裂纹水平距离 $2l$。

规则排列非贯通节理扩展位移分布如图 5-5 所示。图 5-5 显示，不同位置裂纹周边位移状态存在明显差异，裂尖扩展演化几何特征也明显不同。

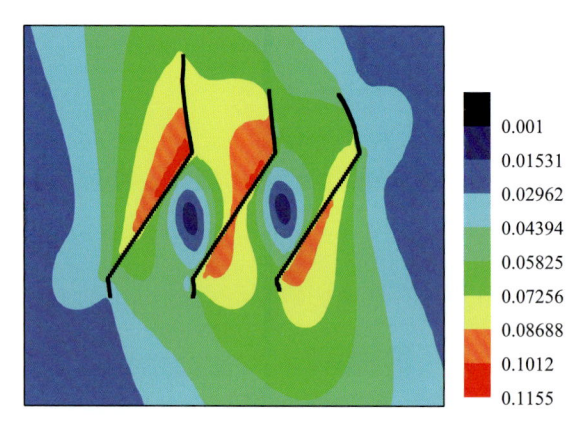

图 5-5　规则排列非贯通节理扩展位移分布（单位：mm）

三条裂纹张开闭合量分别如图 5-6～图 5-8 所示，图中以初始裂纹中点为原点，正值表示闭合量，负值表示张开量。初始裂纹部分受压后闭合，闭合量从中点往初始裂尖逐渐减小，扩展裂纹则为张口型，张开量从初始裂尖至最终裂尖逐渐减小。

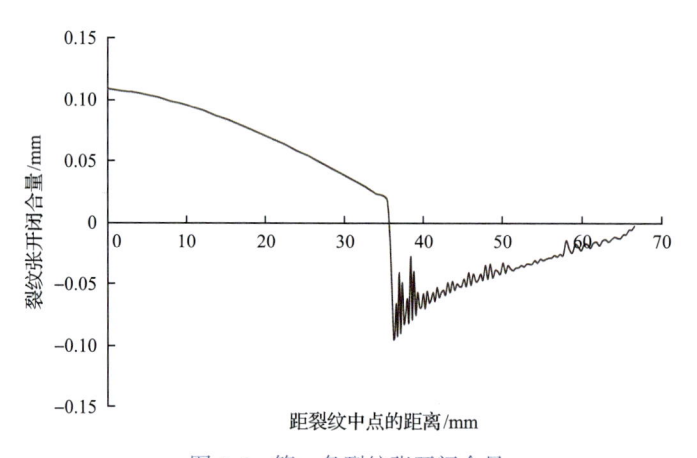

图 5-6　第一条裂纹张开闭合量

可见，在压剪荷载作用下，裂尖在满足断裂深化条件（应力强度因子）时将不同程度地产生孔隙，同时原裂纹内部由于可压缩性产生压缩变形（这里未给出完整岩块的弹性变形），当几种变形引起体积应变的代数和小于零时，岩体表现为剪胀扩容。

图 5-7　第二条裂纹张开闭合量

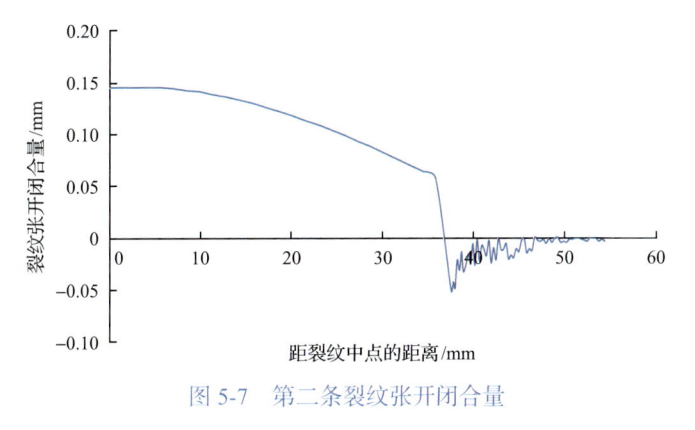

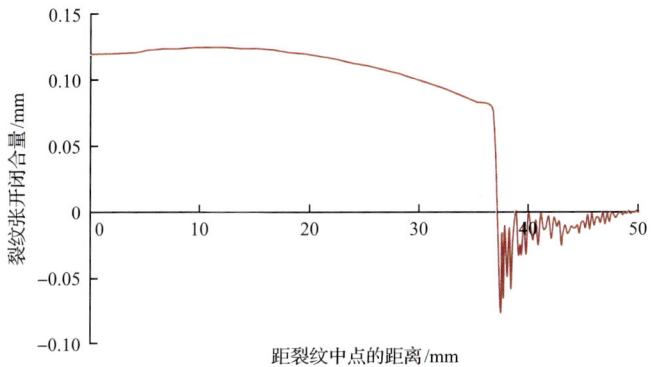

图 5-8　第三条裂纹张开闭合量

5.3.2　随机分布非贯通节理断裂扩展及其孔隙性扩容

考虑图 5-9 所示的随机发育成组不相交裂隙，随机发育裂隙的体积变形存在多裂隙效应及相互影响问题，其主要影响：①各裂隙周边应力场、位移场的变化，裂隙周边应力场的变化会影响原生裂隙法向相对位移、切向相对位移及体积应变、裂尖断裂扩展及其延展程度；②裂隙扩展后可能出现的相互贯通以及由此形成的

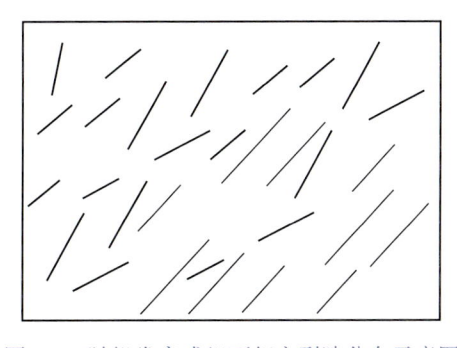

图 5-9　随机发育成组不相交裂隙分布示意图

裂隙变形特性的变化。

考虑：①裂隙随机分布，各裂隙相互影响程度近似相同；②对给定的宏观计算区域，若完整岩块为线弹性，则局部应力集中仅改变局部体积应变而不影响宏观意义下的平均体积应变（即不影响计算区域宏观体积增量）；③本研究的主要目的是分析裂隙岩体剪胀机理及其发生的基本条件。为便于分析，本研究作以下假设并在此基础上进行随机分布非贯通节理断裂扩展及其孔隙性扩容的 DDM 模拟与分析。

(1) 假定分析区域所处的初始应力场（裂隙扰动前的应力场）为均匀分布场。
(2) 完整岩块本身为均质同性介质。
(3) 完整岩块在压剪条件下加卸载变形特性及本构模型相同。
(4) 岩体内裂隙随机分布且互不相交。
(5) 各裂隙面（体）物理力学性质相同。
(6) 裂尖扩展的几何长度远小于原裂隙长度且不出现相互贯通状态。

随机发育裂隙剪胀扩容可抽象为图 5-10 所示的 DDM 数值模型。

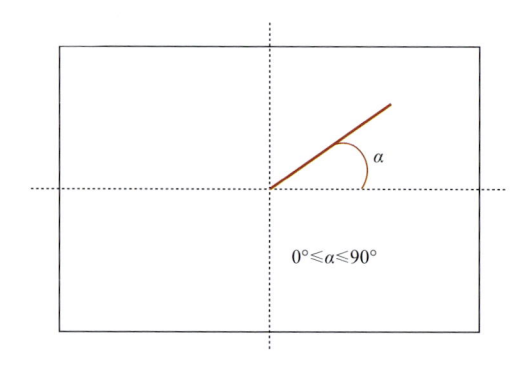

图 5-10　随机发育裂隙剪胀扩容的 DDM 数值模型

在 DDM 计算中应用无限区域场，裂隙位置不影响计算结果。通过 DDM 数值模型中 α 的变化，间接模拟裂隙角度的随机分布。取裂隙长度为单位长度，则计算结果的定性形式可推广到任何几何尺度裂隙剪胀问题。

模拟计算参数如表 5-1 所示。

表 5-1　模拟计算参数

参数	岩石					节理			
	弹性模量/GPa	泊松比	c/MPa	φ/(°)		m	n	最大闭合量/mm	初始法向刚度/MPa
数值	24	0.2	0.05	25		0.01	0.2	5	15

其他计算参数如下。

节理轴向与最大主应力(外荷载)夹角 α 分别为 0°、10°、20°、30°、40°、50°、60°、70°、80°、90°；

外荷载：竖向压力 30MPa；

约束条件：周边处理为无穷大；

节理面刚度 (K_s, K_n)。其中，法向刚度为

$$K_n = \begin{cases} K_{ni} \Big/ \left(1 - \dfrac{\delta_n}{\delta_m}\right)^2, & \delta_n < \delta_m \\ \infty, & \delta_n = \delta_m \end{cases} \quad (5\text{-}8)$$

式中，K_{ni} 为初始法向刚度；δ_n 为法向闭合量；δ_m 为最大法向闭合量。

切向刚度为

$$K_s = \frac{\partial \tau}{\partial \delta_s} = \frac{m}{(m + n\delta_s)^2} \quad (5\text{-}9)$$

式中，δ_s 为切向变形量；m、n 为相应的系数。

初始裂隙可压缩，在竖向压力作用下，初始裂隙闭合，闭合量从裂隙中点往裂尖逐渐减小，新扩展的裂隙张开，张开量从初始裂尖至最终裂尖逐渐减小。不同倾角裂隙在竖向受压后的位移分布和裂隙张开闭合情况如图 5-11～图 5-26 所示，图中闭合为正值，张开为负值。

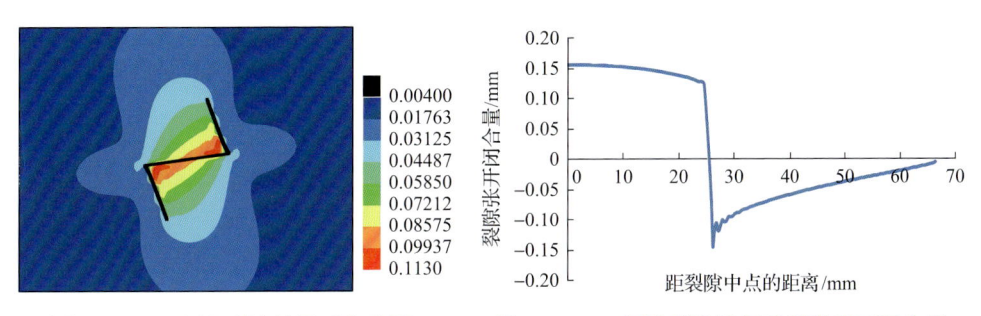

图 5-11　10°倾角裂隙扩展后位移图（单位：mm）

图 5-12　10°倾角裂隙扩展后裂隙张开闭合量

上述 DDM 模拟计算结果表明：①对于岩石类脆性介质，无论压缩荷载作用方向与裂隙轴向呈何种夹角，初始裂隙的断裂扩展均不同程度地出现裂尖孔隙性扩容现象且扩容的孔隙增长属性与初始裂隙面的刚度特性及荷载条件无关；②裂隙面的初始刚度特性直接支配裂隙面法向相对闭合量，从而总体上影响裂隙岩体宏观体积的胀缩表象；③当裂隙面法向刚度足够大时(如无法向张开、无软弱充填物的初始裂隙，力学上可近似处理为法向不可压缩)，裂隙面法向压缩闭合量为 0，

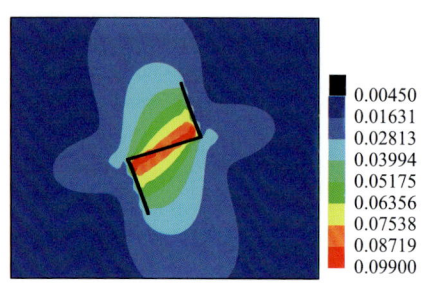

图 5-13　20°倾角裂隙扩展后位移图
（单位：mm）

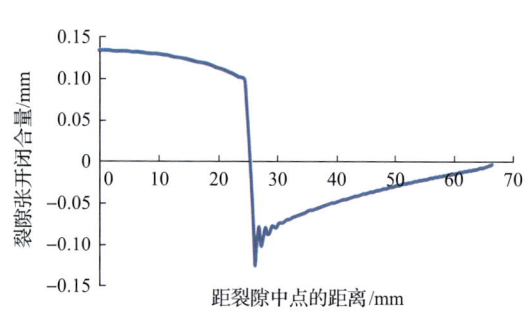

图 5-14　20°倾角裂隙扩展后裂隙张开闭合量

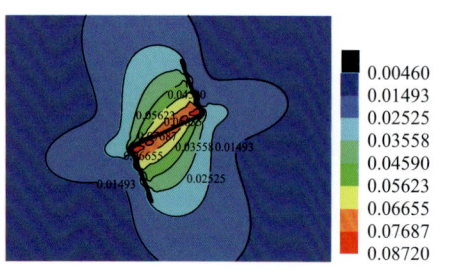

图 5-15　30°倾角裂隙扩展后位移图
（单位：mm）

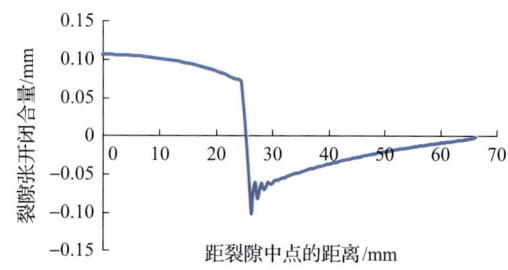

图 5-16　30°倾角裂隙扩展后裂隙张开闭合量

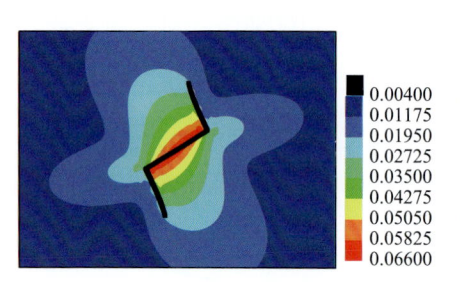

图 5-17　40°倾角裂隙扩展后位移图
（单位：mm）

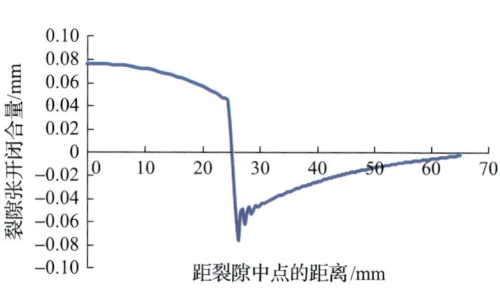

图 5-18　40°倾角裂隙扩展后裂隙张开闭合量

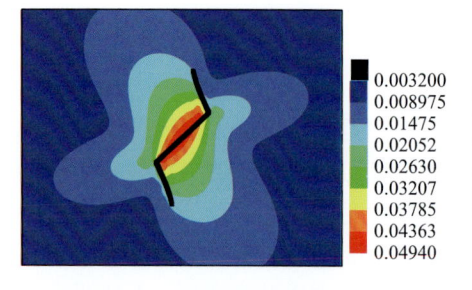

图 5-19　50°倾角裂隙扩展后位移图
（单位：mm）

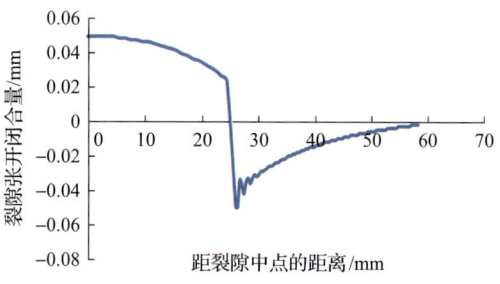

图 5-20　50°倾角裂隙扩展后裂隙张开闭合量

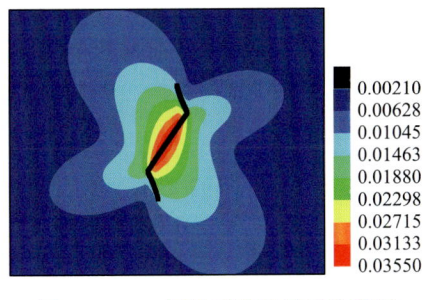

图 5-21　60°倾角裂隙扩展后位移图（单位：mm）

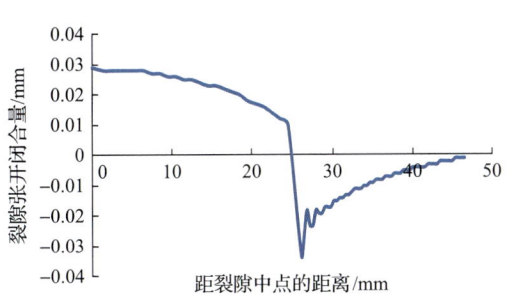

图 5-22　60°倾角裂隙扩展后裂隙张开闭合量

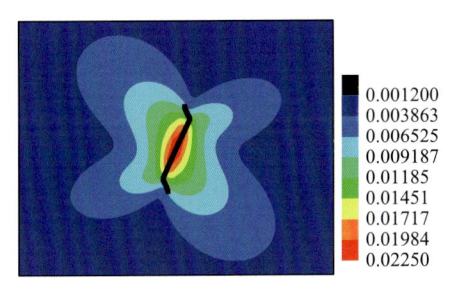

图 5-23　70°倾角裂隙扩展后位移图（单位：mm）

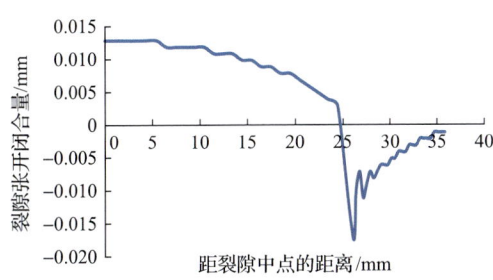

图 5-24　70°倾角裂隙扩展后裂隙张开闭合量

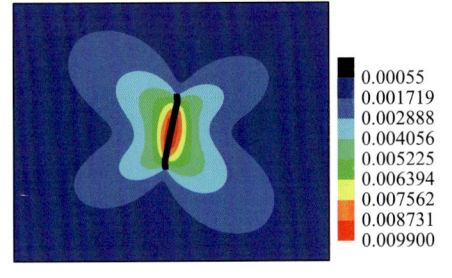

图 5-25　80°倾角裂隙扩展后位移图（单位：mm）

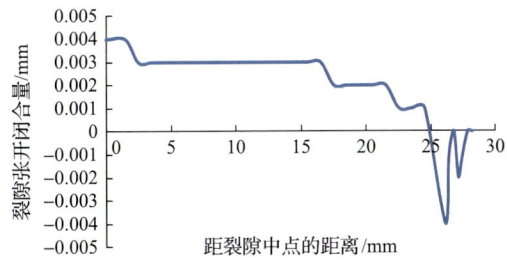

图 5-26　80°倾角裂隙扩展后裂隙张开闭合量

裂隙本身仅形成裂尖孔隙性扩容，从而在此类裂隙充分发育状态下其累加作用形成裂隙岩体宏观扩容现象；④在张开型有软弱充填物的初始裂隙状态下，裂尖断裂扩展伴有初始裂隙闭合且从变形的时间效应看，先是初始裂隙闭合，然后产生裂尖断裂演化，两种体积变化相互抵消。

图 5-27 为初始裂隙法向不可压缩状态下裂尖断裂扩展形成孔隙沿长度方向的分布，图中灰色阴影部分即为断裂扩展形成的孔隙增量（定义为裂隙岩体的孔隙性扩容面积）。同时，由于初始裂隙法向不可压缩，其面积（体积）变化为 0（图中红色线段所示）。综合而言，该单元体模型在任意压缩荷载作用下，体积应变主要由

完整岩块弹塑性体积应变、裂隙断裂演化形成裂尖孔隙性扩容两部分组成。对给定初始荷载作用下的裂隙岩体，完整岩块的弹塑性体积应变近似定值，裂尖孔隙性扩容形成的体积应变总和具有累加意义。因此，裂隙数量越多，裂尖孔隙性扩容总和效应越显著，可以推测当裂隙数量大于某临界值时，将出现宏观剪胀扩容现象。据此，可按裂纹发育状态及岩石变形模量推断和评价岩体（非充填、闭合型初始裂隙）剪胀扩容的可能性。

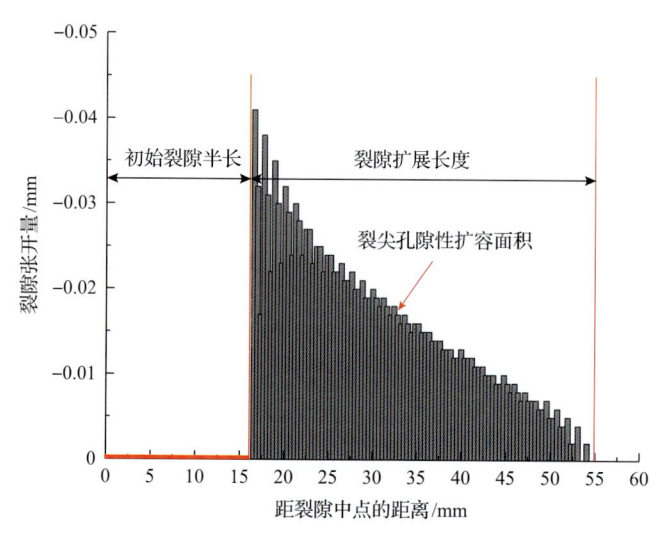

图 5-27　初始裂隙法向不可压缩状态下裂尖断裂扩展形成孔隙沿长度方向的分布

图 5-28 为初始裂隙法向有限刚度（最大主应力与裂隙轴向夹角为 40°）条件下面积（体积）变化，图中蓝色阴影部分为初始裂隙的压缩闭合面积（体积），灰色阴影部分为裂尖孔隙性扩容面积（体积）。根据断裂力学研究结果，在任意压缩荷载作用下，初始裂隙总处于压缩闭合状态，其宏观表象为面积（体积）缩小；裂尖断裂破坏形成的次生裂隙总处于张开状态，其宏观表象为面积（体积）增大。二者对裂隙岩体体积应变的影响具有相互抵消作用且沿互逆方向发展，其代数和反映了裂隙区域岩体的剪胀或体积缩小。

比较图 5-27 和图 5-28，在荷载作用方向与裂隙面法向夹角 0°～90°内（荷载 30MPa），初始裂隙呈压缩状态，次生裂隙均呈现孔隙性扩容状态。

为便于理解原生裂隙和次生裂隙胀缩变形的力学机理，以荷载作用方向 40° 为例分析裂隙周边主应力分布，如图 5-29～图 5-33 所示。计算结果表明，初始裂隙附近区域最大主应力和最小主应力均为压应力（拉应力为正、压应力为负），次生裂隙附近区域一侧局部出现拉应力而另一侧斜交方向应力集中显著，因此次生裂隙周边区域在拉应力及局部压剪条件下形成次生裂隙面张开。

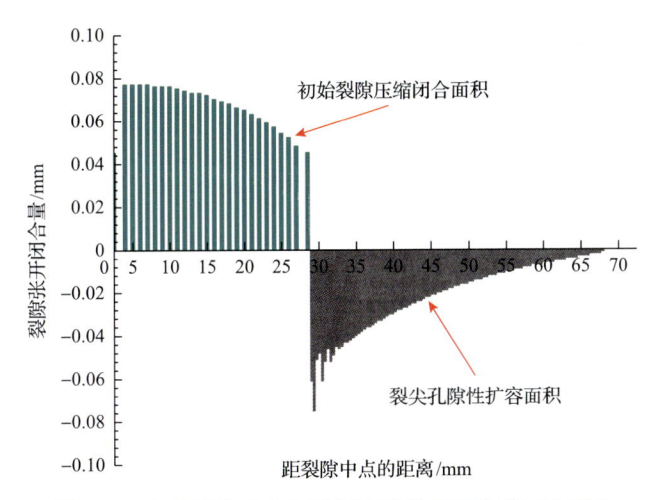

图 5-28 初始裂隙法向有限刚度条件下面积(体积)变化

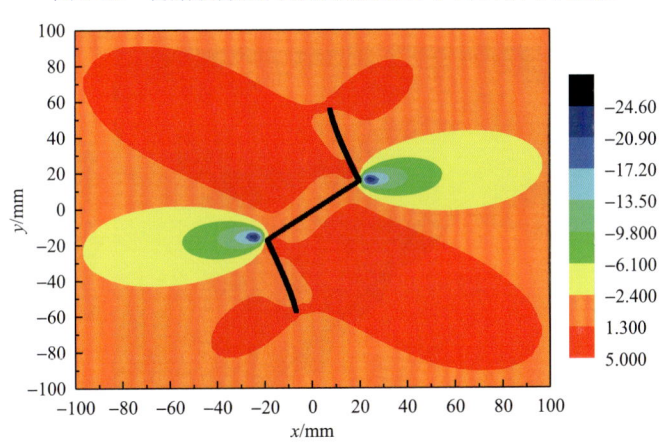

图 5-29 裂隙扩展后第一主应力(单位：MPa)

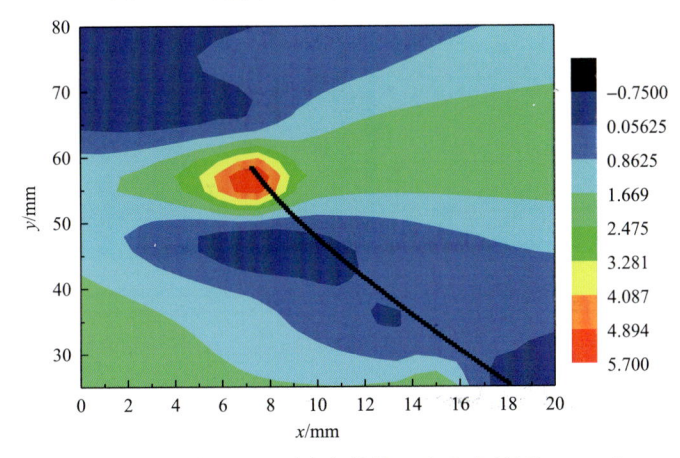

图 5-30 裂隙扩展后裂尖部位第一主应力(单位：MPa)

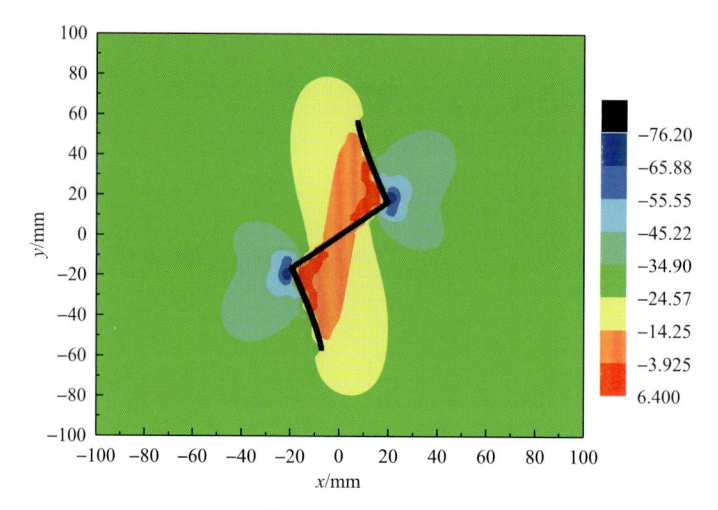

图 5-31　裂隙扩展后第二主应力(单位：MPa)

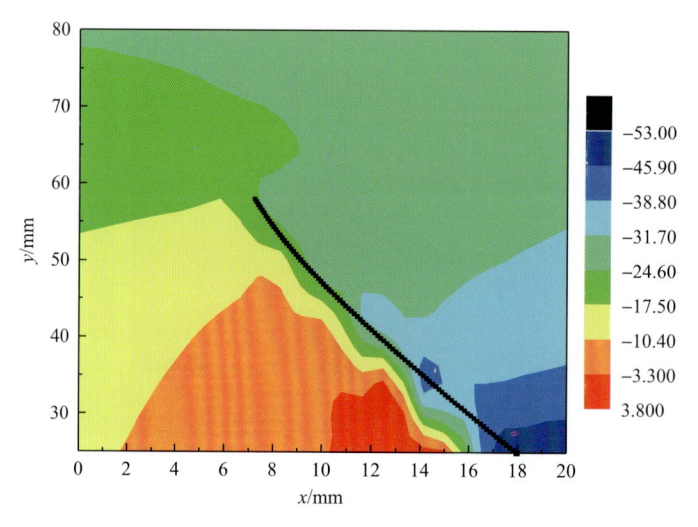

图 5-32　裂隙扩展后裂尖部位第二主应力(单位：MPa)

5.3.3　非规则排列交互贯通裂隙岩体剪胀特性

根据前面成组非贯通节理岩体压剪荷载作用下体积应变 DDM 模拟研究结果，裂尖的断裂扩展将形成孔隙性体积局部增大，从而构成裂隙岩体剪胀的可能性。

图 5-34 为 Monte-Carlo 法生成的断层带岩体裂隙分布。图中岩体节理随机分布、相互切割、多种几何尺度并存，在压剪荷载作用下将同时存在完整岩块的力学塑性变形、被切割块体的刚体运动、裂尖断裂扩展等符合变化且相互耦合的现象，其有效计算是目前岩土工程数值方法领域亟待解决的问题。

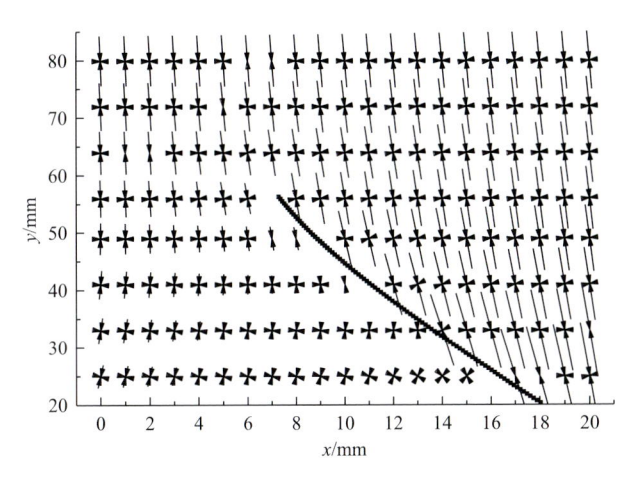

图 5-33 40°可压缩裂隙扩展后裂尖部位主应力矢量图

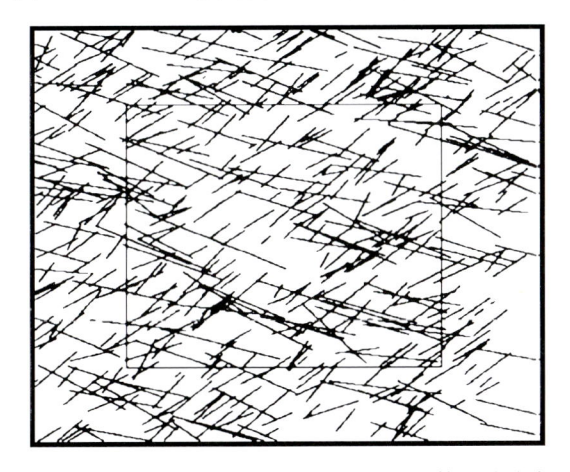

图 5-34 Monte-Carlo 法生成的断层带岩体裂隙分布

综合已有的研究成果，裂隙岩体在压剪荷载作用下宏观体积变化包含完整岩块的力学塑性变形、裂隙体内填充物的体积变化、岩块刚体运动(滑移、转动、滚动)形成孔隙的增减以及裂隙扩展演化形成的次生裂隙。有限元法能较好地解决连续介质的力学计算及极少裂隙发育状态下的不连续岩体介质计算问题，但对不规则相互切割的块体介质问题无能为力。DDA 法有效地解决了相互切割随机发育裂隙岩体变形及刚体运动的模拟计算，但该方法无法解决外贯通节理、裂隙扩展演化问题。简言之，FEM、DDA 等方法均不能单独实现随机节理岩体在压剪荷载作用下体积变形的多因素综合影响的有效模拟，尤其裂纹扩展演化及由此引起的孔隙性体积变化问题。

5.4 裂隙岩体压剪扩容的 DDM 数值方法

5.4.1 基础理论

1. 基于 DDM 的裂隙岩体周边应力场和位移场求解

隧道、地下洞室岩土工程问题属于半无限体内地下开挖卸载问题，由于成岩作用、地质构造运动、环境因素等综合影响，岩体中初始裂隙分布状态十分复杂。裂隙岩体应力场、位移场的理论计算十分困难，在大多数实际问题中无法实现，即使有限元法等数值方法也难以从根本上解决裂隙发育岩体扰动应力场和位移场的合理模拟计算问题。

DDA 法提供了裂隙岩体静态应力场及位移场的计算，尤其比较有效地解决了裂隙切割岩石块体的转动、平动及其相互作用的应力场和位移场模拟问题，但它仍然存在以下问题：①无法解决初始裂隙断裂扩展形成的渐进式动态应力场、位移场问题；②多种裂隙状态共同存在条件下岩体体积扩容的定量评价存在较大技术难度。

本章采用DDM建立复杂裂隙岩体断裂演化动态应力场和位移场的计算模型，从而建立裂隙岩体剪胀扩容数值模拟方法及三维软件系统，将裂隙岩体问题处理成初始应力场作用下的无限体或半无限体问题。

不失一般性，考虑无限体的 DDM 建模及数值方法（对半无限体问题可将有限界面处理为层状异性且对应面介质刚度为无限小的不连续面）。

对于三维裂隙问题，把裂隙离散化为 M 个位移不连续单元（局部坐标系），如图 5-35 所示。

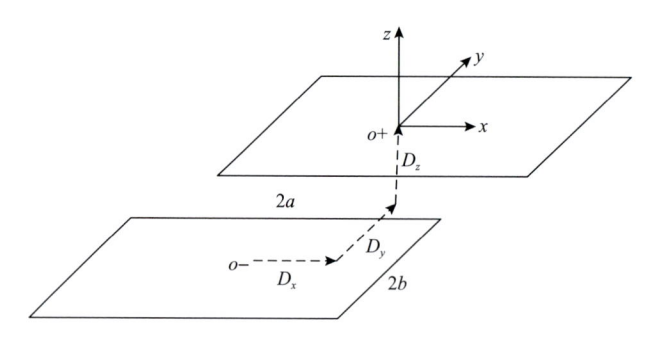

图 5-35 三维矩形位移不连续单元

图中，D_x、D_y、D_z 为设定单元体的位移不连续的坐标分量，定义不连续面上的位移不连续量为下表面（用"−"表示）的位移与上表面（用"+"表示）的位移之差，那么 x 轴方向上的位移不连续分量为 $\bar{u}_x(x,y) = u_x(x,y,0^-) - u_x(x,y,0^+)$，取调和函数 $v = \bar{u}_x(x,y)$，则边界上点 P 的位移不连续量可按式(5-10)给出：

$$\bar{u}_x = -\frac{1}{2\pi}\frac{\partial}{\partial z}\oiint_S \frac{\bar{u}_x}{r_0}\mathrm{d}S, \quad z = 0 \tag{5-10}$$

下面推导中假定裂纹闭合且只有 x 方向的剪切位移不连续量 D_x 作用，且令 $I = \oiint_S \frac{1}{r_0}\mathrm{d}S$，则

$$\bar{u}_x = -\frac{D_x}{2\pi}I_{,z}, \quad z = 0 \tag{5-11}$$

在 $z=0$ 上的连续性条件为

$$u_x + \bar{u}_x = u'_x, \quad u_y = u'_y, \quad u_z = u'_z$$
$$\tau_{zx} = \tau'_{zx}, \quad \tau_{zy} = \tau'_{zy}, \quad \sigma_{zz} = \sigma'_{zz}$$

为方便起见，上表面的量省略了 "+" 号，下表面的量在右上角用 "′" 标明。根据弹性理论，上表面的位移可以用 4 个常数 B_x、B_y、B_z 和 β 表示为

$$\begin{cases} u_x = B_x - \dfrac{1}{4(1-\nu)}\dfrac{\partial}{\partial x}(xB_x + yB_y + zB_z + \beta) \\ u_y = B_y - \dfrac{1}{4(1-\nu)}\dfrac{\partial}{\partial y}(xB_x + yB_y + zB_z + \beta) \\ u_z = B_z - \dfrac{1}{4(1-\nu)}\dfrac{\partial}{\partial z}(xB_x + yB_y + zB_z + \beta) \end{cases} \tag{5-12}$$

再根据公式 $\sigma_{ij} = \lambda u_{k,k}\delta_{ij} + \mu(u_{i,j} + u_{j,i})$，并且注意到 $z=0$，有

$$\begin{cases} \dfrac{4(1-\nu^2)}{E}\tau_{zx} = 2(1-2\nu)\dfrac{\partial B_x}{\partial z} + \dfrac{\partial}{\partial x}\left[(1-2\nu)B_z - x\dfrac{\partial B_x}{\partial z} - \dfrac{\partial \beta}{\partial z}\right] \\ \dfrac{4(1-\nu^2)}{E}\tau_{zy} = \dfrac{\partial}{\partial y}\left[(1-2\nu)B_z - x\dfrac{\partial B_x}{\partial z} - \dfrac{\partial \beta}{\partial z}\right] \\ \dfrac{4(1-\nu^2)}{E}\sigma_{zz} = 2(1-\nu)\dfrac{\partial B_z}{\partial z} + 2\nu\dfrac{\partial B_x}{\partial x} - x\dfrac{\partial^2 B_x}{\partial z^2} - \dfrac{\partial^2 \beta}{\partial z^2} \end{cases} \tag{5-13}$$

下表面的位移和应力公式与式(5-12)和式(5-13)类似，只要把各个量都加上

角标"'"就可以了。不失一般性，取 $B_y = B'_y = 0$，则连续性条件可以进一步写成

$$(3-4\nu)B_x - x\frac{\partial B_x}{\partial x} - \frac{\partial \beta}{\partial x} + 4(1-\nu)\bar{u}_x = (3-4\nu)B'_x - x\frac{\partial B'_x}{\partial x} - \frac{\partial \beta'}{\partial x}$$

$$xB_x + \beta = xB'_x + \beta'$$

$$(3-4\nu)B_z - x\frac{\partial B_x}{\partial z} - \frac{\partial \beta}{\partial z} = (3-4\nu)B'_z - x\frac{\partial B'_x}{\partial z} - \frac{\partial \beta'}{\partial z}$$

$$\frac{\partial B_x}{\partial z} = \frac{\partial B'_x}{\partial z}$$

$$(1-2\nu)B_z - x\frac{\partial B_x}{\partial z} - \frac{\partial \beta}{\partial z} = (1-2\nu)B'_z - x\frac{\partial B'_x}{\partial z} - \frac{\partial \beta'}{\partial z}$$

$$2(1-\nu)\frac{\partial B_z}{\partial z} + 2\nu\frac{\partial B_x}{\partial x} - x\frac{\partial^2 B_x}{\partial z^2} - \frac{\partial^2 \beta}{\partial z^2} = 2(1-\nu)\frac{\partial B'_z}{\partial z} + 2\nu\frac{\partial B'_x}{\partial x} - x\frac{\partial^2 B'_x}{\partial z^2} - \frac{\partial^2 \beta'}{\partial z^2}$$

求解上面的方程组，得

$$B_x = \frac{D_x}{4\pi}I_{,z}, \quad B_y = 0, \quad B_z = \frac{D_x}{4\pi}I_{,x}, \quad \beta = \frac{D_x}{4\pi}(zI_{,x} - xI_{,z}) \quad (5\text{-}14)$$

经过类似的推导，可得到只在 y 轴方向作用均布位移不连续分量 D_y 时的解，即

$$B_x = 0, \quad B_y = \frac{D_y}{4\pi}I_{,z}, \quad B_z = \frac{D_y}{4\pi}I_{,y}, \quad \beta = \frac{D_y}{4\pi}(zI_{,y} - yI_{,z}) \quad (5\text{-}15)$$

以及仅在 z 轴方向作用均布位移不连续分量 D_z 时的解，即

$$B_x = 0, \quad B_y = 0, \quad B_z = \frac{D_z}{4\pi}I_{,z}, \quad \beta = \frac{1-2\nu}{2\pi}D_x I \quad (5\text{-}16)$$

对长为 $2a$、宽为 $2b$ 的矩形常位移不连续单元，均布不连续位移基本解（包括位移和应力）为

$$\begin{cases} u_x = D_x[2(1-\nu)I_{,z} - zI_{,xx}] + D_y(-zI_{,xy}) + D_z[-(1-2\nu)I_{,x} - zI_{,xz}] \\ u_y = D_x(-zI_{,xy}) + D_y[2(1-\nu)I_{,z} - zf_{,yy}] + D_z[-(1-2\nu)I_{,y} - zI_{,yz}] \\ u_z = D_x[(1-2\nu)I_{,x} + zI_{,xz}] + D_y[(1-2\nu)I_{,y} + zI_{,yz}] + D_z[2(1-\nu)I_{,z} - zI_{,zz}] \end{cases}$$

$$(5\text{-}17)$$

$$\begin{cases}
\sigma_{xx} = 2G\{D_x[2I_{,xz} - zI_{,xxx}] + D_y[2\nu I_{,yz} - zI_{,xxy}] + D_z[I_{,zz} + (1-2\nu)I_{,yy} - zI_{,xxz}]\} \\
\sigma_{yy} = 2G\{D_x[2\nu I_{,xz} - zI_{,xyy}] + D_y[2I_{,yz} - zI_{,yyy}] + D_z[I_{,zz} + (1-2\nu)I_{,xx} - zI_{,yyz}]\} \\
\sigma_{zz} = 2G\{D_x(-zI_{,xzz}) + D_y(-zI_{,yzz}) + D_z[I_{,zz} - zI_{,zzz}]\} \\
\tau_{xy} = 2G\{D_x[(1-\nu)I_{,yz} - zI_{,xxy}] + D_y[(1-\nu)I_{,xz} - zI_{,xyy}] + D_z[-(1-2\nu)I_{,xy} - zI_{,xyz}]\} \\
\tau_{yz} = 2G\{D_x[-\nu I_{,xy} - zI_{,xyz}] + D_y[I_{,zz} + \nu I_{,xx} - zI_{,yyz}] + D_z(-zI_{,yzz})\} \\
\tau_{zx} = 2G\{D_x[I_{,zz} + \nu I_{,yy} - zI_{,xxz}] + D_y[-\nu I_{,xy} - zI_{,xyz}] + D_z(-zI_{,xzz})\}
\end{cases}$$

(5-18)

式中，G 为剪切模量；ν 为泊松比；下标"，"表示求偏导。

$$I(x,y,z) = \frac{1}{8\pi(1-\nu)} \int_{-b}^{b} \int_{-a}^{a} \frac{1}{\sqrt{(x-\xi)^2 + (y-\eta)^2 + z^2}} \mathrm{d}\xi \mathrm{d}\eta$$

上述公式中用到的 $I(x,y,z)$ 各偏导数具体形式表达如下：

$$r_1^2 = r_0^2(a,b) = (x-a)^2 + (y-b)^2 + z^2$$
$$r_2^2 = r_0^2(-a,b) = (x+a)^2 + (y-b)^2 + z^2$$
$$r_3^2 = r_0^2(-a,-b) = (x+a)^2 + (y+b)^2 + z^2$$
$$r_4^2 = r_0^2(a,-b) = (x-a)^2 + (y+b)^2 + z^2$$

$$R_1 = -\frac{1}{r_1}, \quad R_2 = \frac{1}{r_2}, \quad R_3 = -\frac{1}{r_3}, \quad R_4 = \frac{1}{r_4}$$
$$A_1 = x-a, \quad A_2 = x+a, \quad A_3 = x+a, \quad A_4 = x-a$$
$$B_1 = y-b, \quad B_2 = y+b, \quad B_3 = y+b, \quad B_4 = y-b$$

$$I_{,xx} = \sum_{t=1}^{4} R_t \frac{A_t}{r_t - B_t}$$

$$I_{,xy} = \sum_{t=1}^{4} -R_t$$

$$I_{,xz} = \sum_{t=1}^{4} R_t \frac{z}{r_t - B_t}$$

$$I_{,yy} = \sum_{t=1}^{4} R_t \frac{B_t}{r_t - A_t}$$

$$I_{,yz} = \sum_{t=1}^{4} R_t \frac{z}{r_t - A_t}$$

$$I_{,xxx} = \sum_{t=1}^{4} R_t \left[\frac{1}{r_t - B_t} - \frac{A_t^2}{r_t^2} \frac{2r_t - B_t}{(r_t - B_t)^2} \right]$$

$$I_{,xxy} = \sum_{t=1}^{4} R_t^3 A_t$$

$$I_{,xxz} = \sum_{t=1}^{4} \left[-R_t^3 z A_t \frac{2r_t - B_t}{(r_t - B_t)^2} \right]$$

$$I_{,xyy} = \sum_{t=1}^{4} R_t^3 B_t$$

$$I_{,xyz} = \sum_{t=1}^{4} R_t^3 z$$

$$I_{,xzz} = \sum_{t=1}^{4} R_t \left[\frac{1}{r_t - B_t} - \frac{z^2}{r_t^2} \frac{2r_t - B_t}{(r_t - B_t)^2} \right]$$

$$I_{,yyy} = \sum_{t=1}^{4} R_t \left[\frac{1}{r_t - A_t} - \frac{B_2^t}{r_t^2} \frac{2r_t - A_t}{(r_t - A_t)^2} \right]$$

$$I_{,yyz} = \sum_{t=1}^{4} -R_t^3 z B_t \frac{2r_t - A_t}{(r_t - A_t)^2}$$

$$I_{,yzz} = \sum_{t=1}^{4} R_t \left[\frac{1}{r_t - A_t} - \frac{z^2}{r_t^2} \frac{2r_t - A_t}{(r_t - A_t)^2} \right]$$

单个单元影响系数计算基本公式得到之后，若把若干不连续面沿长度方向分成 N 个单元，并且把各个单元的影响系数组装成一个矩阵，即可以得到如下方程组：

$$\begin{bmatrix} a_{11} & a_{12} & \cdots & a_{1n} \\ a_{21} & a_{22} & \cdots & a_{2n} \\ \vdots & \vdots & & \vdots \\ a_{n1} & a_{n2} & \cdots & a_{nn} \end{bmatrix} \begin{bmatrix} D_1 \\ D_2 \\ \vdots \\ D_n \end{bmatrix} = \begin{bmatrix} P_1 \\ P_2 \\ \vdots \\ P_n \end{bmatrix} \quad (5\text{-}19)$$

式中，$n = 2N$；$a_{ij}(i, j = 1, 2, \cdots, n)$ 为位移或应力影响系数；$D_j(j = 1, 2, \cdots, n)$ 为单元节点位移不连续量；$P_j(j = 1, 2, \cdots, n)$ 为单元节点上的边界条件，既可是应力，也可是位移。

不连续面上的应力边界条件可以由体力法或者叠加原理确定，待不连续面上的位移不连续量求出后，就可以通过影响系数计算域内各点处的应力和位移等其他待求相关物理量。

2. 根据 DDM 及近似逼近法建立的应力强度因子的实用计算方法

为了表示裂纹前沿的渐进状态,采用局部坐标系,在裂尖某点 P 定义了三个方向:主法向 n、切向 t 以及次法向 b。前面已经使用 Williams 特征展开法给出了三维各向同性弹性体中裂尖的位移场和应力场。在应力主部表达式中,取 $\theta = \pm\pi$ 并相减,即可得到裂纹前缘附近裂纹上下表面位移不连续表示的应力公式,参照式(5-3)和式(5-4)。将式(5-3)代入式(5-4),得到

$$\begin{cases} K_{\mathrm{I}} = \dfrac{\mu}{4(1-\nu)} \lim_{r\to 0} \sqrt{\dfrac{2\pi}{r}} (u_b|_{\theta=\pi} - u_b|_{\theta=-\pi}) \\ K_{\mathrm{II}} = \dfrac{\mu}{4(1-\nu)} \lim_{r\to 0} \sqrt{\dfrac{2\pi}{r}} (u_n|_{\theta=\pi} - u_n|_{\theta=-\pi}) \\ K_{\mathrm{III}} = \dfrac{\mu}{4} \lim_{r\to 0} \sqrt{\dfrac{2\pi}{r}} (u_t|_{\theta=\pi} - u_t|_{\theta=-\pi}) \end{cases} \quad (5\text{-}20)$$

若在三维 DDM 中离散后的裂尖单元内的位移间断用 $D_b(r)$、$D_n(r)$ 和 $D_t(r)$ 表示,则式(5-20)可以进一步写为

$$\begin{cases} K_{\mathrm{I}} = \dfrac{-\mu}{4(1-\nu)} \lim_{r\to 0} \sqrt{\dfrac{2\pi}{r}} D_b(r) \\ K_{\mathrm{II}} = \dfrac{-\mu}{4(1-\nu)} \lim_{r\to 0} \sqrt{\dfrac{2\pi}{r}} D_n(r) \\ K_{\mathrm{III}} = \dfrac{\mu}{4} \lim_{r\to 0} \sqrt{\dfrac{2\pi}{r}} D_t(r) \end{cases} \quad (5\text{-}21)$$

由式(5-21)可知,由于极限运算的存在,进行 DDM 离散求解时无法直接获得裂尖的应力强度因子,但可将裂尖处划分足够多的单元,其长度大小呈几何级数下降,得到一系列应力强度因子近似值,然后利用这些近似值进行回归分析即可得到裂尖的应力强度因子。注意,这种方法不同于求裂尖应力强度因子的外推法,由于该方法是按裂尖各单元节点的应力分布直接从应力强度因子的定义出发计算应力强度因子,不受裂纹数量、几何特征及其分布的影响,适用于多裂纹问题的求解。

应力强度因子也可以通过特殊裂尖单元节点处的位移间断直接得到,这样的好处是在裂尖处不需要很密地划分单元就能够获得很高的精度,后面将做详细介绍。

注意,通过三维 DDM 离散之后求得的裂纹前沿的应力强度因子也是离散的,

可以通过插值或者近似的计算公式来得到其他位置的应力强度因子值，具体参见有关专著，这里不再介绍。

3. 裂纹扩展 DDM 计算方法

1) 扩展方向

参照前述裂纹扩展条件，考虑法平面内的 Ⅰ-Ⅱ 型拉(压)剪复合型裂纹，根据最大周向正应力理论，裂纹扩展的方向为

$$\tan\frac{\theta_0}{2} = \frac{1}{4}\left(\frac{K_\mathrm{I}}{K_\mathrm{II}} \pm \sqrt{\frac{K_\mathrm{I}^2}{K_\mathrm{II}^2}+8}\right) \qquad (5\text{-}22)$$

式中，θ_0 为扩展角，即扩展方向与 n 轴夹角，当 $K_\mathrm{II}<0$ 时取 "+" 号，当 $K_\mathrm{II}>0$ 时取 "-" 号，当 $K_\mathrm{II}=0$ 时为纯 Ⅰ 型，$\theta_0=0$。

2) 扩展步长

根据所选取的裂纹扩展条件可知，任一裂纹前缘点的扩展步长应与该点的等效应力强度因子成正比，因此选取任一裂纹前缘点的扩展步长为

$$\Delta a^i = \Delta a_{\max}^{i-1} \frac{K_\mathrm{e}^i}{K_{\mathrm{e}\max}^i} \qquad (5\text{-}23)$$

式中，Δa^i 为第 i 步裂纹前缘点的扩展步长；K_e^i 为第 i 步某裂纹前缘点的等效应力强度因子；$\Delta a_{\max}^{i-1}$ 为第 $i-1$ 步裂纹前缘点的最大扩展步长；$K_{\mathrm{e}\max}^i$ 为第 i 步所有裂纹前缘点等效应力强度因子中的最大值。

在追踪裂纹扩展过程中，每一步的步长越小，模拟精度越高，但同时模拟效率越低，因此需要选择合适的初始最大裂纹扩展步长以达到平衡。这里，认为初始最大裂纹扩展步长 $\Delta a_{\max}^0$ 与初始裂纹面积 S_0 相关，即

$$\Delta a_{\max}^0 = C\sqrt{S_0} \qquad (5\text{-}24)$$

式中，C 为系数，这里取 $C=0.01$。

3) 数值实现

采用上述开裂判据，就可以通过对有限个裂纹前缘点在其各自的裂纹前缘法平面中扩展的模拟来实现对整个三维裂纹扩展的模拟。考虑到三维裂纹面在扩展过程中会出现扭曲的情况，在数值模拟中用一组线段来模拟裂纹前缘，同时用小三角形来填充新旧裂纹前缘之间新生成的裂纹面，裂纹前缘上的一组转折点将作为参与计算的裂纹前缘点，如图 5-36 所示。

(a)　　　　　　　　　(b)　　　　　　　　　(c)

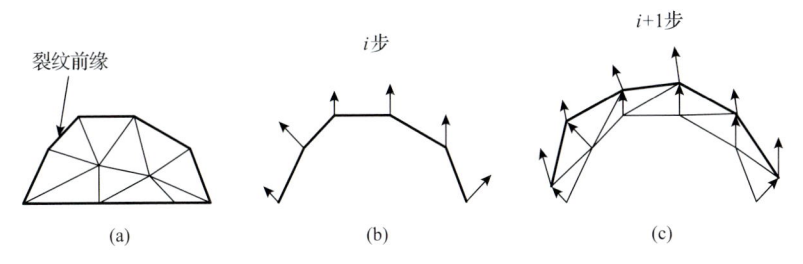

图 5-36　三维裂纹扩展的数值实现

根据上述方法用 Fortran 语言编制了三维 DDM 追踪多裂纹准静态扩展的计算程序 MCP3D，其流程如图 5-37 所示。

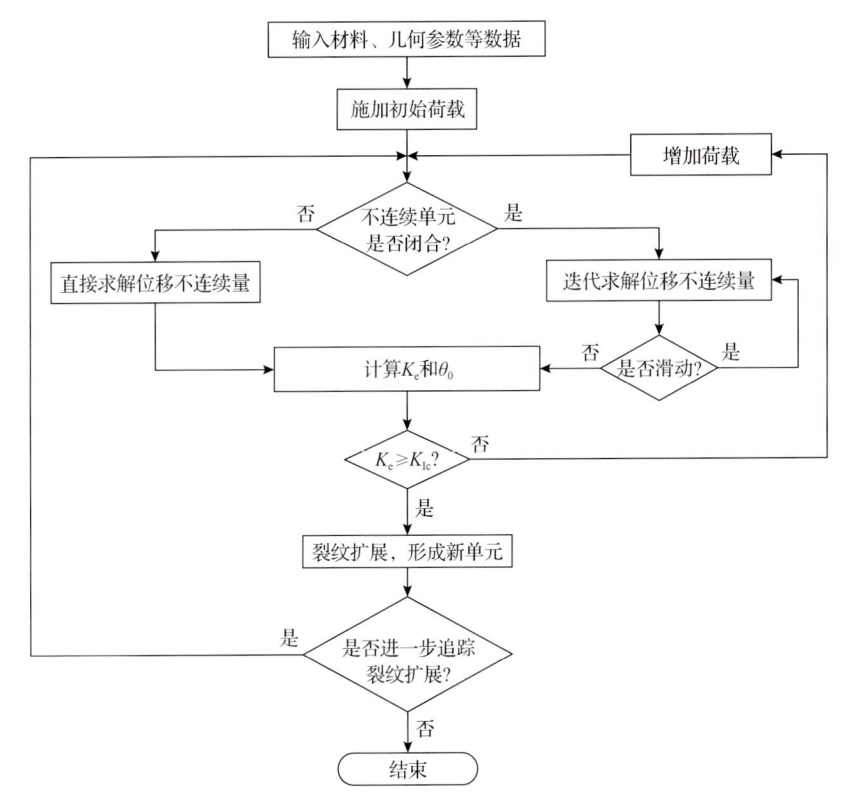

图 5-37　三维 DDM 追踪多裂纹准静态扩展的计算程序 MCP3D 流程图

4) 算例分析

为验证程序的有效性，采用无限大弹性体含单个圆盘形裂纹受单向拉荷载或压荷载的算例。裂纹半径 a 为 1cm，裂纹面与荷载成 45°。材料的弹性模量 E=4GPa，泊松比 ν=0.2，裂纹表面的摩擦角 μ 为 38.6°，黏聚力设为 0，不考虑自重，断裂韧性 K_{Ic} = 0.64 MPa·cm$^{0.5}$。

图 5-38 为 MCP3D 计算程序追踪受拉时裂纹扩展 10 步后的裂纹扩展轨迹。图 5-39 为压载情况下得到的裂纹扩展模拟结果与试验结果的对比。

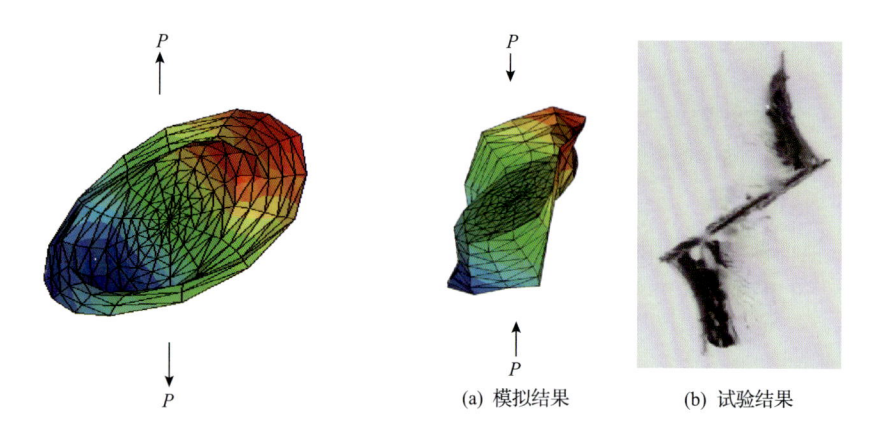

图 5-38 受拉时的裂纹扩展轨迹

(a) 模拟结果　　(b) 试验结果

图 5-39 裂纹受压时扩展轨迹

理论上的起裂荷载 P_c 可由式(5-25)得到：

$$P_c = \frac{K_{Ic}\sqrt{\pi/a}}{2\sin^2\beta} \tag{5-25}$$

式中，β 为裂纹面与荷载夹角。在本例中，P_c = 10.63 MPa，MCP3D 程序计算结果为 10.69MPa。

扩展后的翼裂纹最大长度 l_{max} 近似可由式(5-26)计算：

$$l_{max} = \frac{2b^2 P^2 \omega^2(\beta)}{\pi(1-\nu)^2 K_{Ic}^2} \tag{5-26}$$

式中，b 为接触滑动部分半宽。

$$\omega(\beta) = \sin^2\beta\cos\beta(1 - \tan\beta\tan\mu) \tag{5-27}$$

由式(5-26)计算得到 l_{max} =1.161cm，MCP3D 程序计算结果为 1.156cm，二者相差很小。

翼裂纹的张开体积 V 近似由式(5-28)给出：

$$V = \frac{3(1+\nu)b^4 P^3 \omega^3}{2E(1-\nu)^2 K_{Ic}^2} \tag{5-28}$$

由式(5-28)计算得到 V = 0.0061cm³，MCP3D 程序计算结果为 0.0056cm³，与

之基本接近，但相对较小。注意，由于翼裂纹张开体积的计算是按一定的理论假设从平面翼裂纹模型推得的，按式(5-28)计算得到的值偏大。

考察无限大受压岩体中存在两个裂纹的情形。两个裂纹半径 a 均为 1cm，且与荷载成 45°，岩石参数同上。图 5-40 给出了两个圆币形裂纹在受压时扩展前后的形态，与试验得到的形状大致相符。

图 5-40　两个圆币形裂纹受压时的扩展轨迹及形态

通过模拟还可以发现，不管是在拉荷载作用下还是在压荷载作用下，三维裂纹的扩展都是稳定的，即使增加荷载，由于翼裂纹包卷，裂纹最远处边缘的应力强度因子也不进一步增加。这一点与二维情形不同，这一结论在试验中也得到了验证。

5.4.2　基于 DDM 计算结果的体积应变计算

计算断裂演化达到稳定平衡时的位移不连续量 $D_{xi}^i(x,y,z)$、$D_{yi}^i(x,y,z)$、$D_{zi}^i(x,y,z)$。

由 $D_{ki}^i(x,y,z)\,(k=x,y,z)$ 得 DDM 理论计算区域内任意取值点的应力、应变 $\varepsilon_{ki}^i(x,y,z)\,(k=x,y,z)$。

体积应变 $\varepsilon_V^i = \sum_{i=1}^n \varepsilon_{V_i}\,(i=x,y,z)$ 或 $(i=1,2,3)$ 为相互正交的应变，则微元体积变形可表述为 $\Delta V^i = V^i \sum_{j=1}^n \varepsilon_{V_j}$ 或 $\Delta V^i = \prod_{j=1}^3 L_j \varepsilon_{V_j}$。

离散状态下，裂隙体积变形为(假定初始裂隙被离散为 M 个 DDM 单元)

$$\Delta V_{\text{DDM}i} = \sum_{j=1}^M D_{xj} D_{yj} D_{zj}$$

式中，i 表示第 i 条裂隙。

对于计算区域存在 N 条裂隙的状况，裂隙体积变形为

$$\Delta V_{\mathrm{DDM}} = \sum_{i=1}^{N} \Delta V_{\mathrm{DDM}i} = \sum_{i=1}^{N} \sum_{j=1}^{M} D_{xj} D_{yj} D_{zj}$$

5.4.3 裂隙岩体压剪扩容 DDM 程序实现

裂纹的扩展需要分步施加荷载，每步判断裂纹是否达到扩展条件，对扩展的裂纹进行角度和扩展长度计算完成本步扩展。初始荷载取得太小可能会造成裂纹不扩展，荷载步间隔越小，模拟精度越高，但计算量也越大。对于双曲非线性结构面模型，由于其非线性特性需要进行迭代求解，整个计算流程需要嵌套迭代完成。

裂隙扩展形成的裂隙体积变化计算流程如图 5-41 所示。具体步骤为：①施加初始荷载；②判断单元是否闭合，若不闭合则直接求解位移不连续量后进入步骤④，若闭合则进入步骤③；③通过 DDM 程序计算初始位移不连续量 D_i，由 D_i 计算结构面应力，按结构面抗剪强度判断是否屈服，若屈服则剪应力值为剪切强度，远场荷载与结构面应力叠加后采用 DDM 计算 D_{i+1}，判断是否满足 $|D_{i+1}-D_i|<$ 设定误差，若不满足则返回到结构面应力计算步骤，若满足则进入步骤④；④计算能量释放率和扩展角，判断裂纹是否扩展，若不扩展则回到步骤①增加荷载，若扩展则进入步骤⑤；⑤完成本步扩展后进入下次扩展循环，直至荷载施加结束；⑥对受荷载扩展稳定后的裂隙体积变化进行计算，分为裂隙体积变化和岩石体积变化两部分，前者为裂隙法向位移不连续量与裂隙面积(长度)之和，后者按岩石体积应变进行积分求和计算。

5.4.4 DDM 数值方法适用性检验

1. 相交裂隙 DDM 适应性

分别取两条斜交裂隙、两组多条斜交裂隙(相交角度可任意取值)，从断裂扩展及周边应力场分布状态分析考察 DDM 数值方法的适用性。取模拟计算参数如下。

荷载：水平压力 30MPa，竖向压力 5MPa，在计算区域内均匀分布；

岩石参数：$E=24\mathrm{GPa}$，$v=0.02$；

裂隙参数：$c=0.05\mathrm{MPa}$，$\varphi=25°$；

模型边界条件：无限体。

两条斜交裂隙和两组多条斜交裂隙计算结果对比如图 5-42 所示。从图中可以看出，二者扰动应力场和位移场的分布形态基本一致，最大主应力和位移大小仅有微小差别。

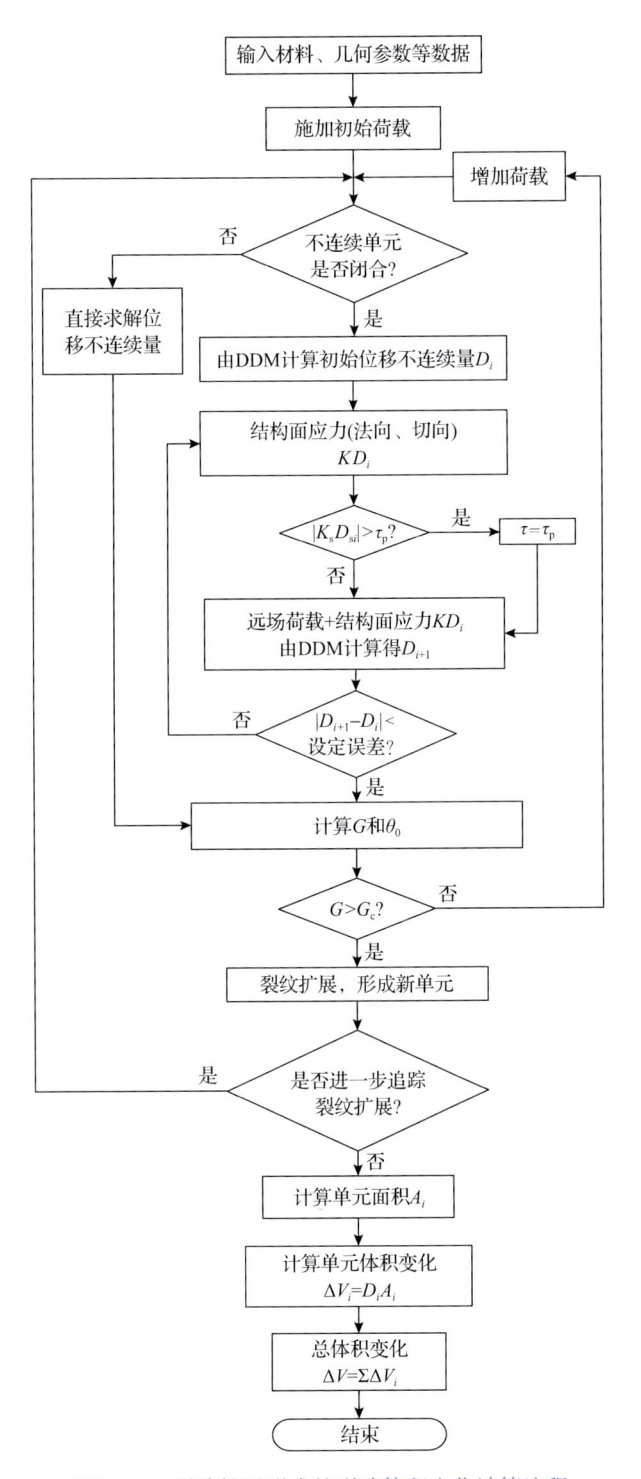

图 5-41　裂隙扩展形成的裂隙体积变化计算流程

(a1) 最大主应力　　　　　　　　　　　(b1) 最大主应力

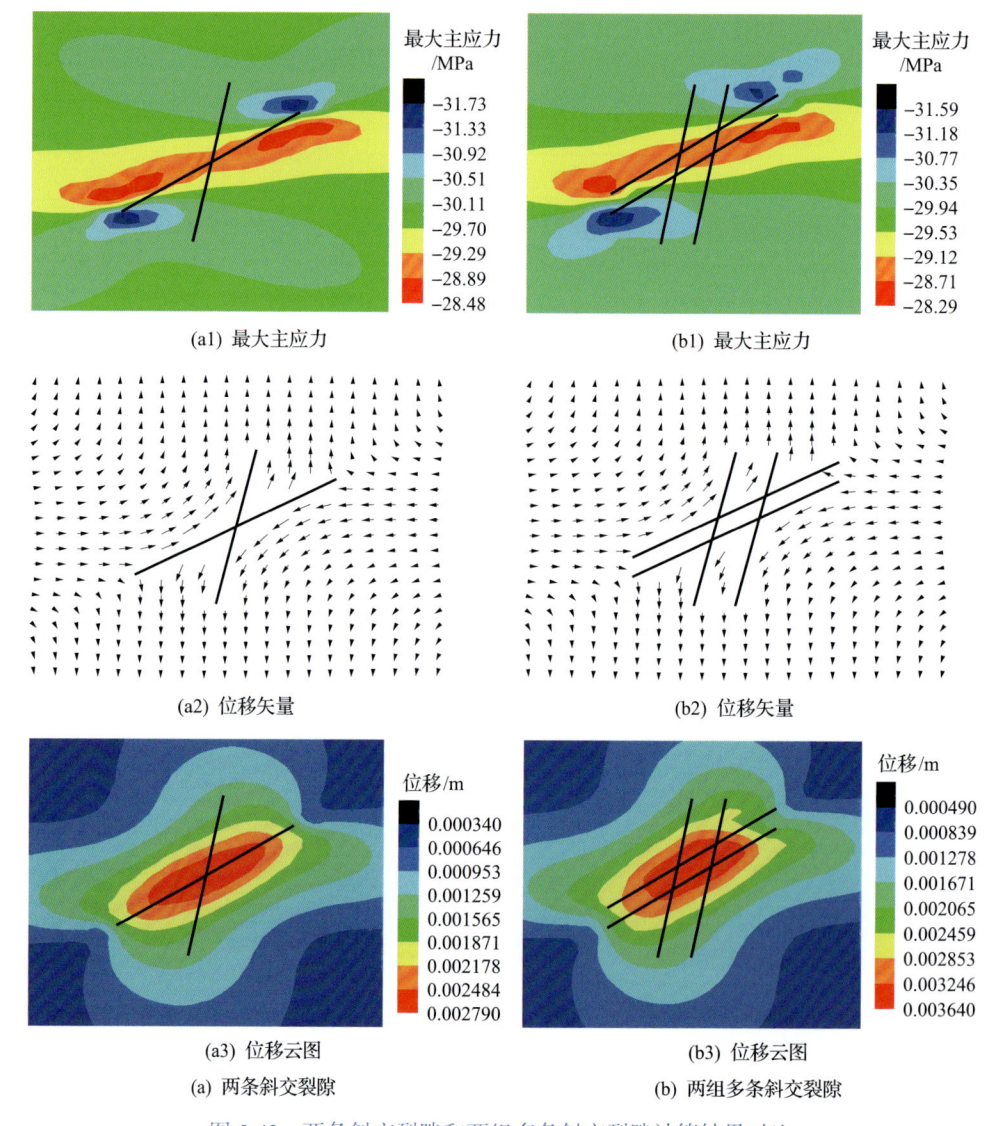

(a2) 位移矢量　　　　　　　　　　　　(b2) 位移矢量

(a3) 位移云图　　　　　　　　　　　　(b3) 位移云图
(a) 两条斜交裂隙　　　　　　　　　　(b) 两组多条斜交裂隙

图 5-42　两条斜交裂隙和两组多条斜交裂隙计算结果对比

2. 裂隙断裂扩展体积应变

竖向受压 30MPa 后，可压缩裂隙和不可压缩裂隙的体积变化如表 5-2 所示，不可压缩裂隙在倾角较小时不发生裂隙扩展。不可压缩裂隙的体积变化仅由扩展裂隙产生，体积增大，即扩容现象，用负数表示，随着裂隙倾角的增大（裂隙与荷载夹角逐渐减小），扩容体积先增大后减小，即裂隙与荷载的夹角在中间某一值时，裂隙扩展后扩容现象最明显。可压缩裂隙的体积均减小，其体积变化主要由原裂隙受压后体积减小控制，随着裂隙倾角的增大，荷载与裂隙的夹角逐渐减小，裂隙面上受到的法向荷载减小，其体积压缩量逐渐减小，压缩体积用正数表示。

表 5-2　可压缩裂隙和不可压缩裂隙的体积变化　　（单位：mm³）

裂隙倾角	10°	20°	30°	40°	50°	60°	70°	80°
可压缩	2.212	2.098	1.857	1.516	1.117	0.722	0.378	0.127
不可压缩	不扩展	不扩展	−0.012	−1.121	−1.877	−0.901	−0.185	−0.006

其余条件不变，40°倾角可压缩裂隙受压后的体积变化与法向刚度的关系如图 5-43 所示。可见，随着法向刚度的增大，裂隙的体积变化量逐渐减小，但体积始终减小。可见对于可压缩裂隙，体积变化量主要由原裂隙受压闭合量组成。

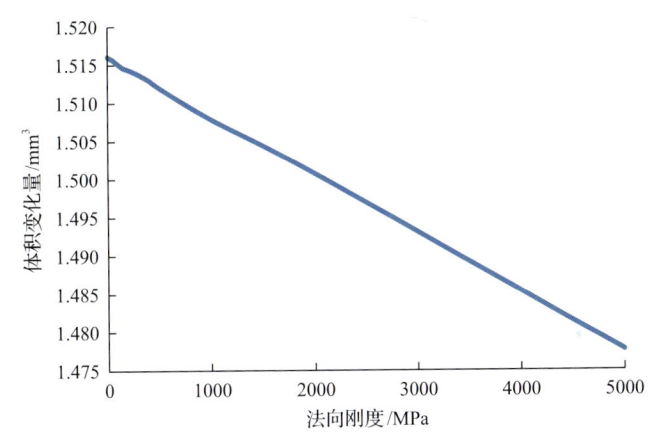

图 5-43　40°倾角可压缩裂隙受压后的体积变化与法向刚度的关系

5.5　基于岩块变形模量及裂隙面刚度特性的剪胀预测

1. DDM 数值模型

如前所述，裂隙岩体在压缩荷载作用下的体积应变主要受完整岩块变形模量（刚度特性）、裂隙面（体）的法向刚度、裂隙断裂扩展的累加作用影响。为建立裂隙剪胀判别条件，采用图 5-44 所示的 DDM 数值模型分别模拟不同岩块变形特性、裂隙面（体）刚度特性进行系统研究。

2. 计算方案及参数

荷载：竖向压力 σ_1=30MPa；

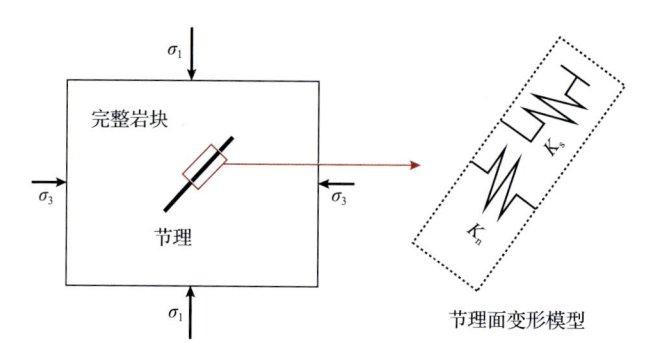

图 5-44 裂隙岩体剪胀 DDM 数值模型

岩石参数：E=24GPa，v=0.2；

节理参数：长度 25mm，裂隙面法向刚度 K_n 按与岩块弹性模量 E 的比例变化，K_s=1.5GPa，c=0.05MPa，φ=25°。

3. 剪胀可能性及其判别

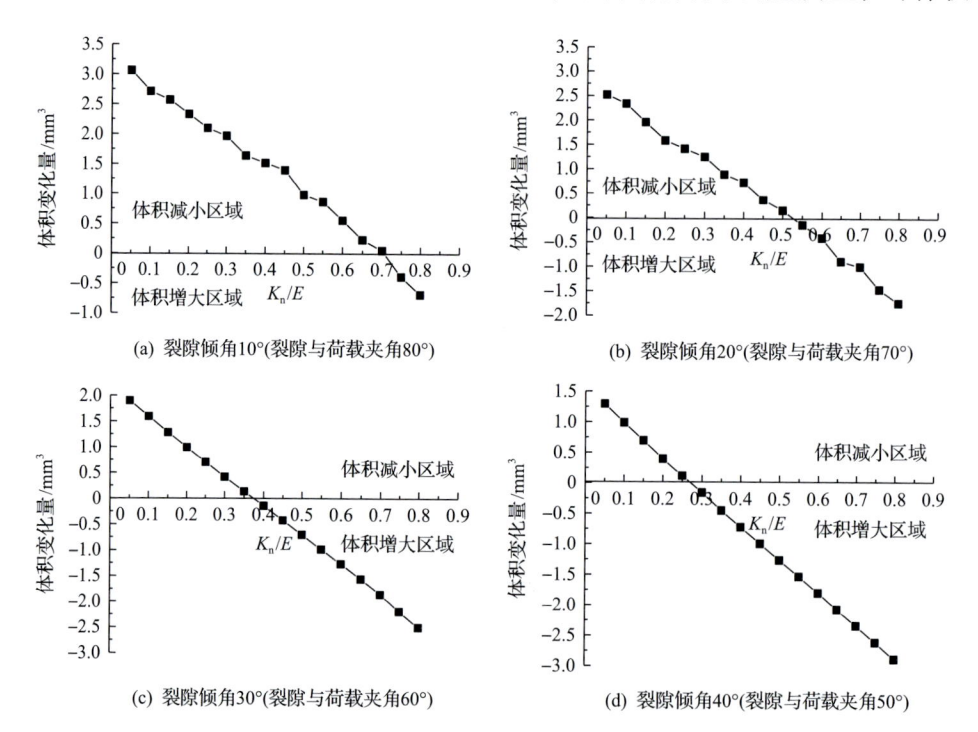

竖向受压后，裂隙面法向刚度 K_n 与岩块弹性模量 E 之比和裂隙岩体体积变化量的关系如图 5-45 所示。分别针对 10°～80°倾角(裂隙与荷载夹角 80°～10°)的裂隙进行计算，当裂隙面法向刚度较小时，裂隙岩体体积增量为正，即体积

(a) 裂隙倾角10°(裂隙与荷载夹角80°)

(b) 裂隙倾角20°(裂隙与荷载夹角70°)

(c) 裂隙倾角30°(裂隙与荷载夹角60°)

(d) 裂隙倾角40°(裂隙与荷载夹角50°)

(e) 裂隙倾角50°(裂隙与荷载夹角40°)　　(f) 裂隙倾角60°(裂隙与荷载夹角30°)

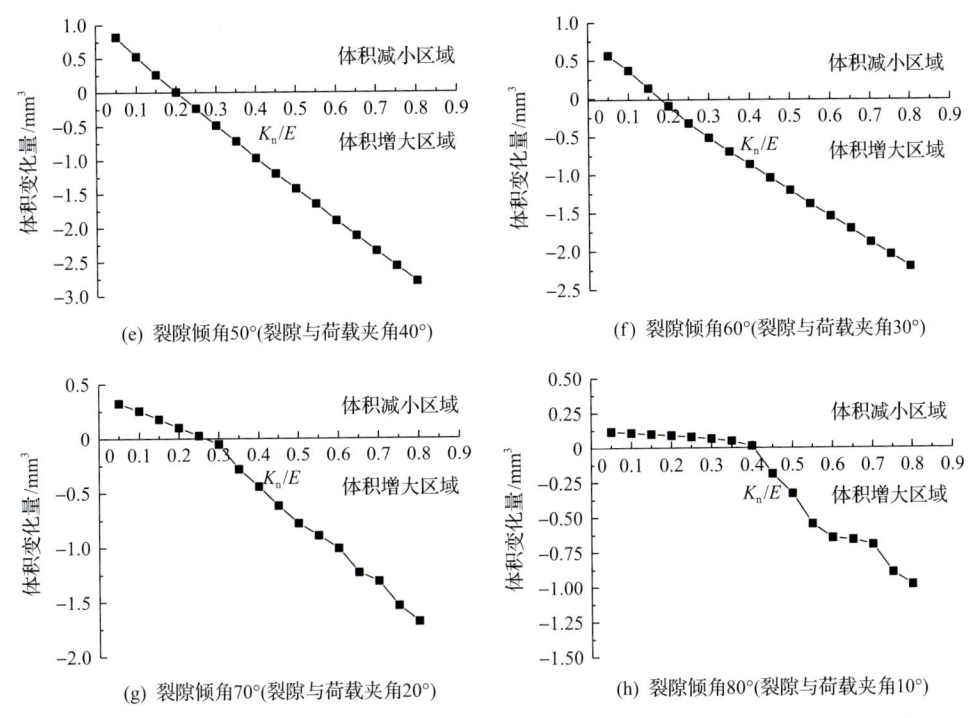

(g) 裂隙倾角70°(裂隙与荷载夹角20°)　　(h) 裂隙倾角80°(裂隙与荷载夹角10°)

图 5-45　裂隙面法向刚度 K_n 与岩块弹性模量 E 之比和裂隙岩体体积变化量的关系

压缩，随着裂隙面法向刚度的增大，裂隙岩体体积增量逐渐减小，当超过一个阈值后，裂隙岩体出现体积扩容，其实质是原裂隙受压的体积减小量和新扩展裂隙的体积增加量的代数和的变化，随着裂隙面法向刚度的增大，原裂隙受压的体积减小量逐渐减小，此时新扩展裂隙的体积增大逐渐占主导优势，从而在宏观上表现出体积扩容。

将体积变化量由减小转变为增大时的 K_n 与 E 之比定义为临界刚度比，当实际刚度比大于此值时，发生扩容现象。不同裂隙倾角时的临界刚度比变化情况如图 5-46 所示。

可见，裂隙受压后体积扩容的发生不仅与裂隙-岩体刚度比有关，还和荷载与裂隙的夹角有关。随着夹角的增大，临界刚度比逐渐降低，当夹角达到 30°左右时，临界刚度比达到最小值，之后临界刚度比逐渐增大，并超过小夹角时的临界刚度比最大值，说明荷载与裂隙夹角较大时，裂隙面法向刚度较大才能发生扩容现象，否则体积变化主要为原裂隙的体积减小。临界刚度比与荷载作用方向的相关关系可用正弦函数表达。

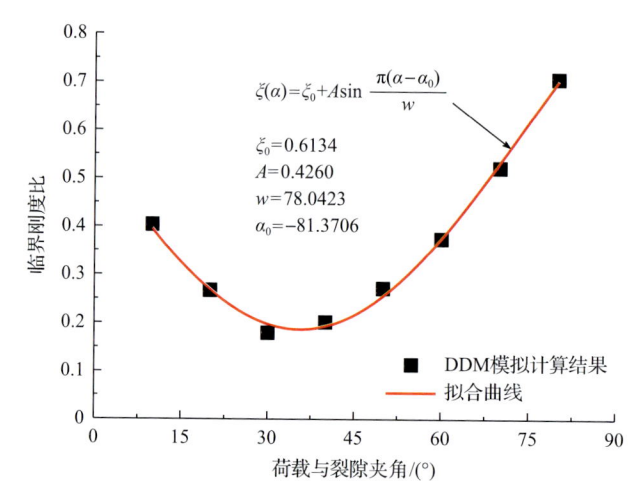

图 5-46　不同裂隙倾角时的临界刚度比变化情况

5.6　小　　结

考虑裂隙岩体变形的主要构成(完整岩块的弹塑性变形、节理充填物体积应变变形、节理切割体的平动及转动作用、非贯通节理的损伤演化及裂尖破裂等)，建立了基于 DDM 的裂隙岩体变形计算方法并对裂隙岩体剪胀特性及其评价方法进行了系统研究。结果表明：

(1)在压缩荷载作用下，裂隙岩体的体积变形由完整岩块弹塑性变形、弱面弹塑性变形、裂隙断裂扩展演化形成的体积变化三部分组成。当裂隙扩张产生的体积变化量大于岩体弹塑性体积变形量时，裂隙岩体表现为剪胀变形；反之，表现为剪缩变形。

(2)基于上述研究结果，可以通过建立裂隙发育岩体的体积变化叠加模型，采用 DDM 等数值方法预测和评价裂隙岩体的剪胀特性。

(3)在有限裂隙发育条件下，裂隙岩体的剪胀特性受弱面岩体刚度与完整岩石弹性模量比值的支配，并与荷载作用方向相关，临界刚度比与荷载作用方向的相关关系可用正弦函数统一描述。

第6章 开挖卸载条件下断层破碎带岩体变形及宏观位移特性

6.1 概　　述

开挖卸载条件下断层破碎带岩体变形及宏观位移特性的影响因素包括岩块变形模量 E_r、裂隙面切向刚度及法向刚度 $\{K_s, K_n\}$、初始应力状态及其作用方向 $\{\sigma_1, \sigma_2, \sigma_3, \alpha\}$、裂隙体（面）的产状特性、裂隙发育状态（裂隙度、切割度）。

上述影响因素中，当裂隙不多、岩体变形实现各向异性状态时，初始应力状态及其作用方向随裂隙面闭合、剪切滑移、裂尖断裂破坏及其扩展随作用方向而异，但当裂隙充分发育时，岩体中裂隙沿任意方向的发育程度及产状特性近似相同，变形特性及裂尖断裂扩展可视为不变，从而最大主应力作用方向的影响可以忽略。隧道穿越断层带数值模型如图6-1所示。

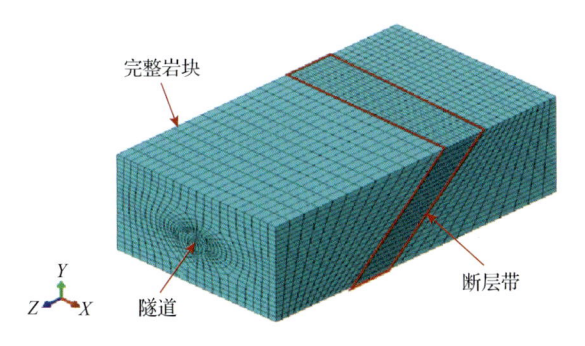

图6-1　隧道穿越断层带数值模型

模型尺寸：长150m，宽85m，高55m，隧道最大宽度15m，最大高度11m，破碎带厚度15m；

地应力：自重，竖向压应力10MPa，沿隧道轴线和垂直隧道轴线的水平压应力20MPa（侧压系数 λ_1、λ_2 均为2）；

破碎带参数：ρ_j=2400kg/m³，E_j=5GPa，ν_j=0.2，c_j=7.5MPa，φ_j=30°；

其余围岩参数：ρ_r=2700kg/m³，E_r=15GPa，ν_r=0.2，c_r=15MPa，φ_r=35°；

边界条件：底面约束三向位移，其余各面约束法向位移。

采用莫尔-库仑强度准则。

6.2　开挖卸载扰动特性及变形位移的局部化

计算得到各种情况下开挖卸载扰动位移分布如图 6-2～图 6-5 所示。可以直观看出：①断层带内隧道扰动位移显著增加，呈现明显的挤压扩散特征；②随着破碎带与两侧岩体弹性模量比 E_j/E_r 逐渐降低，隧道开挖的扰动位移逐渐增加，变化幅度较大，即断层破碎带岩体的相对弱化程度对隧道开挖扰动位移的影响较为敏感。

(a) 纵断面竖向位移

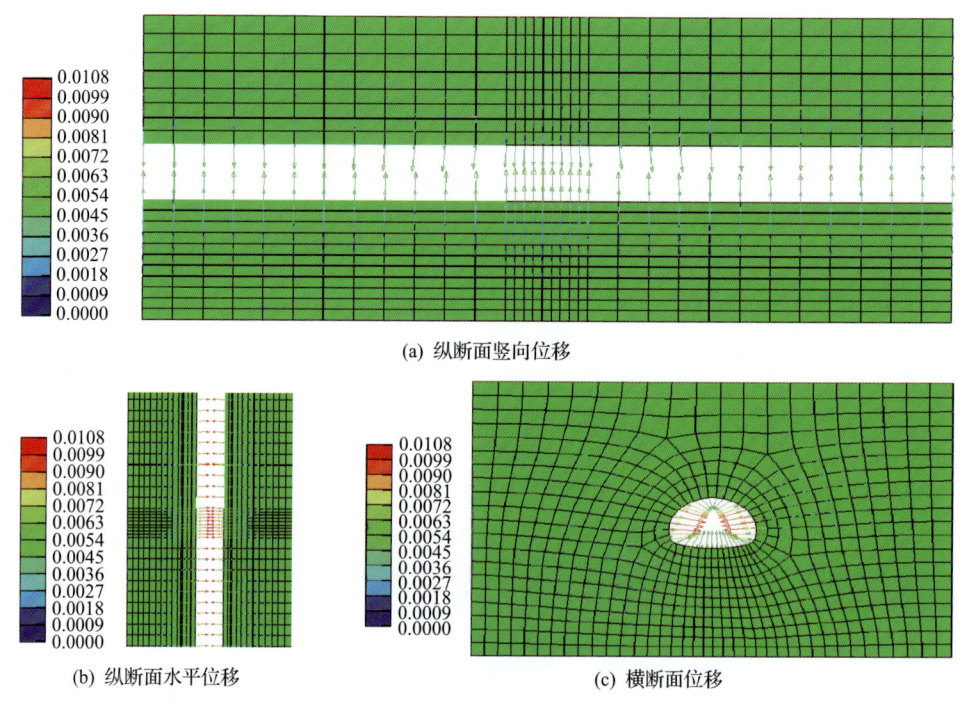

(b) 纵断面水平位移

(c) 横断面位移

图 6-2　E_j/E_r=0.90 时开挖卸载扰动位移分布(单位：m)

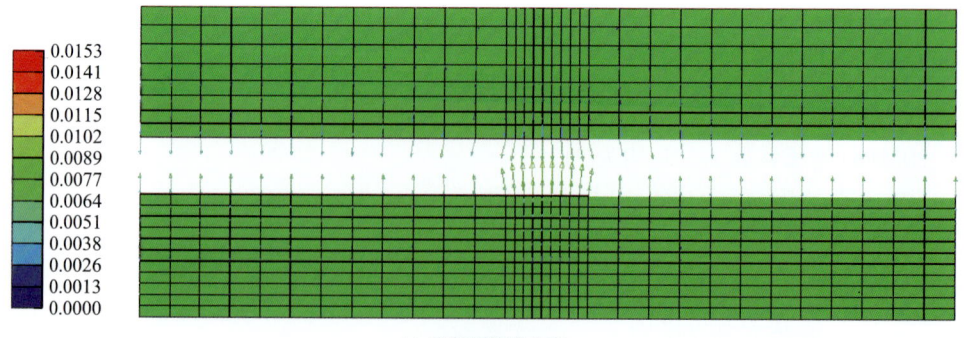

(a) 纵断面竖向位移

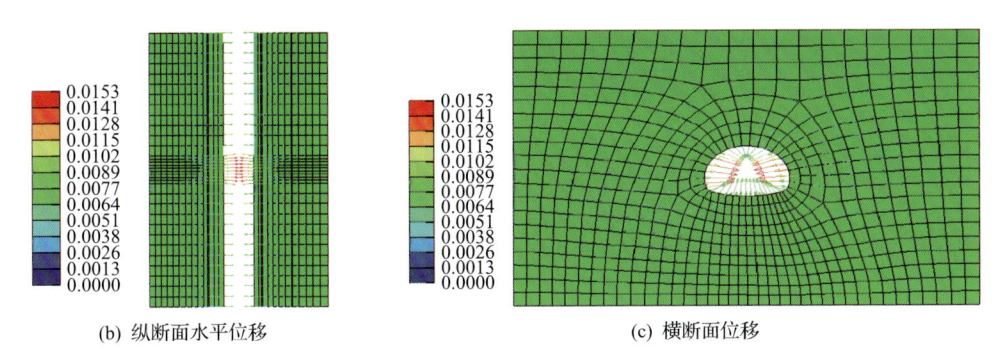

第 6 章　开挖卸载条件下断层破碎带岩体变形及宏观位移特性

(b) 纵断面水平位移　　　　　　　　　(c) 横断面位移

图 6-3　$E_j/E_r=0.60$ 时开挖卸载扰动位移分布（单位：m）

(a) 纵断面竖向位移

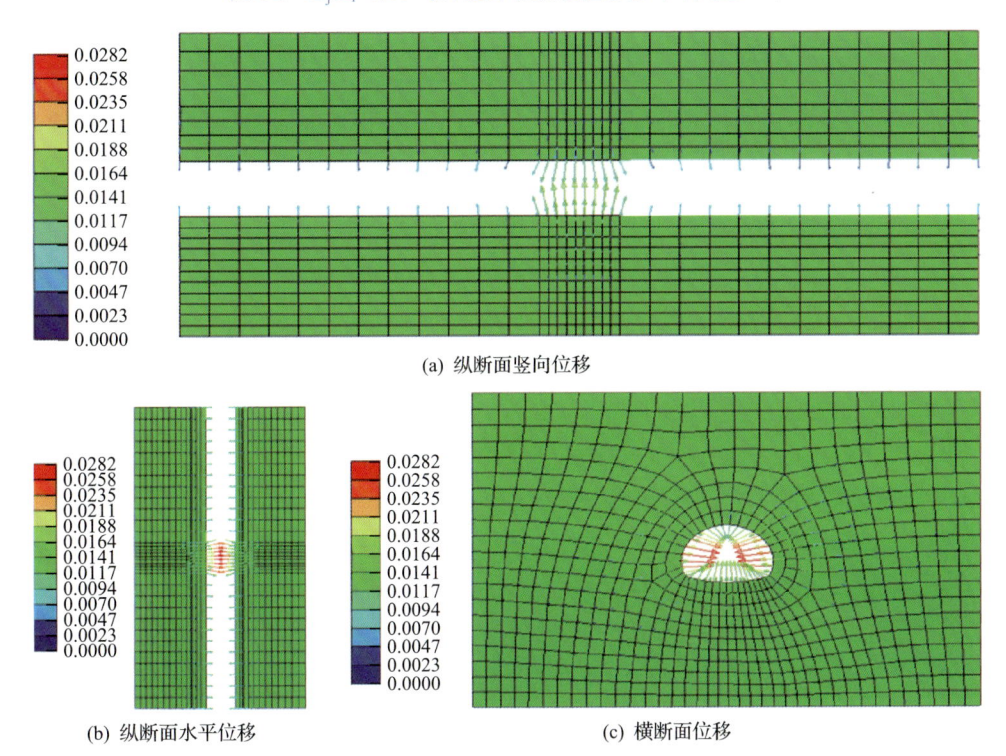

(b) 纵断面水平位移　　　　　　　　　(c) 横断面位移

图 6-4　$E_j/E_r=0.30$ 时开挖卸载扰动位移分布（单位：m）

　　为便于分析，作隧道围岩最大水平位移随破碎带与两侧岩体弹性模量比的变化图，如图 6-6 所示。可以看出，当弱化程度较大时（E_j/E_r 较小），断层破碎带处的隧道开挖位移显著大于断层破碎带内位移，即断层破碎带对相应隧道的位移局部化趋势明显，最大位移峰值达到完整岩体区段扰动位移的 14 倍。断层破碎带的隧道施工风险巨大。

(a) 纵断面竖向位移

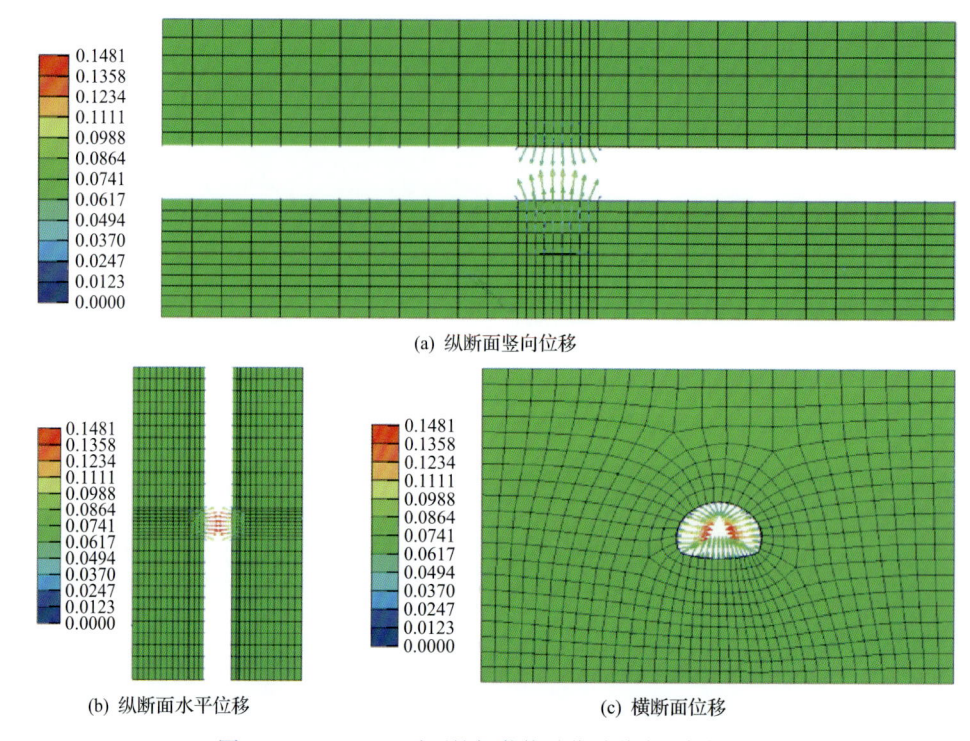

(b) 纵断面水平位移

(c) 横断面位移

图 6-5 $E_j/E_r=0.05$ 时开挖卸载扰动位移分布（单位：m）

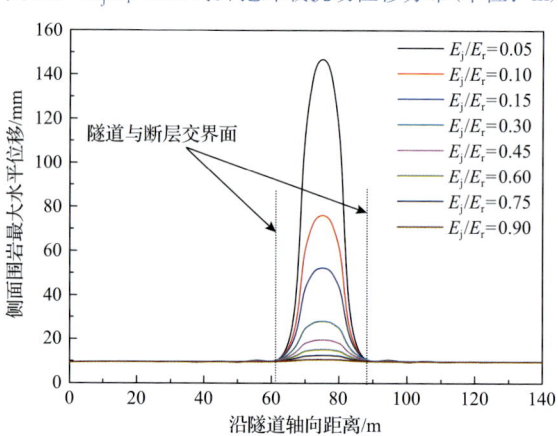

图 6-6 隧道围岩最大水平位移随破碎带与两侧岩体弹性模量比的变化

6.3 扰动位移影响因素及其敏感性分析

6.3.1 隧道与破碎带夹角的影响

模型尺寸：长 150m，宽 85m，高 55m，隧道最大宽度 15m，最大高度 11m，破碎带厚度 15m；

地应力：自重，竖向压应力 10MPa，沿隧道轴线和垂直隧道轴线的水平压应力 20MPa（侧压系数 λ_1、λ_2 均为 2）；

破碎带参数：ρ_j=2400kg/m³，E_j=5GPa，ν_j=0.2，c_j=7.5MPa，φ_j=30°；

其余围岩参数：ρ_r=2700kg/m³，E_r=15GPa，ν_r=0.2，c_r=15MPa，φ_r=35°；

边界条件：底面约束三向位移，其余各面约束法向位移。

采用莫尔-库仑强度准则。

隧道与破碎带不同夹角下的扰动位移分布如图 6-7 所示。

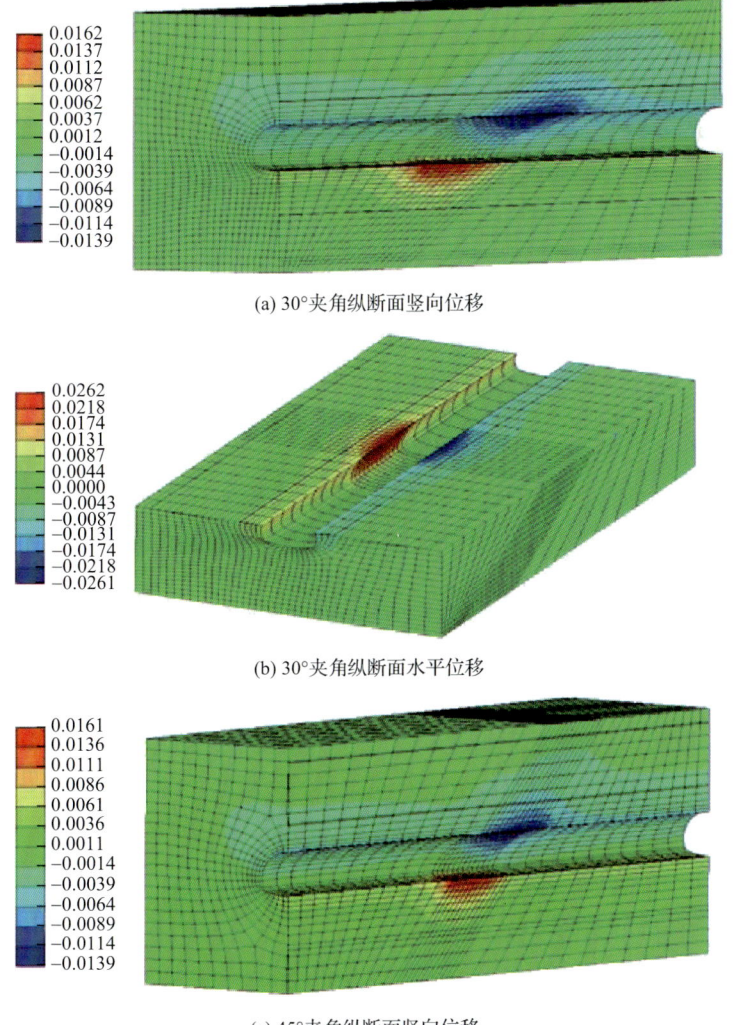

(a) 30°夹角纵断面竖向位移

(b) 30°夹角纵断面水平位移

(c) 45°夹角纵断面竖向位移

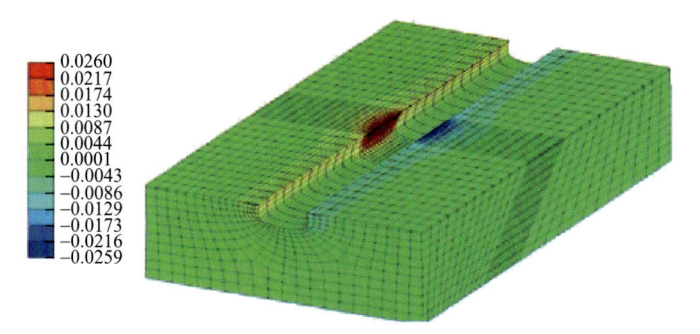

(d) 45°夹角纵断面水平位移

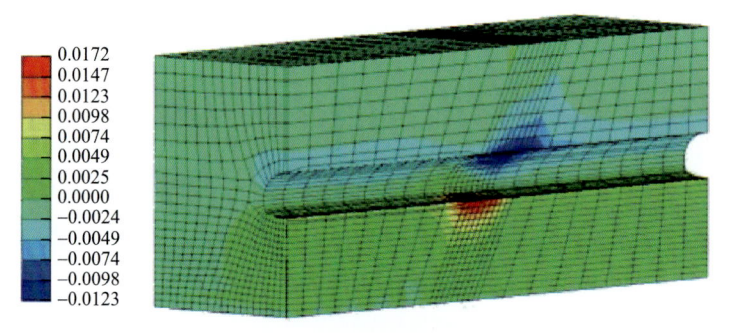

(e) 60°夹角纵断面竖向位移

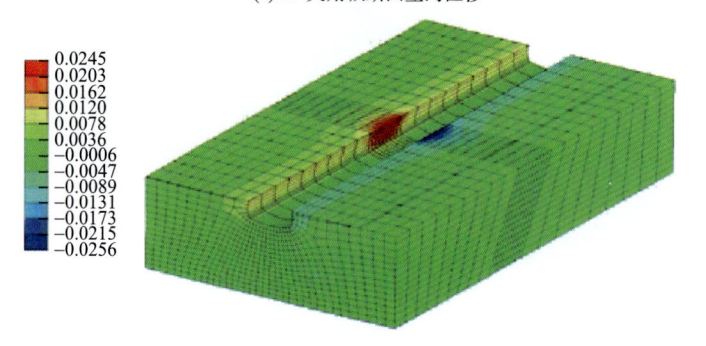

(f) 60°夹角纵断面水平位移

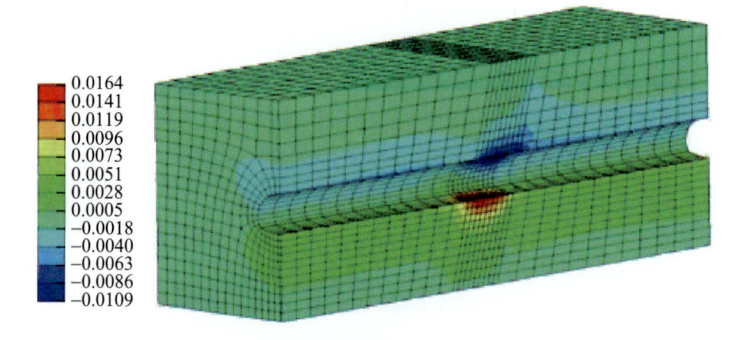

(g) 75°夹角纵断面竖向位移

(h) 75°夹角纵断面水平位移

(i) 90°夹角纵断面竖向位移

(j) 90°夹角纵断面水平位移

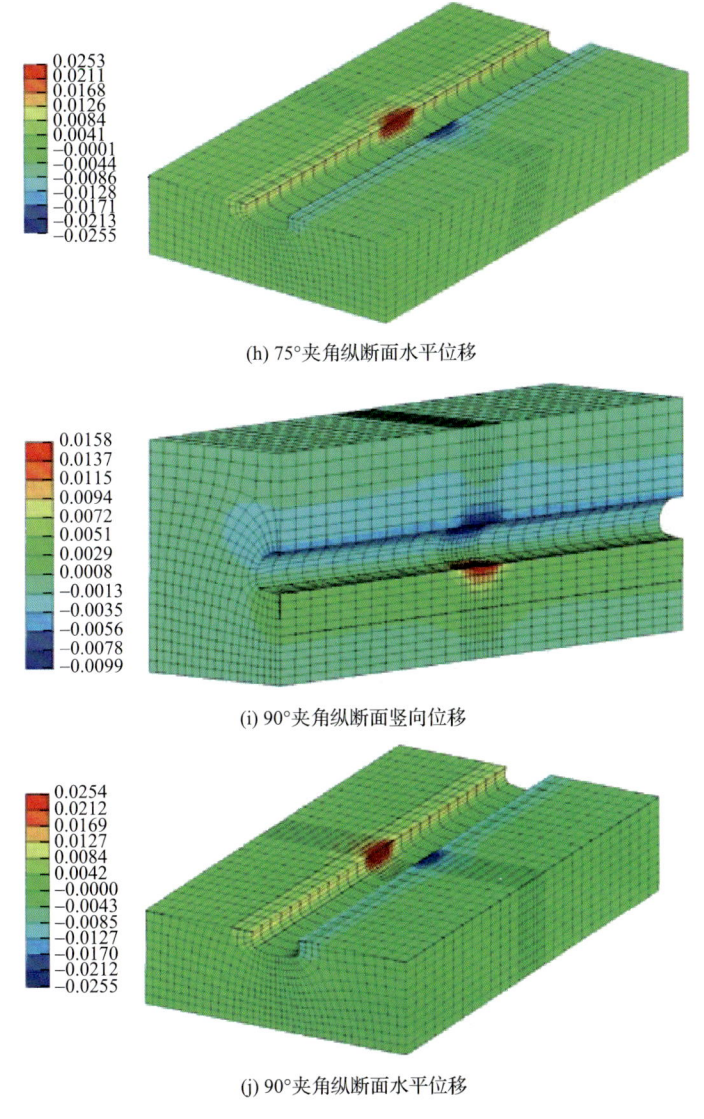

图 6-7 隧道与破碎带不同夹角下的扰动位移分布(单位：m)

围岩最大位移发生在破碎带区域，隧道与破碎带不同夹角时的最大围岩位移如图 6-8 所示。可以看出，随着隧道与破碎带夹角的增大，隧道底板最大上浮位移先增大后减小，在 60°左右取得最大值；隧道顶板的最大下沉位移逐渐减小，这是由于夹角越小，隧道穿越破碎带的面积越大，隧道上部软弱区域越大；隧道两帮最大水平位移逐渐减小，但变化幅度很小，这是由于隧道断面形状为扁平形，能较好地抵抗水平地应力荷载引起的变形。

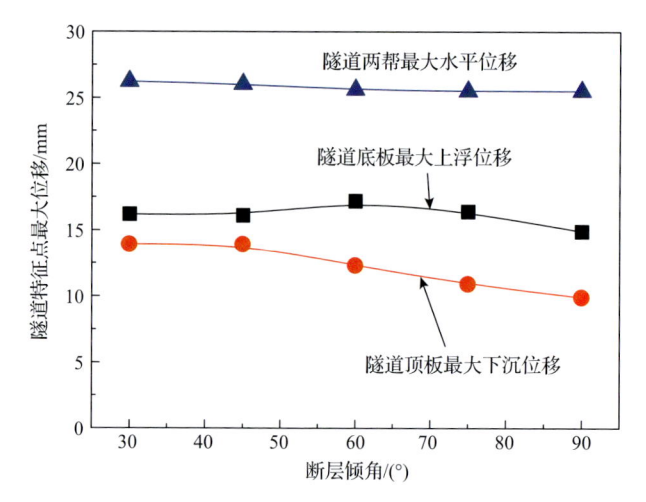

图 6-8　隧道与破碎带不同夹角时的最大围岩位移

不同断层倾角时的围岩最大位移变化情况如图 6-9～图 6-11 所示。

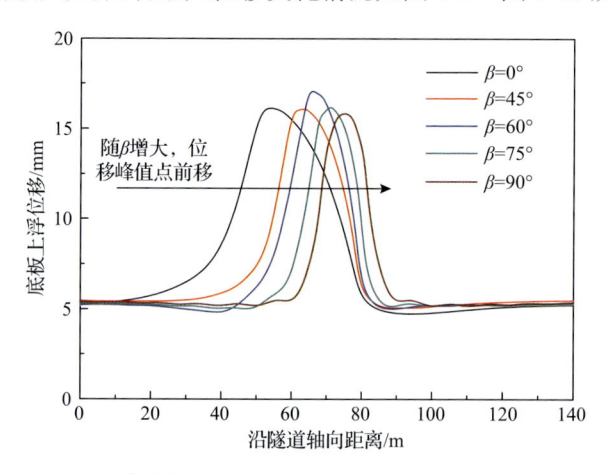

图 6-9　隧道底板上浮位移和隧道与破碎带夹角的关系

图 6-9 显示：①完整岩石区间内隧道底板最大上浮位移相对很小(本计算条件下仅为 5mm 左右)，断层带内隧道底板产生了显著的位移局部化现象，位移量大于完整岩石区间的 3 倍；②隧道穿越施工卸载状态下，断层带内隧道底板上浮位移峰值变化甚微，但位移峰值点随断层倾角 β 的增大向隧道轴向前移；③随隧道与破碎带夹角的增大，底板上浮位移局部化区间的长度逐渐减小，$\beta=90°$ 时的扰动距离仅为 $\beta=0°$ 时的 50% 左右。

相同计算条件下隧道穿越断层区施工顶板下沉位移分布结果与图 6-9 所示的底板上浮位移特性一致。

图 6-11 显示：①完整岩石区间内隧道两帮水平位移约为 10mm，断层带内两

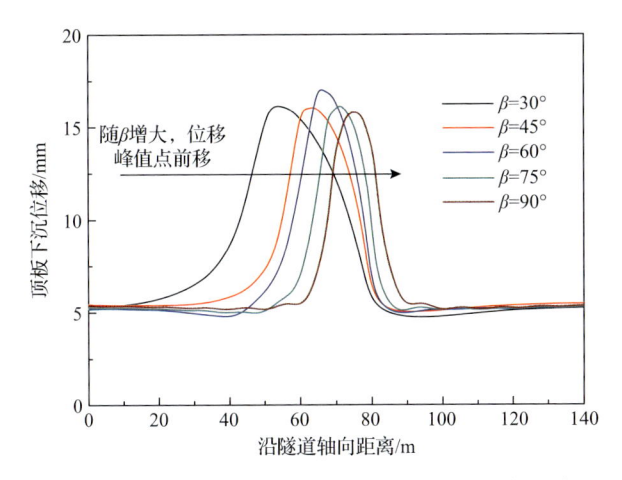

第 6 章 开挖卸载条件下断层破碎带岩体变形及宏观位移特性

图 6-10 隧道顶板下沉位移和隧道与破碎带夹角的关系

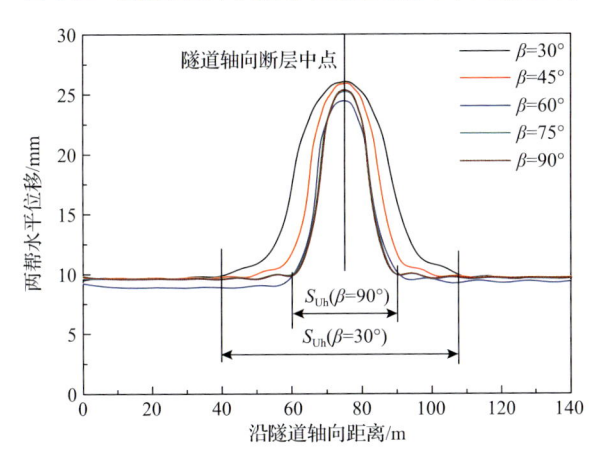

图 6-11 隧道两帮水平位移和隧道与破碎带夹角的关系

帮水平位移呈现显著增大和局部化的现象,位移峰值约为完整岩石区间的 2.5 倍;②断层带内两帮水平位移的最大值随荷载方向角增大而缓慢减小,最大差异约为 10%;③随隧道与破碎带夹角的增大,水平位移局部化区间的长度以断层中点为对称逐渐减小,$\beta=90°$ 时的扰动距离仅为 $\beta=0°$ 时的 40% 左右。

6.3.2 破碎带与两侧岩体弹性模量比的影响

模型尺寸:长 150m,宽 85m,高 55m,隧道最大宽度 15m,最大高度 11m,破碎带厚度 15m;

地应力:自重,竖向压应力 10MPa,沿隧道轴线和垂直隧道轴线的水平压应力 20MPa(侧压系数 λ_1、λ_2 均为 2);

破碎带参数:ρ_j=2400kg/m³,ν_j=0.2,c_j=7.5MPa,φ_j=30°;

其余围岩参数：ρ_r=2700kg/m³，E_r=15GPa，v_r=0.2，c_r=15MPa，φ_r=35°；

边界条件：底面约束三向位移，其余各面约束法向位移。

采用莫尔-库仑强度准则。

破碎带与两侧岩体不同弹性模量比下的扰动位移分布如图 6-12 所示。模拟计算中 E_j/E_r 分别为 0.05、0.10、0.15、0.30、0.45、0.60、0.75、0.90，因篇幅所限，仅列出 E_j/E_r 为 0.05、0.30、0.60、0.90 四种弹性模量比对应的竖向位移和水平位移分布。结果显示，隧道穿越断层开挖后出现了显著的扰动位移局部化

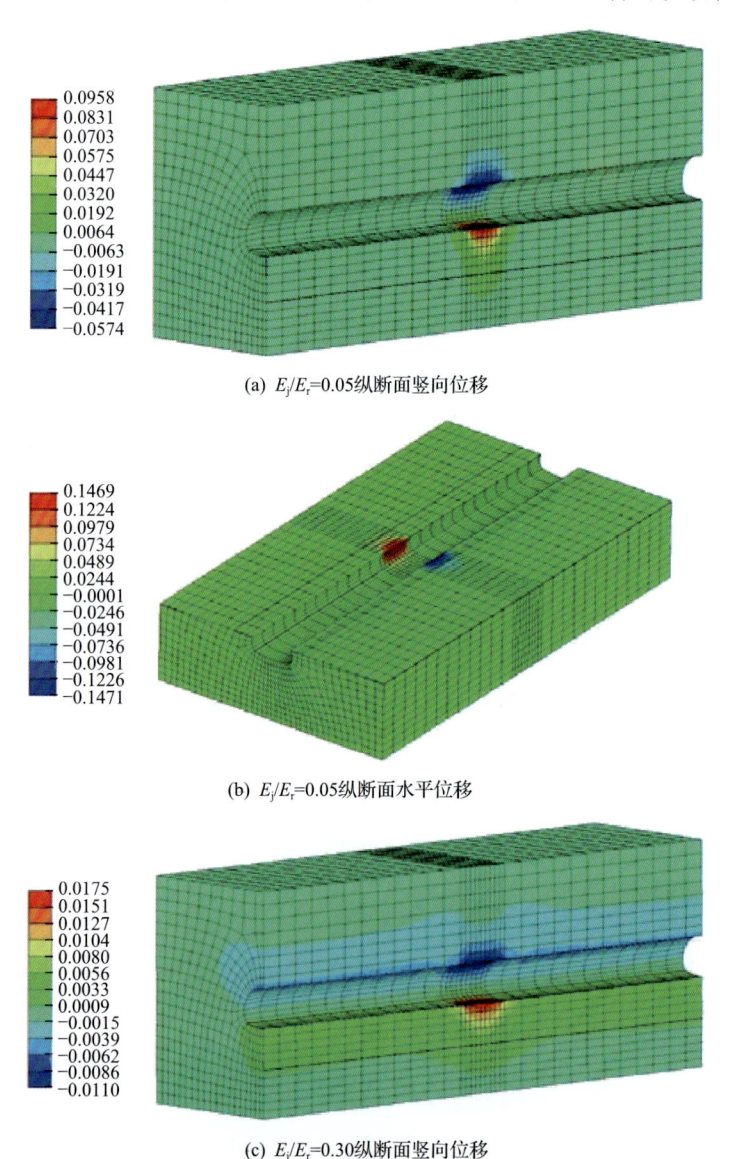

(a) E_j/E_r=0.05纵断面竖向位移

(b) E_j/E_r=0.05纵断面水平位移

(c) E_j/E_r=0.30纵断面竖向位移

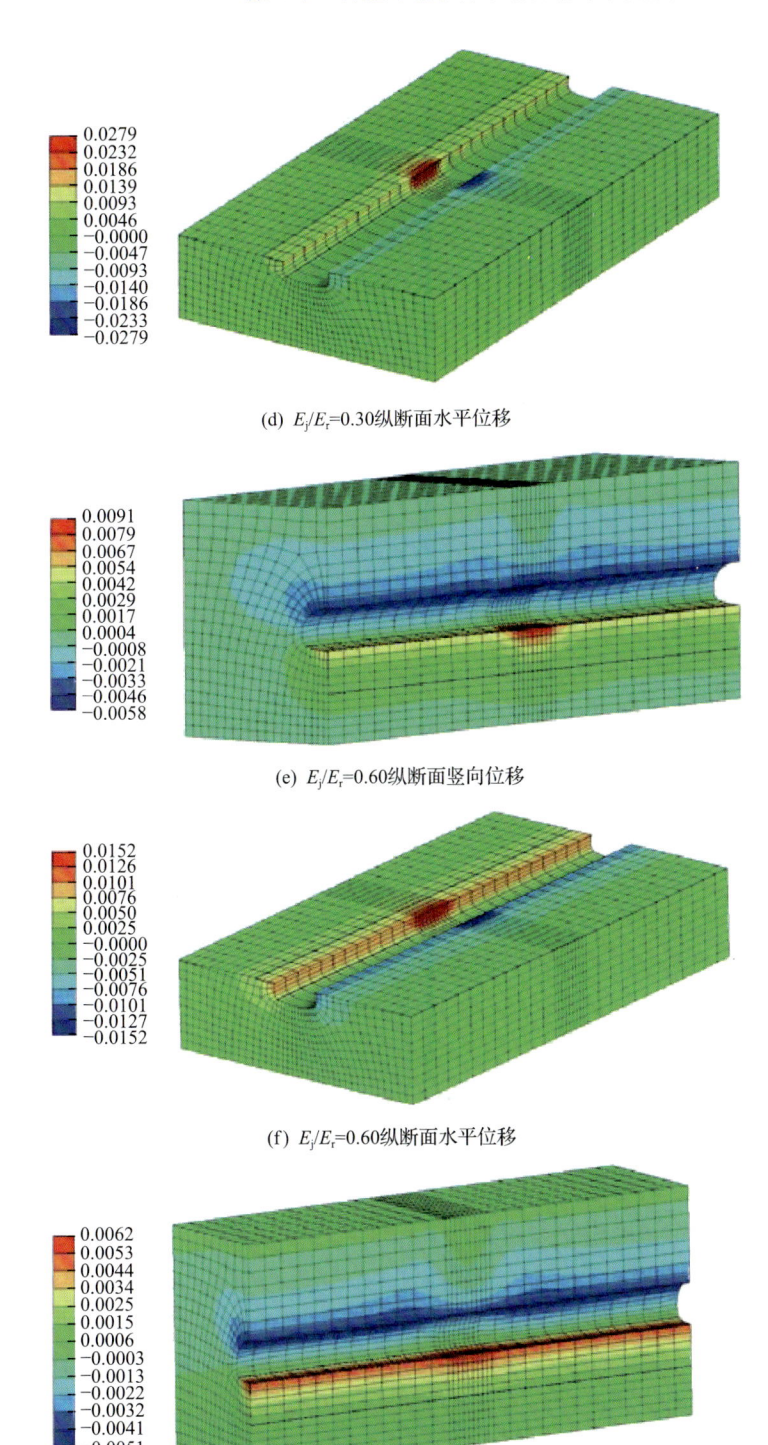

第 6 章 开挖卸载条件下断层破碎带岩体变形及宏观位移特性

(d) $E_j/E_r=0.30$ 纵断面水平位移

(e) $E_j/E_r=0.60$ 纵断面竖向位移

(f) $E_j/E_r=0.60$ 纵断面水平位移

(g) $E_j/E_r=0.90$ 纵断面竖向位移

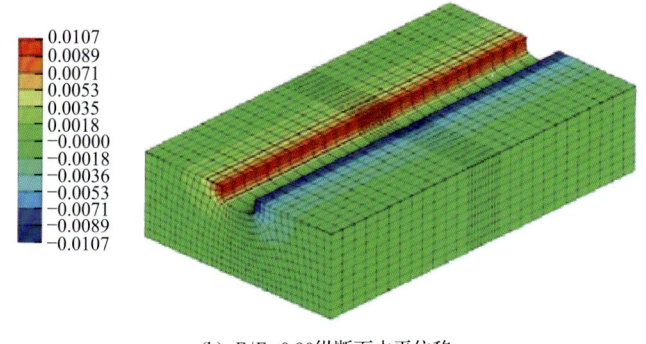

(h) E_j/E_r=0.90纵断面水平位移

图 6-12　破碎带与两侧岩体不同弹性模量比下的扰动位移分布（单位：m）

现象。断层区间内，竖向位移和水平位移显著增大。同时，随断层带岩体变形模量弱化程度的增大（E_j/E_r减小），位移峰值急剧增大。

为直观分析断层带岩体变形特性弱化对卸载位移局部化的影响，取 E_j/E_r 为 0.05、0.10、0.15、0.30、0.45、0.60、0.75、0.90 计算所得的断层区内隧道底板、顶板和两帮最大位移，其随弹性模量比的变化如图 6-13～图 6-15 所示。

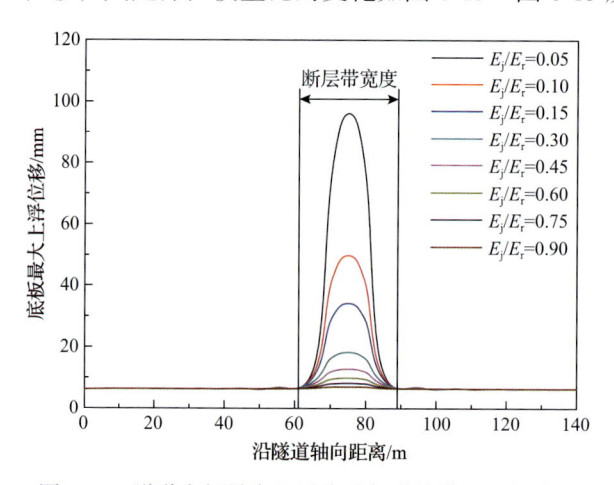

图 6-13　隧道底板最大上浮位移与弹性模量比的关系

结果显示：①由于断层带岩体力学参数（尤其变形参数）弱化，隧道开挖后顶底板和两帮法向位移产生严重的局部化；②三个方向最大位移峰值对弹性模量比高度敏感，弹性模量比越小，位移局部化越显著，位移峰值越大；③位移峰值点位于断层带的中心位置且不受弹性模量比的影响。

围岩最大位移均发生在破碎带区域，其随弹性模量比的变化如图 6-16 所示。从图中可以看出，随着弹性模量比的增大，隧道底板最大上浮位移、顶板最大下沉位移、两帮最大水平位移均逐渐减小，当弹性模量比小于 0.3 时，最大位移量

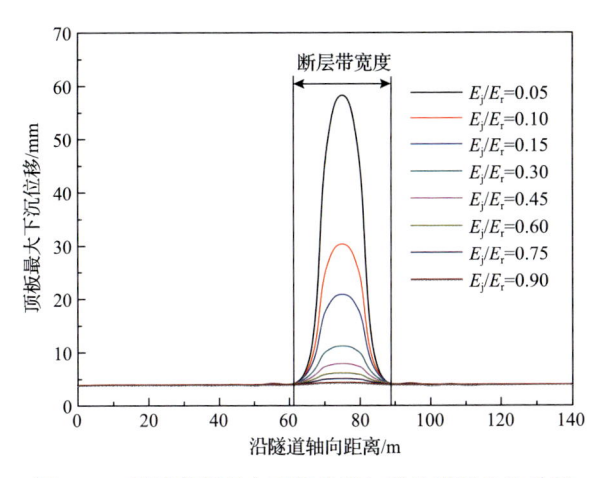

第 6 章　开挖卸载条件下断层破碎带岩体变形及宏观位移特性

图 6-14　隧道顶板最大下沉位移与弹性模量比的关系

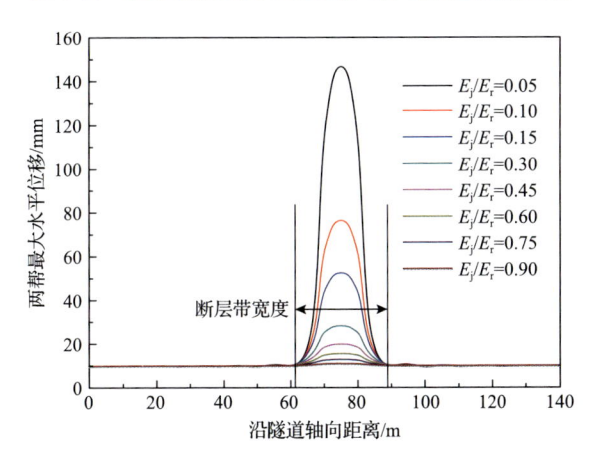

图 6-15　隧道两帮最大水平位移与弹性模量比的关系

$$U(x)=U_0+A\mathrm{e}^{-\frac{x}{t_1}}$$

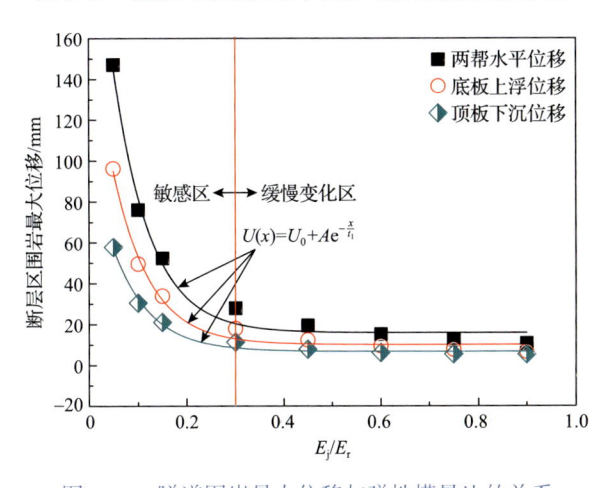

图 6-16　隧道围岩最大位移与弹性模量比的关系

的变化较剧烈，当弹性模量比大于 0.3 时，最大位移量的变化相对较小。过 $E_j/E_r =$ 0.3 作最大位移分界线(图中红色直线)，将 E_j/E_r 分成两个区域，$E_j/E_r \leqslant 0.3$ 为敏感区，$E_j/E_r > 0.3$ 为缓慢变化区。敏感区内，裂隙岩体变形模量的微小变化将引起断层区隧道各方向位移的急剧变化，局部化程度显著增加，隧道稳定性风险急剧增加；缓慢变化区内，裂隙岩体变形模量变化对隧道卸载位移影响较小，位移局部化程度较低，隧道安全风险相对较小。

断层区域顶底板竖向位移和两帮水平位移峰值与弹性模量比的相关关系可用指数函数统一表达为

$$U(x) = U_0 + Ae^{-\frac{x}{t_1}} \tag{6-1}$$

最大位移与弹性模量比相关关系的回归系数如表 6-1 所示。

表 6-1 最大位移与弹性模量比相关关系的回归系数

回归系数	两帮水平位移	底板上浮位移	顶板下沉位移
U_0	15.9638	9.6628	6.3949
A	254.1177	167.3599	98.01386
t_1	0.07399	0.07372	0.07494

上述函数关系是在外荷载和其他岩体参数确定的条件下计算得到的，仅为反映断层带岩体变形参数弱化程度对围岩位移局部化程度及其变化规律的单因素影响。对于特定的工程问题，在已知地应力场和工程地质参数的前提下，研究和预测工程因素或地下水变化因素等导致断层带岩体变形模量弱化可能引发的位移局部化和隧道安全风险等具有重要的理论意义和使用价值。

6.3.3 水平侧压系数的影响

研究表明，断层构造发育将引发扰动区域内原岩应力状态的异化，形成极其复杂、各向异性和非均匀分布的构造应力场。断层构造的地质力学作用将使得原岩应力场的主应力方向发生变化(不再是沿地表法向的工程地质坐标)、水平应力大于铅锤应力(不再服从 $\sigma_{h1} = \sigma_{h2} = \mu\sigma_v/(1-\nu)$)，呈现水平侧压系数大于 1 的现象。

工程实践表明，水平应力状态对隧道扰动位移甚至结构稳定性都具有极其重要的影响。

取模型尺寸：长 150m，宽 85m，高 55m，隧道最大宽度 15m，最大高度 11m，破碎带厚度 15m。考虑任意水平侧压系数，建立一般化数值模型，如图 6-17 所示。

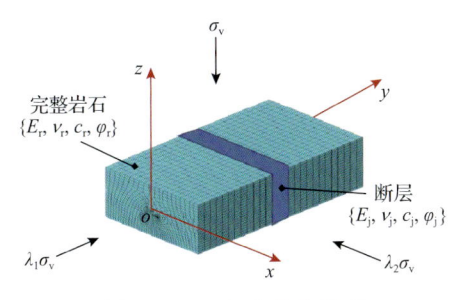

第 6 章 开挖卸载条件下断层破碎带岩体变形及宏观位移特性

图 6-17 一般化数值模型

地应力：竖向压应力 10MPa，沿隧道轴线和垂直隧道轴线水平压应力 $10\lambda_1$、15MPa；

破碎带参数：ρ_j=2400kg/m³，E_j=1.5GPa，ν_j=0.2，c_j=7.5MPa，φ_j=30°；

其余围岩参数：ρ_r=2700kg/m³，E_r=15GPa，ν_r=0.2，c_r=15MPa，φ_r=35°；

边界条件：底面约束三向位移，其余各面约束法向位移。

采用莫尔-库仑强度准则。

1. 隧道轴向水平侧压系数 λ_1 的影响

不同隧道轴向水平侧压系数下的扰动位移分布如图 6-18 所示，隧道底板最大

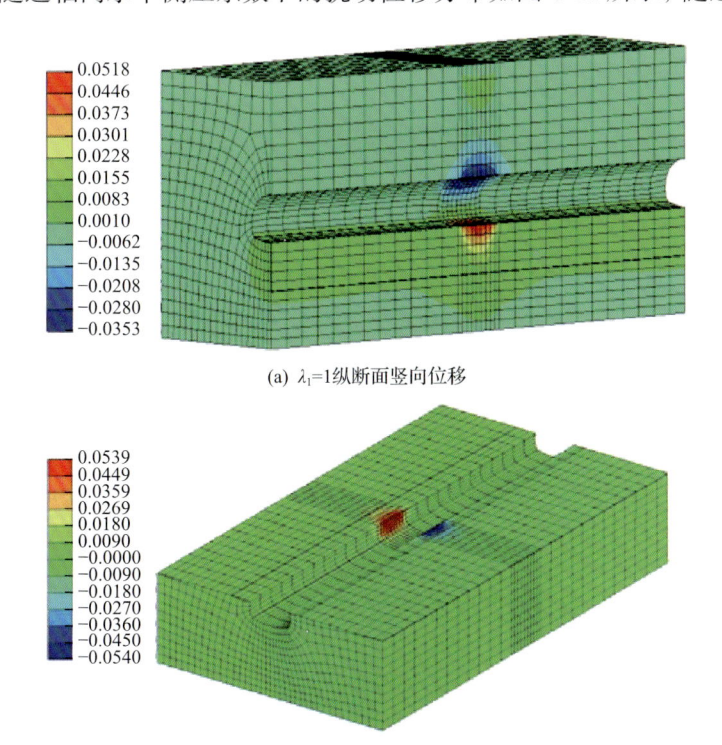

(a) λ_1=1纵断面竖向位移

(b) λ_1=1纵断面水平位移

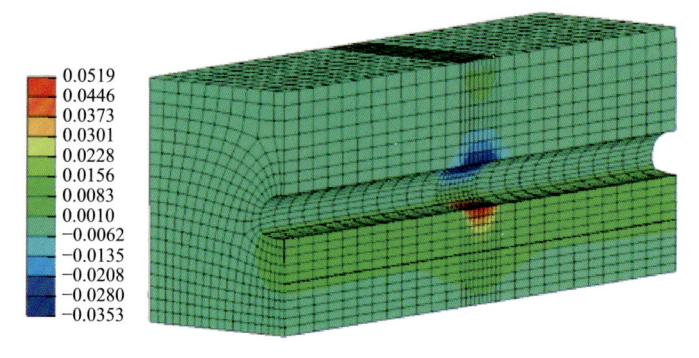

(c) $\lambda_1=1.2$纵断面竖向位移

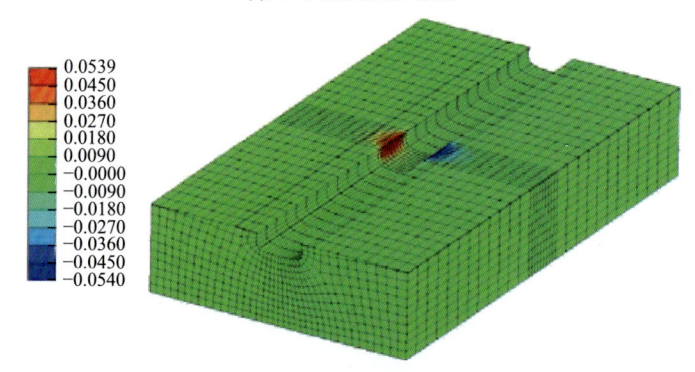

(d) $\lambda_1=1.2$纵断面水平位移

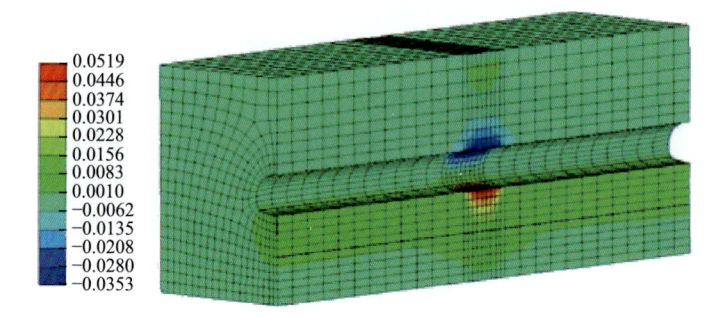

(e) $\lambda_1=1.4$纵断面竖向位移

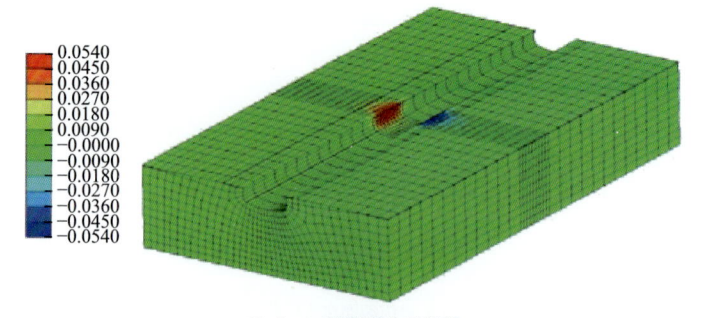

(f) $\lambda_1=1.4$纵断面水平位移

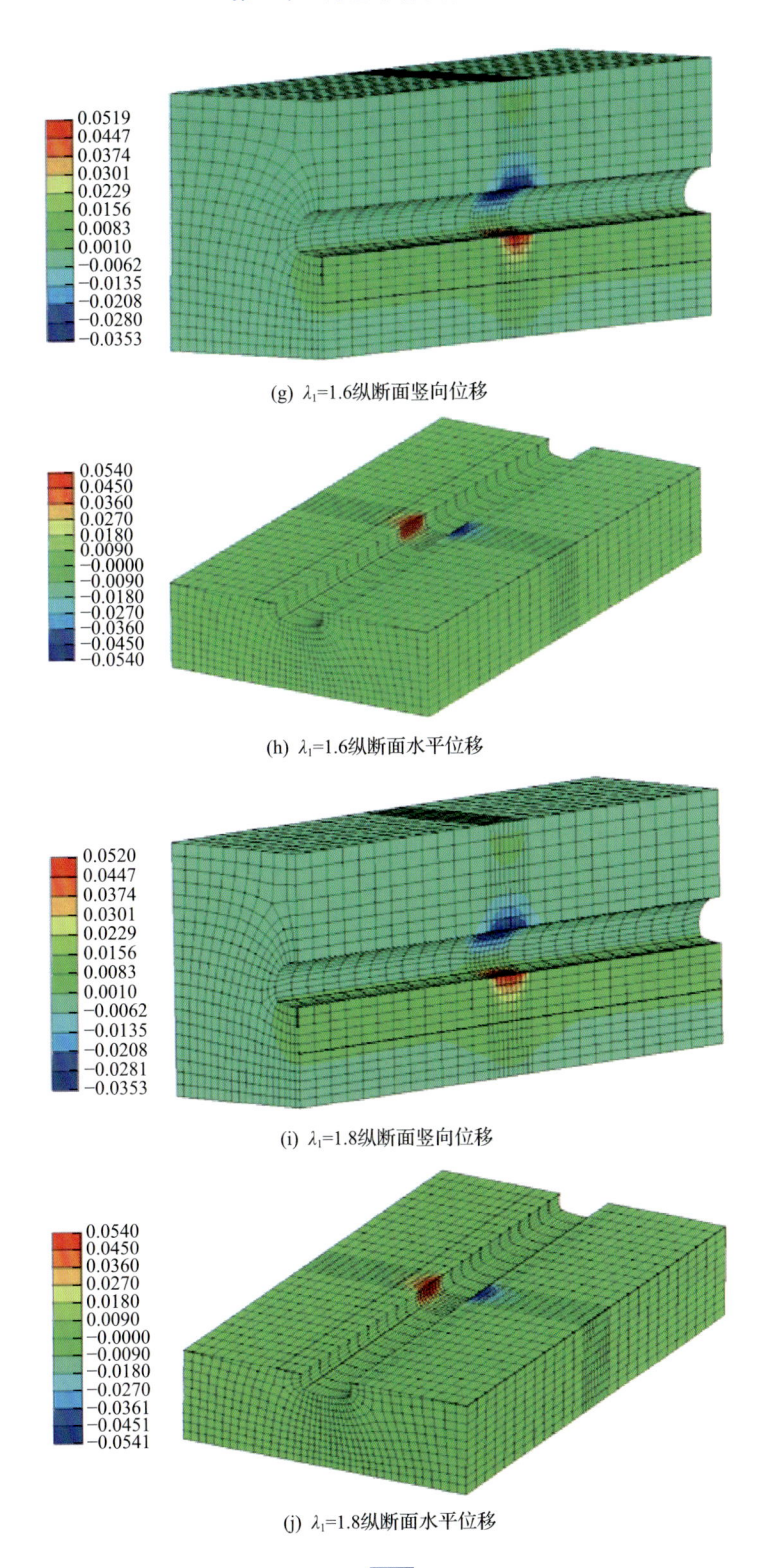

第6章 开挖卸载条件下断层破碎带岩体变形及宏观位移特性

(g) $\lambda_1=1.6$纵断面竖向位移

(h) $\lambda_1=1.6$纵断面水平位移

(i) $\lambda_1=1.8$纵断面竖向位移

(j) $\lambda_1=1.8$纵断面水平位移

(k) $\lambda_1=2.0$ 纵断面竖向位移

(l) $\lambda_1=2.0$ 纵断面水平位移

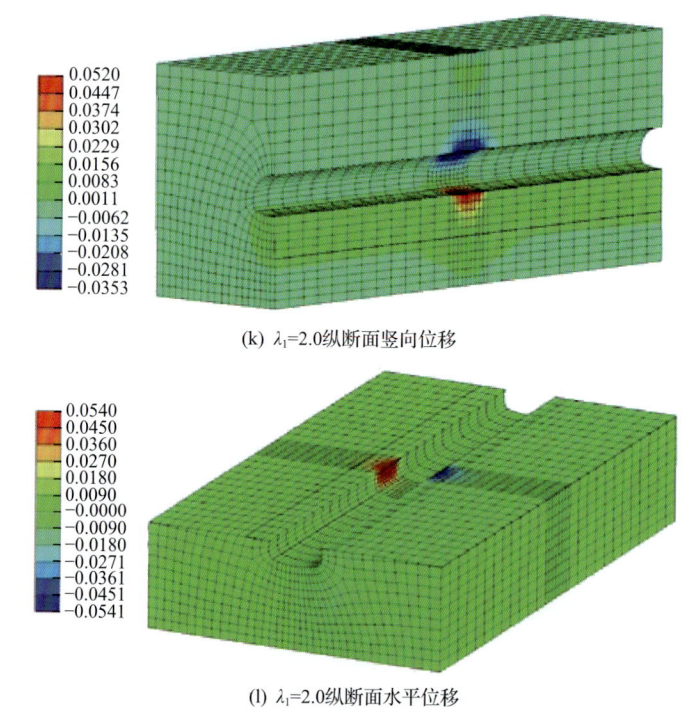

图 6-18　不同隧道轴向水平侧压系数下的扰动位移分布(单位：m)

上浮位移、顶板最大下沉位移及两帮最大水平位移与隧道轴向水平侧压系数的关系如图 6-19～图 6-21 所示。

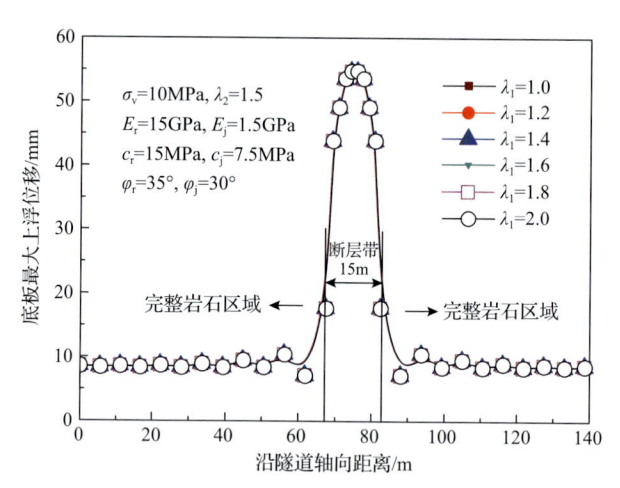

图 6-19　隧道底板最大上浮位移与隧道轴向水平侧压系数的关系

图 6-18 显示：断层带内隧道位移远大于其他区段位移，呈现显著的位移局部化特征。

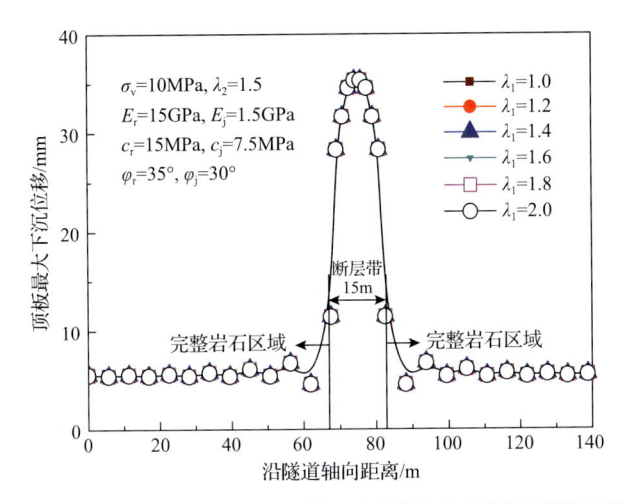

图 6-20　隧道顶板最大下沉位移与隧道轴向水平侧压系数的关系

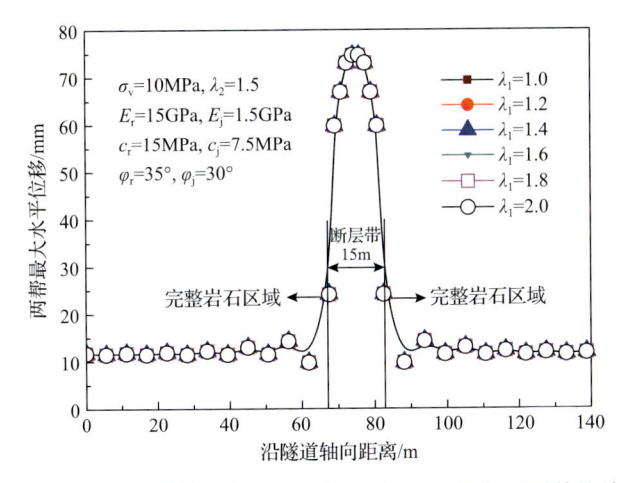

图 6-21　隧道两帮最大水平位移与隧道轴向水平侧压系数的关系

图 6-19 显示：①完整岩石区域内隧道底板最大上浮位移约为 8.5mm 且与轴向水平荷载大小（λ_1 变化）无关；②断层带内产生严重的底板上浮局部化现象，最大上浮位移约为 55mm，围岩最大位移均发生在破碎带区域，且该最大位移分布与轴向水平荷载大小无关；③断层带两侧邻近断层岩体（6~7m）范围内，围岩位移变化梯度大，呈现突变现象。

图 6-20 显示：①完整岩石区域内隧道顶板最大下沉位移约为 6mm 且与轴向水平荷载大小（λ_1 变化）无关；②断层带内产生显著的顶板下沉位移局部化现象，最大下沉位移约为 35mm，发生在破碎带中部，且该最大位移分布与轴向水平荷载大小无关；③断层带两侧邻近断层岩体（6~7m）范围内，围岩位移变化梯度大，呈现突变现象。

图 6-21 显示：①完整岩石区域内隧道两帮最大水平位移约为 11mm 且与轴向水平荷载大小(λ_1变化)无关；②断层带内产生严重的两帮水平位移局部化现象，两帮最大水平位移为 75mm，发生在破碎带区域，且该最大位移分布与轴向水平荷载大小无关；③断层带两侧邻近断层岩体(6~7m)范围内，围岩水平位移变化梯度大，呈现突变现象。

比较图 6-19~图 6-21 可见，隧道穿越断层带施工时，顶底板及两帮围岩将产生严重的扰动位移局部化现象，最大位移达到正常完整岩体状态下的 6~7.5 倍；顶底板及两帮各特征点位移沿隧道轴向的分布形态相同，但位移最大值受外荷载状态和隧道几何形状的影响呈现出较大差异。尤其值得注意的是，完整岩石与断层带交界附近一定区域内会产生严重的位移突变现象，造成支护结构巨大的弯曲应力，对支护结构强度稳定性极其不利。

隧道围岩最大位移随轴向水平侧压系数的变化如图 6-22 所示。可以看出，随着隧道轴向水平侧压系数的增大，隧道底板最大上浮位移、顶板最大下沉位移、两帮最大水平位移几乎维持不变，可见隧道轴向地应力的增大对围岩变形的影响不大。

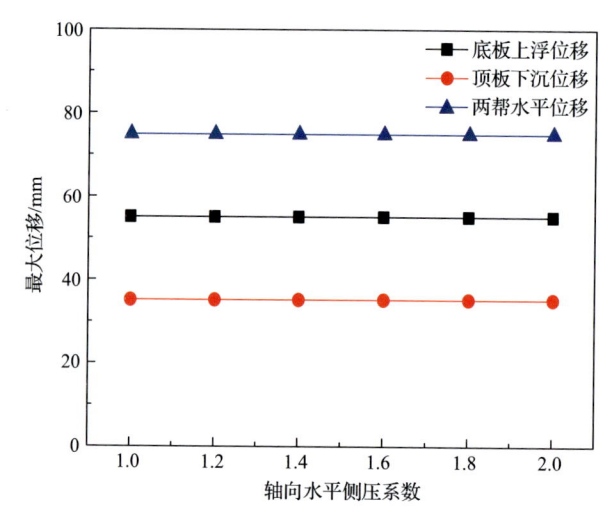

图 6-22 隧道围岩最大位移随轴向水平侧压系数的变化

2. 隧道横向水平侧压系数 λ_2 的影响

为研究隧道横向水平荷载变化对隧道开挖扰动的影响，同时便于比较分析，取 6-17 所示的数值模型。在保持模型几何尺寸、完整岩石参数、破碎带岩体物理力学参数、强度理论不变的条件下，模拟计算 λ_2 分别为 1.0、1.2、1.4、1.6、1.8、2.0 时对应的横向水平荷载作用下隧道开挖扰动位移场。计算所得扰动位移分布如图 6-23 所示。

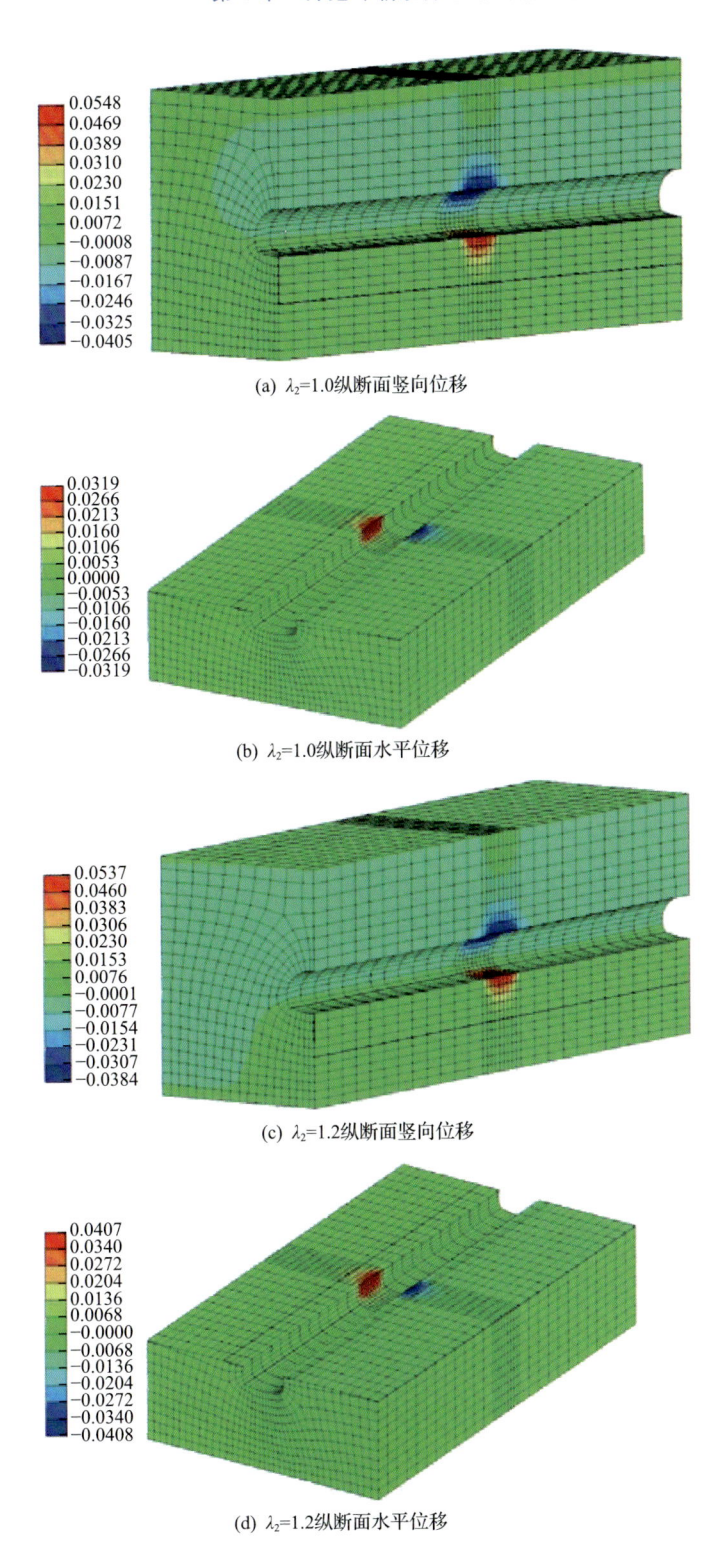

第6章 开挖卸载条件下断层破碎带岩体变形及宏观位移特性

(a) $\lambda_2=1.0$纵断面竖向位移

(b) $\lambda_2=1.0$纵断面水平位移

(c) $\lambda_2=1.2$纵断面竖向位移

(d) $\lambda_2=1.2$纵断面水平位移

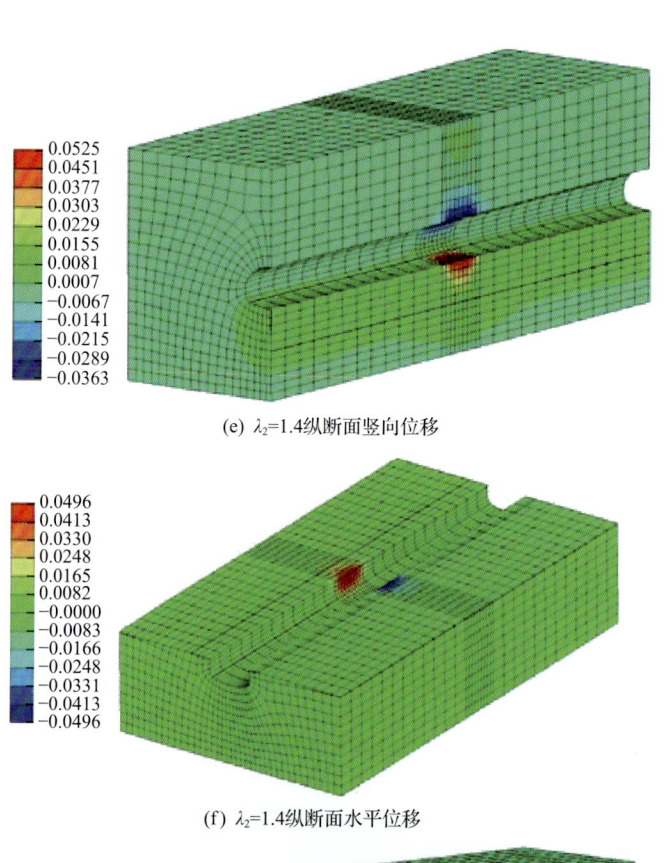

(e) $\lambda_2=1.4$纵断面竖向位移

(f) $\lambda_2=1.4$纵断面水平位移

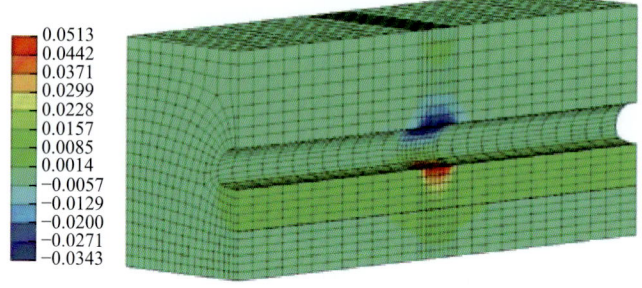

(g) $\lambda_2=1.6$纵断面竖向位移

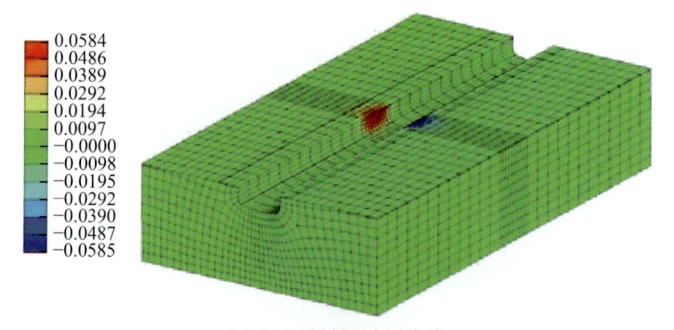

(h) $\lambda_2=1.6$纵断面水平位移

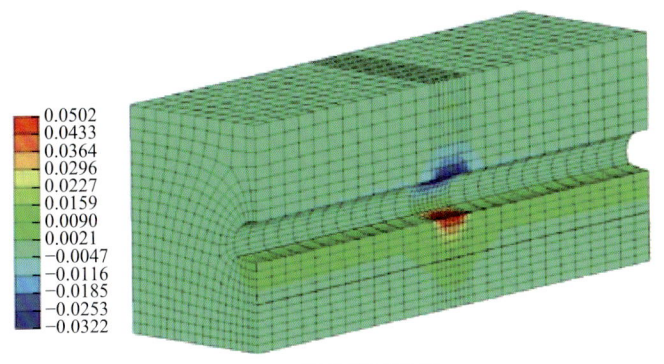

(i) $\lambda_2=1.8$纵断面竖向位移

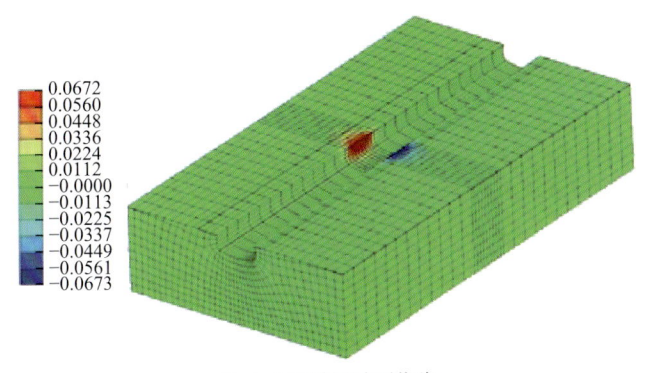

(j) $\lambda_2=1.8$纵断面水平位移

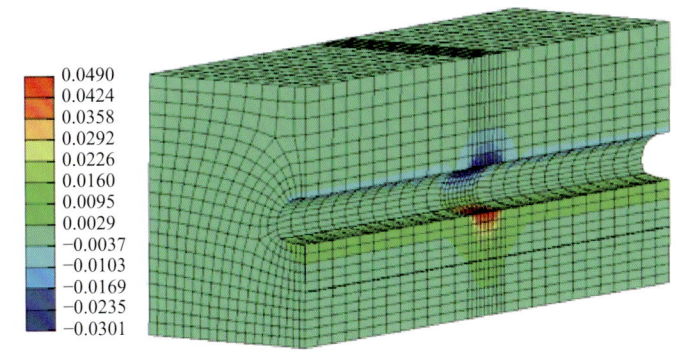

(k) $\lambda_2=2.0$纵断面竖向位移

(I) $\lambda_2=2.0$纵断面水平位移

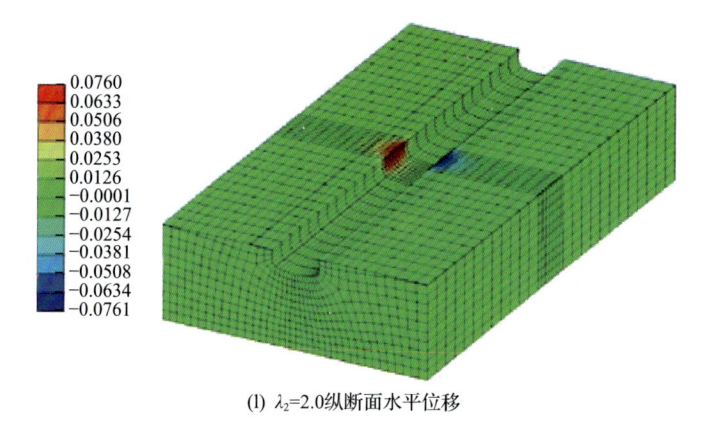

图 6-23　不同隧道横向水平侧压系数下的扰动位移分布(单位：m)

由图 6-23 可见，隧道顶底板及两帮围岩最大位移均发生在破碎带区域，断层带发育使岩体变形特性大幅弱化，隧道开挖卸载后断层带内形成显著的变形局部化现象。随横向水平荷载的增大，上述隧道典型部位扰动位移逐步增大、变形局部化现象更加严重。

隧道底板最大上浮位移、顶板最大下沉位移及两帮最大水平位移与隧道横向水平侧压系数的关系如图 6-24～图 6-26 所示。

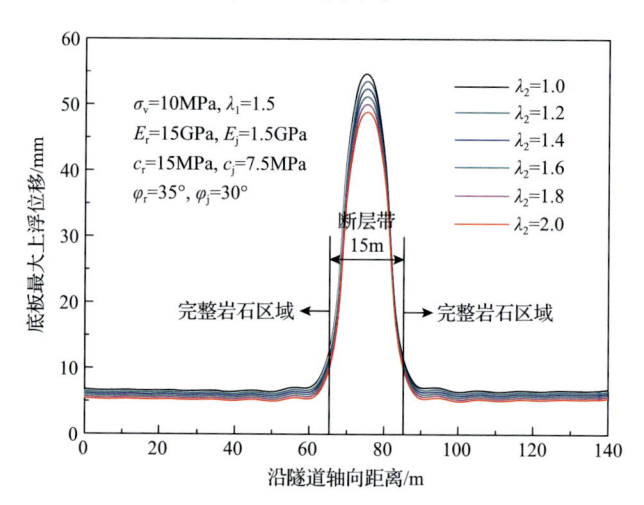

图 6-24　隧道底板最大上浮位移与隧道横向水平侧压系数的关系

图 6-24 显示：①完整岩石区域内隧道底板最大上浮位移约为 7mm，受隧道横向水平侧压系数的影响甚微；②断层带内产生严重的底板上浮局部化现象，最大上浮位移约为 55mm，均发生在破碎带中部位置；③底板上浮位移峰值随隧道横向水平侧压系数的增大呈明显减小的变化趋势，从 55mm 逐步减小到 48mm 左右；④断层带两侧邻近断层岩体(6～7m)范围内，围岩位移变化梯度大，呈现突

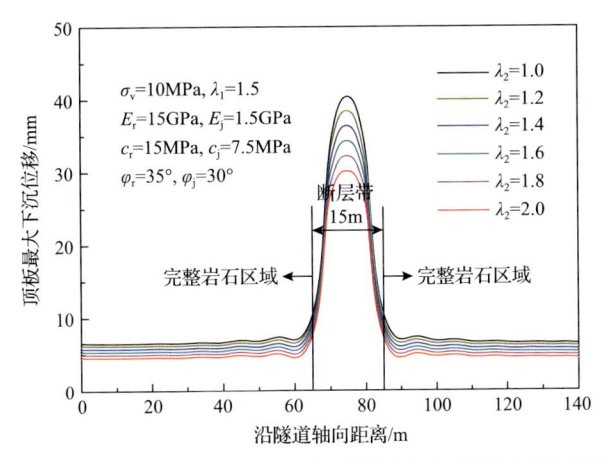

第6章 开挖卸载条件下断层破碎带岩体变形及宏观位移特性

图 6-25 隧道顶板最大下沉位移与隧道横向水平侧压系数的关系

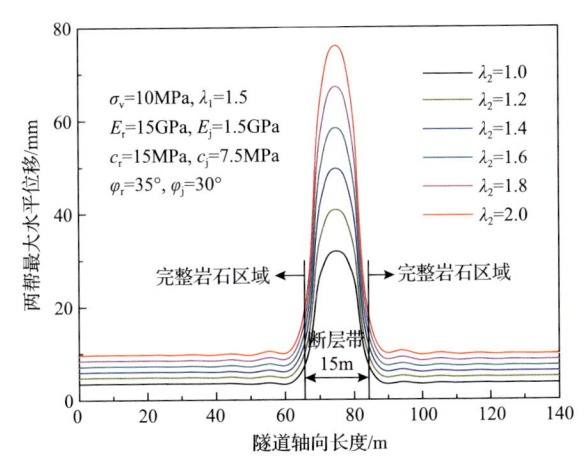

图 6-26 隧道两帮最大水平位移与隧道横向水平侧压系数的关系

变现象。

图 6-25 显示：①完整岩石区域内隧道顶板最大下沉位移约为 6mm，受隧道横向水平侧压系数影响不显著；②断层带内产生显著的顶板下沉位移局部化现象，最大下沉位移约为 40mm，发生在破碎带中部；③顶板下沉位移峰值随隧道横向水平侧压系数的增加呈逐渐减小的趋势从 40mm 逐步减小到 30mm 左右；④断层带两侧邻近断层岩体(6~7m)范围内，围岩位移变化梯度大，呈现突变现象。

图 6-26 显示：①完整岩石区域内隧道两帮围岩最大水平位移约为 11mm，且随隧道横向水平侧压系数的减小逐渐减小；②断层带内产生严重的两帮围岩水平位移局部化现象，最大两帮水平位移达到 75mm；③两帮水平位移峰值随隧道横向水平侧压系数的增大而增大从 30mm 急剧增大至 75mm 左右；④断层带两侧邻近断层岩体(6~7m)范围内，围岩位移变化梯度大，呈现突变现象。

比较图 6-24～图 6-26 可见，隧道穿越断层带施工时，顶底板及两帮围岩将产生严重的扰动位移局部化现象，峰值位移达到正常完整岩石状态下的 6～7.5 倍。相比较而言，隧道两帮水平位移对隧道横向水平侧压系数的变化更加敏感。顶底板及两帮各特征点位移沿隧道轴向的分布形态相同，但位移最大值受外荷载状态和隧道几何形状的影响呈现出较大差异。尤其值得注意的是，完整岩石与断层带交界附近一定区域内会产生严重的位移突变现象，造成支护结构巨大的弯曲应力，对支护结构强度稳定性极其不利。

隧道围岩最大位移随横向侧压系数的变化如图 6-27 所示。结果显示：①随着横向水平侧压系数的增大，隧道底板最大上浮位移、顶板最大下沉位移呈现线性减小的变化规律，隧道两帮围岩最大水平位移则呈现线性增大的变化规律；②比较各特征点最大位移变化特征，顶底板最大位移（铅锤方向位移）基本保持相同的直线斜率变化，而隧道两帮最大水平位移呈现更大的正向斜率增大，可见围岩和隧道结构水平位移对横向水平侧压系数的变化更加敏感。

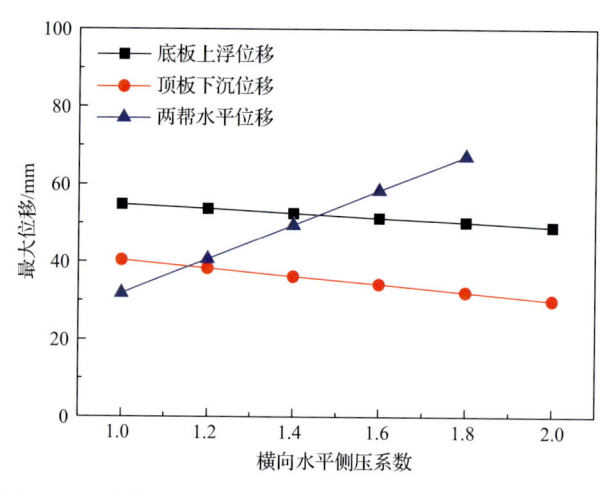

图 6-27　隧道围岩最大位移随隧道横向水平侧压系数的变化

根据上述计算结果，作隧道断面内法向位移分布概念图，如图 6-28 所示。图 6-28 的位移分布是按图 6-17 所示的三维数值模型计算所得的结果（隧道轴向水平荷载为 $\lambda_1 \sigma_v$，图中隐去）。红色曲线为对应横向水平侧压系数 $\lambda_2 = 2.0$ 的位移分布，黑色曲线为对应横向水平侧压系数 $\lambda_2 = 1.0$ 的位移分布，沿箭头方向各曲线分别对应 λ_2 为 2.0、1.8、1.6、1.4、1.2、1.0 时的断面法向位移分布曲线。

图 6-28 结果显示：①当三维外荷载的主应力沿隧道三维正交坐标系作用时，隧道开挖扰动位移的峰值点位于顶底板和两帮（过隧道断面形心）位置；②当 $\lambda_2 = 1.0$ 时，外荷载为等压状态，隧道顶底板竖向位移相对显著（高宽比小于 1 的扁平形断面隧道），变形曲线为横向椭圆形状；③随着 λ_2 增大，隧道两帮水平位

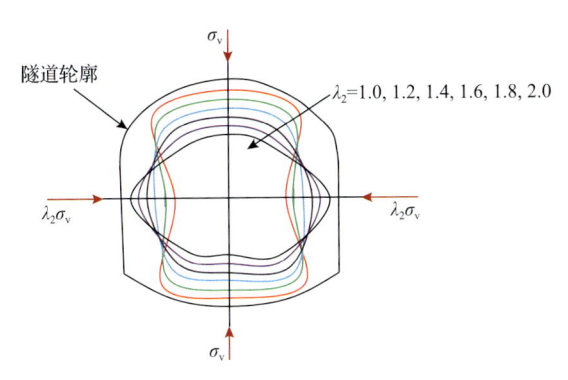

图 6-28　隧道断面内法向位移分布概念图

移逐步增大，变形曲线从横向椭圆形状逐步向竖向椭圆形状转化，甚至变成图中红色曲线所示的两腰严重向隧道形心凸出的形状，即工程中经常出现的鼓腰和两帮支护结构折损的现象。

6.4　工程开挖卸载条件下裂隙岩体扩容处理

上述章节对压剪循环加载条件下裂隙岩体变形与体积应变特性进行了 DDM 及 DDA 模拟分析，对于工程实际问题(如隧道开挖施工)，围岩的变形(位移)是在卸载条件下的弹性恢复位移(增量位移)，其特点是：①相对初始压剪荷载的岩体体积变化，卸载引起的体积变化包含完整岩块的体积增大、裂隙充填结构的恢复变形以及裂隙扩展体积的闭合；②一般情况下，岩体加载和卸载过程具有不同的变形特性参数；③初始应力状态、应力路径及加载历史通常对岩体卸载变形存在影响。

此外，对于断层破碎带岩体，裂隙(非连续面)的发育方式及产状特征存在较大差异。迄今的研究成果中，按裂隙的发育程度将岩体分为比较发育、发育、充分发育和极其发育等(实际很难定量评价)。为便于进行数值模拟分析，本节根据裂隙岩体数值方法的适用性，将裂隙岩体划分为有限发育裂隙岩体和极端发育裂隙岩体。

定义裂隙岩体的表征单元体为裂隙岩体内一定几何尺度的岩石单元体，若其物理力学性质能充分反映研究区域岩体物理力学特性，则称该单元体为相应工程区域裂隙岩体的表征单元体。因此，定义有限发育裂隙岩体为表征单元体内裂隙数量有限且其产状特征已知或者可通过地质编录获取的裂隙岩体；定义极端发育裂隙岩体为表征单元体内裂隙极其发育、裂隙数量无法定量描述、任意裂隙产状特征无法准确获取或难以量化描述的裂隙岩体。

根据上述裂隙岩体的数值方法适用性分类，本节面向工程应用，系统研究卸载条件下裂隙岩体变形问题的分类及其数值方法的适用性、DDA 和 FEM 的适用性及其数值模型、卸载条件下裂隙岩体变形特性的 DDM 自动跟踪方法等，重点研究往复加卸载及考虑岩体荷载历史时裂隙岩体变形特性的 DDM 数值方法。

6.4.1 裂隙岩体加卸载体积应变 DDM 处理方法

1. 问题分类

为便于研究，根据裂隙岩体特性及其边界约束条件将问题分为三大类。
(1)无限体及半无限体内裂隙发育问题(其中半无限体边界与裂隙距离足够大)。
(2)有限边界内裂隙发育问题。
(3)无限区域内局部开挖卸载问题(局部边界问题)。

2. 分析方法

(1)对于无限体及半无限体内裂隙发育问题，采用正常加卸载直接计算，总的体积不变，分析加卸载过程变形及体积应变的局部化特点。
(2)对于有限边界内裂隙发育问题，采用分步加载至设定的荷载最大值，然后卸载计算(施加减小后的荷载值)，进行两方面计算：①体积应变的局部化(内部点应变或位移计算体积应变分布并通过不同卸载率下体积应变场的变化分析体积应变的局部化)；②总的体积变化(计算区域内宏观体积变化(体积增量))。前者采用内部取值点对面积(体积)的积分实现，后者采用内部取值点积分法或直接采用边界位移对边界的积分法。
(3)对于无限区域内局部开挖卸载问题(局部边界问题)，采用基于不连续面可变法向刚度的 DDM 实施，即将准备卸载区域处理为预留位移不连续面(三维不连续体)。首先取位移不连续面变形参数等同于完整岩块弹性参数计算应力场和位移场(实现裂隙岩体加载过程内部宏观变形及应力场分布的局部化)，然后按设定卸载率折减卸载面(预留不连续面)法向刚度或变形参数计算(可考虑加卸载不同的变形参数)。可获得：①卸载后裂隙岩体内部体积应变的局部化分布；②卸载引起的体积增量(直接采用卸载面法向位移对面积的积分获得)。

6.4.2 DDM 的应用拓展

1. 方法概要

对于开挖卸载问题，先对 DDM 模型进行加载计算，以达到开挖前裂隙岩体所处的应力状态，之后的开挖卸载是在此初始状态下进行的增量计算。

对于无限域中的卸载问题，与无限域中加载计算方法相似，只需对裂隙进行单元划分建模，在加载过程中考虑裂隙的变形特性以及是否发生裂纹扩展等问题，之后进行卸载计算，将荷载降低为预设值进行一次计算，获得应力与位移结果，并计算裂隙的体积增量和岩石体积应变分布情况。

对于有限域内的卸载问题,除对裂隙划分单元外,还要对边界进行单元划分。在加载与卸载过程中,两种单元类型一直存在且受力特性不变。裂隙单元按照前面所述的节理单元处理,边界单元则分为两种情况,一种是表面受压的情况,此时边界单元上受力不为 0,但单元变形特性与节理单元不同,两个边界面为永不闭合的临空面,单元变形不会产生额外的反力;另一种是表面不受压的情况,荷载由内压引起,此时边界条件为法向应力为 0。

对于局部开挖卸载问题,应对裂隙和开挖面进行单元划分,但初始状态的加载计算只应包含裂隙的节理单元作用,此时开挖面单元受力应与无单元情况一致,可在计算中不计入开挖面单元,或将其应力条件设为 0 以保证此处应力场为无单元时的应力场,即此时单元不对周围应力场与位移场产生影响。进行开挖计算时,同时在裂隙单元和开挖单元上改变荷载条件,在裂隙单元上施加卸载后的应力,而在开挖单元上需满足开挖后法向应力为 0 的边界条件,即此处单元上的应力与此处无开挖单元的计算应力代数和为 0,其施加的边界条件即为负的无开挖单元情况下的计算应力。

2. 计算流程

按照以上思路,需区分三种不同的计算情况,再赋予不同的边界条件,进行不同类型的单元计算,裂隙岩体卸载 DDM 计算流程如图 6-29 所示。

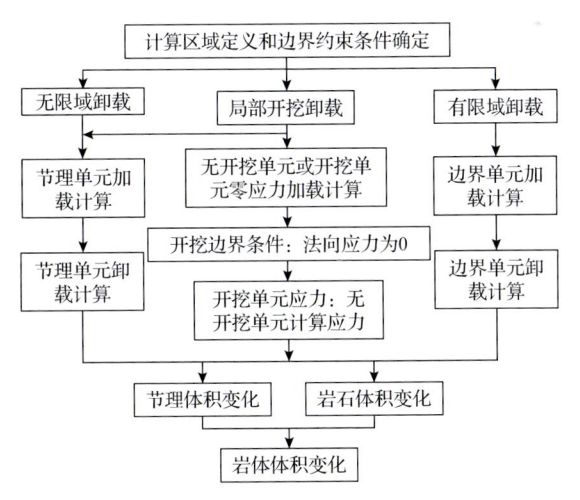

图 6-29　裂隙岩体卸载 DDM 计算流程

6.4.3 案例计算

荷载:先施加竖向压力 σ_1=30MPa,再卸载到 20MPa;

岩石参数：E_r=24GPa，v_r=0.2；

节理参数：倾角0°，长度25mm，K_s=1GPa，c_j=0.05MPa，φ_j=25°；

计算过程：①在竖向压力作用下裂隙扩展，获得岩体体积变化量 V_1；②在第①步结束时产生的裂隙条件下，施加 20MPa 竖向压力，获得岩体体积变化量 V_2。

计算的体积变化量 V_1、V_2 及二者差值随裂隙面法向刚度 K_n 与岩块弹性模量 E_r 之比 K_n/E_r 的变化关系如图 6-30～图 6-32 所示。

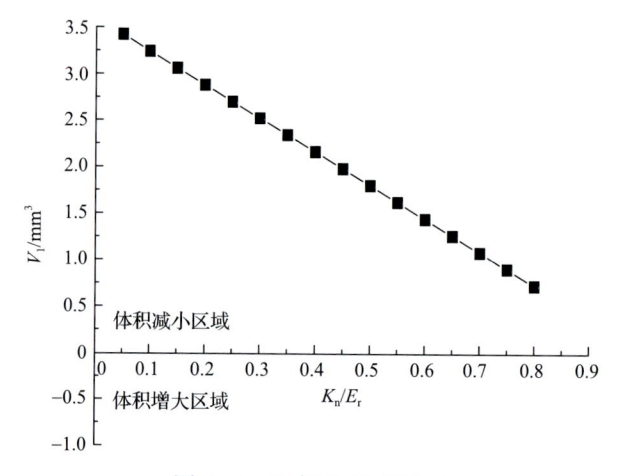

图 6-30 V_1 与 K_n/E_r 的关系

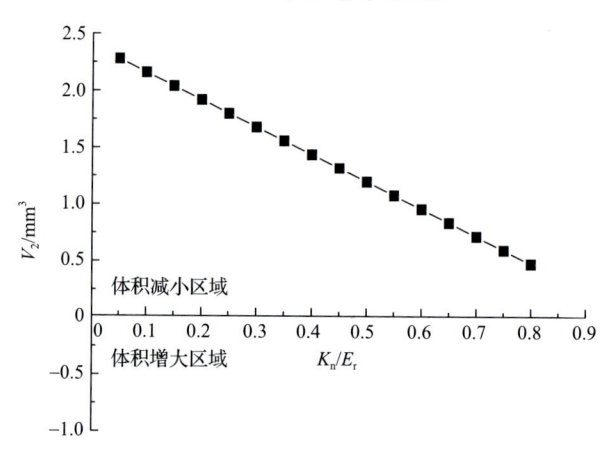

图 6-31 V_2 与 K_n/E_r 的关系

根据图 6-29 所示的计算流程，按照案例所示的实施步骤即可计算出任意裂隙岩体在压应力作用下的体积变化量。

6.4.4 无限域内局部开挖卸载问题

无限域内局部开挖卸载问题（局部边界问题）采用基于不连续面可变法向刚度

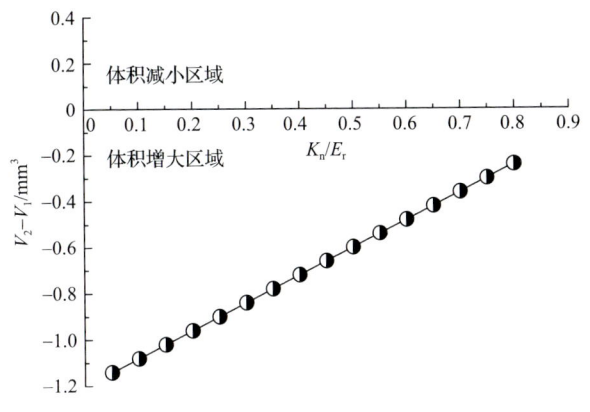

第 6 章 开挖卸载条件下断层破碎带岩体变形及宏观位移特性

图 6-32 V_2-V_1 随 K_n/E_r 的变化关系

的 DDM 方法实施,即将准备卸载区域处理为预留位移不连续面(三维不连续体)。首先取位移不连续面变形参数等同于完整岩块弹性参数计算应力场和位移场(实现裂隙岩体加载过程内部宏观变形及应力场分布的局部化),然后按设定卸载率折减卸载面(预留不连续面)法向刚度计算。可获得:①卸载后裂隙岩体内部体积应变的局部化分布;②卸载引起的体积增量。计算参数如下。

荷载:竖向压力 σ_1=30MPa,水平压力 σ_2=20MPa;

岩石参数:E_r=24GPa,v_r=0.2;

节理参数:倾角 45°,长度 50mm,K_n/E_r=0.2,K_s=1GPa,c_j=0.05MPa,φ_j=25°。

计算过程:①在竖向 30MPa、水平 20MPa 压力作用下节理扩展,获得岩体体积位移、应力和体积应变分布;②上部开挖卸载,获得体积应变分布。

图 6-33 为不同卸载率条件下体积应变增量分布。由图可见,当在无限域进行开挖时,对裂隙面的体积应变造成了较大的扰动,体积应变比无开挖的裂隙面复杂。随着上部开挖卸载的不断增加,体积应变增量逐渐增加,体积应变最大的地方出现在裂隙的端部。表 6-2 为卸载率与体积应变增量的关系。从表中可以看到,二者近似线性关系。

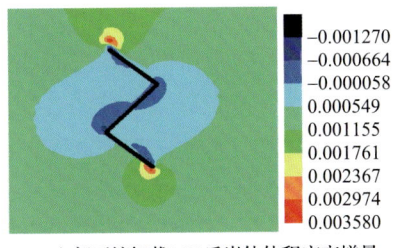

(a) 上部开挖卸载20%后岩体体积应变增量

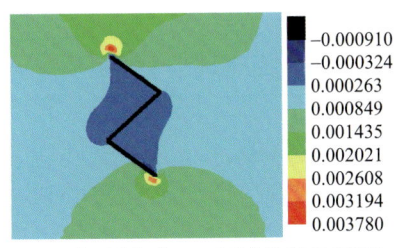

(b) 上部开挖卸载40%后岩体体积应变增量

(c) 上部开挖卸载60%后岩体体积应变增量　　　(d) 上部开挖卸载80%后岩体体积应变增量

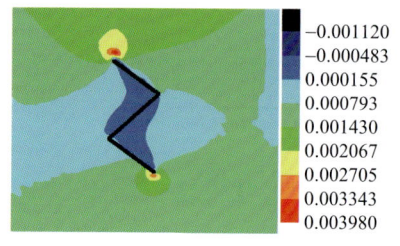

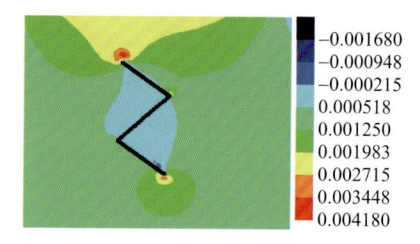

图 6-33　不同卸载率条件下体积应变增量分布

表 6-2　卸载率与体积应变增量的关系

卸载率/%	体积应变增量	正则化柱状图
20	4.3811	
40	9.4221	
60	14.5628	
80	19.7234	
100	24.8915	

6.4.5　卸载条件下裂隙岩体体积增大问题

计算参数如下。

荷载：先施加竖向压力 σ_1=30MPa，再卸载 10MPa；

岩石参数：E_r=24GPa，ν_r=0.2；

节理参数：长度 25mm，K_s=1GPa，c_j=0.05MPa，φ_j=25°。

假定节理受压和受拉刚度相同，节理受压扩展后进行部分卸载，裂隙面法向刚度 K_n 与岩块弹性模量 E_r 之比和裂隙岩体体积变化量的关系如图 6-34 所示。分别针对 10°~80°裂隙倾角(荷载与裂隙夹角 80°~10°)的裂隙进行了计算，结果显示，不同倾角裂隙岩体的体积变化有相同的规律。当裂隙面法向刚度较小时，裂隙岩体体积增量为负，即体积扩容，随着裂隙面法向刚度的增大，裂隙岩体体积增量逐渐减小，当超过一个阈值后，裂隙岩体出现体积减小的现象。其实质是原受压裂隙卸载后变形回弹引起的体积增大量和扩展裂隙卸载后裂纹闭合引起的体积减小量代数和的变化，随着裂隙面法向刚度的增大，原受压裂隙卸载回弹体积增量逐渐减小，此时新扩展裂隙卸载闭合体积减小逐渐占主导优势，从而从宏观上表现出体积扩容向体积减小的变化。

根据前述研究成果，裂隙岩体体积变化的形式主要包括完整岩块的弹塑性变形、裂隙面的压缩变形和裂隙扩展形成的体积变化等。因此，裂隙岩体体积变化

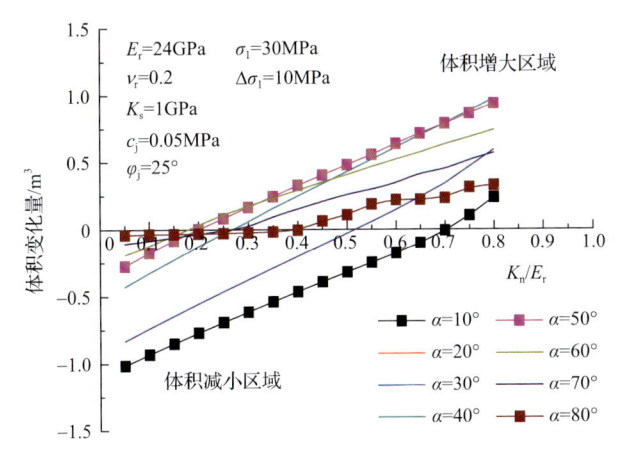

图 6-34　裂隙面法向刚度 K_n 与岩块弹性模量 E_r 之比和裂隙岩体体积变化量的关系

受外荷载状态、岩石变形特性、裂隙面力学特性、弱面产状特征等多种因素的复杂影响且各因素之间往往存在相互耦合特性。图 6-34 显示：①在压缩荷载作用下，裂隙岩体体积变化量随 K_n/E_r 的增大呈现近似线性增大；②在有限裂隙发育状态下，裂隙岩体体积变化量与 K_n/E_r 的相关关系受弱面夹角的影响。

将裂隙岩体体积变化由增大转变为减小时的 K_n/E_r 称为临界刚度比，当实际刚度比小于此值时，发生扩容现象。

不同裂隙倾角（荷载与裂隙夹角）时的临界刚度比变化规律如图 6-35 所示。图中红色点线为裂隙岩体产生体积扩容的临界刚度比，曲线上部对应裂隙岩体体积减小，下部阴影区域对应裂隙岩体的剪胀。当荷载与裂隙夹角小于 30°时，临界刚度比随角度的增大而减小，当荷载与裂隙夹角大于 30°时，临界刚度比随角度的增大而增大。荷载与裂隙夹角较大时，原裂隙卸载回弹量占总体积变化量的比

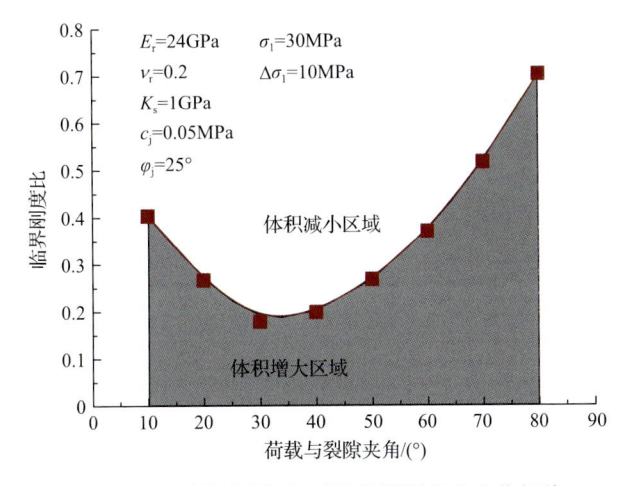

图 6-35　不同裂隙倾角时的临界刚度比变化规律

例较大，因而要达到比较高的刚度比才会发生体积减小的现象。实际上，节理裂隙的受拉法向刚度相对于两侧完整岩块的弹性模量而言是一个较小的数值，因此一般受压卸载后裂隙岩体表现为体积扩容。

6.5 小　　结

本章系统研究了断层发育岩体中隧道开挖卸载扰动位移特性、分布规律及其对荷载状态的相关性、裂隙岩体物理力学参数的敏感性。结果显示：

(1)隧道穿越断层区施工将引起扰动位移的显著局部化现象，断层带内围岩位移峰值将达到完整岩石区域围岩位移的6~7.5倍，且峰值位移发生在断层区中心位置。

(2)断层区隧道施工扰动位移局部化程度受区域地应力状态、裂隙岩体与完整岩石刚度比、断层产状特征等因素的综合影响。

(3)隧道轴向完整岩石与断层交界的一定长度范围内，卸载扰动位移存在急剧变化区间，容易造成支护结构局部弯曲应力集中，不利于隧道支护结构的稳定。

第7章　断层构造区围岩地压特性及其合理支护方式

7.1　地压特征及其影响因素分析

上述章节的研究结果表明，隧道穿越断层破碎带时，开挖卸载将会引起围岩位移的局部化，卸载扰动位移主要发生在断层破碎带区段。位移的局部化程度主要受破碎带岩体变形刚度与完整岩石变形模量比值（即相对刚度）、隧道工程区域原岩应力状态、断层构造几何尺度等因素的影响。

开挖卸载位移的局部化导致断层区域隧道围岩产生大变形、支护结构产生过大位移（支护刚度较小或通常意义下的柔性支护时）或产生过大应力集中（支护刚度过大或称刚性支护时），位移过大影响隧道预留空间超限无法正常使用或导致结构中应力状态超过强度而破坏。因此，通过大量工程实践和理论研究，人们总结出分期二次支护的隧道穿越断层破碎带的支护方式和工艺过程，即开挖后先进行第一次临时支护（利用临时支护刚度小的特性，让围岩一定程度释放荷载从而减轻永久支护的受力），然后进行刚性永久支护。

7.1.1　经典地压理论及其合理性

假定岩石为弹塑性介质，隧道施工过程中由于开挖造成的应力状态的改变，洞壁法向（径向）应力降为零，而切向应力却高度集中，形成很大的应力差，在这样不利的应力条件下，岩石会在弹性变形的基础上发展成塑性变形，巷道周围岩体会屈服形成塑性区，围岩的峰值应力也会由洞壁转移到深部，围岩应力进一步调整，以形成新的平衡。为合理地进行支护设计，就必须分析塑性变形和塑性应力。

以圆形巷道的弹塑性应力为例，由岩石的变形和强度特征可知，在超过岩石的弹性极限后，岩石产生塑性变形，在巷道周围产生了半径为 R_p 的塑性区。如图 7-1 所示，当 $R_0 \leqslant r \leqslant R_p$ 时，岩石处于塑性状态，当 $r > R_p$ 时，岩石又处于弹性状态。描述塑性区中应力和应变关系的本构方程已经不是胡克定律，而要用弹塑性本构关系，常用的有莫尔-库仑准则、霍克-布朗准则。由于塑性分析的复杂性，这里仅对均质各向同性无限介质中在静水压力（$\lambda=1$）作用下的圆形巷道进行分析，岩石的塑性遵循线性莫尔-库仑准则。

1. 弹塑性应力分布

根据弹塑性理论，可得塑性区（$R_0 \leqslant r \leqslant R_p$）的各应力分量，即

$$\sigma_{rp} = \frac{\sigma_c}{\xi-1}\left[\left(\frac{r}{R_0}\right)^{\xi-1}-1\right] \tag{7-1}$$

$$\sigma_{\theta p} = \frac{\sigma_c}{\xi-1}\left[\xi\left(\frac{r}{R_0}\right)^{\xi-1}-1\right] \tag{7-2}$$

$$\tau_p = 0 \tag{7-3}$$

式中，σ_{rp} 为破碎区法向正应力；$\sigma_{\theta p}$ 为破碎区周向应力；τ_p 为剪应力；σ_c 为岩石的单向抗压强度；ξ 为应力系数，$\xi = \dfrac{1+\sin\varphi}{1-\sin\varphi}$，$\varphi$ 为岩石内摩擦角。

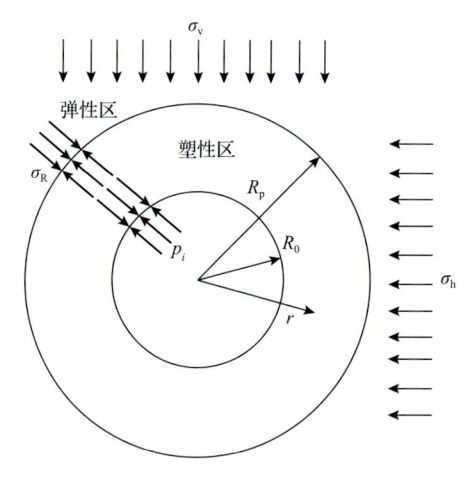

图 7-1　圆形巷道的塑性区

围岩弹塑性应力分布如图 7-2 所示。

2. 塑性位移

塑性位移对确定巷道的支护方式和支护参数有重要意义。在假定塑性区内体积不变时，可以求出巷道洞壁塑性位移，即

$$U = \frac{\sin\varphi}{2GR_0}\left(p_0 + \frac{c}{\tan\varphi}\right)R_p^2 \tag{7-4}$$

式中，G 为岩石的剪切模量，$G = \dfrac{E}{2(1+\nu)}$。

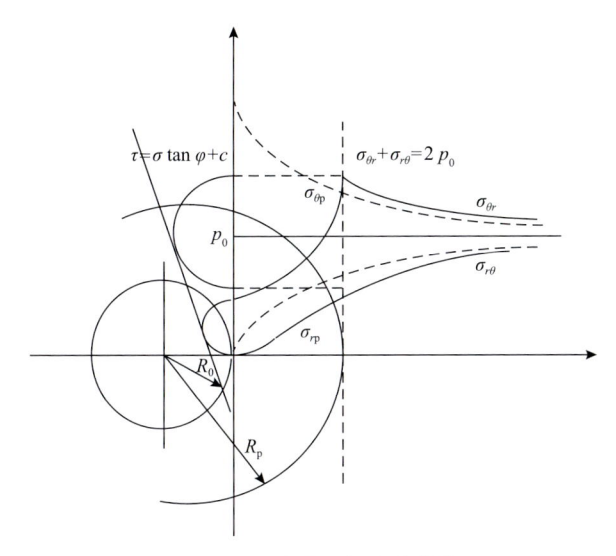

图 7-2　围岩弹塑性应力分布

3. 有支护时的塑性应力

隧道围岩产生的塑性位移要有合适的支护加以控制,在支护反力 P 的作用下,塑性区的应力表达为

$$\begin{cases} \sigma_{rp} = \dfrac{\sigma_c}{\xi-1}\left[\left(\dfrac{r}{R_0}\right)^{\xi-1}-1\right] + P\left(\dfrac{r}{R_0}\right)^{\xi-1} \\ \sigma_{\theta p} = \dfrac{\sigma_c}{\xi-1}\left[\xi\left(\dfrac{r}{R_0}\right)^{\xi-1}-1\right] + P\xi\left(\dfrac{r}{R_0}\right)^{\xi-1} \end{cases} \quad (7-5)$$

塑性区半径为

$$R_p = R_0\left[\dfrac{2}{\xi+1}\dfrac{p_0(\xi-1)+\sigma_c}{\sigma_c+(\xi-1)P}\right]^{\frac{1}{\xi-1}} \quad (7-6)$$

有了支护反力后,巷道洞壁围岩由原来的单向受力($\sigma_r=0$)改善为双向受力,应力状态的改善有助于围岩强度的提高,塑性区减小,塑性位移也会相应减小,从而达到控制塑性位移和防止围岩进一步破坏的目的。

4. 地压特征曲线及其工程适用性评价

由式(7-4)及式(7-6)可建立围岩的地压特征 P-U 关系。式(7-4)中,φ、G、R_0、

p_0、c 为常量，令 $\zeta = \dfrac{\sin\varphi}{2GR_0}\left(p_0 + \dfrac{c}{\tan\varphi}\right)$，则式(7-4)简化为 $U = \zeta R_p^2$，将式(7-6)代入可得

$$U = \zeta R_0^2 \left[\frac{2}{\xi+1}\frac{p_0(\xi-1)+\sigma_c}{\sigma_c+(\xi-1)P}\right]^{\frac{2}{\xi-1}} \tag{7-7}$$

对式(7-7)两边同时取自然对数，得

$$\ln U = \ln\left(\zeta R_0^2\right) + \frac{2}{\xi-1}\ln\left[\frac{2}{\xi+1}\frac{p_0(\xi-1)+\sigma_c}{\sigma_c+(\xi-1)P}\right]$$

化简得

$$P = \frac{2}{(\xi+1)^2}\left[p_0(\xi-1)+\sigma_c\right]\left(\zeta R_0^2\right)^{\frac{1-\xi}{2}} U^{\frac{1-\xi}{2}} - \frac{\sigma_c}{\xi+1} \tag{7-8}$$

因为 R_0 也是常量，可以将式(7-8)写为下面的形式：

$$\begin{cases} P = C_1 U^{C_2} - C_3 \\ C_1 = \dfrac{2}{(\xi+1)^2}\left[p_0(\xi-1)+\sigma_c\right]\left(\zeta R_0^2\right)^{\frac{1-\xi}{2}} \\ C_2 = \dfrac{1-\xi}{2} \\ C_3 = \dfrac{\sigma_c}{\xi+1} \end{cases} \tag{7-9}$$

式(7-8)是在均布外荷载及圆形断面隧道条件下获得的弹塑性理论解，其表述的围岩地压特征关系对定性理解围岩与支护共同作用具有重要的理论意义，长期以来一直被隧道工程领域作为支护设计的基础理论之一，但在实际工程应用中存在以下诸多局限性。

(1)实际工程问题中，作为外荷载的初始地应力通常不是各向等压状态，尤其是地质构造发育条件下岩体初始应力分布往往十分复杂，P-U 关系无法通过解析法获得且上述关系式不可能直接推广应用于非均布初始应力状态下的隧道开挖问题。

(2)在式(7-1)~式(7-6)的推导中，采取直接施加支护反力 P 的方法。该方法无法反映围岩与支护结构的相互作用及开挖施工工序引起的支护结构受力(支护

反力)的变化。

(3)上述 $P\text{-}U$ 关系为平面应变条件下的解析结果，无法反映隧道开挖的施工过程、空间效应及隧道轴向主应力(中间主应力、高轴向水平初始地应力条件下可能是最大主应力)的影响。

以某隧道施工开挖为例，对上述弹塑性理论解的合理性进行分析，计算条件及参数如下。

隧道半径 7.5m；

围岩参数：E_r=5.1GPa，v_r =0.22，c_r=1.6MPa，φ_r =22°；

衬砌参数：实体单元，厚 1m，E_s=28GPa，v_s =0.2；

荷载：竖向压力 20MPa，水平压力 20MPa。

计算结果如图 7-3 所示。结果显示，尽管在相同计算模型和计算参数条件下，理论解与数值解表现出一定的位移滞后特征。显然，二者的差异是由解析解未能反映隧道开挖过程、围岩与支护结构相互作用所致。实际工程中，岩体及支护结构的位移包含：①隧道当前开挖步段卸载引起的瞬态弹塑性位移(非完全卸载状态)；②后续开挖步段卸载引起的瞬态弹塑性位移；③岩体或支护结构的流变性引起的随时间变化的位移；④支护结构拱效应产生的增阻对围岩位移的强化式抑制作用。

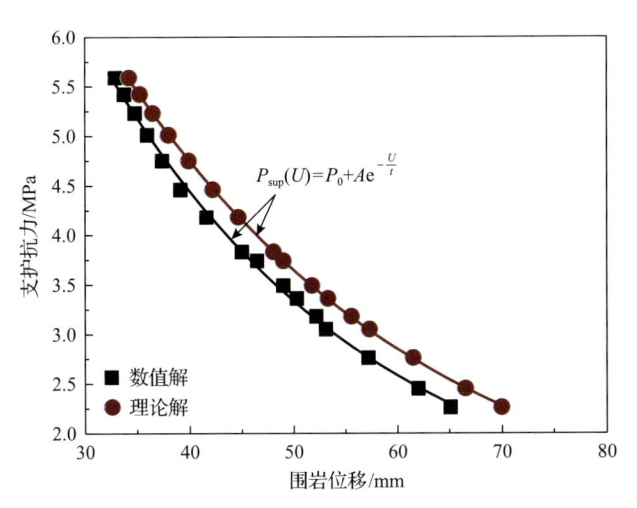

图 7-3 $P\text{-}U$ 关系曲线理论解与数值解对比

相比较而言，理论解直接将支护抗力施加于隧道开挖面而未能反映围岩与支护结构的相互作用、岩体及支护结构的流变性，FEM 数值模拟结果较完整地反映了隧道开挖过程、围岩与支护结构的相互作用及支护结构刚度特性的变化和影响(未包含流变性问题)。因此，理论解无法反映隧道施工过程及支护的本质特性，所得位移结果比实际位移偏大。

基于数值解和理论解，隧道开挖地压特征 P-U 关系可用指数函数统一表达为

$$P_{\sup}(U) = P_0 + A\mathrm{e}^{-\frac{U}{t}} \tag{7-10}$$

函数由两部分叠加构成，第一部分为 P_0，当工程地质条件、地应力状态、隧道几何及结构条件确定时，P_0 为常数；第二部分为以位移为负指数关系的非线性变化项，随 U 的增大呈负指数减小。

考察式(7-10)，当 $U=0$ 时，$P_{\sup}(U) = P_0 + A$，即若使围岩位移控制为零，则需要施加的支护抗力为 $P_0 + A$；当 $P_{\sup}(U) = P_0$ 时，$U \to \infty$，换言之，当支护抗力小于一定值时，将无法控制围岩的变形，从而无法保证围岩的稳定性。

实际工程中，P-U 关系受隧道几何特征(断面形状)、岩体物理力学性质、地应力等多因素的复杂影响，通常需要进行现场试验，采用数理统计回归分析的方法建立相关关系，大多数工程不具备试验的现场技术或经济条件。根据式(7-10)所确定的 P-U 关系类型，即可通过 FEM 数值模型或有限点现场试验建立符合特定工程开挖卸载地压特征的 P-U 关系，用于计算和预测围岩位移和隧道支护结构抗力计算。

7.1.2 基于三维数值方法的地压特征曲线建立

上述从各向等压圆形隧道弹塑性理论获得的 P-U 关系曲线尽管在工程应用中还存在一定的局限性，但岩石隧道开挖卸载位移与支护抗力的定性关系显示，允许围岩一定程度释放初始应力可有效改善支护结构受力，利于结构稳定。

由于 P-U 关系受隧道几何特征、岩体物理力学性质、地应力等多因素的复杂影响，实际工程中无法事前获得其定量表达式，同时对于支护结构，支护抗力的概念难以全面反映结构的强度及稳定性，本章将从支护结构强度及稳定性出发建立支护结构等效应力与隧道表面位移的相关关系。对于给定的工程地质条件、水文地质条件、原岩应力状态、隧道几何参数、支护结构设计参数(初步确定支护参数)等，采用三维 FEM 模拟隧道开挖过程及不同初始地应力释放率下进行永久支护，获得相应条件下支护结构等效应力及隧道表面位移，建立支护结构等效应力与隧道表面位移的相关关系，具体流程如图 7-4 所示。与通常意义下的 P-U 曲线相比，该关系曲线以结构等效应力和隧道表面位移为基本变量，有针对性地描述了支护结构强度及稳定性、隧道容许变形量和安全间隙问题，可以直接从结构强度稳定性和位移稳定性两方面综合施工工艺设计理论。同时，该方法以三维 FEM 数值模拟为基础，适用于任意复杂地质条件、荷载条件、隧道几何条件、支护方式，对任意岩石隧道工程可直接推广应用。

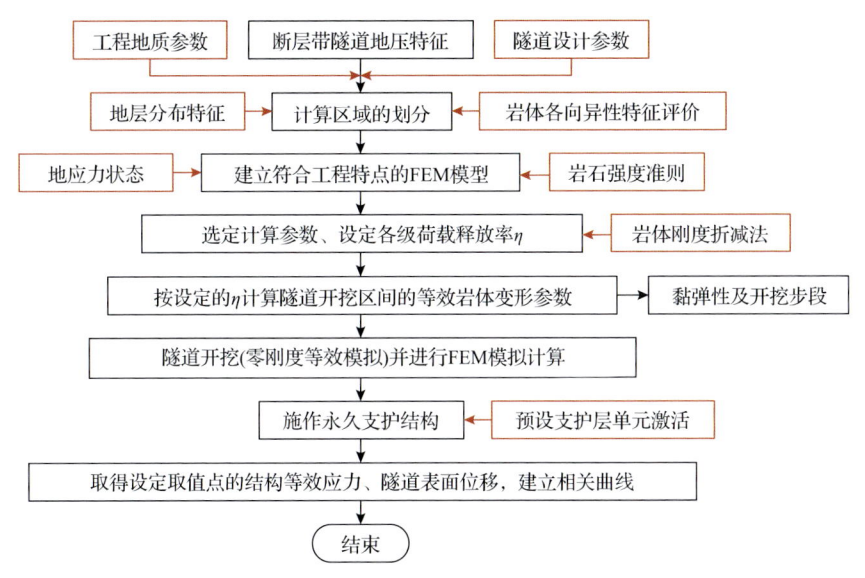

第 7 章 断层构造区围岩地压特性及其合理支护方式

图 7-4 支护结构等效应力-位移关系建立流程

不失一般性，根据以往研究成果，为避免尺度效应，取数值模型几何尺寸为：长 150m、宽 85m、高 55m，隧道最大宽度 15m，最大高度 11m，破碎带厚度 15m，如图 7-5 所示。

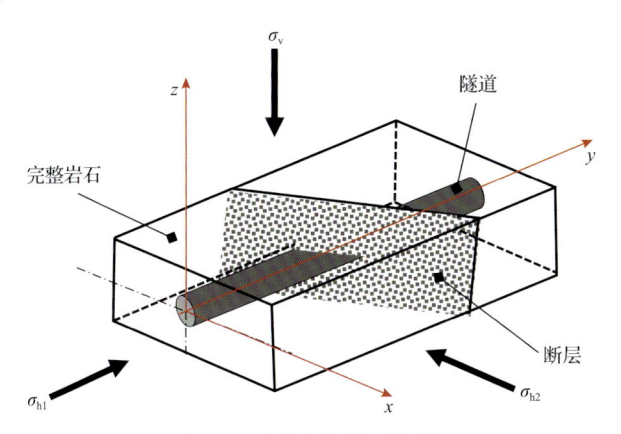

图 7-5 隧道穿越断层带模型

荷载：自重，竖向地应力 σ_v =10MPa，水平向地应力 $\sigma_{h1} = \sigma_{h2}$ = 20MPa；
破碎带参数：ρ_j=2400kg/m³，E_j=1.5GPa，ν_j=0.3，c_j=1.6MPa，φ_j=22°；
破碎带两侧围岩参数：ρ_r=2680kg/m³，E_r=15GPa，ν_r=0.2，c_r=7.5MPa，φ_r=35°；
支护参数：厚 0.6m，E_s=28GPa，ν_s=0.2；
边界条件：底面约束三向位移，其余各面约束法向位移。
采用莫尔-库仑强度准则。

不同应力释放率对应的支护结构应力和围岩位移如表 7-1 和图 7-6 所示。

表 7-1 不同应力释放率下支护结构应力与围岩位移

应力释放率	支护结构应力/MPa		围岩位移/mm			
	最大值	最小值	最大总位移	顶板最大下沉位移	底板最大上浮位移	两帮最大水平位移
0.1	41.31	1.990	58.08	20.32	35.25	57.98
0.2	40.03	1.902	58.19	20.39	35.34	58.10
0.3	38.51	1.804	58.33	20.48	35.50	58.24
0.4	36.68	1.692	58.49	20.59	35.64	58.41
0.5	34.45	1.554	58.71	20.72	35.77	58.62
0.6	31.65	1.382	58.99	20.90	35.93	58.91
0.7	28.42	1.057	59.38	21.23	36.13	59.03
0.8	24.66	0.654	59.99	22.16	36.40	59.91
0.9	19.45	0.285	61.53	24.46	37.31	61.45

(a) 围岩最大总位移与衬砌最大应力的关系

(b) 顶板最大下沉位移与衬砌最大应力的关系

(c) 底板最大上浮位移与衬砌最大应力的关系

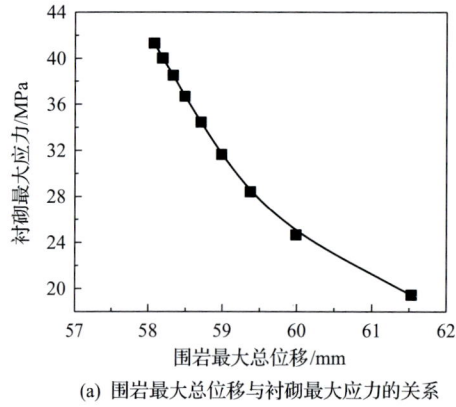

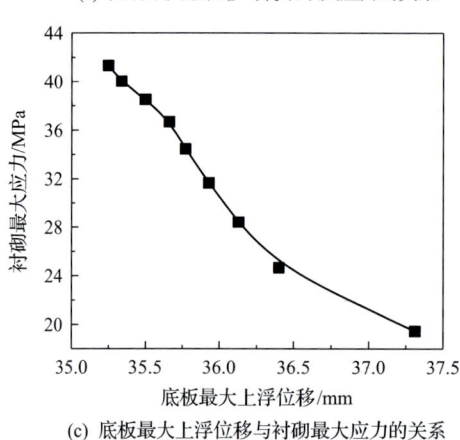

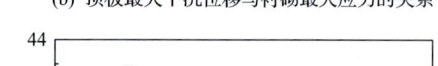

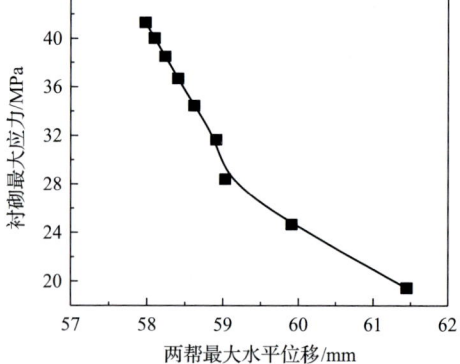

(d) 两帮最大水平位移与衬砌最大应力的关系

图 7-6 围岩最大位移与衬砌最大应力的关系

从表 7-1 可以看出，随着应力释放率的增大，即随着支护施作时间的延后，衬砌结构受力逐渐减小，应力释放率从 0.1 升至 0.9 时，最大应力从 41.31MPa 降至 19.45MPa，结构受力得到明显改善，但相应地，围岩位移呈增大趋势，顶板最大下沉位移、底板最大上浮位移和两帮最大水平位移均随应力释放率的增大而增大。从图 7-6 可以看出，随着围岩位移的增大，衬砌最大应力逐渐减小，但图中曲线斜率随着位移的增大而逐渐减小，即应力释放率增大到一定程度之后，围岩位移增长较快，而衬砌应力减小相对较慢，此时结构受力的改善已不明显，围岩位移陡增呈不利状态，通过计算模拟，可以找出衬砌应力与围岩位移之间的关系，为设计与施工提供依据。

7.1.3 地质因素对地压特征曲线的影响

1. 破碎带岩体刚度特性的影响

从上述研究结果可知，断层构造的存在导致应力场的非均匀分布和隧道开挖卸载位移的局部化，而且局部化程度随介质刚度比的不同而变化，从而势必影响到岩体的 P-U 关系、支护结构受力及隧道表面位移。

本节以 7.1.2 节所列的三维 FEM 模型为基础，对 E_j/E_r 分别为 0.20、0.30、0.35、0.40、0.50 条件下隧道不同应力释放率时支护结构应力及位移状态进行模拟，研究破碎带岩体刚度特性的影响。

隧道顶板、底板及两帮支护结构抗力与表面位移的关系如图 7-7～图 7-9 所示。

由图 7-7～图 7-9 可知：

(1) 在一定的荷载作用下，当 E_j/E_r 逐渐增大时，表面位移逐渐减小，且减小速率逐渐增大，可见断层破碎带对隧道开挖变形有较大的影响。同时，在变形相同的情况下，E_j/E_r 越大，其对应的等效应力越小。

(2) 在一定的破碎带岩体刚度下，隧道的表面位移与水平荷载呈正相关关系，即外部荷载的增加加剧了隧道开挖变形。在施工过程中，应对外部荷载的干扰予以重视。

(3) 比较隧道底板、顶板、两帮的表面位移，可以发现隧道底板发生的变形最大，在施工中应加强底板变形的控制。

2. 初始应力场的影响

以 E_j/E_r=0.20（其余条件同上）的 FEM 计算为例，不同外荷载条件下隧道顶板、底板及两帮支护结构等效应力与表面位移的关系如图 7-10 所示。

从图 7-10 可见，当外荷载逐渐增大时，位移和应力都有增大的趋势，因此在施工中对隧道围岩的外荷载应实时把握，以避免发生应力和位移突变的问题。

(a) 水平荷载10MPa

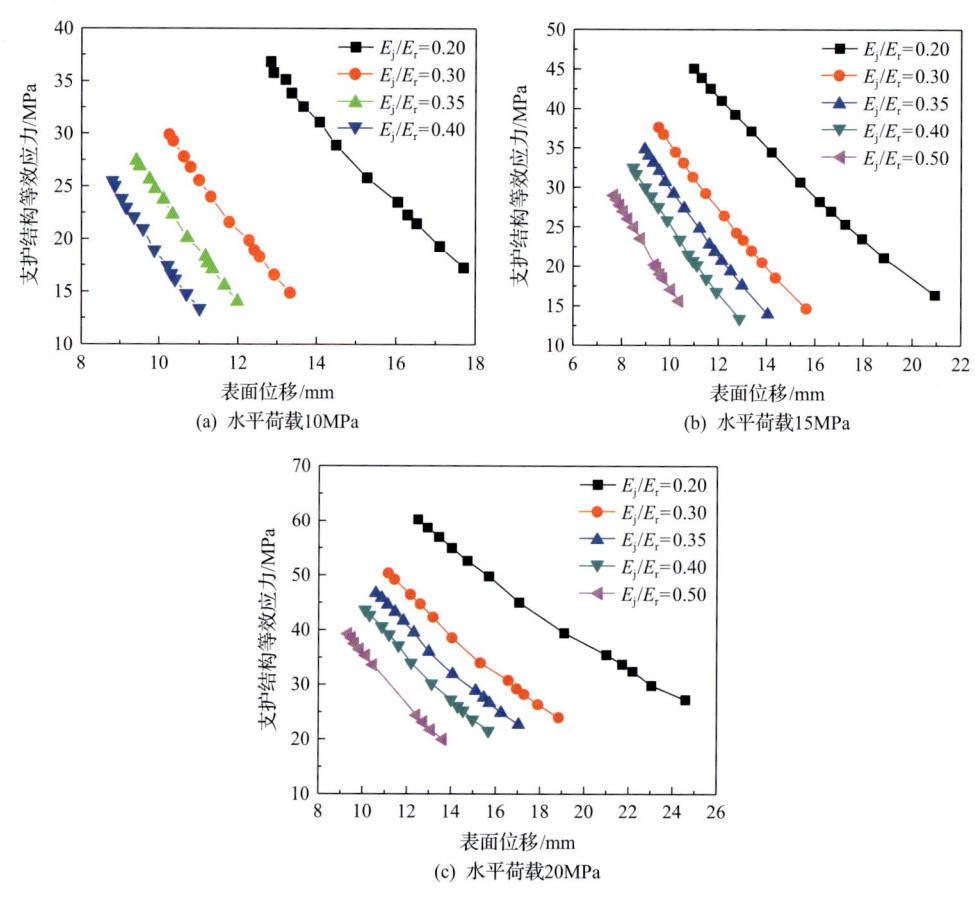

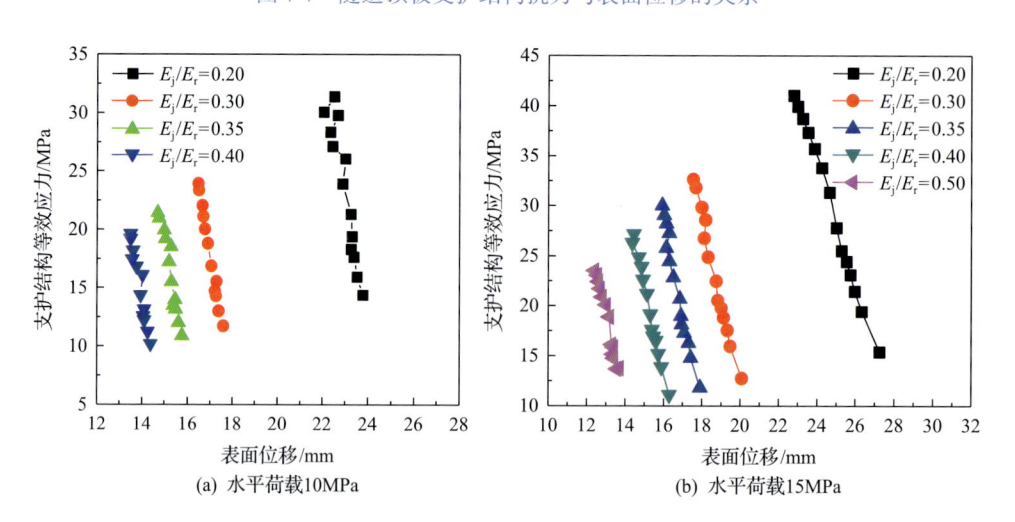

(b) 水平荷载15MPa

(c) 水平荷载20MPa

图 7-7　隧道顶板支护结构抗力与表面位移的关系

(a) 水平荷载10MPa

(b) 水平荷载15MPa

(c) 水平荷载20MPa

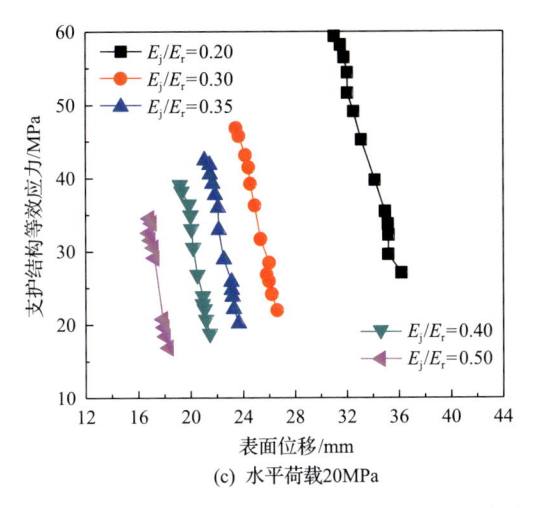

图 7-8　隧道底板支护结构抗力与表面位移的关系

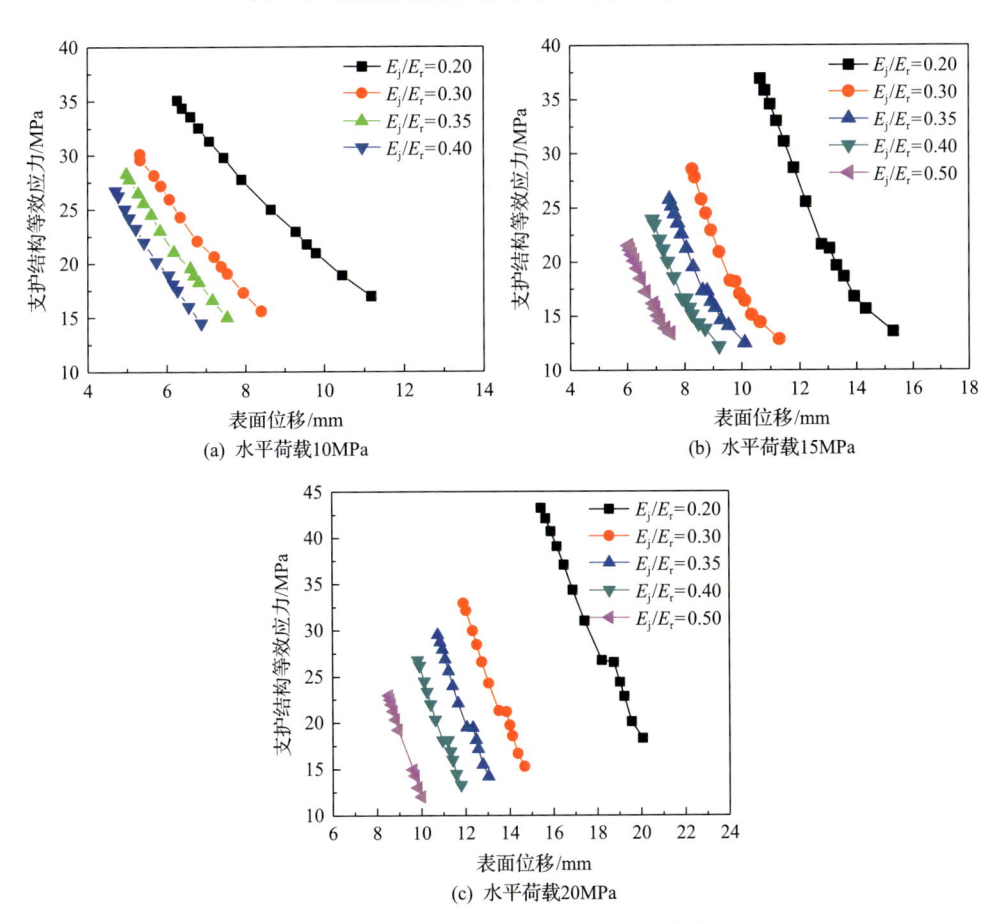

(a) 水平荷载10MPa

(b) 水平荷载15MPa

(c) 水平荷载20MPa

图 7-9　隧道两帮支护结构抗力与表面位移的关系

(a) 顶板

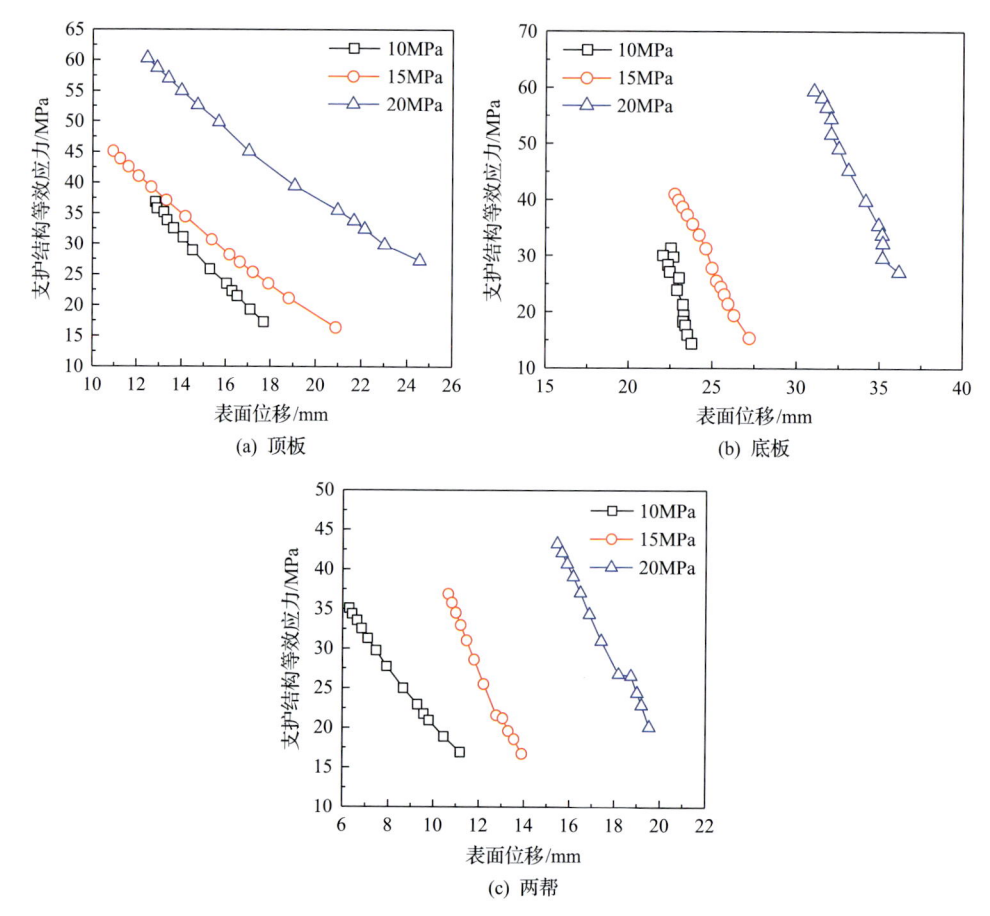

(b) 底板

(c) 两帮

图 7-10　不同外荷载条件下隧道支护结构抗力与表面位移的关系

7.1.4　隧道围岩及支护结构卸载位移特性

大量研究显示，隧道开挖卸载后围岩具有"定变形"特性。岩体失稳破坏前，围岩支护特性曲线只与围岩物理力学性质相关，与支护结构抗力无关。隧道开挖后，适当容许围岩变形、释放应力后再进行永久支护，可以有效甚至显著降低支护结构受力，从而有效避免支护结构因强度超限引起的失稳破坏。采用图 7-5 所示的数值模型，对隧道开挖卸载过程围岩及支护结构位移特性进行模拟分析，结果如图 7-11～图 7-13 所示。

图 7-11 结果显示：

(1) 随应力释放率的增大，围岩卸载位移呈指数函数增大。在应力释放率小于 0.6 范围内，顶板围岩下沉位移缓慢增大，但应力释放率增大到一定程度（大于 0.6）之后，位移增大速度陡增，即在较大应力释放率情况下，少量的应力释放率增加

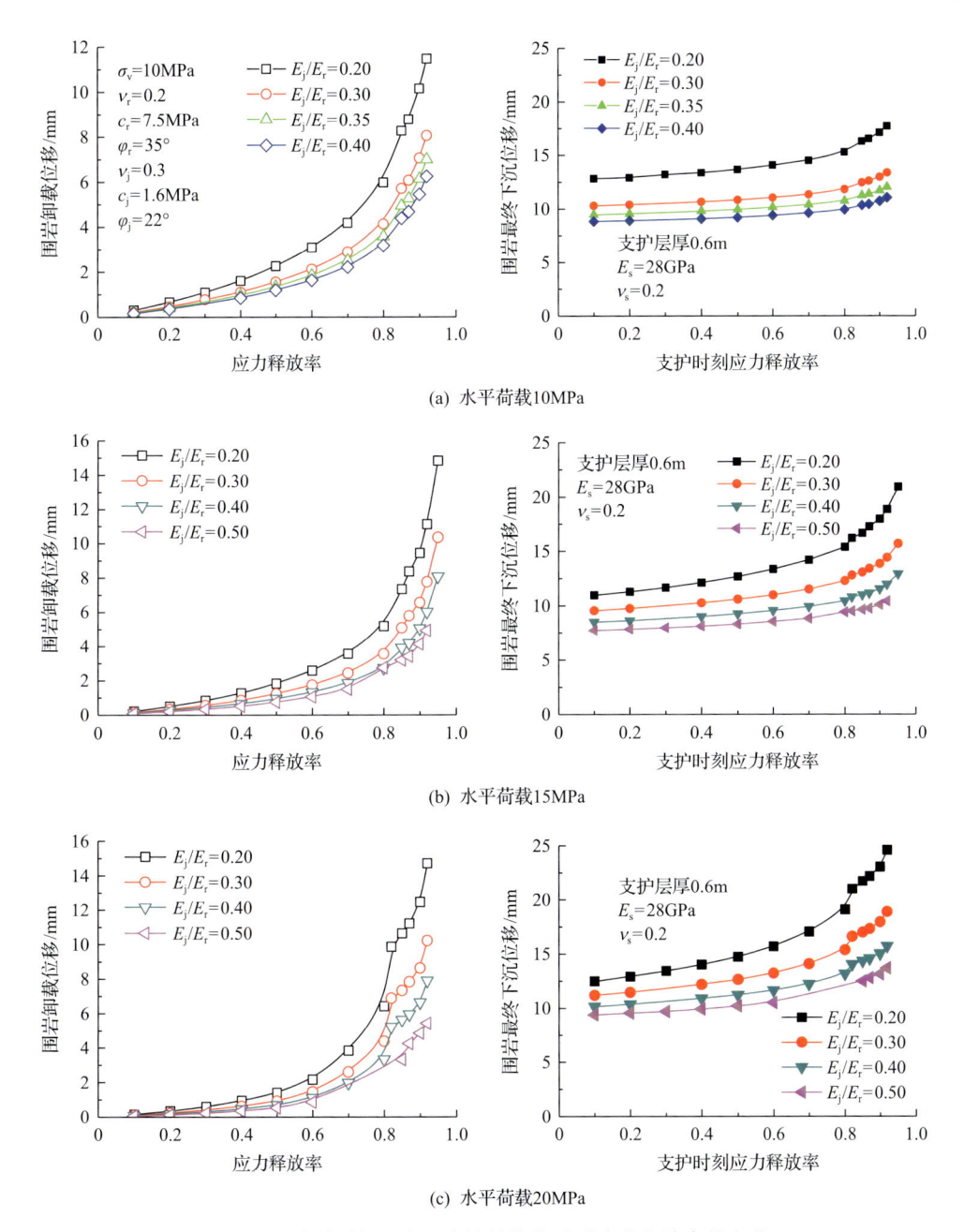

第 7 章 断层构造区围岩地压特性及其合理支护方式

图 7-11 隧道顶板围岩及支护结构位移随应力释放率的变化

会引起较大的位移增量。

(2) 在相同应力释放率条件下，隧道顶板下沉位移随水平荷载增大而增大，随 E_j/E_r 的增大而减小，隧道开挖卸载位移在断层区域内呈现显著的局部增大现象，

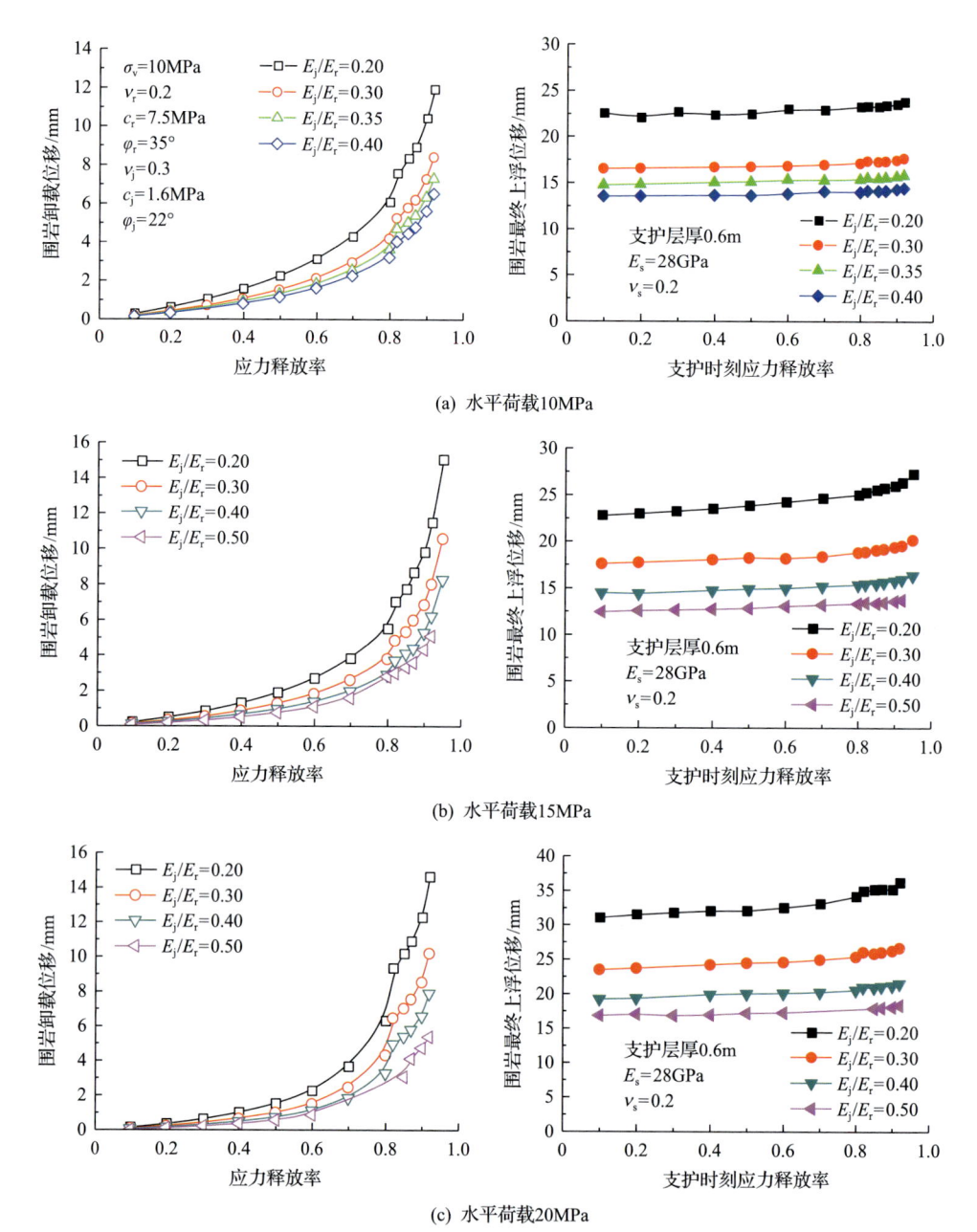

图 7-12 隧道底板围岩及支护结构位移随应力释放率的变化

但水平荷载大小和弹性模量比变化对围岩位移与应力释放率的相关关系函数特征影响甚微。

(3) 对应于不同应力释放率进行永久支护，围岩最终位移同样呈现指数函数的变化规律。在应力释放率小于 0.6 时进行永久支护，顶板围岩最终下沉位移近似

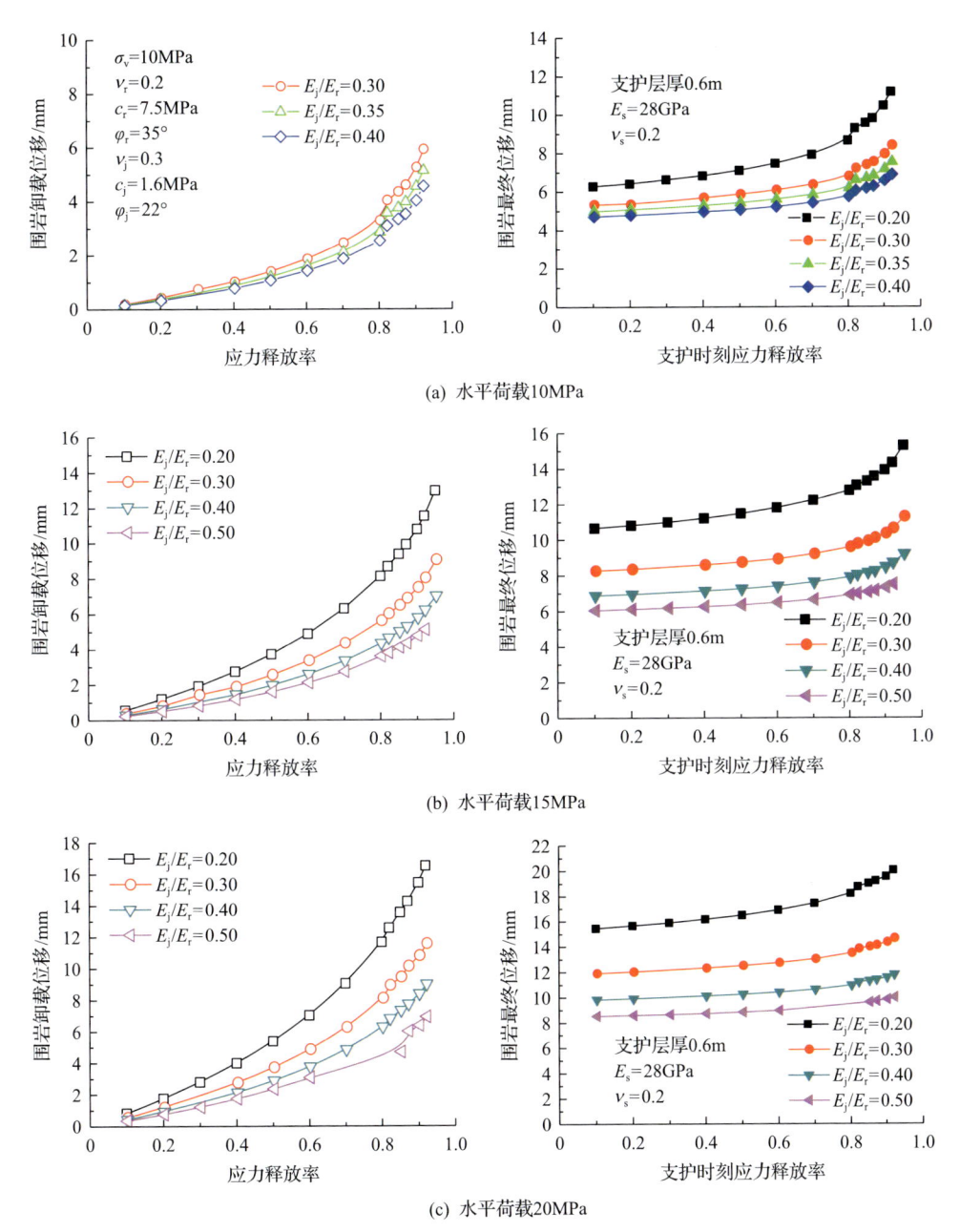

图 7-13 隧道两帮围岩及支护结构位移随应力释放率的变化

呈现线性微小变化；在应力释放率大于 0.6 后进行永久支护，顶板围岩最终下沉位移呈现指数函数急剧增大现象。

(4)在相同应力释放率条件下，随着水平荷载的增大，顶板围岩与支护结构位移均增大，即侧压越大，顶板位移越大，这是由破碎带软弱岩体在较大水平压力作用下向隧道内挤入引起的。

从图 7-12 中可以看出，底板位移变化与顶板位移变化有相似的规律：①随着应力释放率的增大，底板围岩上浮位移逐渐增大，但应力释放率增大到一定程度之后，位移增大速度陡增；②对应不同应力释放率进行隧道永久支护，底板围岩最终上浮位移与顶板变化规律基本相似，但变化率相对平缓；③在相同荷载、相同应力释放率情况下，E_i/E_r 越大，相应的底板围岩位移和结构位移越小；④在相同应力释放率条件下，随着水平荷载的增大，底板围岩与支护结构位移均增大。

从图 7-13 中可以看出，隧道两帮法向位移与顶板位移、底板位移规律相似：①随着应力释放率的增大，两帮围岩法向位移逐渐增大，当应力释放率增大到一定程度之后，位移增大速度增加，但两帮位移曲线曲率变化比顶板和底板位移曲线曲率变化小，几乎没有较大的平台段出现，这是由于两侧结构设计曲率较大，能较好地抵抗侧压力，避免了较大的位移陡增。②对应不同应力释放率实施隧道永久支护，隧道两帮围岩最终水平位移呈现指数型增大，在应力释放率小于 0.6 时进行隧道永久支护，隧道两帮围岩最终水平位移基本呈线性小幅增加；在应力释放率大于 0.6 后进行隧道永久支护，隧道两帮围岩最终水平位移呈指数型快速增大。③在相同荷载、相同应力释放率情况下，E_i/E_r 越大，相应的两帮围岩位移和结构位移越小。④在相同应力释放率条件下，随着水平荷载的增大，两帮围岩与支护结构位移均增大。

7.1.5 应力释放与支护时间优化

由于隧道施工过程的阶段性特征以及岩体（尤其断层带软弱岩体）的流变特性，隧道开挖是一个岩体缓慢卸载和变形的过程。根据前面的研究结果，隧道开挖卸载过程中围岩随应力释放以指数形式产生卸载位移，对应不同的应力释放率实施隧道永久支护，围岩最终位移呈现指数型非线性变化。从工程结构稳定性和围岩位移合理控制的角度综合考虑，施工控制目标为控制施工扰动位移不超限同时最大限度减小支护结构的受力。

不失一般性，将前面研究的支护时刻应力释放率与围岩最终位移相关关系、围岩最终位移与支护结构抗力相关关系按基本相关规律进行定性处理（对不同工程和工程地质问题，曲线的定量关系有差异，但基本函数规律保持不变），对软岩隧道合理支护时间和支护工况进行概要分析。

支护时间及工况优化如图 7-14 所示。由图可知：

(1) 在应力释放率为 0.1（容许释放应力 10%）时进行永久支护，围岩最终位移为 11mm，支护抗力约为 21MPa；在应力释放率为 0.6（容许释放应力 60%）时进行永久支护，围岩最终位移为 13mm，支护抗力为 18MPa；在应力释放率达到 0.9（容许释放应力 90%）时进行永久支护，则围岩最终位移增大至 18mm，支护抗力减小

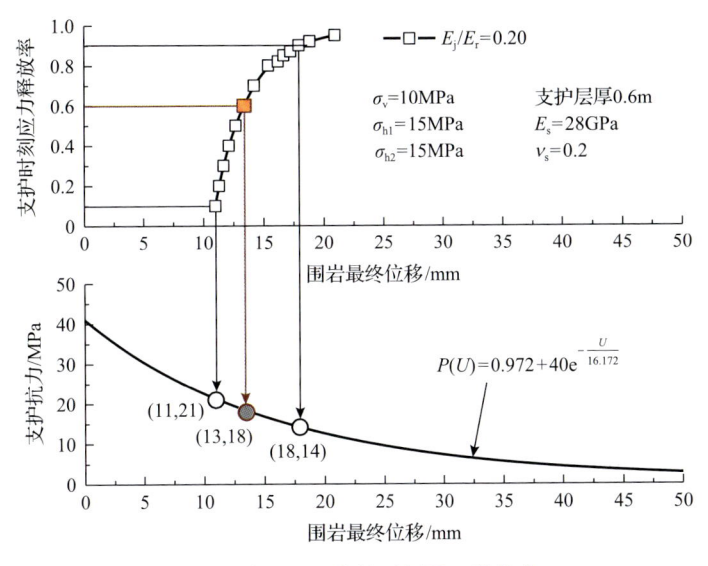

图 7-14 支护时间及工况优化

至 14MPa。

(2) 由于应力释放位移曲线和支护特征曲线的非线性特性,适当延迟进行永久支护,容许围岩在位移与时间关系曲线的近似线性段内产生适量位移,可较大程度上减小支护结构受力,但若支护时间选择不合理,可能导致围岩位移超限。图 7-14 中,容许应力释放 60% 后进行永久支护,围岩最终位移仅增加 2mm,支护抗力减小 3MPa;容许应力释放 90% 后进行永久支护,围岩最终位移增大 5mm,支护抗力仅减小 4MPa。实际工程中,存在位移控制和支护抗力综合平衡优化的应力释放率。

7.2 断层带隧道合理支护方式及其稳定性

7.2.1 隧道支护方式

目前典型的隧道支护主要有钢筋混凝土一次支护、锚喷钢筋混凝土二次支护和超前注浆加钢筋混凝土支护等。钢筋混凝土一次支护在工程造价与施工简便性等方面占有优势,适用于地质条件较好的情况,但对地质条件较差的情况,单一的钢筋混凝土支护往往不能有效控制围岩位移稳定,此时需大量增加支护结构强度与厚度,在结构受力和工程经济方面均不占优势;以新奥法为代表的锚喷钢筋混凝土二次支护在现代隧道施工中广泛应用,具有较高的技术和经济优势;而在断层破碎带区域,由于围岩破碎,力学性质劣化,围岩自稳能力极低,一般长度锚杆不能有效穿越围岩破碎带,形成有效的锚杆拉力以提高围岩稳定性。对于极度破碎的断层破碎带，超前注浆加钢筋混凝土支护虽然经济造价较高，但能有效提高破碎带岩体的整体性，从而提高其自稳能力，改善永久钢筋混凝土支护的受力状态。

7.2.2 典型支护方式比较

以某公路隧道为背景，采用有限元法，对三种典型支护方式进行计算，比较不同隧道支护方式的支护效果，探讨适用于断层破碎带隧道的合理支护方式。拟进行的三种支护方式如下所述。

工况一：钢筋混凝土一次支护。支护施加时荷载弹性释放10%。

工况二：锚喷钢筋混凝土二次支护。开挖后围岩荷载弹性释放30%，然后进行锚喷支护，并加钢筋混凝土支护。

工况三：超前注浆加钢筋混凝土支护。超前注浆层为封闭环，厚度2m，荷载释放10%，之后进行永久钢筋混凝土支护。

1. 计算模型

1) FEM模型

以该隧道工程中最大的300m宽断层破碎带为背景，建立FEM模型，如图7-15所示。模型尺寸如下：长900m（中间破碎带300m），宽100m，高度取值从天然地表至隧道底板以下50m，最大高度320m，隧道断面最大宽度15m、最大高度11m。

(a) 整体模型

(b) 钢筋混凝土一次支护

(c) 锚喷钢筋混凝土二次支护

(d) 超前注浆加钢筋混凝土支护

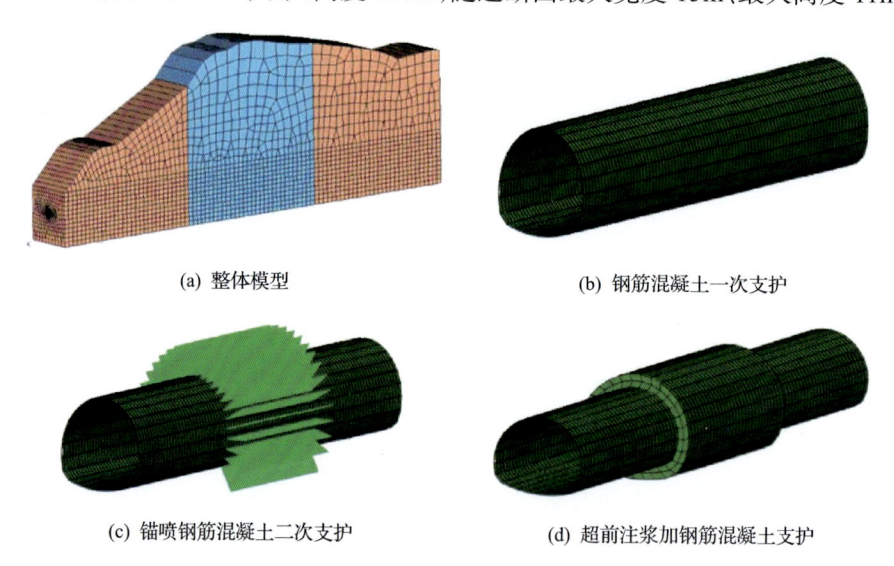

图7-15　某隧道FEM模型

2) 计算方法

在有限元模拟中，隧道的开挖和基坑等其他开挖问题类似，其实质主要是应力的释放。如果没有衬砌的施工，问题就比较简单，只要在建立初始应力之后移除开挖单元即可，但实际工程中，隧道的开挖施工步骤是十分复杂的，涉及灌浆、开挖、衬砌施工等。而在有限元计算中，衬砌等支护结构施工的模拟尤其重要，特别是衬砌单元激活的时机。若在开挖区域单元移除之前激活衬砌单元，则不符合真实工程中的施工顺序，衬砌施工时岩体应力已有所释放；而若在开挖区域单元移除之后激活衬砌单元，则应力早已完全释放，衬砌起不到支撑的作用。有两种方法可以解决这一问题。

(1) 衬砌施工前，将开挖区域单元的弹性模量降低，以不同的降低百分比来依次模拟应力释放效应。

(2) 首先将开挖面上的节点施加约束，得到与初始应力平衡的节点力，然后放松约束，将节点力加到相应节点处，并让节点力随时间递减，当减小到某一程度时(如30%~40%)激活衬砌单元，再衰减余下的荷载。

由于实际工程中围岩处于三维受力状态，隧道开挖后围岩的应力改变也是一个三维受力状态的变化，其主应力大小与方向都将发生改变，简单将各应力分量按一定百分比进行调整不能模拟这种三维受力状态的改变，故采用第一种方法进行模拟计算。

3) 模型计算参数

荷载：按回归分析所得地应力1.24倍自重、x向水平地应力20.4MPa、z向水平地应力22.2MPa、τ_{xy}=0.13MPa、τ_{yz}=1.2MPa、τ_{xz}=0.33MPa。

边界条件：底面约束三向位移，其余各侧面约束法向位移，地表自由。

本构模型：岩体采用符合莫尔-库仑强度准则的弹塑性本构模型。

破碎带岩体参数：ρ_j=2400kg/m³，E_j=5.1GPa，v_j=0.38，c_j=3.25MPa，φ_j=32°。

破碎带两侧围岩参数：ρ_r=2680kg/m³，E_r=11.29GPa，v_r=0.27，c_r=7.6MPa，φ_r=45.2°。

三种工况的支护结构参数：①钢筋混凝土一次支护，衬砌混凝土厚0.6m，E_s=28GPa，v_s=0.2；②锚喷钢筋混凝土二次支护，锚杆间距0.6m×0.6m、长4m、直径25cm、E_c=206GPa、v_c=0.3，衬砌混凝土厚0.6m，E_s=28GPa、v_s=0.2；③超前注浆加钢筋混凝土支护，衬砌混凝土厚0.6m，E_s=28GPa、v_s=0.2，注浆层岩体E_r=21GPa、v_r=0.24、c_r=3.25MPa、φ_r=32°。

2. 计算结果比较分析

三种支护方式的支护结构应力与隧道最终位移计算结果如图7-16~图7-18所示，其中支护结构较长且受力基本对称，以半结构显示。可以看出，断层带位置的变形和应力是隧道施工中的薄弱位置，破碎带区域支护结构的最大应力比两侧普通围岩区域支护结构最大应力大一个数量级，破碎带区域围岩最大位移比两侧普通围岩区域最大位移大 10mm 以上，因此必须采取相应的支护方式予以加强。衬砌最大应力出现在两侧曲墙根部，对于锚喷支护结构，出现最大应力的锚杆也在该部位，在该处出现最大应力主要是由隧道断面形状造成的，该隧道断面最大曲率部位为两侧曲墙，最小曲率部位为仰拱，两者交接区域为曲率改变最大部位，容易出现应力集中现象。

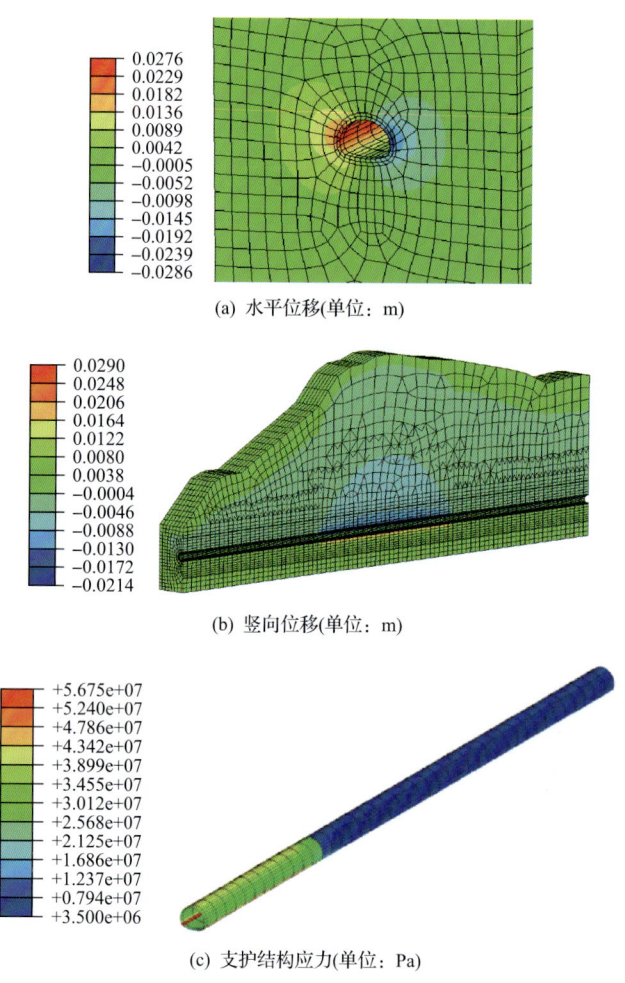

(a) 水平位移(单位：m)

(b) 竖向位移(单位：m)

(c) 支护结构应力(单位：Pa)

图 7-16　钢筋混凝土一次支护计算结果

采用三种支护方式计算所得的围岩最大位移比较如图 7-19 所示，支护结构(衬砌)最大应力比较如图 7-20 所示，锚喷支护的锚杆最大应力 266.5MPa 未在比较之中。

从三种支护方式来看，钢筋混凝土一次支护、锚喷钢筋混凝土二次支护的支护效果较接近，隧道最大支护应力分别为 56.75MPa、52.10MPa，最大水平位移分

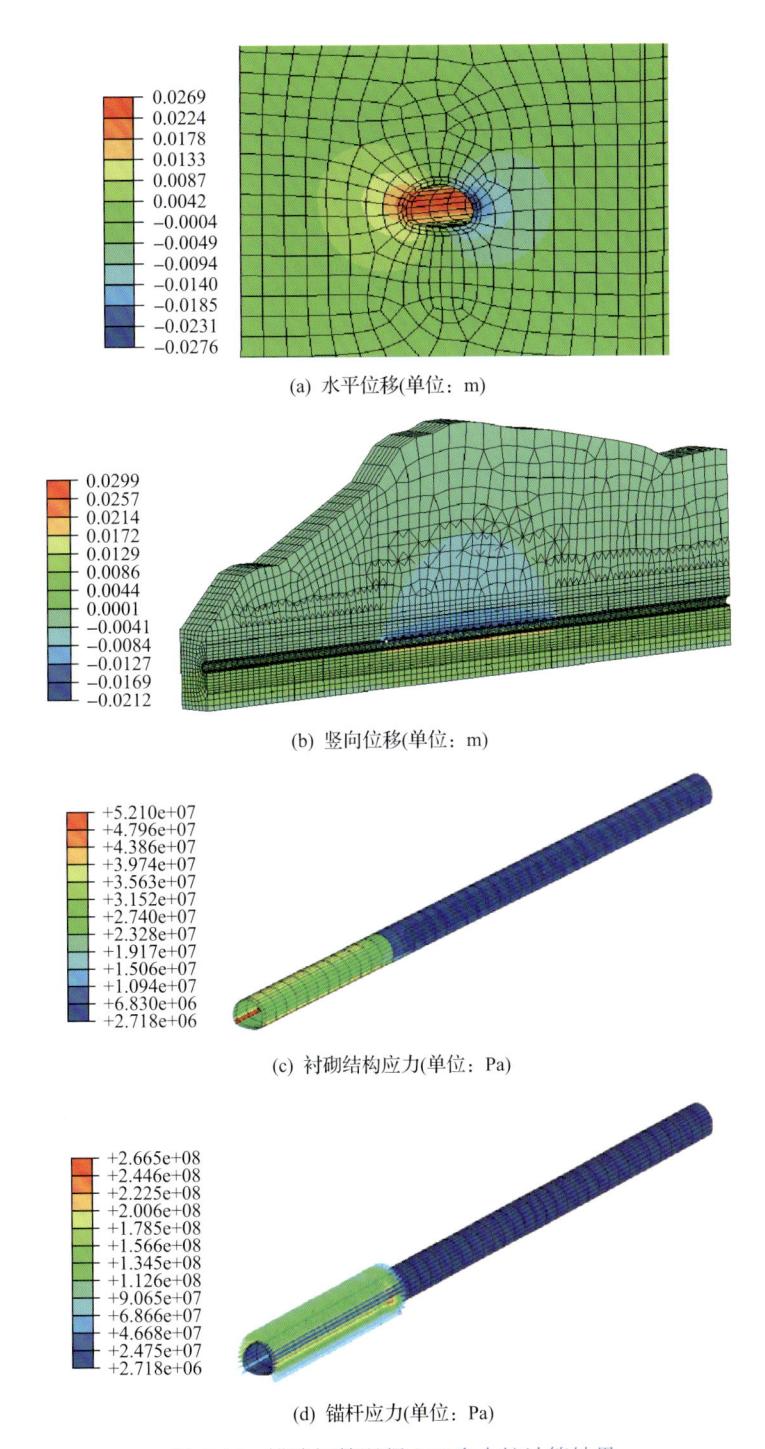

第 7 章　断层构造区围岩地压特性及其合理支护方式

(a) 水平位移(单位：m)

(b) 竖向位移(单位：m)

(c) 衬砌结构应力(单位：Pa)

(d) 锚杆应力(单位：Pa)

图 7-17　锚喷钢筋混凝土二次支护计算结果

(a) 水平位移(单位: m)

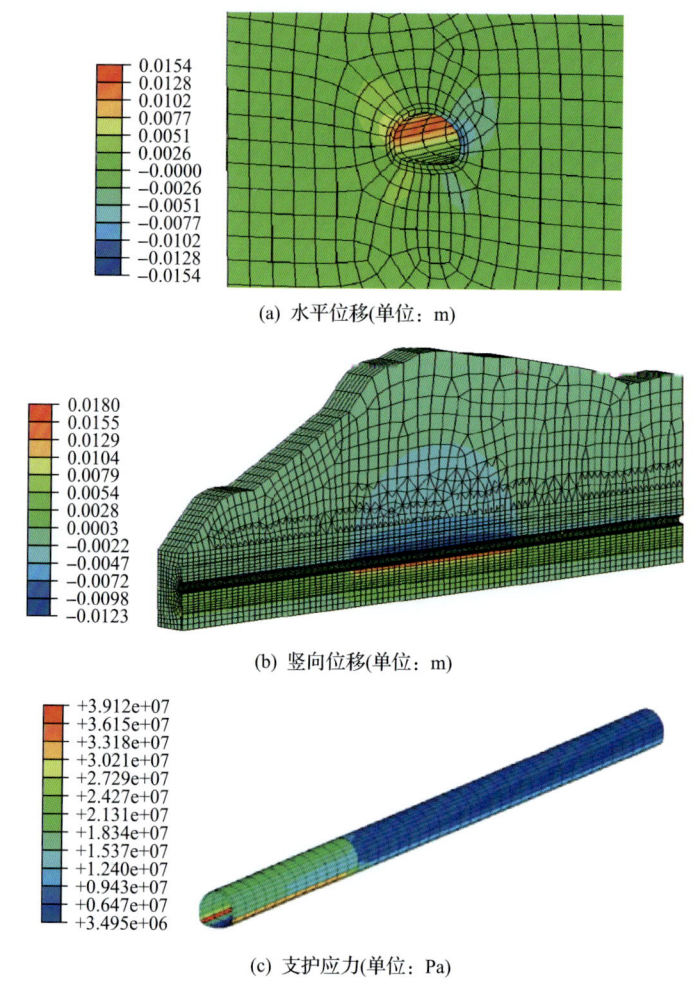

(b) 竖向位移(单位: m)

(c) 支护应力(单位: Pa)

图 7-18　超前注浆加钢筋混凝土支护计算结果

别为 27.6mm、26.9mm，最大竖向位移分别为 29.0mm、29.9mm。锚喷支护所依靠的锚杆作用在位移控制中不明显，主要是因为破碎带力学性质极度劣化，围岩塑性区范围较大，4m 长锚杆能有效将应力传递到塑性区以外围岩中，且锚杆对局部块体围岩的加固作用在计算中未能体现，故在有限元模拟中其位移控制效果比工程实际中小，但其对衬砌结构受力的改善还是有所体现的。超前注浆加钢筋混凝土支护的效果最好，隧道的最大支护应力仅为 39.12MPa，最大水平位移、最大竖向位移分别为 15.4mm、18.0mm。因此，针对断层带隧道的施工，在条件允许的情况下，优先考虑超前注浆加钢筋混凝土支护的措施。

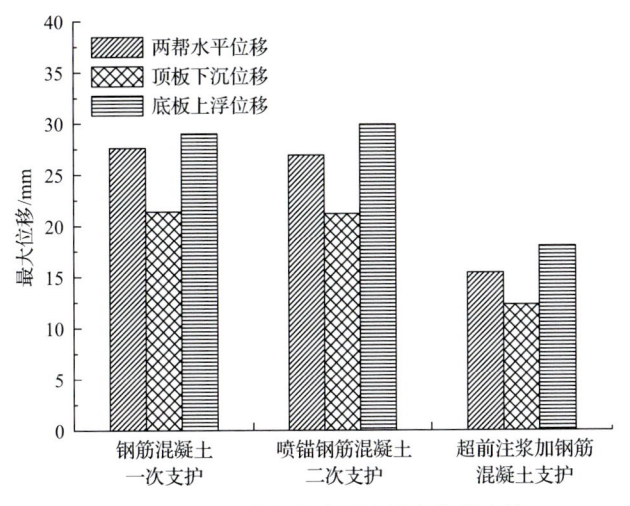

图 7-19　三种支护方式围岩最大位移比较

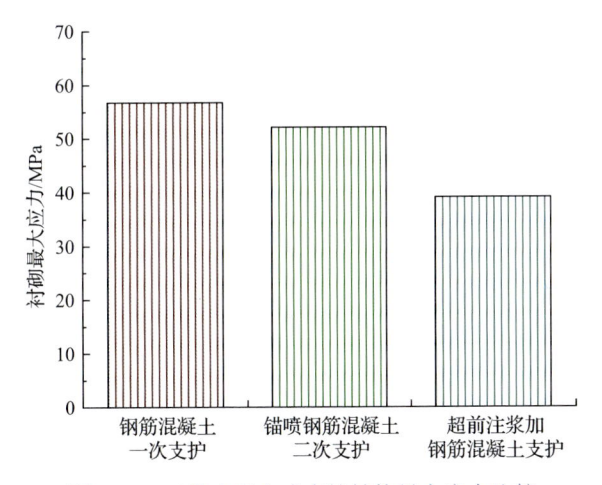

图 7-20　三种支护方式支护结构最大应力比较

7.3　穿越断裂带隧道施工工艺的最优化及应用

7.3.1　传统围岩与支护共同作用理论及适用性

另一种确定围岩作用于支护结构荷载的方法是基于岩石介质与支护体系相互作用的耦合计算方法。该方法的基本设想由 Fenner 于 1938 年首先提出，1965 年被 Rabcewicz 应用到隧道工程实践中。这种方法就是现代隧道施工采用的新奥法的基础，其原理可以通过地压特征曲线和支护作用曲线来阐述。假设有一个圆形的地下洞室，在静水压力作用下，岩体为弹性/脆-塑性，洞室顶板的内压（无量纲化)可根据莫尔-库仑屈服准则得到：

$$P_s = \frac{\sigma_0}{\xi+1}\left(2-\frac{\sigma_c}{\sigma_0}\right)\left(\frac{R}{R_p}\right)^{\zeta-1} + \left[1-\left(\frac{R}{R_p}\right)^{\zeta-2}\right]\frac{\gamma R}{\sigma_0}\frac{1}{\zeta-2} \quad (7\text{-}11)$$

式中，P_s 为支护结构提供的内部压力；σ_0 为地应力；$\xi = \dfrac{1+\sin\varphi}{1-\sin\varphi}$，$\zeta = \dfrac{1+\sin\varphi^*}{1-\sin\varphi^*}$；$\sigma_c$ 为岩体单轴抗压强度；R 为洞室半径；R_p 为弹塑性边界半径；γ 为岩石容重，φ 为未扰动岩体的内摩擦角，φ^* 为塑性化岩体的内摩擦角。

式(7-11)由两部分组成，第一部分是洞室围岩变形引起的变形地压，第二部分由塑性区的松散岩体重量引起。地压-支护作用特征曲线如图 7-21 所示，从上述表达式可知 F_{tgp} 是一个单调递减的函数，F_{gr} 是一个单调递增的函数。从图示地压作用原理可知，支护结构应该在 F_r 达到最小值前安装以利于围岩稳定。支护结构承担的荷载是地压特征曲线和支护作用曲线的交点，支护结构上的荷载由于其约束周围岩体向内发生位移而产生。通过支护作用曲线和地压特征曲线的交点可以找到相应的支护荷载。

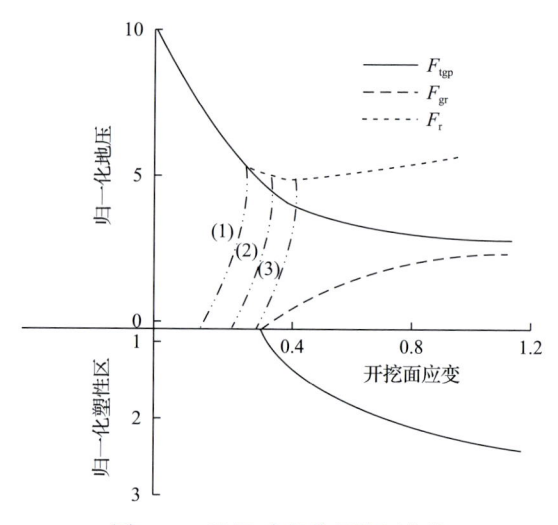

图 7-21 地压-支护作用特征曲线

上述地压-支护作用关系的理论意义明确，但在工程使用中不可避免地将面临一系列问题。

(1)地压特征曲线事前无法确知。

(2)支护作用曲线与材料参数、结构形式甚至几何形状相关，通常需进行围岩与支护相互作用的相关计算得出，事前难以确知。

(3)从围岩地压特征曲线中无法把握永久支护施作时间。

(4)迄今大多数情况下,采用围岩及隧道表面位移监测确定永久支护实施时间,但由于地压特征曲线及支护结构刚度特性的不确定性,监测位移缺乏准确的参考值而具有较大的盲目性。

基于上述基础原理,同时为克服围岩与支护相互作用理论在工程应用中的缺点,在工程实践和不断研究积累中形成和发展了新奥法,其工艺流程如图 7-22 所示。

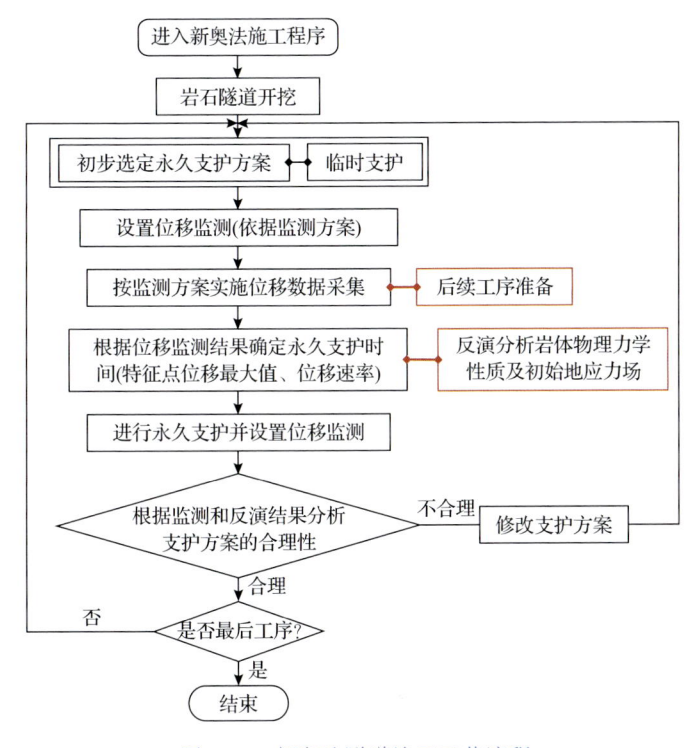

图 7-22 新奥法隧道施工工艺流程

新奥法将理论地压特征、施工过程位移监测信息、闭环反馈优化原理综合应用于隧道施工方法及其稳定性控制,可以有效地避免纯理论分析结果与实际工程问题的差异,使支护理论、方式和工艺过程更接近实际情况,但是新奥法在实施中仍然存在问题,如表 7-2 所示。

新奥法体现了对地质等不确定因素的充分考虑,以现场监测信息为依据,采用闭环反馈分析方法逐步修正支护方式和施工方案从而指导隧道施工、保障隧道施工过程的稳定性,与传统矿山法隧道施工相比具有良好的可控性和实用科学性。因此,新奥法在矿山法隧道工程施工中得到比较广泛的应用。

随着施工技术的进步和对隧道工程稳定性定量预控要求的不断提高,新奥法

表 7-2　新奥法在实施中存在的问题

序号	新奥法施工工序	存在的问题和不足
1	开挖后设置位移监测	无法获得当前步段开挖引起的瞬态弹性位移
2	根据位移监测结果确定永久支护实施时间	①围岩地压特征曲线的不确定性，难以事前确定最佳支护工况点； ②支护作用曲线受材料物理力学性质、结构几何特征等多种因素影响，事前无法确知； ③定量评价依据含糊且不可避免受人为因素影响
3	进行永久支护施工并设置位移监测	从位移监测结果中无法获得当前开挖步段岩石瞬态弹性位移且缺乏修正方法
4	进行后续工序施工的同时进行位移监测	①根据当前施工步段位移监测结果难以推断位移的延续时间及其位移速度； ②根据位移监测结果难以确定围岩荷载释放率
5	根据监测结果闭环反馈分析后续支护的稳定性，研究支护方案的合理性	①由于无法获知围岩荷载释放率，支护结构位移及其稳定性难以准确评价； ②基于监测结果的稳定性评价为事后评价，对当前步段支护结构质量状态已无法逆转而仅能采取补救措施

越来越显示出如表 7-2 所述的问题：①控制目标不够具体且难以定量；②从位移监测结果中无法获得当前开挖步段岩石瞬态弹性位移且缺乏修正方法；③无法定量优化永久支护实施时间；④无法获知实施永久支护时围岩荷载释放程度从而难以预测永久支护结构的强度和位移稳定性。实质上，新奥法是一种缺乏明确目标函数的过程控制、事后修正的施工方法，其工程结构的保守性或事后补救在所难免。

7.3.2　基于支护结构强度和变形综合优化的支护理论及施工工艺

对隧道工程而言，其总体技术目标是在设计方案及技术指标的指导下实现施工过程安全及支护结构的长期稳定性(满足结构强度要求、隧道周边位移不超限)。因此，好的隧道施工方法应该是在总体技术目标预控下，以现代计算技术、监测技术、反馈分析技术为基础的施工过程修正，实现施工安全和结构稳定。本章在充分理解新奥法隧道施工理念及其实质的基础上，基于支护结构强度及位移控制综合优化理念建立更具实用性的施工理论体系及其工艺流程。

1. 施工理论体系及构成

为实现技术目标预控、施工过程参数定量可控、隧道工程优质高效，本节建立如图 7-23 所示的强度及位移综合优化施工体系。

图 7-23 中支护结构强度及隧道极限位移控制(包括预控及实际控制结果)为整个体系的核心，主要技术环节包括：①通过工程地质资料及设计资料获得隧道工

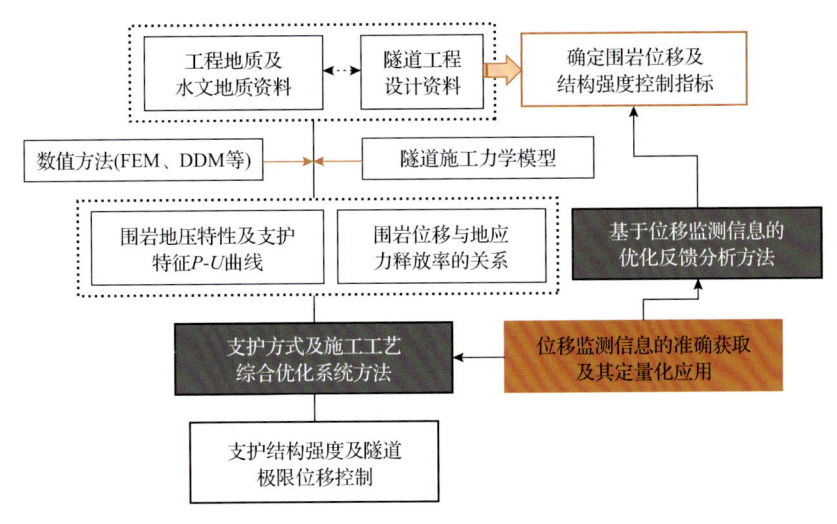

第7章　断层构造区围岩地压特性及其合理支护方式

图7-23　强度及位移综合优化施工体系构成

程支护结构设计强度和隧道周边位移容许值，建立体系控制总体目标；②依据工程地质资料及设计资料和参数通过 FEM 等现代计算技术建立支护控制特性关系并建立围岩位移与地应力释放率的关系；③设置位移监测获得能反映施工过程（当前步段开挖瞬态弹性位移、后续工序开挖瞬态弹性位移、岩石蠕变位移）特点的围岩位移；④建立完善的闭环反馈数值分析系统，获得能准确反映隧道开挖特性的围岩等效力学参数和地应力参数（也可通过DDM等数值方法事先获得初始地应力场）；⑤建立支护方式和施工工艺综合优化分析系统；⑥在支护结构强度及隧道表面位移控制条件下实施施工全过程目标预控。

2. 综合优化系统原理与方法

图7-23所示强度及位移综合优化施工体系构成中至关重要的关键技术环节为支护方式及施工工艺综合优化系统方法，本章充分考虑工程地质条件、设计控制指标、围岩卸载位移特性、二次支护结构受力及强度特性等综合因素，建立以支护结构强度和隧道位移控制为目标函数的支护方式和施工工艺综合优化分析系统，如图7-24所示。

对于实际工程问题，具体实施方法如下。

(1)根据工程地质条件、工程场地荷载条件、设计资料提供的开挖和支护参数等 FEM 数值模拟计算获得支护控制曲线（图7-24 上部方形点线及其拟合曲线）及支护结构强度和隧道极限位移控制指标，同时建立支护结构及岩体位移与地应力释放率的关系。

(2)根据支护控制曲线和控制指标初步确定最优预控点（图 7-24 上部红色圆点)，依据该预控点位移与支护结构位移及其卸载率关系曲线确定对应的地应力释

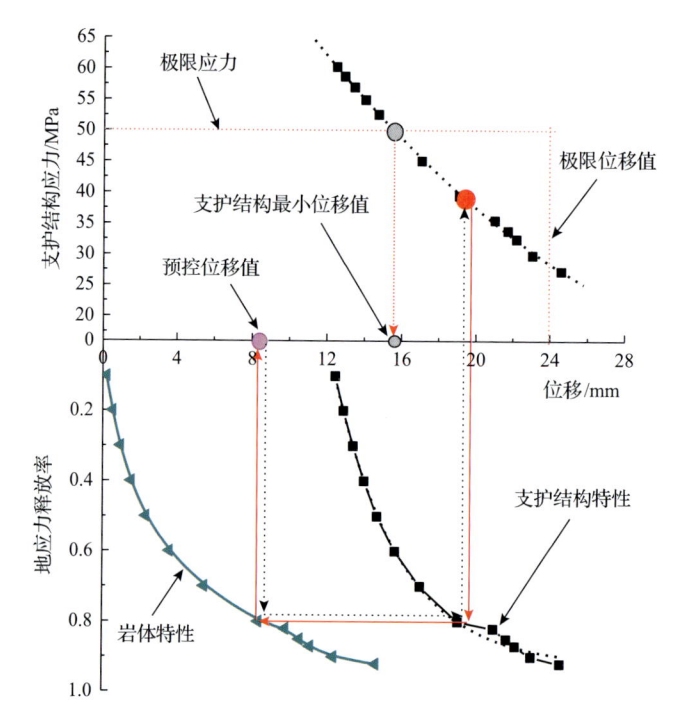

图 7-24 基于强度及位移控制的支护方式和施工工艺综合优化原理与方法

放率(永久支护前允许的地应力释放)。

(3)根据选定的地应力释放率与岩体特性的关系计算出控制位移,该位移即为最优预控条件下通过数值模拟获得的进行永久支护的最佳位移理论控制值。以该位移值为参照,当隧道开挖后监测所得围岩位移达到或接近该值时进行永久支护,可获得满足支护结构强度及隧道最终位移控制条件的效果。

该综合分析方法实现了理论预测与现场监测的有机结合,具有明确的预控目标、技术路线及进行永久支护位移预控值,有效避免了传统施工方法中支护控制目标的盲目性、设计施工目标与施工工艺关系的非确定性、永久支护实施时间的人为因素影响。

3. 工程实用及其可行性分析

由于工程地质条件、工程区域地应力状态、岩体物理力学性质及施工环境等的复杂性,上述综合优化分析系统在实际应用过程中将不可避免地遇到一系列有待解决的问题,主要关键问题及其解决方法如表 7-3 所示。

对表 7-3 所示问题 1、2 的相应处理方法技术成熟,尤其对地应力场的 DDM 模拟在前述章节中已有详细论述,岩体等效参数的闭环反馈分析将在后续章节中具体论述,这里仅对问题 3 的处理方法进行概要分析。

第 7 章　断层构造区围岩地压特性及其合理支护方式

表 7-3　主要关键问题及其解决方法

序号	问题	原因	解决方法
1	支护作用曲线的准确性	①工程设计选用的岩体力学参数为完整岩块试验结果的折算值，与岩体参数难免有差异；②初始应力状态缺乏或不准确（交通工程中通常不进行地应力测试或应力场的反演）	第一步段开挖后，根据位移监测结果进行基于线性规划法的闭环反馈分析获得等效岩体参数和地应力值，重新修正或建立新的支护作用曲线并用于所有后续工序
2	支护结构强度及抗力形成的滞后性影响	采用钢筋混凝土支护时，混凝土凝固的时效性致使支护结构难以及时提供支撑力	根据混凝土强度增长的时间关系和现场监测位移的时间关系进行科学修正
3	监测位移无法直接反映隧道当前步段开挖瞬态弹性位移，导致理论位移和监测位移不吻合	当前步段弹性位移在开挖卸载后瞬间完成而监测传感器无法预先安装，难以实现对该瞬态弹性位移的测量	将位移分解为当前步段开挖弹性位移、后续工序开挖引起的弹性位移、岩体蠕变位移等，通过数值方法研究开挖卸载全过程位移变化特性，取得修正参数进行外插推算

围岩位移包括当前步段开挖弹性位移、后续工序开挖引起的弹性位移、岩体蠕变位移等。当前步段开挖弹性位移是瞬态位移，对于无法预安装位移传感器的情况（交通工程隧道通常不具备预安装位移传感器的条件），无法通过位移传感器获得相应的瞬态弹性位移，本章根据隧道施工过程位移释放比率的基本规律，采用外推法获得符合工程实际的位移值，从而修正现场监测结果以获得满足要求的合理位移工况点。后续工序开挖引起的弹性位移及岩体蠕变位移可通过现场监测直接获得或通过 FEM 数值模拟获得。

假定隧道开挖后立即进行位移传感器安装，考虑图 7-5 所示的隧道穿越断层带模型，模拟隧道施工过程进行分布开挖以获得位移随开挖距离的变化。取计算参数如下。

模型尺寸：长 64m，宽 50m，高 50m，隧道直径 10m；
荷载：重力，y 向竖向地应力 10MPa，x、z 向水平地应力 20MPa；
围岩参数：E_r=29.9GPa，ν_r=0.2，c_r=7.6MPa，φ_r=45.2°；
边界条件：顶面、底面 3 向位移约束，4 个侧面法向位移约束；
强度准则：莫尔-库仑强度准则；
开挖步段：前 32m 一次开挖，之后 2m 一个步段，共开挖 17 步。

以隧道两帮中点、拱顶为取值点，其位移随开挖距离的变化如图 7-25 和图 7-26 所示。

图 7-25(a) 为隧道侧墙中点横向水平位移（正则化处理）随开挖距离的变化。根据计算所得取值点各开挖步段（对应开挖距离）位移的散点值，作负指数回归模拟可得正则化位移与开挖距离的关系曲线，如图中红色实线所示。图中红色圆点为

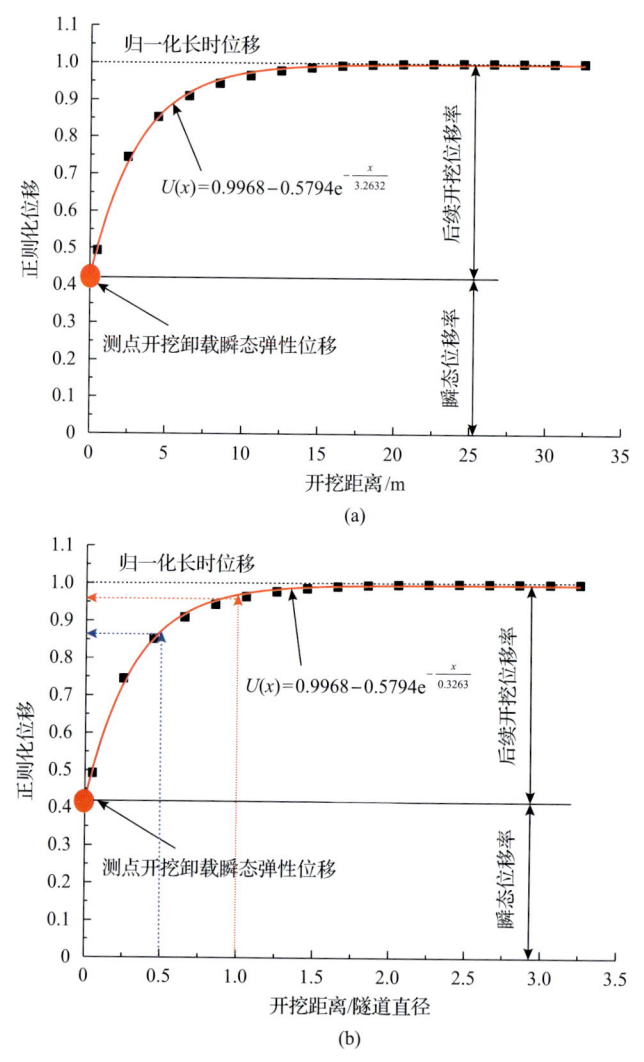

图 7-25 两帮中点水平位移随开挖推进过程的变化

测点开挖卸载瞬态弹性位移，以归一化长时位移作为总位移（对应纵坐标的 1.0），则测点开挖卸载瞬态弹性位移约占总位移的 40%。考虑到隧道开挖过程荷载释放及扰动位移除受岩体力学参数影响外，还受隧道断面几何形状、断面面积等因素影响，为使计算结果更具一般性，对横坐标进行无量纲处理（开挖距离除以隧道直径），得取值点位移变化如图 7-25(b)所示，对计算值作负指数回归模拟，得正则化位移与开挖距离（无量纲化）相关关系，如图中红色实线所示。结果显示，开挖工作面到达测点所在位置时测点的瞬态弹性位移与隧道断面几何尺寸无关，约占总位移的 40%。位移随开挖距离总体上呈负指数关系增大且最终趋于定值（归一化长时位移），当开挖距离小于或等于隧道直径时，卸载位移随施工开挖

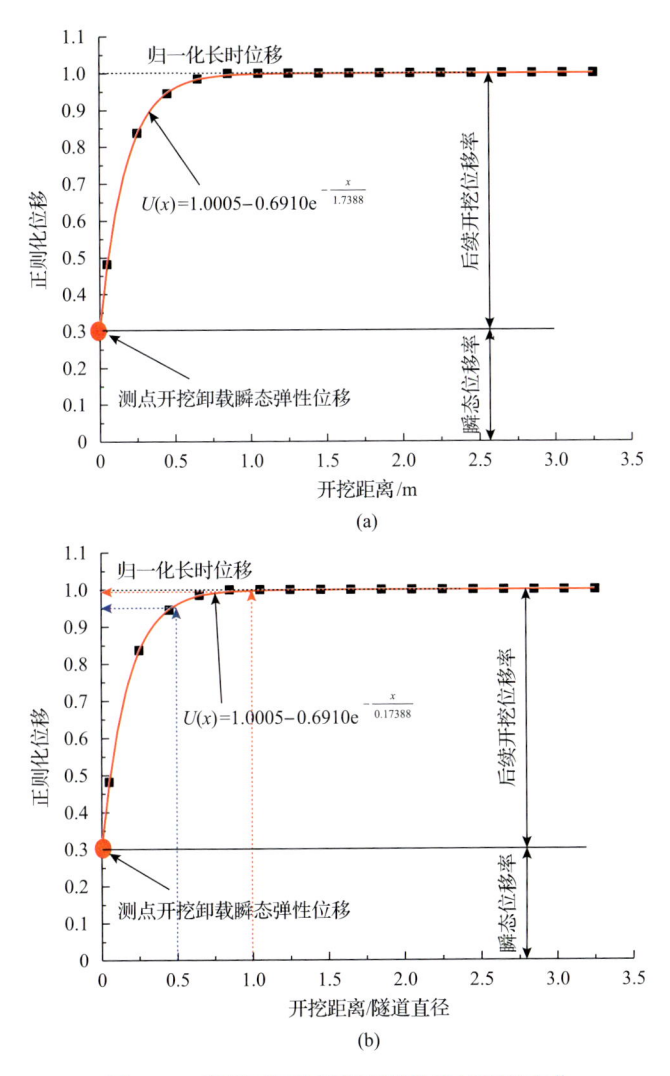

第 7 章　断层构造区围岩地压特性及其合理支护方式

（图中曲线 (a)：$U(x)=1.0005-0.6910e^{-\frac{x}{1.7388}}$，横轴：开挖距离/m）

（图中曲线 (b)：$U(x)=1.0005-0.6910e^{-\frac{x}{0.17388}}$，横轴：开挖距离/隧道直径）

图 7-26　拱顶下沉位移随开挖推进过程的变化

迅速增大，当开挖距离等于 50%隧道直径时，卸载位移达到总位移的 85%，当开挖距离等于隧道直径时，卸载位移达到总位移的 95%以上。

图 7-26(a) 为隧道拱顶下沉位移(正则化处理)随开挖距离的变化。根据计算所得取值点各开挖步段(对应开挖距离)位移的散点值，作负指数回归模拟可得正则化位移与开挖距离的关系曲线，如图中红实线所示。图中红色圆点为测点开挖卸载瞬态弹性位移，以归一化长时位移作为总位移(对应纵坐标的 1.0)，则测点开挖卸载瞬态弹性位移约占总位移的 30%。对开挖距离进行无量纲处理(开挖距离除以隧道直径)，得取值点位移变化如图 7-26(b) 所示，对计算值作负指数回归模拟，

得正则化位移与开挖距离(无量纲化)相关关系,如图中红色实线所示。结果显示,开挖工作面到达测点所在位置时测点的瞬态弹性位移与隧道断面几何尺寸无关,约占总位移的30%。位移随开挖距离总体上呈负指数关系增大且最终趋于定值(归一化长时位移),当开挖距离小于或等于隧道直径时,开挖卸载位移随施工迅速增大,当开挖距离等于50%隧道直径时,卸载位移达到总位移的95%,当开挖距离等于隧道直径时,卸载位移达到总位移的99%以上。

综上所述:①隧道开挖施工过程中,岩体位移与开挖距离(以及开挖距离与隧道直径之比)呈负指数相关关系;②当前步段开挖瞬态弹性位移受断面面积、断面形状和初始地应力影响;③当开挖距离达到断面宽度(直径)时,位移将达到稳定。

位移与开挖距离的相关关系归纳如表 7-4 所示。

表 7-4 位移与开挖距离的相关关系归纳

取值点	函数类型	回归系数		
		A	t	y_0
拱顶下沉位移	$\eta = \dfrac{U}{U_{\max}} = A\exp\left(-\dfrac{S}{t}\right) + y_0$	−0.69103	1.73879	1.00047
两帮水平位移		−0.57942	0.32632	0.99679

上述数值模拟计算结果及相关关系回归分析显示:①当前步段开挖瞬态弹性位移与开挖距离无关;②当前步段开挖瞬态弹性位移受岩体物理力学性质、初始地应力状态、隧道表面几何特征等因素的综合影响,通常无法用统一关系式表达;③当前步段开挖瞬态弹性位移占总位移的 30%~40%,实际工程中该瞬态弹性位移必须考虑。

由于实际工程中位移传感器通常无法超前安装(一般不具备超前预埋条件,而是在位移传感器埋设点出露后安装),该瞬态弹性位移无法通过位移传感器获得而必须通过合理修正方法获取。由于该位移的发生条件与图 7-26 控制位移点的计算条件相同(无支护条件),可将位移传感器监测值与上述瞬态弹性位移(数值模拟获得)的累加作为控制点位移的比较值,确定合理的永久支护实施时间。

7.4 小　　结

本章分析了断层构造区围岩地压特性及其影响因素,提出了穿越断裂带隧道施工工艺的最优化体系,结果显示:

(1)隧道开挖卸载(开挖无支护、围岩充分卸载)条件下,顶底板竖向最大位移(断层破碎区中部隧道壁面岩体位移)、两帮围岩最大水平位移随 E_j/E_r 呈负指数规律变化。E_j/E_r 越小,隧道穿越断层破碎区卸载位移的敏感程度越高,卸载位移局部化现象越显著。

(2) 研究结果表明，随隧道轴向水平侧压系数的增大，隧道顶底板竖向位移及两帮水平位移基本保持不变，即隧道轴向水平荷载大小对开挖卸载引起的横向位移影响甚微。同时，计算结果显示，随着隧道横向水平侧压系数的增大，隧道底板最大上浮位移、顶板最大下沉位移呈线性减小，隧道两帮围岩最大水平位移则呈线性增大。其中，横向水平荷载对断层带岩体卸载扰动水平位移影响显著。

(3) 从支护结构强度及稳定性出发，建立了支护结构等效应力与隧道表面位移的相关关系。该方法采用三维 FEM 模拟隧道开挖过程及不同初始地应力释放率下进行永久支护，以获得相应条件下支护结构等效应力(可根据选用的强度理论设定)及隧道表面位移(通常取隧道法向位移)。

(4) 通过对断层带隧道三种支护方式的模拟，分析了三种支护方式的受力状态及其变形。模拟结果显示，相比钢筋混凝土一次支护和锚喷钢筋混凝土二次支护，超前注浆加钢筋混凝土支护的效果更好。

(5) 针对新奥法施工的不足，基于现代计算技术的支护特征曲线，明确控制目标下闭环式工艺过程、支护方式和施工工艺的综合优化分析系统，该分析系统充分考虑了工程地质条件、设计控制指标、围岩卸载位移特性、二次支护结构受力及强度特性等因素，通过工程实例验证了该体系的可行性与准确性。

第8章 穿越断层带隧道稳定性及其灾变预控

8.1 概　　述

由于断层带岩体破碎、地质构造复杂、工程区域岩体初始应力场分布复杂（通常为高地应力区且水平地应力显著）、断层水分布复杂且通常会与地表水等其他水源沟通，隧道穿越施工过程除可能突水、巨量涌水外，极易产生大面积坍塌、冒顶、片帮及挤压大变形，从而影响隧道施工安全。迄今，科研及工程技术人员结合隧道建设工程需要，从设计、施工、数值方法、理论等方面进行了大量有价值的研究，如结合四角田隧道、大梁山隧道、雪峰山隧道、张家湾隧道等工程建设研究断裂构造区隧道围岩及支护结构的稳定性、探讨 TSP203 型隧道超前地质预报系统在隧道围岩稳定性超前预报中的应用、将离散元数值方法应用于断裂构造区隧道稳定性分析、研究隧道围岩临界应变及其挤压大变形、研究裂隙岩体与锚杆相互作用特点及其力学建模、采用随机接触模型研究隧道周边松散围岩稳定性以及断裂构造区隧道稳定性、挤压大变形及其流变特性的数值模拟等。其中，对隧道施工工艺及其稳定性的研究核心在于根据工程地质特点、设计要求等将新奥法推广应用，实现监测结果的反馈施工。

前述章节分析了新奥法的有效性及其在复杂地质环境隧道施工应用中存在的问题：控制目标的盲目性、永久支护实施时间确定的模糊性、事后控制对当前施工存在问题无法修改、实时监测反馈分析技术尚不够成熟等，本章将根据隧道施工过程采用前述章节形成的初步成果，建立隧道稳定性关键技术环节分析的具体方法。

8.2　基于支护结构强度及位移的隧道施工预控方法

对隧道工程而言，其总体技术目标是在设计方案及技术指标的指导下实现施工过程安全及支护结构的长期稳定性（满足结构强度要求、隧道周边位移不超限）。因此，好的隧道施工方法应该是在总体技术目标预控下，以现代计算技术、监测技术、反馈分析技术为基础的施工过程修正，实现施工安全和结构稳定。本章在充分理解新奥法隧道施工理念及其实质的基础上，基于支护结构强度及位移控制综合优化理念建立更具实用性的施工理论体系及其工艺流程。

参照第 7 章图 7-23 所示强度及位移综合优化施工体系，构建隧道施工工艺流程，如图 8-1 所示。

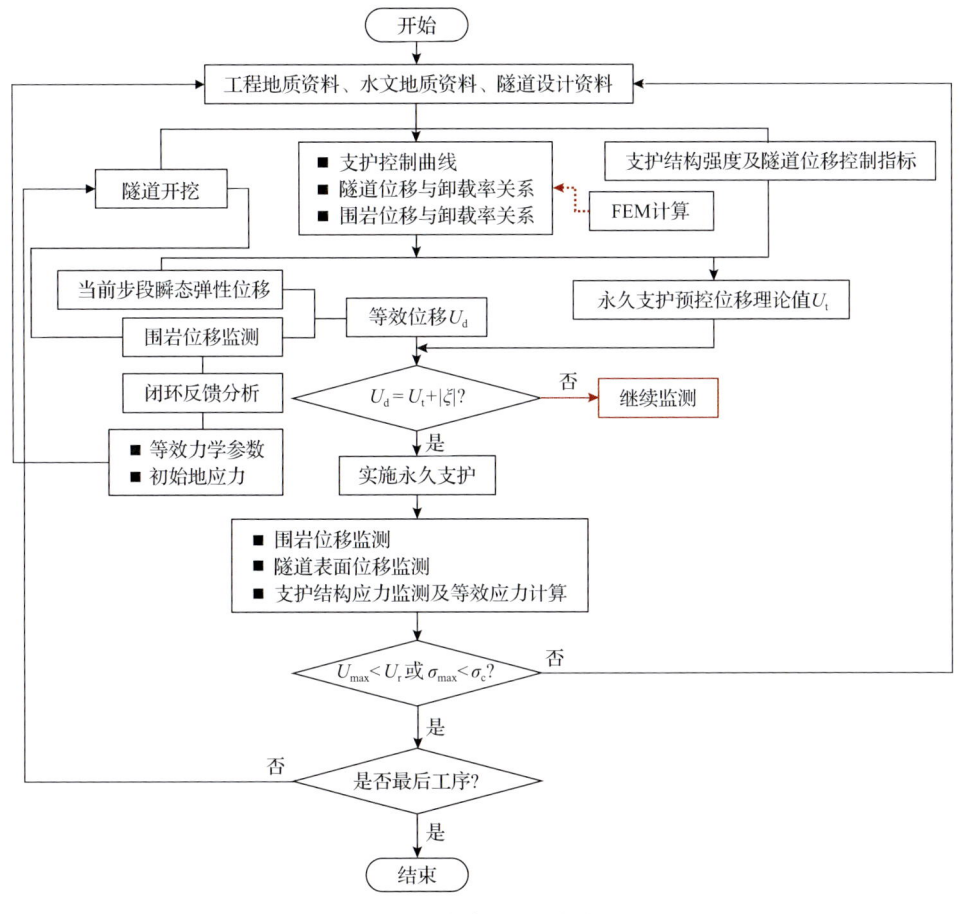

图 8-1　隧道施工工艺流程

工艺流程的核心是利用设计资料和 FEM 计算获得支护控制曲线，根据控制指标确定最优控制点和地应力释放率，根据地应力释放率与岩体位移-荷载关系计算出最佳位移理论控制值，实现隧道开挖位移及其稳定性闭环控制。

8.3　基于现场监测及线性规划法的优化反演方法

8.3.1　优化反演的基本理论

对非线性反演问题中的误差泛函求解极小化问题时，为了保证问题的收敛或求解过程稳定以及提高收敛速度，需对迭代步长和方向做出引导，称为优化。常规的优化方法一般需要计算一阶梯度，如最速下降法、共轭梯度法、变尺度法等，有些也需计算二阶梯度，如牛顿法。由于计算阶梯度仍需对描述正问题的数学模型线性化，这种最优化反演依赖初始值的选取，在梯度引导下到达一个局部极小值。非线性优化算法本身无法判断此极小值是否就是反问题的解，但却能提供逼近真实值的解答。优化反演问题可表示为

$$\begin{cases} \min F(X), \ X \in R^m \\ h_i(X) = 0, \quad i = 1,2,\cdots,l \\ g_j(X) \leqslant 0, \quad j = 1,2,\cdots,r \end{cases} \tag{8-1}$$

式中，$X = (x_1, x_2, \cdots, x_m)^T$；$h_i(X)$ 和 $g_i(X)$ 分别为第 i 个等式和第 i 个不等式的约束条件；m 为待反演参数个数。

优化反演问题也就是在一定的限定条件下，求解目标函数 $F(X)$ 最小值的问题。

Nelder 和 Mead 提出了一种不需计算函数导数的求多维函数极值的简便算法，其基本思路为：根据若干组待反演的初始参数，计算相应的初始目标函数值，对其按大小进行排序，找出下降的方向；在下降方向上取得一组新的待反演参数，计算出相应的目标函数值，将该值与之前的目标函数值进行比较，找出新的下降方向；如此循环，直至满足终止条件。

待反演参数个数为 m 时，则取 $m+1$ 组初始参数，记为

$$\begin{cases} X_0 = (x_1, x_2, \cdots, x_m) \\ X_1 = (x_1 + \Delta x_1, x_2, \cdots, x_m) \\ X_2 = (x_1, x_2 + \Delta x_2, \cdots, x_m) \\ \quad \vdots \\ X_m = (x_1, x_2, \cdots, x_m + \Delta x_m) \end{cases} \tag{8-2}$$

计算这 $m+1$ 组初始参数对应的目标函数，并排序为

$$F(X_L) < \cdots < F(X_G) < F(X_H) \tag{8-3}$$

计算一组新的参数：

$$X_C = \frac{1}{m} \left(\sum_{i=0}^{m} X_i - X_H \right) \tag{8-4}$$

再据此计算一组新的参数：$X_R = 2X_C - X_H$，并求出 X_R 相应的目标函数值 $F(X_R)$。

如果 $F(X_R) \geqslant F(X_G)$，则压缩

$$X_\mathrm{S} = (1-\lambda)X_\mathrm{R} + \lambda X_\mathrm{H}, \quad 0 < \lambda < 1, \lambda \neq 0.5 \tag{8-5}$$

并计算相应的目标函数值 $F(X_\mathrm{S})$。

如果 $F(X_\mathrm{R}) < F(X_\mathrm{G})$，则计算

$$X_\mathrm{E} = (1-\gamma)X_\mathrm{H} + \gamma X_\mathrm{R}, \quad \gamma > 1$$

并计算 X_E 对应的目标函数 $F(X_\mathrm{E})$，若 $F(X_\mathrm{E}) < F(X_\mathrm{G})$，则扩张成功，令 $X_\mathrm{S} = X_\mathrm{E}$，$F(X_\mathrm{S}) = F(X_\mathrm{E})$；若 $F(X_\mathrm{E}) \geq F(X_\mathrm{G})$，则扩张不成功，令 $X_\mathrm{S} = X_\mathrm{R}$，$F(X_\mathrm{S}) = F(X_\mathrm{R})$。

比较 $F(X_\mathrm{S})$ 与 $F(X_\mathrm{G})$ 的大小，若 $F(X_\mathrm{S}) < F(X_\mathrm{G})$，则令 $X_\mathrm{H} = X_\mathrm{S}$，然后回到开头进行循环；若 $F(X_\mathrm{S}) \geq F(X_\mathrm{G})$，则令 $X_i = \dfrac{X_i + X_\mathrm{L}}{2} (i = 0,1,2,\cdots,m)$，然后回到开头进行循环。

当满足 $\left| \dfrac{F(X_\mathrm{H}) - F(X_\mathrm{L})}{F(X_\mathrm{L})} \right| \leq \mathrm{eps}$ 时，循环终止，其中 eps 为允许误差。此时目标函数最小的一组参数即是优化反演得到的参数组。

8.3.2 优化反演程序流程

编写 MATLAB 程序，运用 Nelder-Mead 算法调用有限元程序进行计算，可以较好地实现优化反演，优化反演程序流程如图 8-2 所示。

8.4 断层带隧道开挖扰动特性及其工艺优化

软弱围岩段隧道的安全施工往往是整个隧道开挖过程中的关键环节。隧道开挖后，由于软弱围岩工程性质差、岩体破碎不连续，地层中应力重分布后，围岩变形大、变形速度快、变形时间长以及支护结构破坏等情况时有发生。当隧道采用不同方法开挖后，可以有效减小围岩变形、支护结构受力等，但随着开挖分部增多，施工组织难度增大，施工速度会减小，工期延长，并且施工质量很难得到保证。

本章以当金山隧道 V 级围岩段为背景，应用地层-荷载分析方法，建立隧道三维有限元数值分析模型，模拟隧道采用全断面法、台阶法和预留核心土法等施工时，隧道围岩和初期支护的内力和变形、塑性区的大小与分布等。根据结果进行比选，分析不同开挖方法对围岩变形和稳定性的影响。基于数值模拟结果，研究金山隧道 V 级围岩段隧道采用全断面法施工的可行性。

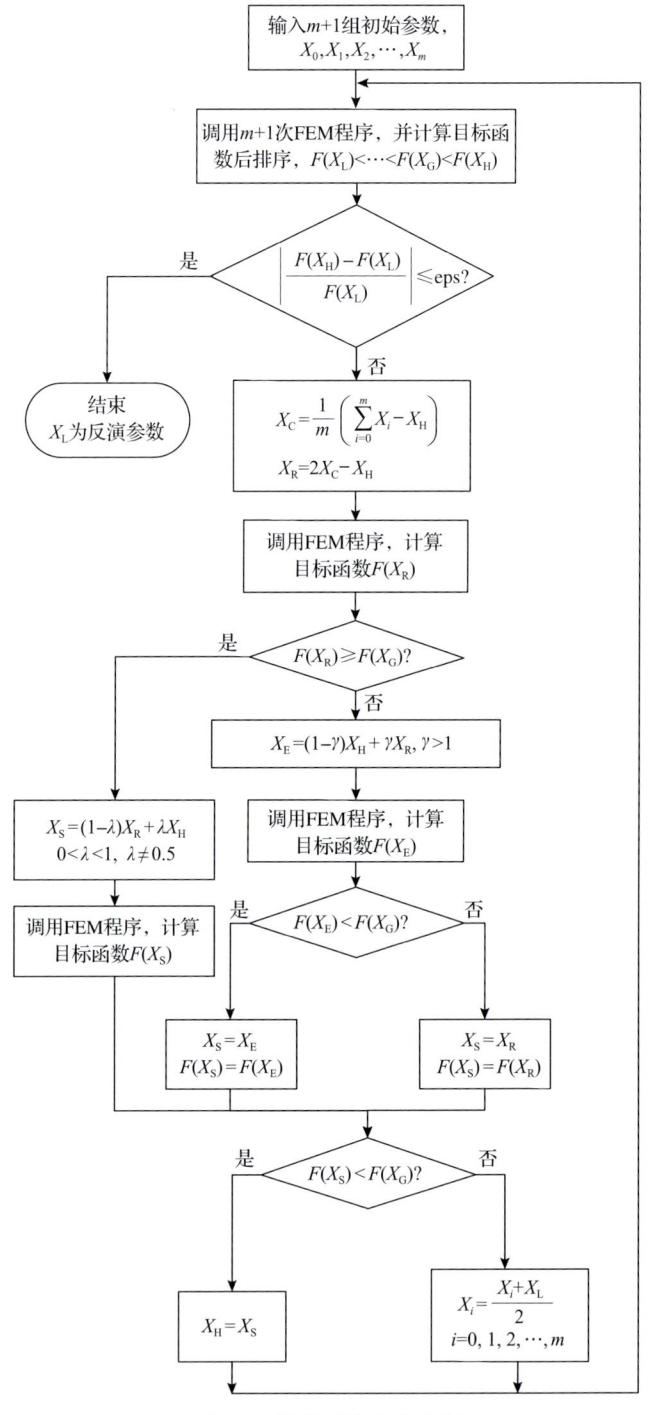

图 8-2　优化反演程序流程

8.4.1 数值模型的建立

1. 几何模型

数值模拟段里程为 PDK196+30～PDK196+270，隧道开挖断面如图 8-3(a)所示，其外轮廓线尺寸为 6.74m×6.88m。隧道埋深 200m，左右两侧边界距隧道中心线为 5 倍隧道跨度，取 100m；隧道底部距下部边界为 3 倍隧道总高度，取 30m；隧道沿开挖方向取 60m，即隧道模型大小为 100m×30m×60m，隧道顶部距上部边界为 63.5m，上覆土层压力为 2.5MPa。两侧边界受水平约束，底部边界采用竖向约束，前后边界采用单向约束。

2. 本构模型与材料参数

1) 锚杆、衬砌与围岩单元

锚杆是隧道初期支护的重要组成部分，锚杆安装以后能迅速起到锚固的作用，特别是在节理裂隙发育的岩体中，可明显改善围岩的受力情况并提高围岩的稳定性。在 ABAQUS 中，锚杆采用三维杆单元模拟，在有限元计算的过程中，将其视为理想弹性体。不论锚杆单元节点是否与围岩节点重合，均采用*EMMBEDED命令流将锚杆单元节点嵌入围岩体中，共同参与有限元的迭代。衬砌与围岩均采用实体单元模拟，如图 8-3(b)所示。

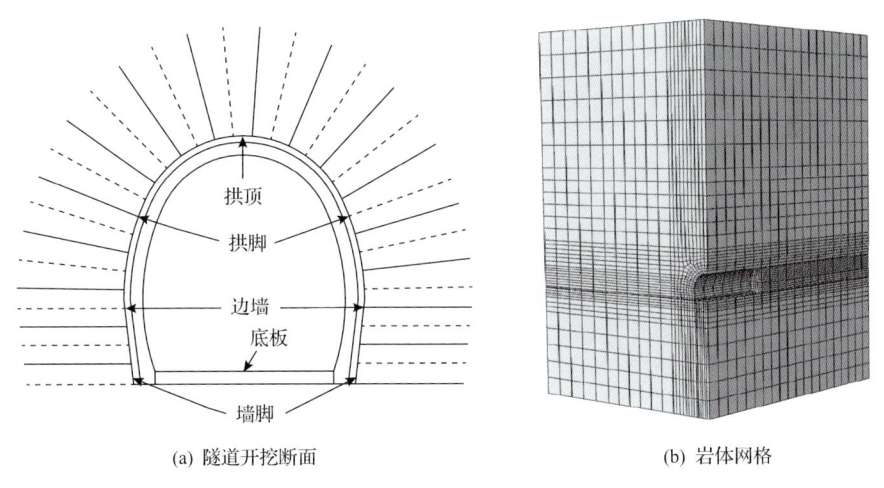

(a) 隧道开挖断面　　　　　　　(b) 岩体网格

图 8-3　隧道开挖断面与岩体网格

2) 模型参数的选择

隧道支护设计参数应根据围岩等级、开挖断面大小、工程水文地质和施工方法等因素确定。围岩等级为Ⅴ级，初期支护采用全螺纹砂浆的系统锚杆、湿喷混凝土，湿喷混凝土厚度 18cm，混凝土等级 C25，锚杆直径 22mm，长度 3m，锚杆间距 1.0m×1.0m。二次衬砌采用 C30 现浇混凝土，厚度为 30cm。围岩及支护结构材料参数如表 8-1 所示。

表 8-1 围岩及支护结构材料参数

材料	弹性模量 /GPa	泊松比	密度 /(kg/m³)	黏聚力 /Pa	内摩擦角 /(°)	厚度/直径 / cm	抗拉强度 /MPa	抗压强度 /MPa
围岩	1.0	0.4	1800	3×10⁵	30	—	1~10	10~100
初期支护	25	0.25	2500	—	—	18	1.78	16.7
二次衬砌	33	0.2	2600	—	—	30	2.01	20.1
锚杆	210	0.3	7800	—	—	2.2	460	—

3）本构模型

围岩本构模型选取莫尔-库仑弹塑性模型。莫尔-库仑强度准则可以很好地反映岩土类材料抗拉强度、抗压强度不对称性，材料对静水压力较为敏感。模型简单实用，材料参数少，岩土材料的黏聚力、内摩擦角通过常规的试验仪器便可测得，积累了丰富的试验资料和应用经验。没有任何一种本构模型可以很好地模拟围岩应力-应变关系，因此莫尔-库仑强度准则也有其局限性。首先，莫尔-库仑强度准则在偏平面上的破坏曲线存在棱角，使得塑性应变增量较难计算，不能反映静水压力对岩土屈服特性的影响。根据莫尔-库仑强度准则，岩石材料受力后，其破坏是由剪应力引起的剪切破坏，实际上，岩石的破坏是由于裂隙的不断扩展最终导致其承载能力丧失，其破坏形式还包括劈裂破坏等。模型采用的是非关联流动法则，容易出现计算不收敛的情况。

4）模拟工况

工况 1：全段面法开挖，施作底板初期支护；

工况 2：全段面法开挖，未施作底板初期支护；

工况 3：台阶法开挖，施作底板初期支护；

工况 4：台阶法开挖，未施作底板初期支护；

工况 5：预留核心土法开挖，施作底板初期支护；

工况 6：预留核心土法开挖，未施作底板初期支护。

不同开挖方法对围岩位移和衬砌应力有较大影响，因此本章将对全断面法、台阶法和预留核心土法三种隧道开挖过程中的施工方法进行数值模拟。工程中是否施作底板初期支护对围岩的水平位移有较大影响，因此针对这两种情况进行数值模拟。

3. 施工过程的模拟

1）初始地应力平衡

在隧道及地下工程中，初始地应力平衡是十分重要的一步，它直接关系到有限元后续步骤求解的正确与否。在漫长的地质作用下,工程岩体内形成了十分复杂的初始地应力场。在隧道未开挖前围岩的初始应变为零而初始地应力不为零,根据平衡条件和屈服条件来实现地应力的平衡。针对工程区域初始地应力场的分析方法有很多,在 ABAQUS 中有专门进行地应力平衡的荷载分析*GEOSTATIC,在该分析步中施加与重力大小和方向都相同的体积力,在该力作用下,其与围岩的初始地应力正好平衡,此时围岩的位移为零,而所得应力场为所需要的应力场。

2) 围岩应力释放

围岩应力释放可以通过应力释放法和参数弱化法实现,本章采用参数弱化法实现围岩应力释放,即降低开挖区围岩的材料参数。应力释放率的大小根据围岩等级来确定。当应力释放率较大时,围岩的变形相应增大,围岩的塑性区也增大,对围岩稳定产生不利的影响,因此应根据围岩的应力释放情况,选择合理的支护时机。在 ABAQUS 中采用直接弱化法,将要开挖的岩土体在存在初始地应力的情况下直接进行弱化,通过节点来实现材料参数的弱化。在隧道未开挖前,先定义一个由节点组成的场变量,模拟隧道未开挖前围岩中的初始地应力场,然后再定义另一个场变量,将此场变量里的材料参数折减并在隧道开挖时激活以实现围岩的应力释放。

3) 开挖与支护的实现

地下洞室的开挖与支护是分多个步骤进行的,采用单元生死来模拟隧道的开挖与支护。单元生死是在指定时间步之后,开挖的岩体不再参与计算,同时与之相关的接触失去作用,而支护结构在计算开始时并不参与计算,只有达到指定分析步后才被激活,参与到整个有限元计算中。在开挖与支护之前,首先进行初始地应力的计算,随之进行的是隧道开挖过程的模拟。由于在计算过程中无法生成新的网格,在某个分析步中激活的单元必须是在开始分析之前就已经存在的。生成的衬砌单元通过 REMOVE 和 REACTIVATION 来实现单元的移除和激活。

8.4.2 隧道不同开挖方法数值模拟结果

1. 全断面法数值模拟结果

1) 施作底板初期支护

由图 8-4(a)可以看出,采用全断面法开挖隧道并施作底板初期支护后,围岩塑性区呈对称分布,主要分布于拱脚、边墙等区域,最大塑性应变约为 1.16×10^{-2}。由图 8-4(b)可以看出,采用全断面法开挖隧道并施作锚杆支护后,锚杆应力均为拉应力,其最大值约为 71.2MPa,位于边墙处。

由图 8-5 得出,采用全断面法开挖隧道并施作底板初期支护后,衬砌最大主应力和最小主应力呈对称分布。衬砌最大主应力为拉应力,位于底板处,其值约为 0.2MPa;衬砌最小主应力为压应力,位于墙脚处,其值约为 –14.9MPa。可以看出，由于衬砌断面形状在墙脚处产生突变而产生较大的应力集中，为稳定初期支护及脚部围岩，需对其进行脚部补强。

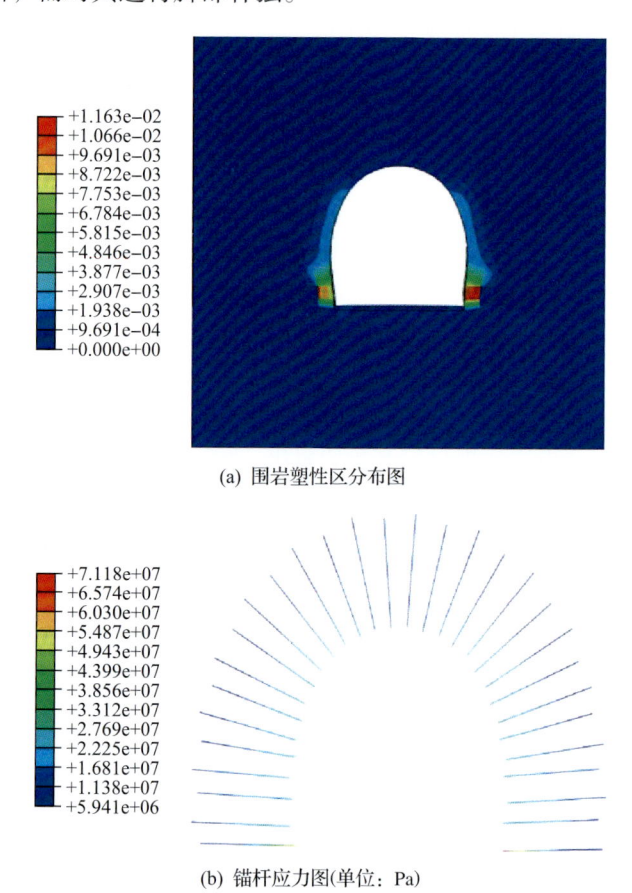

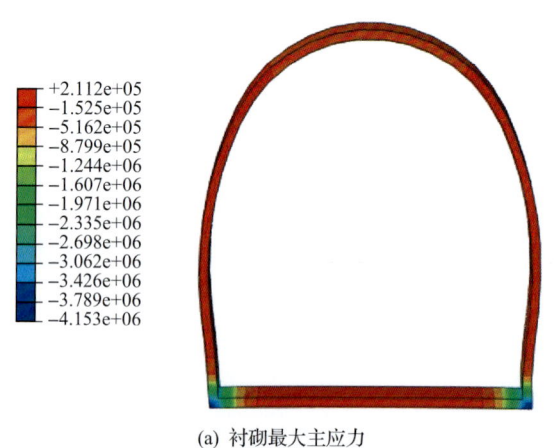

(a) 围岩塑性区分布图

(b) 锚杆应力图(单位：Pa)

图 8-4　全断面法施工的围岩塑性区与锚杆应力分布图(施作底板初期支护)

(a) 衬砌最大主应力

(b) 衬砌最小主应力

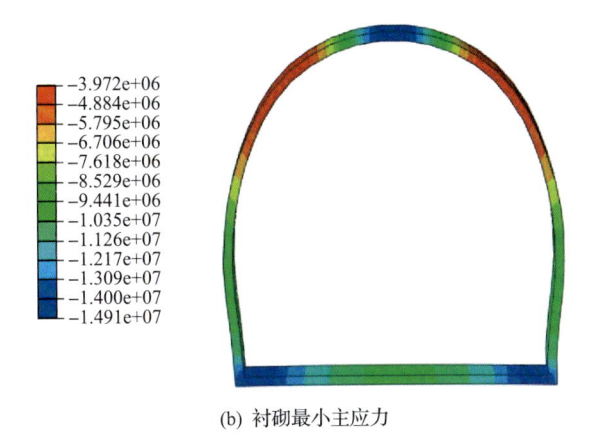

图 8-5　全断面法施工的衬砌应力图(施作底板初期支护)(单位：Pa)

2) 未施作底板初期支护

由图 8-6(a)可以看出，采用全断面法开挖隧道且未施作底板初期支护时，围

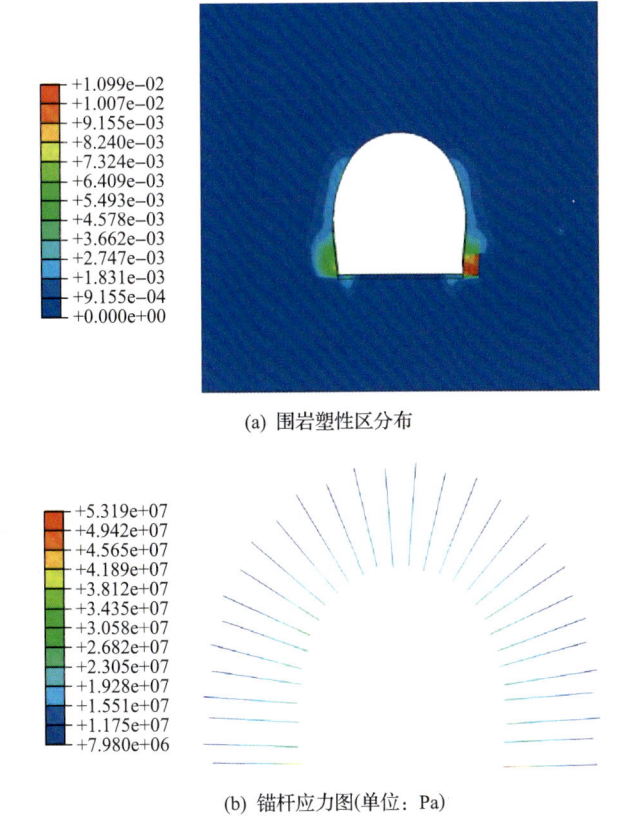

(a) 围岩塑性区分布

(b) 锚杆应力图(单位：Pa)

图 8-6　全断面法施工的围岩塑性区与锚杆应力分布图(未施作底板初期支护)

岩塑性区呈对称分布，主要分布在拱脚、边墙等区域，最大塑性应变约为 1.10×10^{-2}，与全断面法施作底板初期支护相比，围岩最大塑性应变值变化较小。由图 8-6(b) 可以看出，采用全断面法开挖隧道并施作锚杆支护后，锚杆应力均为拉应力，其最大值约为 53.2MPa，位于边墙处，与全断面法施作底板初期支护相比，锚杆应力明显减小。

由图 8-7 可以看出，采用全断面法开挖隧道且未施作底板初期支护时，衬砌最大主应力和最小主应力基本呈对称分布。衬砌最大主应力为拉应力，位于边墙处，其值约为 1.0MPa；衬砌最小主应力为压应力，位于拱顶处，其值约为 –15.3MPa。可以看出，由于衬砌断面不连续，墙脚和拱顶处均产生较大的应力集中，与全断面法施作底板初期支护相比，衬砌最大主应力和最小主应力均增大，施作底板初期支护后，可以减小拱顶处的应力集中，使应力较均匀地分散到衬砌中。

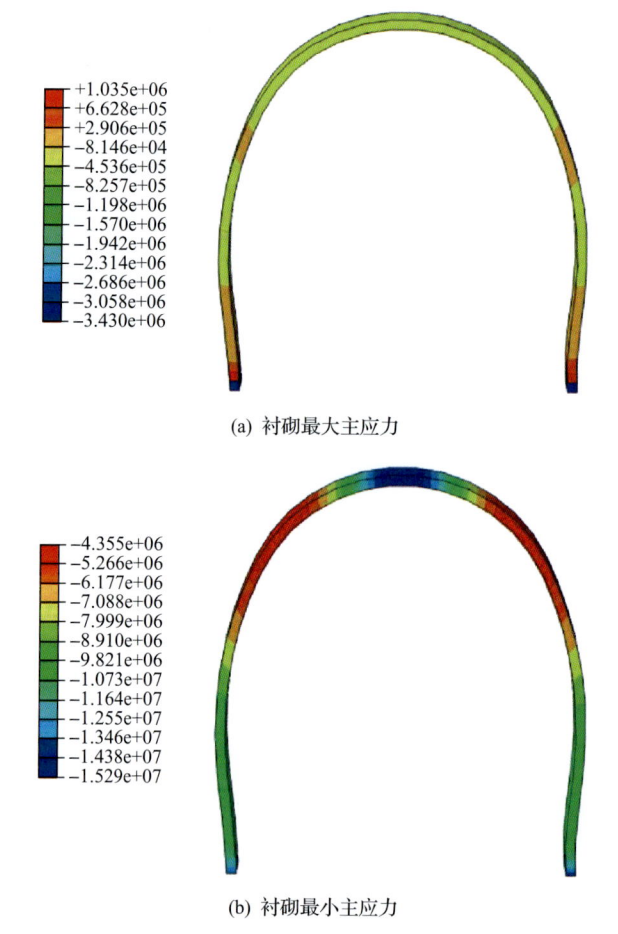

(a) 衬砌最大主应力

(b) 衬砌最小主应力

图 8-7　全断面法施工的衬砌应力图（未施作底板初期支护）（单位：Pa）

2. 台阶法数值模拟结果

1)施作底板初期支护

由图 8-8(a)可以看出,采用台阶法开挖隧道并施作底板初期支护后,围岩塑性区呈对称分布,主要分布于拱脚和边墙处,最大塑性应变约为 0.91×10^{-2}。由图 8-8(b)可以看出,采用台阶法开挖隧道并施作锚杆支护后,锚杆应力呈对称分布。由于围岩向洞内变形,锚杆应力均为拉应力,最大值约为 33.7MPa,位于边墙处。

(a) 围岩塑性区分布图

(b) 锚杆应力图(单位:Pa)

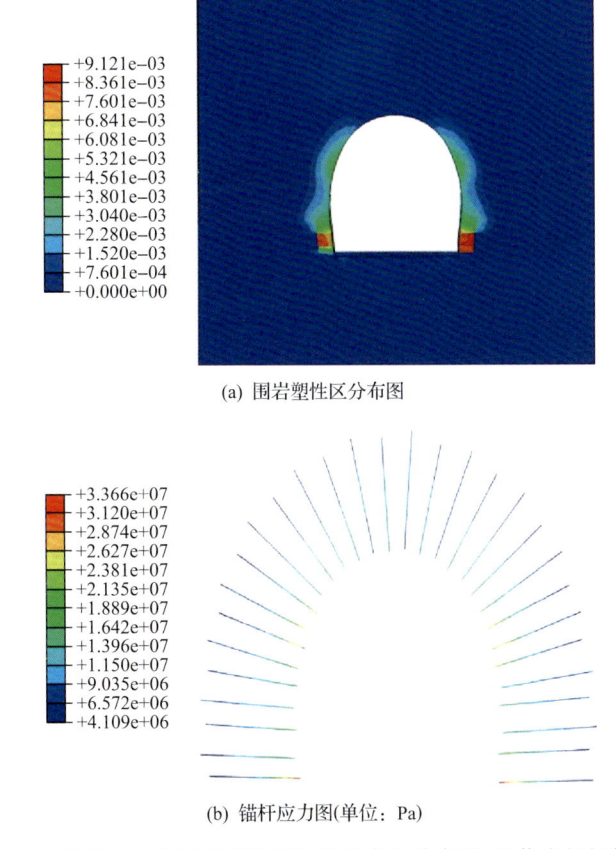

图 8-8 台阶法施工的围岩塑性区与锚杆应力分布图(施作底板初期支护)

由图 8-9 得出,采用台阶法开挖隧道并施作初期支护后,衬砌最大主应力和最小主应力呈对称分布。衬砌最大主应力为拉应力,位于底板处,其值约为 0.2MPa。衬砌最小主应力为压应力,位于墙脚处,其值约为-12.1MPa。

2)未施作底板初期支护

由图 8-10(a)可以看出,采用台阶法开挖隧道且未施作初期支护时,围岩塑性区呈对称分布,塑性区主要分布于拱脚、边墙等区域,最大塑性应变约为 1.05×

10^{-2}。由图 8-10(b)可以看出，采用台阶法开挖隧道并施作锚杆支护后，锚杆应力呈对称分布且均为拉应力，最大拉应力位于边墙处，其值约为 45.3MPa，与台阶法施作底板初期支护相比，锚杆应力增大。

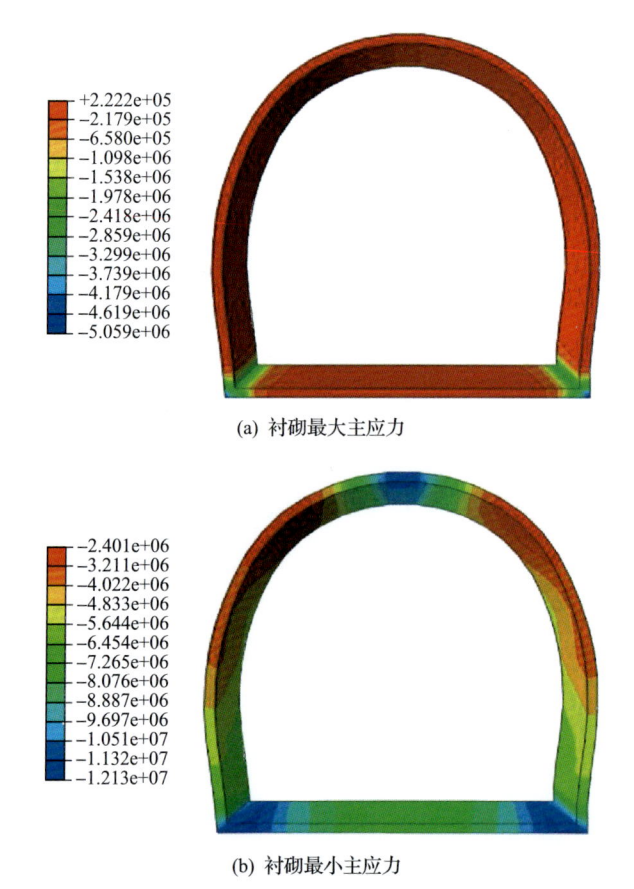

(a) 衬砌最大主应力

(b) 衬砌最小主应力

图 8-9　台阶法施工的衬砌应力图(施作底板初期支护)(单位：Pa)

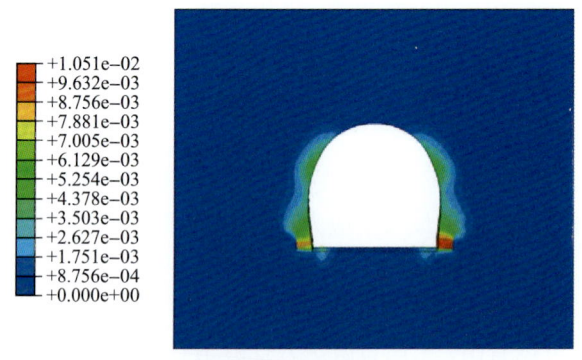

(a) 围岩塑性区分布图

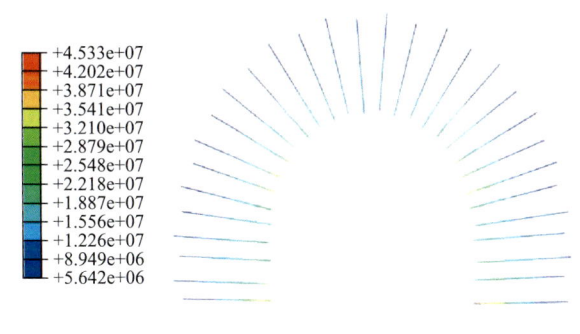

(b) 锚杆应力图(单位：Pa)

图 8-10　台阶法施工的围岩塑性区与锚杆应力分布图(未施作底板初期支护)

由图 8-11 可以看出，采用台阶法开挖隧道且未施作底板初期支护时，衬砌最大主应力和最小主应力呈对称分布。衬砌最大主应力为拉应力，位于边墙处，其值约为 0.7MPa；衬砌最小主应力为压应力，位于拱顶处，其值约为–13.9MPa。与台阶法施作底板初期支护相比，衬砌最大主应力和最小主应力均增大，施作底板可以有效减小拱顶处的应力集中，并减小边墙处的拉应力。

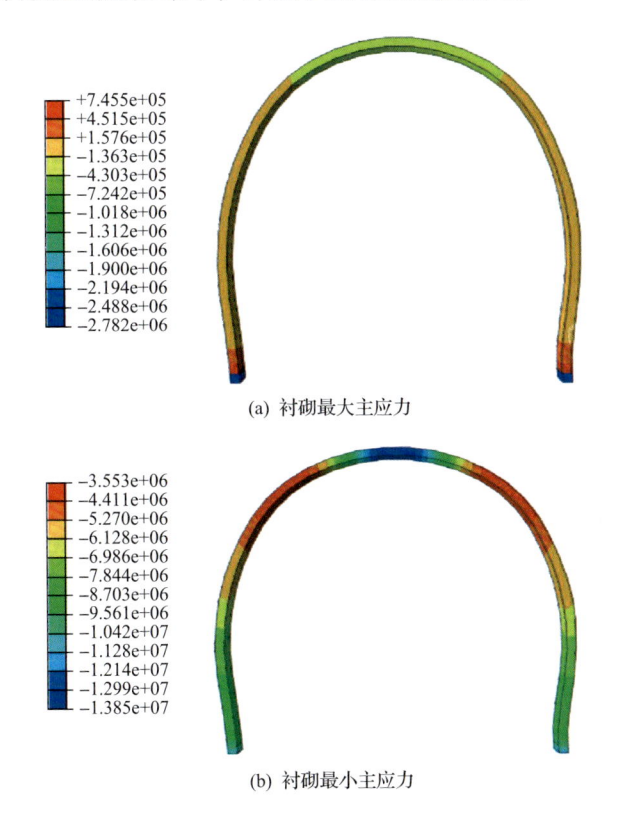

(a) 衬砌最大主应力

(b) 衬砌最小主应力

图 8-11　台阶法施工的衬砌应力图(未施作底板初期支护)(单位：Pa)

3. 预留核心土法数值模拟结果

1) 施作底板初期支护

由图 8-12(a)可以看出，采用预留核心土法开挖隧道并施作底板初期支护后，围岩塑性区呈对称分布，主要分布于拱脚和边墙处，最大塑性应变约为 0.74×10^{-2}。由图 8-12(b)可以看出，采用核心土法开挖隧道并施作锚杆支护后，锚杆应力呈对称分布且均为拉应力，最大拉应力位于边墙处，其值约为 27.2MPa。

(a) 围岩塑性区分布图

(b) 锚杆应力图(单位：Pa)

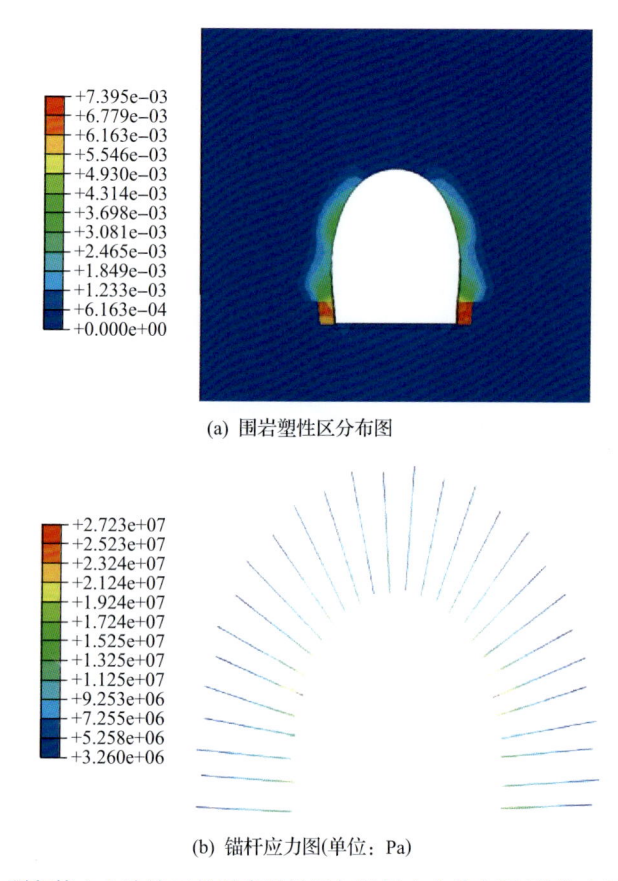

图 8-12 预留核心土法施工的围岩塑性区与锚杆应力分布图(施作底板初期支护)

由图 8-13 可以看出，采用预留核心土法开挖隧道并施作底板初期支护后，衬砌最大主应力和最小主应力呈对称分布。衬砌最大主应力为拉应力，位于边墙处，其值为 0.1MPa；衬砌最小主应力为压应力，位于墙脚处，其值约为-12.4MPa。

2) 未施作底板初期支护

由图 8-14(a)可以看出，采用预留核心土法开挖隧道且未施作底板初期支护时，围岩塑性区呈对称分布，塑性区主要分布于拱脚和边墙等处，最大塑性应变约为

第8章　穿越断层带隧道稳定性及其灾变预控

$0.78×10^{-2}$。由图 8-14(b)可以看出，采用预留核心土法开挖隧道并施作锚杆支护后，锚杆应力呈对称分布且均为拉应力，最大拉应力位于边墙处，其值约为 27.9MPa。与预留核心土法施作底板初期支护相比，锚杆应力略大。

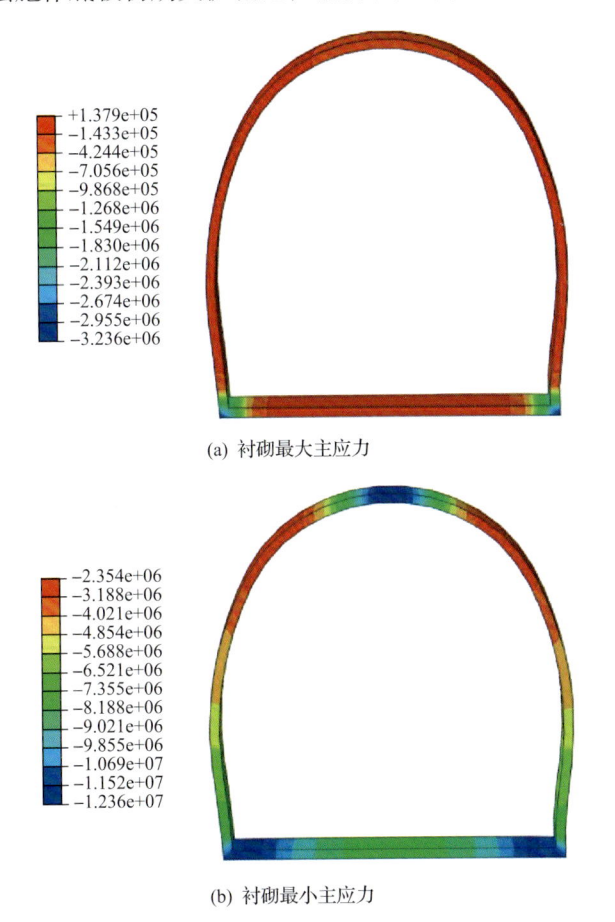

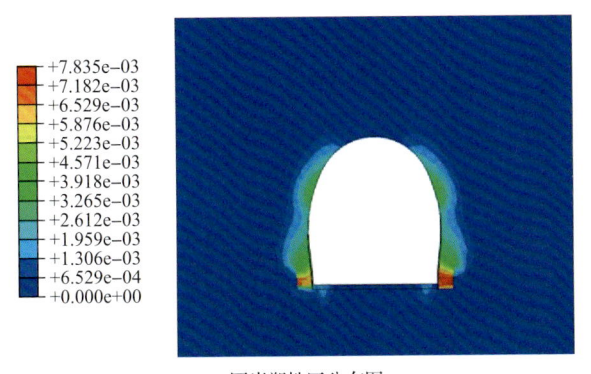

(a) 衬砌最大主应力

(b) 衬砌最小主应力

图 8-13　预留核心土法施工的衬砌应力图(施作底板初期支护)(单位：Pa)

(a) 围岩塑性区分布图

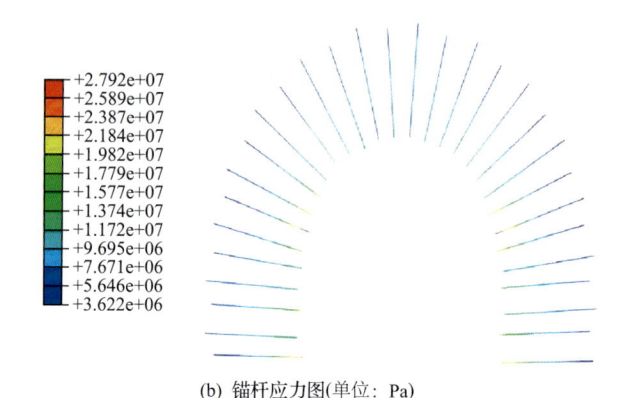

(b) 锚杆应力图(单位：Pa)

图 8-14　预留核心土法施工的围岩塑性区与锚杆应力分布图(未施作底板初期支护)

由图 8-15 可以看出，采用预留核心土法开挖隧道且未施作底板初期支护时，

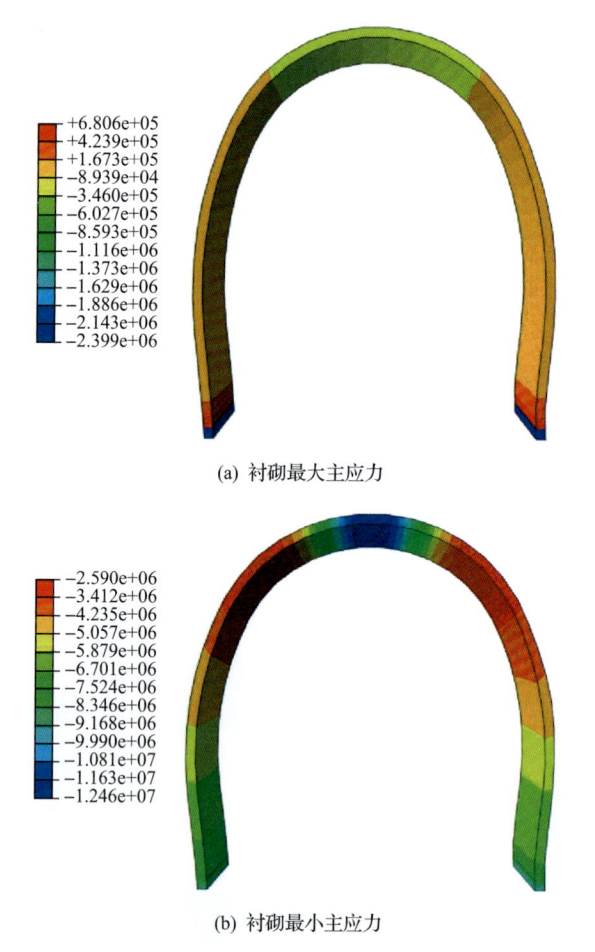

(a) 衬砌最大主应力

(b) 衬砌最小主应力

图 8-15　预留核心土法施工的衬砌应力图(未施作底板初期支护)(单位：Pa)

衬砌的最大主应力和最小主应力呈对称分布。最大主应力为拉应力，位于墙脚处，其值约为 0.7MPa；最小主应力为压应力，位于拱顶处，其值约为-12.5MPa。与预留核心土法施作底板初期支护相比，衬砌最大主应力和最小主应力均增大，施作底板初期支护后，可以减小拱顶处的应力集中，使应力较均匀地分散到衬砌中。

8.4.3 不同开挖方法比选分析

根据前述数值模拟的结果，将隧道三种不同开挖方法的围岩的应力与位移、衬砌与锚杆的应力等数据进行整理，然后对三种开挖方法进行比选分析，并结合施工现场实际要求，得出适合 V 级围岩隧道的开挖方法。

1. 围岩位移分析

1）各控制点处围岩位移分析

采用全断面法、台阶法和预留核心土法开挖隧道时，围岩各控制点的水平位移和竖向位移如表 8-2 所示。由于开挖断面形状和边界条件等对称，拱顶和底板处的围岩以竖向位移为主，其水平位移较小，方向指向隧道内；边墙处的围岩以水平位移为主，其竖向位移较小。

表 8-2　围岩各控制点的水平位移和竖向位移

开挖方法	支护类型	拱顶/mm 水平	拱顶/mm 竖向	拱脚/mm 水平	拱脚/mm 竖向	边墙/mm 水平	边墙/mm 竖向	墙脚/m 水平	墙脚/m 竖向	底板/mm 水平	底板/mm 竖向
全断面法	无底板	0.4	27.1	14.7	17.6	20.4	2.4	11.5	10.7	0.3	29.3
全断面法	有底板	0.4	25.8	13.4	16.9	17.8	2.2	1.7	9.0	0.4	27.2
台阶法	无底板	0.3	21.3	12.6	13.7	16.8	1.1	9.7	9.1	0.2	22.5
台阶法	有底板	0.3	18.2	10.3	11.8	13.4	0.8	1.4	7.4	0.2	18.6
预留核心土法	无底板	0.2	15.8	9.3	10.1	12.6	0.9	6.8	7.5	0.1	16.3
预留核心土法	有底板	0.2	14.9	8.4	9.5	11.2	0.6	1.3	6.3	0.2	15.1

隧道采用不同开挖方法施工时，围岩的水平位移和竖向位移均会受到影响。从表 8-2 可以看出，当隧道采用全断面法开挖后，围岩的水平位移和竖向位移均最大，台阶法次之，预留核心土法最小，说明开挖断面较小时，围岩的位移较小，而下台阶、预留核心土或初期支护的及时施作都有利于减小围岩变形。针对不同的开挖方法，拱顶、拱脚、墙脚、底板处的竖向位移有较大差异，而拱脚、边墙、墙脚处的水平位移有较大差异。因此，当围岩等级较差时，可以通过采用不同的施工方法来减小围岩的位移，其效果较显著。

隧道开挖后，是否施作底板初期支护对围岩的水平位移和竖向位移均有影响。从表 8-2 可以看出，施作底板初期支护可以有效减小墙脚附近区域的水平位移，同时也可以在一定程度上减小其他区域处的水平位移和竖向位移，但效果不如墙脚处明显。

由于在实际工程中，开挖断面墙脚处围岩的水平位移较大，可以通过施作底板初期支护或者采用不同的开挖方法来减小墙脚处围岩水平位移，但通过开挖方法来减小墙脚处围岩水平位移的效果不如直接施作底板初期支护明显。

由表 8-2 可以看出，采用预留核心土法可以有效减小围岩的水平位移和竖向位移，若墙脚处仍有较大的水平位移，则可以通过施作底板初期支护或仰拱来解决。

平行导坑隧道开挖后，其净空尺寸为 5m×6m，即开挖断面较小。断面尺寸的增大，可能使围岩的地质模式改变，从整体块状变为块状或破碎状，因此开挖断面的减小实际上提高了围岩等级。采用全断面法开挖隧道后，围岩的变形相较于其他两种开挖方法是最大的，而底板处围岩的竖向位移相较于同一断面其他控制点处位移是最大的。因此，针对底板处围岩变形进行探讨，目前学者对大变形没有统一的定义和判别标准，结合实际经验和理论分析，给出了一些软弱围岩大变形的相关判断标准。原铁道第二勘察设计院认为，相较于正常变形，当隧道开挖并施作初期支护后，对于单线隧道，支护结构的变形量大于或等于 130mm，对于双线隧道，支护结构的变形量大于或等于 250mm 时，即认为发生了大变形。有学者认为隧道开挖施作初期支护后，由于围岩中存在较大的地应力，支护破坏且当支护结构的变形与隧道跨度之比大于 1.5%时，认为此时围岩发生了大变形。根据上述定义，结合本章数值模拟的围岩变形和现场支护情况，采用全断面法施工后得到的变形属于正常变形，不属于大变形的范畴。因此，Ⅴ级围岩隧道可以采用全断面法施工。

2）施作底板初期支护对围岩位移的影响

由于开挖断面形状、边界条件等对称，各取断面一半分析围岩的水平位移和竖向位移。全断面法施工是否施作底板初期支护对围岩整个断面的水平位移和竖向位移都有影响，如图 8-16 所示。从整个断面竖向位移来看，围岩的竖向位移主要分布于拱部、边墙和底板处，主要表现为拱部围岩下沉，墙脚和底板处围岩隆起。底板和拱部围岩竖向位移较大，边墙处围岩竖向位移较小，是否施作底板初期支护对围岩的竖向位移影响较小。

从整个断面水平位移来看，围岩的水平位移主要分布于拱部以下和边墙处。由于开挖断面形状、边界条件等对称，拱顶和底板处围岩的水平位移较小。施作底板初期支护后，拱腰至墙脚的水平位移有一定幅度减小。因此，施作底板初期支护可以较好地减小围岩的水平位移。

3）同一断面不同施工方法对围岩位移的影响

由于开挖断面形状、边界条件等对称，各取断面一半分析围岩的水平位移和竖向位移。不同的开挖方法对围岩的水平位移和竖向位移影响较大，如图 8-17 所示。

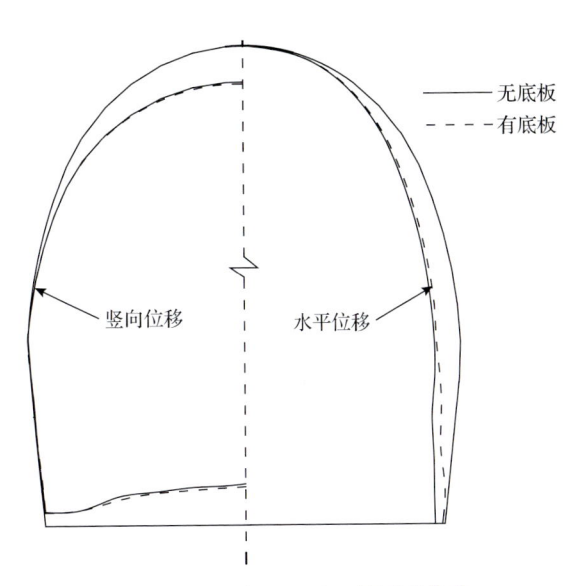

图 8-16 全断面法施工的围岩位移

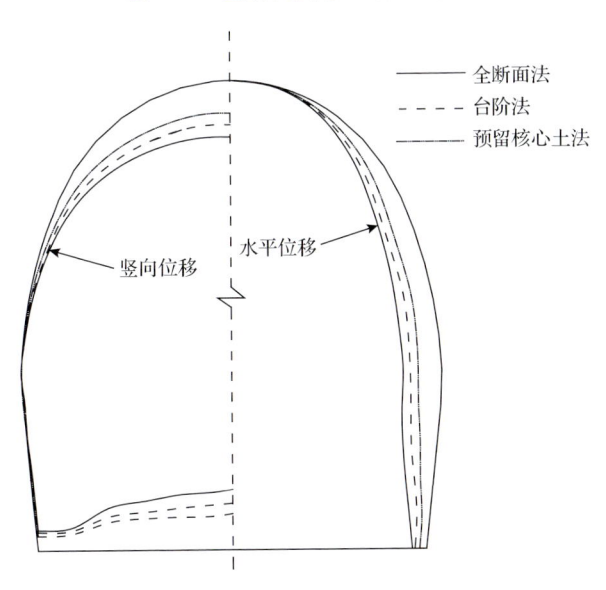

图 8-17 同一断面三种开挖方法的围岩位移比较

同一种开挖方法,从拱顶→拱脚→边墙→墙脚→底板围岩的竖向位移先增大后减小再增大,底板处围岩竖向位移比拱顶处大。与台阶法和预留核心土法相比,采用全断面法开挖隧道后,断面上所有点的竖向位移均最大。

同一种开挖方法,从拱顶→拱脚→边墙→墙脚→底板围岩的水平位移先增大后减小,边墙处围岩水平位移较大。采用全断面法开挖隧道,断面上所有点的水平位移均大于采用台阶法和预留核心土法的水平位移。

综上所述，采用不同的开挖方法可以较好地减小围岩的水平位移和竖向位移。

2. 围岩应力分析

围岩第一主应力和第三主应力如表 8-3 所示。由表可得，采用全断面法、台阶法和预留核心土法开挖隧道后，围岩第一主应力和第三主应力的最大值和最小值有较小的差距，且第一主应力和第三主应力均为压应力，不同的开挖方法对围岩应力大小影响较小。当采用全断面法开挖隧道时，是否施作底板初期支护对围岩第一主应力的最大值和最小值、第三主应力最小值影响较小。

表 8-3 围岩第一主应力和第三主应力

开挖方法	支护类型	第一主应力/MPa 最大值/位置	第一主应力/MPa 最小值/位置	第三主应力/MPa 最大值/位置	第三主应力/MPa 最小值/位置
全断面法	无底板	−0.18/边墙	−4.43/墙脚	−0.04/边墙	−5.57/底板
	有底板	−0.17/边墙	−4.98/墙脚	−0.11/边墙	−5.69/底板
台阶法	无底板	−0.15/边墙	−4.34/墙脚	−0.04/边墙	−5.61/底板
	有底板	−0.13/边墙	−4.84/墙脚	−0.11/边墙	−5.75/底板
预留核心土法	无底板	−0.16/边墙	−4.17/墙脚	−0.04/边墙	−5.68/底板
	有底板	−0.13/边墙	−4.69/墙脚	−0.11/边墙	−5.76/底板

3. 围岩塑性应变分析

围岩最大塑性应变如表 8-4 所示。由表可得，当采用全断面法、台阶法和预留核心土法开挖隧道时，是否施作底板初期支护对围岩最大塑性应变影响较小。当采用不同的开挖方法时，围岩最大塑性应变有较大的差异，采用全断面法开挖，围岩最大塑性应变最大，台阶法次之，预留核心土法最小。这说明采用全断面法开挖后，由于围岩的变形较大而较快地进入塑性区，且塑性应变较大。从另一个角度来说，这样可以充分发挥围岩的自承载力。

表 8-4 围岩最大塑性应变

开挖方法	支护类型	最大塑性应变
全断面法	无底板	1.10×10^{-2}
	有底板	1.16×10^{-2}
台阶法	无底板	1.05×10^{-2}
	有底板	0.91×10^{-2}
预留核心土法	无底板	0.78×10^{-2}
	有底板	0.74×10^{-2}

4. 衬砌和锚杆应力分析

1) 衬砌应力

衬砌最大主应力和最小主应力如表 8-5 所示。由表可得，采用不同的开挖方法，衬砌应力有较大差距。采用全断面法开挖隧道，衬砌最大主应力和最小主应力的绝对值均最大，台阶法次之，预留核心土法最小。不同的开挖方法和是否施作底板初期支护对衬砌主应力均有影响。施作底板初期支护可以明显减小衬砌最大主应力和最小主应力，且减小最大主应力的效果较明显，这主要是由于施作底板初期支护后，衬砌断面连续，减小了应力集中。采用不同的开挖方法也可以减小围岩最大主应力和最小主应力，且减小最小主应力的效果较明显，即可以通过采用不同的开挖方法来减小最小主应力。当衬砌最大主应力和最小主应力均较大时，可结合施作底板初期支护和不同的开挖方法来实现应力的减小。

表 8-5 衬砌最大主应力和最小主应力

开挖方法	支护类型	最大主应力/MPa/位置	最小主应力/MPa/位置
全断面法	无底板	1.0/墙脚	−15.3/拱顶
	有底板	0.2/底板	−14.9/墙脚
台阶法	无底板	0.7/边墙	−13.9/拱顶
	有底板	0.2/底板	−12.1/墙脚
预留核心土法	无底板	0.7/墙脚	−12.5/拱顶
	有底板	0.1/边墙	−12.4/墙脚

采用全断面法开挖隧道并施作初期支护后，衬砌的应力比其他两种开挖方法大，这主要是因为全断面法开挖隧道后，围岩位移较大，初期支护的主要作用是减小围岩变形并阻止其向洞内变形，衬砌和围岩相互作用，共同受力。因此，当围岩变形较大时，作用于初期支护上的力相应也较大。

采用全断面法开挖隧道并施作底板初期支护后，衬砌最大主应力和最小主应力虽然比台阶法和预留核心土法大，但是都小于混凝土的抗拉强度和抗压强度，考虑到工期的影响，可以采用全断面法开挖隧道。

2) 锚杆应力

锚杆最大应力如表 8-6 所示。由表可得，锚杆中的应力均为拉应力，主要是因为隧道开挖后，围岩均向洞内变形。采用不同的开挖方法时，锚杆中的应力有较大差距。采用全断面法开挖隧道时，锚杆中的应力最大，台阶法次之，预留核心土法最小。采用全断面法开挖隧道时，围岩位移较大，而锚杆主要是通过发挥系统锚固作用加固围岩，减小围岩的位移，因此当围岩位移较大时，锚杆中的应力也较大。从表中数据可以看出，采用不同的开挖方法，锚杆中的应力均未超过钢筋的屈服强度，因此三种施工方法均可采用。

表 8-6　锚杆最大应力

开挖方法	初期支护类型	最大应力/MPa
全断面法	无底板	53.2
	有底板	71.2
台阶法	无底板	45.3
	有底板	33.7
预留核心土法	无底板	27.9
	有底板	27.2

5. 围岩位移最终收敛值

1) 围岩拱顶下沉曲线

围岩拱顶下沉曲线如图 8-18 所示。可以看出，隧道开挖工作面距控制点一定距离时，围岩已经开始变形，全断面法无底板、全断面法有底板、台阶法无底板、台阶法有底板、预留核心土法无底板、预留核心土法有底板的拱顶先行位移分别为 7.3mm、7.1mm、6.2mm、5.6mm、4.9mm、4.8mm，围岩拱顶最终下沉位移分别为 27.4mm、25.9mm、21.5mm、18.3mm、15.8mm、15.0mm，先行位移占围岩总位移的比例分别为 26.6%、27.4%、28.8%、30.6%、31%、32%，这说明隧道未开挖到各控制点所在断面时就已经存在较大的位移且占围岩总位移的比例较大，若不加控制，围岩拱顶很可能会发生坍塌或者有较大的变形。因此当围岩等级较差时，可以采用各种超前支护来减小围岩先行位移，保证隧道的安全施工。

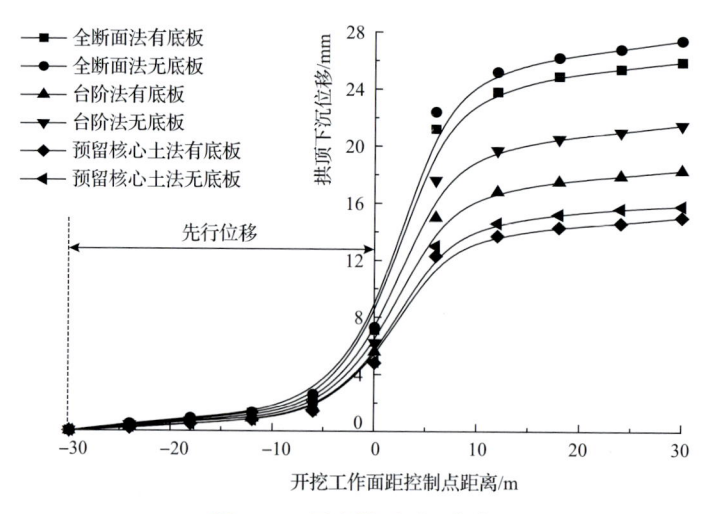

图 8-18　围岩拱顶下沉曲线

当开挖工作面距控制点距离在–5～15m 范围内时，围岩变形速率较快，说明开挖隧道后，围岩在短时间内的变形量会急速增长，因此隧道开挖以后应及时施作初期支护，防止围岩因变形过大而失稳。当开挖工作面距控制点距离大于 15m 时，围岩变形趋于收敛，可在此以后施作二次衬砌。

不同的开挖方法对拱顶下沉的影响是不同的，采用全断面法开挖隧道后，围岩变形较大，台阶法次之，预留核心土法最小，而施作底板初期支护也会减小拱顶下沉，但减小效果不如采用不同的开挖方法明显。

2) 围岩底板上浮曲线

围岩底板上浮曲线如图 8-19 所示。可以看出，隧道开挖工作面距控制点一定距离时，围岩已经开始变形，全断面法无底板、全断面法有底板、台阶法无底板、台阶法有底板、预留核心土法无底板、预留核心土法有底板的底板先行位移分别为 5.6mm、5.4mm、4.9mm、4.6mm、4.1mm、4.0mm，围岩底板上浮位移分别为 29.3mm、27.4mm、22.5mm、18.7mm、16.3mm、15.1mm，先行位移占围岩总位移的比例分别为 19.1%、19.7%、21.8%、24.6%、25.2%、26.5%，这说明隧道未开挖到各控制点所在断面时就已经存在较大的位移且先行位移占围岩总位移的比例较大。由全断面法→台阶法→预留核心土法，围岩总位移在减小，但是其先行位移所占比例在增加。这主要是由于采用台阶法或预留核心土法开挖隧道时，分部较多，从一定程度上增大了围岩底板处的位移。

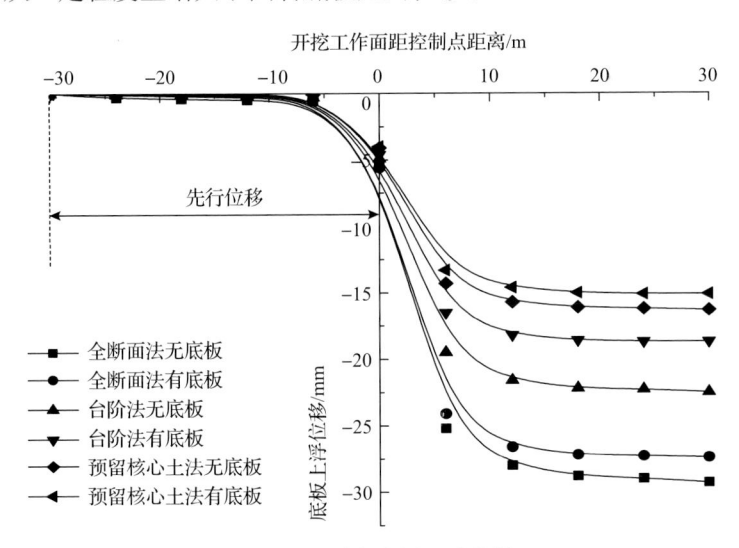

图 8-19 围岩底板上浮曲线

当开挖工作面距控制点距离在–5～15m 范围内时，围岩的变形速率较快，说明开挖隧道后，围岩在短时间内的变形量会急速增长，因此隧道开挖以后应及时施作底板初期支护，防止围岩因变形过大而失稳。

不同的开挖方法对底板上浮的影响是不同的,采用全断面法开挖隧道后,围岩变形较大,台阶法次之,预留核心土法最小,而施作底板初期支护也会减小底板上浮,但减小效果不如采用不同的开挖方法明显。

3)拱脚水平收敛曲线

拱脚水平收敛曲线如图 8-20 所示。可以看出,隧道开挖工作面距控制点一定距离时,围岩已经开始变形,全断面法无底板、全断面法有底板、台阶法无底板、台阶法有底板、预留核心土法无底板、预留核心土法有底板的拱脚先行位移分别为 5.6mm、5.2mm、4.8mm、4.2mm、4.0mm、3.8mm,拱脚水平收敛位移分别为 35.0mm、31.2mm、29.0mm、23.6mm、21.2mm、19.2mm,先行位移占围岩总位移的比例分别为 16%、16.7%、16.5%、17.8%、18.9%、19.8%,这说明隧道未开挖到各控制点所在断面时就已经存在较大的位移且先行位移占围岩总位移的比例较大。由全断面法→台阶法→预留核心土法,围岩总位移在减小,但是其先行位移所占比例在增加。这主要是由于采用台阶法或预留核心土法开挖隧道时,分部较多,从一定程度上增大了围岩拱脚处的水平位移。

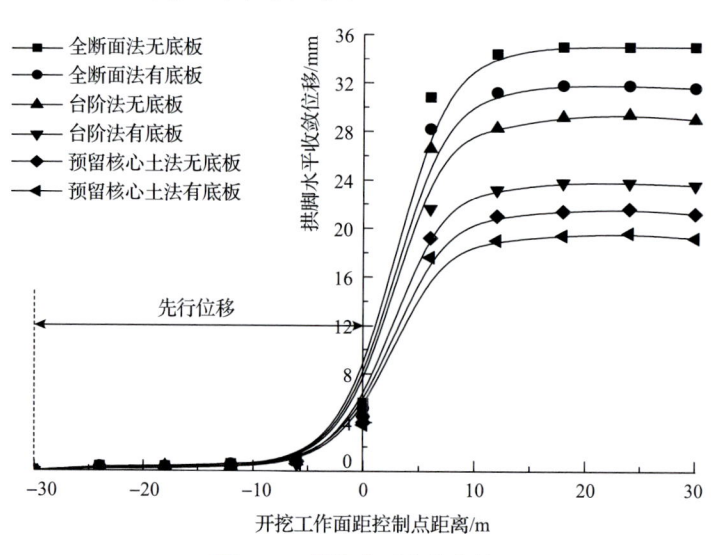

图 8-20 拱脚水平收敛曲线

当开挖工作面距控制点距离在 –5～15m 范围内时,围岩的变形速率较快,说明开挖隧道后,围岩在短时间内的变形量会急速增长,因此隧道开挖以后应及时施作底板初期支护,防止围岩因变形过大而失稳。

不同的开挖方法对拱脚水平位移的影响是不同的,采用全断面法开挖隧道后,围岩拱脚的水平位移较大,台阶法次之,预留核心土法最小,而施作底板初期支护会减小拱脚水平位移,但减小效果不如采用不同的开挖方法明显。

4) 边墙水平收敛曲线

边墙水平收敛曲线如图 8-21 所示。可以看出，隧道开挖工作面距控制点一定距离时，围岩已经开始变形，全断面法无底板、全断面法有底板、台阶法无底板、台阶法有底板、预留核心土法无底板、预留核心土法有底板的边墙先行位移分别为 6.0mm、5.2mm、5.2mm、4.2mm、4.0mm、3.8mm，边墙水平收敛位移分别为 41.4mm、36mm、33.2mm、26.6mm、25.2mm、21.6mm，先行位移占围岩总位移的比例分别为 14.5%、14.4%、15.6%、15.7%、15.8%、17.6%，这说明隧道未开挖到各控制点所在断面时就已经存在较大的位移，且先行位移占围岩总位移的比例较大。由全断面法→台阶法→预留核心土法，围岩总位移在减小，但是其先行位移所占比例在增加。这主要是由于采用台阶法或预留核心土法开挖隧道时，分部较多，从一定程度上增大了围岩边墙处的水平位移。

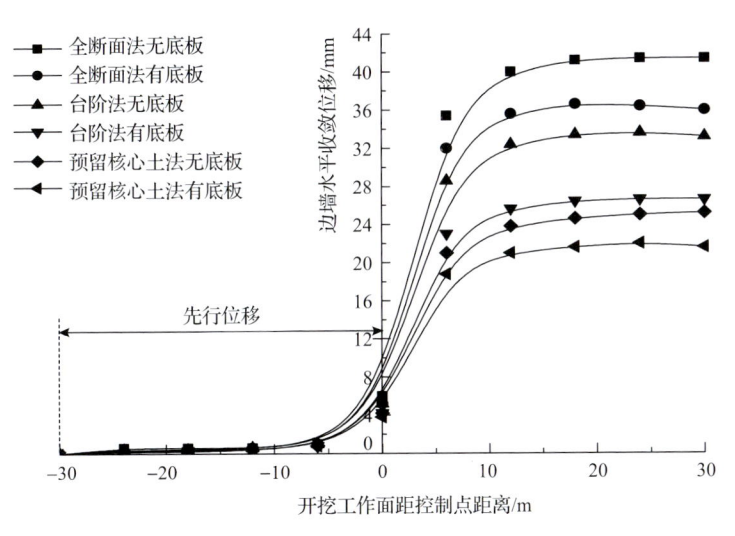

图 8-21 边墙水平收敛曲线

当开挖工作面距控制点距离在 −5～15m 范围内时，围岩的变形速率较快，说明开挖隧道后，围岩在短时间内的变形量会急速增长，因此隧道开挖以后应及时施作底板初期支护，防止围岩因变形过大而失稳。

不同的开挖方法对边墙水平位移的影响是不同的，采用全断面法开挖隧道后，边墙水平位移最大，台阶法次之，预留核心土法最小，而施作底板初期支护会减小边墙水平位移，但减小效果不如采用不同的开挖方法明显。

5) 墙脚水平收敛曲线

墙脚水平收敛曲线如图 8-22 所示。可以看出，隧道开挖工作面距控制点一定距离时，围岩已经开始变形，全断面法无底板、全断面法有底板、台阶法无底板、台阶法有底板、预留核心土法无底板、预留核心土法有底板的墙脚先行位移分别为 2.6mm、1.0mm、2.2mm、0.8mm、1.8mm、0.6mm，墙脚水平收敛位移分别为 22.4mm、3.2mm、17.6mm、2.8mm、13.2mm、2.4mm，先行位移占围岩总位移的比例分别为 11.6%、31.3%、12.5%、28.6%、13.6%、25%，这说明隧道未开挖到各控制点所在断面时就已经存在较大的位移且先行位移占围岩总位移的比例较大，即墙脚处的水平位移主要是由于隧道开挖后引起的位移。由全断面法→台阶法→预留核心土法，墙脚水平位移在减小，且有无底板初期支护可以明显减小墙脚水平位移。因此在实际工程中，当墙脚水平位移较大时，可考虑采用施作底板初期支护来减小其水平位移。

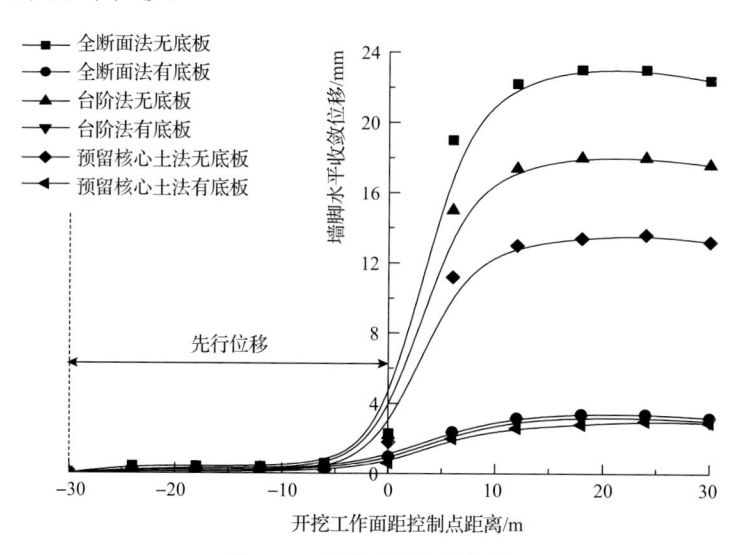

图 8-22 墙脚水平收敛曲线

当开挖工作面距控制点距离在–5～15m 范围内时，围岩的变形速率较快，说明开挖隧道后，围岩在短时间内的变形量会急速增长，因此隧道开挖以后应及时施作底板初期支护，防止围岩因变形过大而失稳。

不同的开挖方法对墙脚水平位移的影响是不同的，采用全断面法开挖隧道后，围岩墙脚的水平位移较大，台阶法次之，预留核心土法最小，而施作底板初期支护会减小墙脚水平位移，但减小效果不如采用不同的开挖方法明显。

6. 软弱围岩施工方法对比

施工方法对比如图 8-7 所示。由表可得，针对不同的地质条件和相应的施工技术要求选择合理的开挖方法。例如，当围岩等级好、机械化程度高、工期要求短时，采用全断面法开挖隧道较优，但此方法施工后围岩变形较大、锚杆应力及衬砌应力较大、掌子面稳定性低、地表沉降量较大；当围岩等级一般、机械化程度较高、工期要求较短时，采用台阶法开挖隧道较优，此方法施工后围岩变形小、锚杆应力及衬砌应力大、掌子面稳定性较高、地表沉降量大；当围岩等级较差、机械化程度不高时，采用预留核心土法开挖隧道较优，此方法施工后围岩变形较小、锚杆应力及衬砌应力较小、掌子面稳定性高、地表沉降量较小。

表 8-7 施工方法对比

参数	全断面法	台阶法	预留核心土法
适用条件	I～IV级围岩，开挖断面跨度≤8m	II～V级围岩，开挖断面跨度≤12m	IV～VI级围岩，开挖断面跨度≤12m
围岩变形	较大	中	较小
工期	最短	短	短
防水	好	好	好
一次支护拆除量	没有拆除	没有拆除	少量拆除
造价	低	中	高
衬砌应力	较大	中	较小
锚杆应力	较大	中	较小
施工安全性	不够安全	较安全	安全
施工难度	低	较低	高
施工机械	大型	大、中型	中、小型
掌子面稳定性	低	较高	高
地表沉降	较大	中	较小

采用全断面法施工，虽然围岩应力和变形比其他两种方法大，但可以明显缩短工期，这对于实际工程中按计划完成隧道修建任务是至关重要的。理论上V级围岩通常采用台阶法或预留核心土法施工，但是通过采用一系列超前支护措施，金山隧道V级围岩平行导洞可以采用全断面法施工。结合以上数值模拟的结果，采用全断面法施工后，围岩应力、衬砌应力和锚杆应力均没有超过材料允许的抗拉强度或抗压强度，因此从数值分析角度认为V级围岩平行导洞采用全断面法施工是可行的。

通过上述研究结果的比较分析可以得出以下结论。

(1)隧道开挖后，围岩最大水平位移位于边墙处，最大竖向位移位于底板处。采用全断面法开挖隧道引起的围岩变形和初期支护应力都是最大的，台阶法次之，预留核心土法最小。

(2)隧道开挖后，未施作底板初期支护时，衬砌在墙脚和拱顶等处产生较大的应力集中，墙脚处水平位移增大；施作底板初期支护后，可以有效减小墙脚处的水平位移与初期支护应力。

(3)沿隧道开挖进尺方向，当开挖工作面未到达控制点所在截面时，控制点已存在先行位移，且先行位移所占比例较大；当开挖工作面到达控制点所在截面并逐渐远离时，控制点的位移增加速率逐渐减小，最终围岩变形收敛。

(4) 采用全断面法施工，相较于台阶法和预留核心土法，围岩的应力和位移都是最大的，但围岩总变形属于正常变形范围，并不属于软岩大变形问题，这说明采用全断面法施工的围岩变形在允许范围内。

(5) 采用全断面法施工，相较于台阶法和预留核心土法，衬砌应力和锚杆应力最大，但并未超过混凝土的抗拉强度与抗压强度、锚杆的抗拉强度，因此采用全断面法施工后，衬砌应力与锚杆应力在允许范围内。

(6) 采用全断面法施工，由于作业空间大、机械化程度高、施工速度快，当工期要求紧时，有其他施工方法所不具备的优点。实际工程中，为加快施工进度，Ⅴ级围岩采用全断面法开挖。

8.5 断层区隧道结构地震响应特性及减振技术

隧道本身具有较好的抗震性能，但当其位于断层破碎带地段时，受断层的影响，会降低或瞬间失去了岩压自持力，使隧道的线性构造发生剪切变形而破坏。此外，断层破碎带常处于地震频发区域，强烈的地壳运动、地壳应变能的释放与调整扩大了地层断裂分布的范围，在围岩压力与地震动力作用下，隧道衬砌极易产生震害。例如，1995年阪神地震中，山阳新干线六甲隧道在断层破碎带处产生的震害情况比纵向其他部位更为严重；1999年台湾集集地震中，台湾中部距发震断层25km范围内就有44座隧道受损，其中严重受损者达25%，中等受损者达25%；2008年汶川大地震中，洞身初期支护和二次衬砌发生严重损坏的地段也大多处于穿越断层破碎带区域，如都江堰—汶川(都汶)高速公路隧道中穿越断层破碎带的龙池隧道、龙溪隧道和龙洞子隧道等，地震中很多部位发生了衬砌开裂，严重的甚至导致错台及整体坍塌，隧道洞内拱部纵、横向开裂，隧道衬砌发生错台。

穿越断层破碎带隧道的抗震问题一直是隧道抗震研究的难点，其关键在于穿越断层破碎带隧道的动力响应特性不明确，无法采取针对性的措施进行抗震设防。我国现行的规范也仅从定性方面指出隧道位于断层破碎带区域时，其衬砌结构应予以加强。本章通过动力时程计算和振动台模型试验，得到象鼻岭隧道穿越断层破碎带时，其横断面和纵断面方向的动力响应特性，为穿越断层破碎带隧道结构抗震设防提供参考。

8.5.1 工程概况及数值建模

1. 工程地质概况

根据工程地质调查及工程地质钻探资料，象鼻岭隧道区进口段地层复杂，以白云岩、灰岩、砂岩、泥岩、页岩为主,岩性接触带众多,岩层多呈薄~中层状,隧道埋深浅,岩层风化厚度较大,隧道围岩以强风化为主,岩石节理裂隙十分发育,工程地质条件差。隧道从中部至出口段地层较为单一,以灰岩弱风化状为主,除岩溶发育段外,其他段工程地质条件相对较好。物探资料揭示,隧道区内共3条断层发育(F11、F12、F13),断层破碎带宽10~50m。F11断层在右幅K52+065(左幅K52+120)附近与路线斜交通过,呈北东走向,与路线交角约50°,断层向路线前进反方向陡倾,倾角约75°;断层破碎带宽约10m,受断层影响,隧道进口段围岩破碎,对隧道进口段围岩稳定影响较大;断层带富水。F12断层在右幅K53+030(左幅K53+100)附近通过,呈南北走向,与路线交角约45°;断层向路线前进方向陡倾,倾角约70°,断层破碎带宽约50m,断层破碎带附近可能有溶洞存在;断层带富水。F13断层在右幅K53+110(左幅K52+985)附近与路线斜交通过,呈北西走向,与路线交角约25°;断层向路线前进方向陡倾,倾角约85°,断层破碎带宽约50m;断层带较富水。

2. 工程设计概况

象鼻岭隧道为一座分离式隧道,隧道所处路段路线在右幅K51+436.86(左幅K51+414.05)处分幅,至右幅K54+375.43(左幅K54+405.38)处合拢。隧道概况如下。

右幅:分界段里程为K52+010~K53+475,分界段全长1465m;进口端~K52+402.35位于$R=1000m$的右转圆曲线上,K52+402.35~K52+642.35位于$R=1000m$、$L_s=240m$的右转缓和曲线上,K52+642.35~出口端位于直线上;隧道所在路段纵坡为+2.800%;隧道进口端横坡为-5%,隧道出口端横坡为-2%;隧道最大埋深约175.15m。

左幅:分界段里程为K52+010~K53+540,分界段全长1530m;出口端~K52+518.03位于$R=1000m$的右转圆曲线上,K52+518.03~K52+718.03位于$R=1000m$、$L_s=200m$的右转缓和曲线上,K52+718.03~进口端位于直线上;隧道所在路段纵坡为+2.783%;隧道出口端横坡为+5%,隧道进口端横坡为-2%;隧道最大埋深约180.14m。

3. 象鼻岭隧道地震反应数值建模

在NX-CAD建模软件UG中建模是比较方便的,主要优势是其CAD模型可以直接和CAE建模关联起来。首先在CAD建模中,基于山体走势,沿着隧道走向分为五段,每段的长度和高度如图8-23及表8-8所示。

隧道单洞断面为三心圆,宽约17m,高约11m,左、右幅边到边距离45m(武定至昆明方向定义左右),双线隧道尺寸范围为79m(宽)×11m(高)。FEM总体模型建议尺寸为950m(长)×200m(宽)×高,表8-8给出了CAE建模的几何参数。

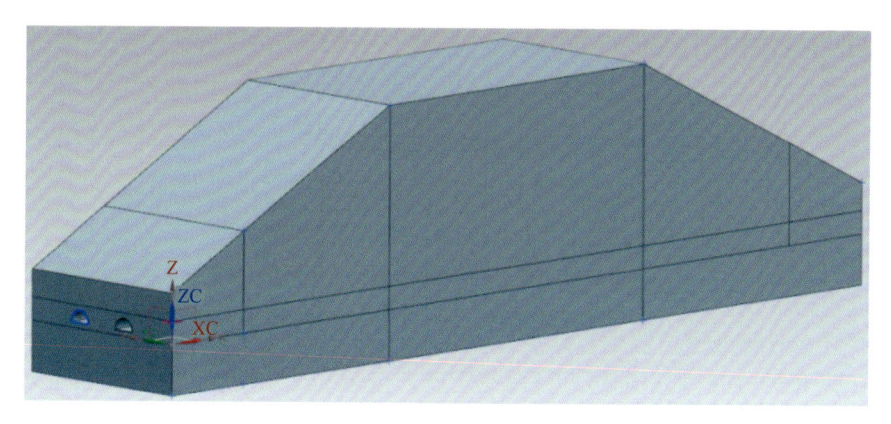

图 8-23　山体建模示意图

表 8-8　几何参数

段数	长度/m	高度/m	宽度 H/m	隧道尺寸/(m×m)	衬砌厚度 T/m
1	L_1=100	H_{1L}=100	200		0.5
2	L_2=200	H_{2L}=150	200		0.5
3	L_3=350	H_{3L}=250	200	17×11（宽×高）	0.5
4	L_4=200	H_{4L}=250	200		0.5
5	L_5=100	H_{5L}=150	200		0.5
		H_{5R}=100	200		

注：L_1～L_5 是沿着隧道走向的长度，H_{1L}～H_{5L} 为每段左面的高度，H_{5R} 为第五段右侧面的高度，H 是山体的宽度，T 为钢筋混凝土衬砌的厚度。

整体有限元模型如图 8-24 所示，其中山体采用三维实体单元模拟，隧道内壁衬砌采用二维壳单元模拟，锚杆采用杆单元模拟，衬砌与岩体之间采用 NX Glue 功能进行黏结，其中隧道支护层 FEM 模型及其与山体的黏结如图 8-25 所示。

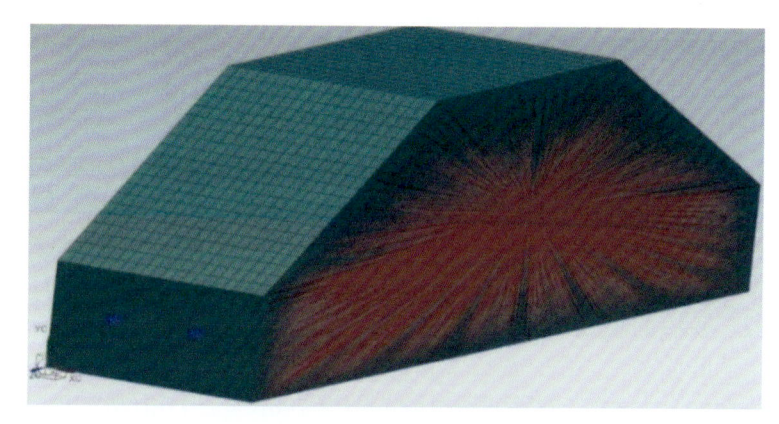

图 8-24　整体有限元模型

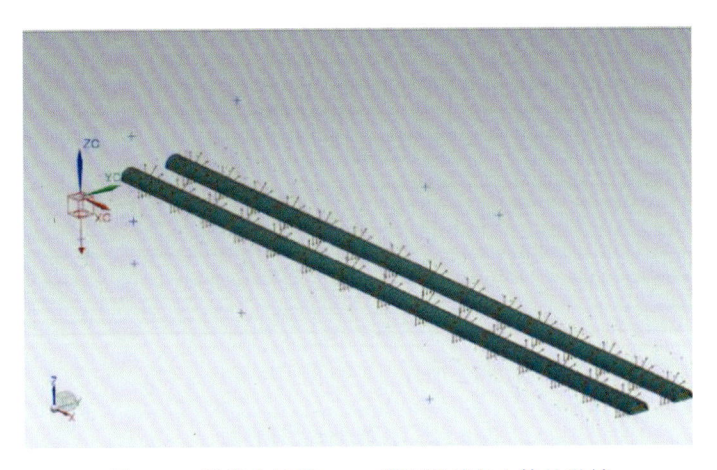

图 8-25 隧道支护层 FEM 模型及其与山体的黏结

8.5.2 不同支护的模型参数

1. 现浇混凝土支护

全长隧道采用现浇混凝土支护,厚度 50cm,参数按 C40 混凝土取值,如表 8-9 所示。

表 8-9 C40 混凝土参数

弹性模量/MPa	泊松比	抗压强度/MPa	抗拉强度/MPa
3.25×10^4	0.2	26.8	2.39

钢筋混凝土密度:$2.4 \times 10^3 \sim 2.5 \times 10^3 \text{kg/m}^3$;
素混凝土密度:$2.2 \times 10^3 \sim 2.4 \times 10^3 \text{kg/m}^3$。

1)全隧道锚喷式支护和断层带锚杆支护结合

断层岩体段按 0.6m×0.6m 间排距的锚杆相间分布,锚杆长度 4.0m,锚杆直径 30mm,材料参数按普通低碳钢取值,如表 8-10 所示。

表 8-10 普通低碳钢参数($\phi 30$)

材料	抗拉、抗压和抗弯强度/(N/mm^2)	抗剪强度/(N/mm^2)
Q235	205	120
Q345	295	170

锚喷厚度:50cm 混凝土;
弹性模量:$E=206\text{kN/mm}^2$;
密度:7800kg/m^3;
泊松比:0.3。

2) 断层穿越区段隧道壁后注浆加固

全长隧道采用现浇混凝土支护，厚度 50cm，参数按 C30 混凝土取值，如表 8-13 所示。断层破碎区段注水泥砂浆，厚度为 1.5m，注浆充填区域岩体参数按表 8-11 相关参数的 60% 折减。

表 8-11　C30 混凝土参数

弹性模量/MPa	泊松比	抗压强度/MPa	抗拉强度/MPa
3.0×10^4	0.2	20.1	2.01

不同岩体物理参数如表 8-12 所示。

表 8-12　不同岩体物理参数

岩体类型	密度/(kg/m³)	弹性模量/GPa	泊松比
普通岩体（灰岩、白云岩）	2751	11.29	0.27
无注浆的断层岩体	2570	3.10	0.22
注浆的断层岩体	2600	7.10	0.25

2. 强迫运动加载模式

本章主要研究在不同方向地震波作用下，不同支护方式的隧道围岩及支护结构振动响应特性。因此，系统的激励即为山体某个面上某个方向或多个方向上的强迫运动，一般是实测到的地震振动加速度时程曲线。

在 NX Response Simulation 中专门有强迫运动的约束方式，在计算模态时给计算对象加载强迫运动约束，则在求解振动响应时方便加载实测地震波振动加速度。由于山体整个侧面受到地震波的冲击，在建模时利用 RBE2 单元将山体侧面建立起一个单元，方便加载强迫运动，如图 8-26 所示。

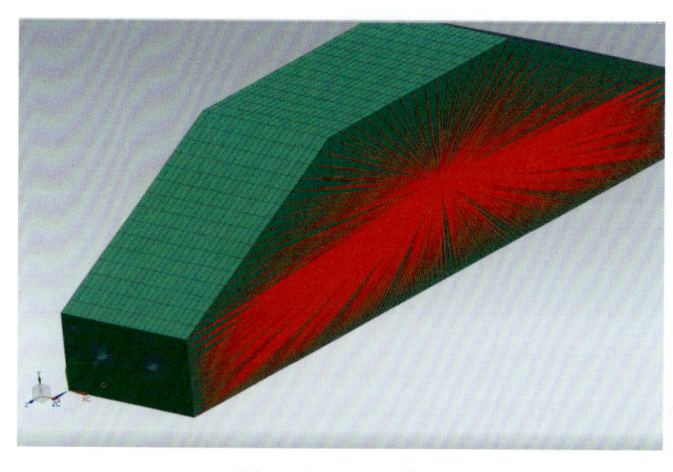

图 8-26　RBE2 单元

1)地震波数据的准备。

宁河天津波地震记录——东西向,时间1976年11月25日21:53;震级 M=6.9;震中距 65km;地点天津医院;单位 cm/s^2;时间间隔 0.01s;点数 1920;有效频宽 0.30~35.00Hz;持续时间 19.19s;适合四类场地土。图 8-27 和图 8-28 给出了两个方向上的地震加速度时程曲线。

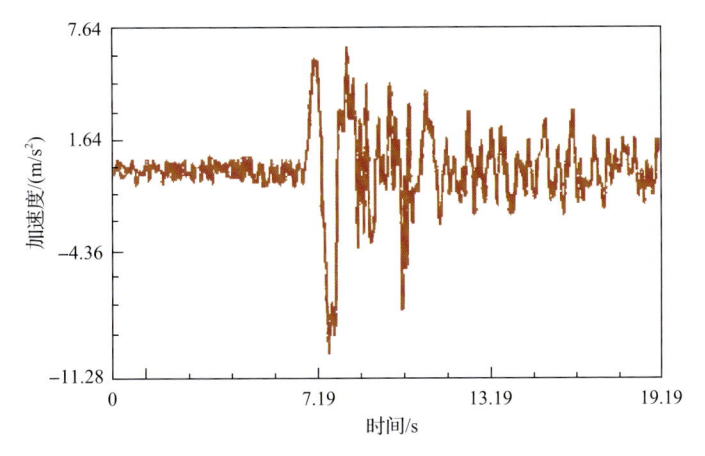

图 8-27　南北走向地震加速度时程曲线

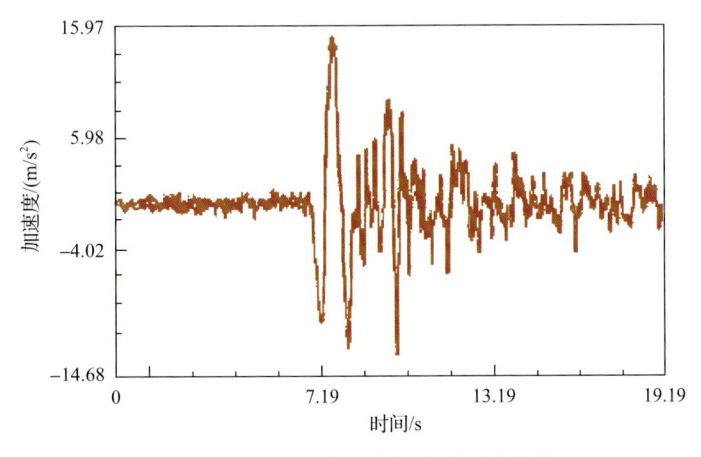

图 8-28　东西走向地震加速度时程曲线

2)边界条件。

边界条件如图 8-29 所示,底部竖向约束,山体前后端面固定约束,山体一侧模拟施加强迫运动。

8.5.3　计算工况

本模拟工况根据不同的支护方式,有不同的边界条件,同时对于同一种支护

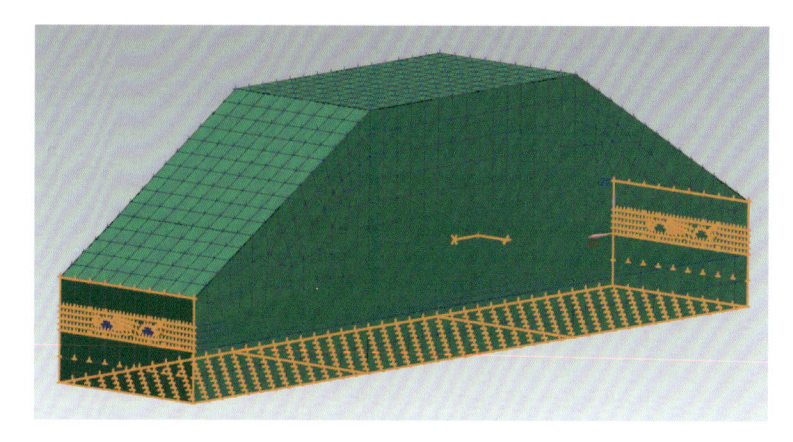

图 8-29 边界条件

方式，地震波传播方向不同，对隧道的影响也不同，也就是在数值仿真中，需要改变地震波振动加速度加载的方向来研究不同支护方式下的振动响应，进而考察支护方式的效能。

根据不同的支护方式和强迫运动加载方向，有如下几种计算工况，如表 8-13 所示。

表 8-13 不同计算工况

工况	支护方式	$\beta_1 = 0°$	$\beta_2 = 45°$	$\beta_3 = 90°$
		强迫运动加载方向与隧道走向夹角		
1	现浇混凝土支护	S1A1	S1A2	S1A3
2	现浇混凝土支护+断层带壁后注浆支护	S2A1	S2A2	S2A3
3	现浇混凝土支护+断层带全长锚杆支护	S3A1	S3A2	S3A3

8.5.4 不同支护计算结果比较

1. 现浇混凝土支护

1) 模态分析

采用有限元分析，以六节点三角形壳单元来模拟支护，钢筋混凝土支护与岩体通过 NX-Glue 功能连接为一体。系统的前 30 阶模态及其模态质量等信息显示，X 方向的有效模态质量占到了 75.57%，Y 方向的有效模态质量占到了 55.13%，Z 方向的有效模态质量占到了 81.55%，因此正则模态基本上涵盖了系统的基本振动。

2) 地震波传播方向的影响

(1) 地震波传播方向与隧道走向垂直。

设定强迫运动加载点及其方向，并在计算动力响应时选择利用模态加速度法进行物理响应计算。由于假设地震荷载从远方传递到隧道某一个面上，应是同时作用到整个面所有节点上，为了方便计算，利用 RBE2 单元将侧面上所有节点都连接到某一个点上，将激励加载在这个质量点上，实现隧道结构地震响应的模拟分析。当地震波传播方向与隧道走向垂直时，t=19.2s 时支护结构的振动位移、加速度、最大主应力及 von Mises 应力响应如图 8-30～图 8-33 所示，其最大值分别为 205.73mm、147.37mm/s^2、29.16MPa、38.90MPa。

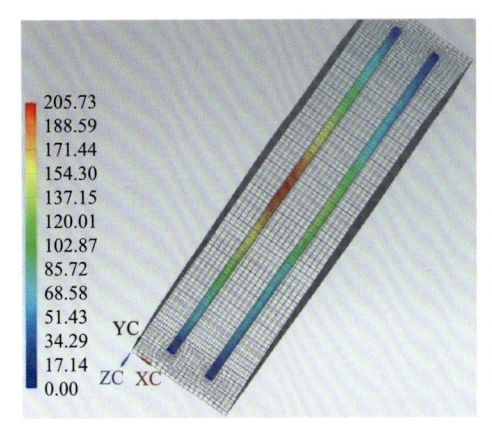

图 8-30 t=19.2s 时支护结构的位移响应（现浇混凝土支护，90°）（单位：mm）

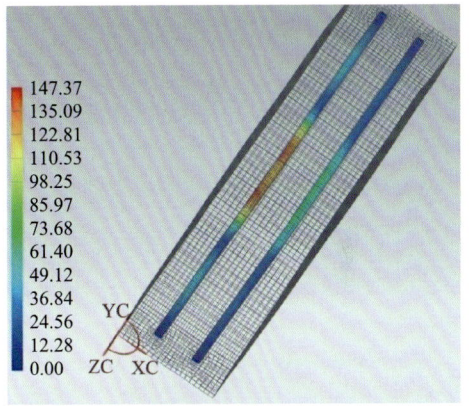

图 8-31 t=19.2s 时支护结构的加速度响应（现浇混凝土支护，90°）（单位：mm/s^2）

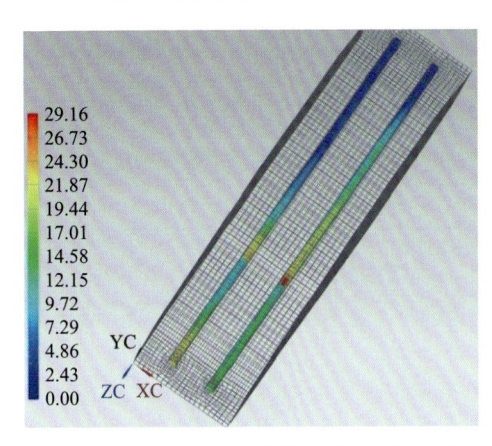

图 8-32 t=19.2s 时支护结构的最大主应力响应（现浇混凝土支护，90°）（单位：MPa）

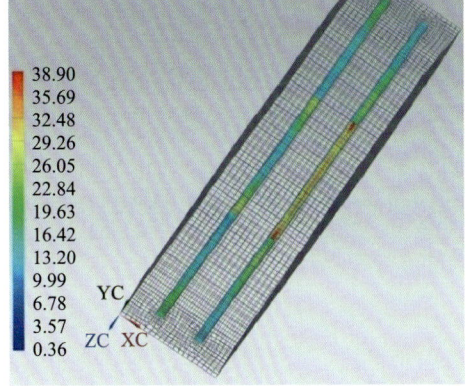

图 8-33 t=19.2s 时支护结构的 von Mises 应力响应（现浇混凝土支护，90°）（单位：MPa）

(2) 地震波传播方向与隧道走向成 45°。

当地震波传播方向与隧道走向成 45°时，考虑山体的自重应力，t=19.2s 时支护结构的位移、加速度、最大主应力和 von Mises 应力响应如图 8-34～图 8-37 所示，其最大值分别为 207.25mm、114.24mm/s^2、29.09MPa 和 38.79MPa。

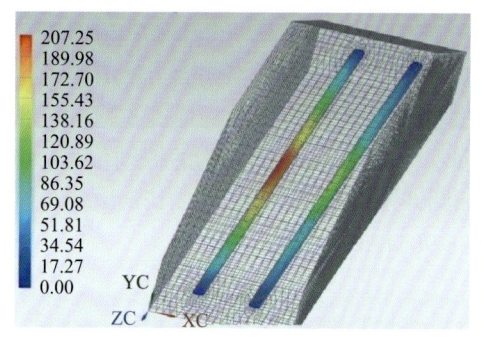

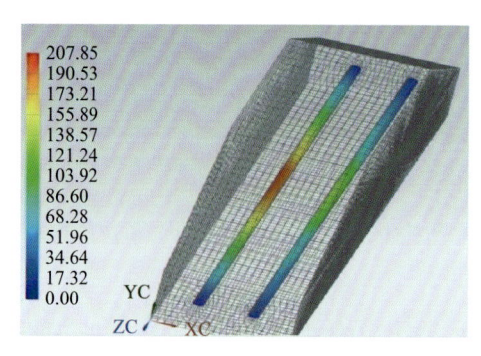

图 8-34　t=19.2s 时支护结构的位移响应
（现浇混凝土支护，45°）（单位：mm）

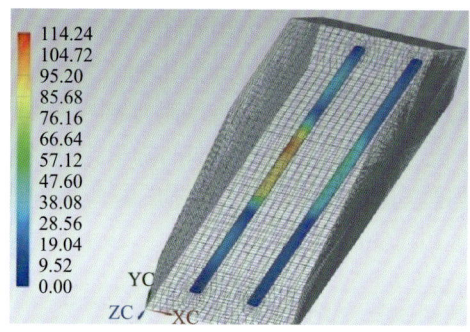

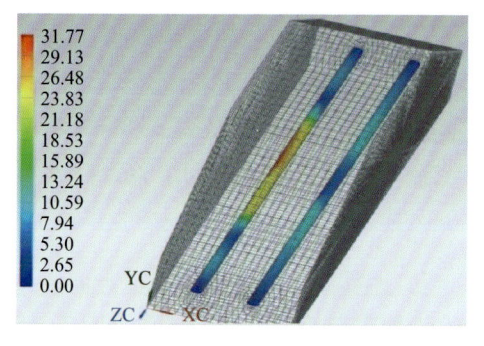

图 8-35　t=19.2s 时支护结构的加速度响应
（现浇混凝土支护，45°）（单位：mm/s^2）

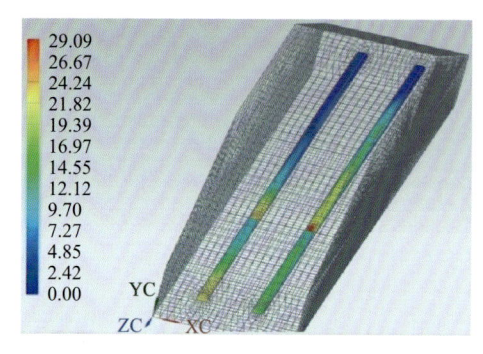

图 8-36　t=19.2s 时支护结构的最大主应力响应（现浇混凝土支护，45°）（单位：MPa）

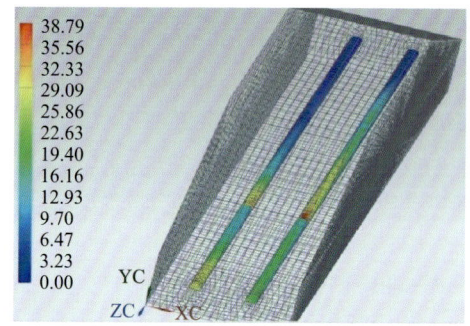

图 8-37　t=19.2s 时支护结构的 von Mises 应力响应（现浇混凝土支护，45°）（单位：MPa）

(3) 地震波传播方向与隧道走向平行。

当地震波传播方向与隧道走向平行时，t=19.2s 时支护结构位移、加速度、最大主应力以及 von Mises 应力响应如图 8-38～图 8-41 所示，其最大值分别为 207.85mm、31.77mm/s^2、28.96MPa 和 38.68MPa。

图 8-38　t=19.2s 时支护结构的位移响应
（现浇混凝土支护，0°）（单位：mm）

图 8-39　t=19.2s 时支护结构的加速度响应
（现浇混凝土支护，0°）（单位：mm/s^2）

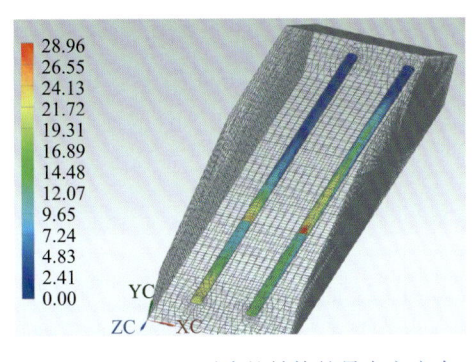

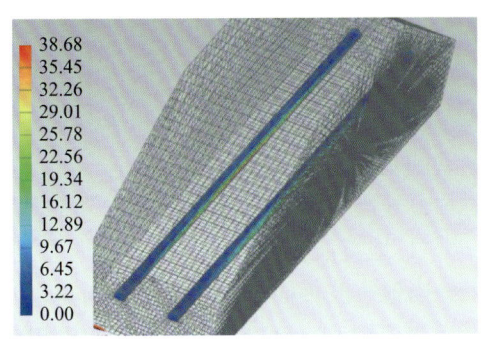

第 8 章 穿越断层带隧道稳定性及其灾变预控

图 8-40 t=19.2s 时支护结构的最大主应力响应（现浇混凝土支护，0°）（单位：MPa）

图 8-41 t=19.2s 时支护结构的 von Mises 应力响应（现浇混凝土支护，0°）（单位：MPa）

(4) 不同地震波传播方向下隧道支护响应比较。

不同地震波传播方向下支护结构振动响应最大值如表 8-14 所示。

表 8-14 不同地震波传播方向下支护结构振动响应最大值（现浇混凝土支护）

地震波传播方向与隧道走向夹角/(°)	最大位移/mm	最大加速度/(mm/s^2)	最大主应力/MPa	最大 von Mises 应力/MPa
90	205.73	147.37	29.16	38.90
45	207.25	114.24	29.09	38.79
0	207.85	31.77	28.96	38.68

2. 现浇混凝土支护+断层带壁后注浆支护

对穿越断层带壁后注浆支护建立有限元模型，如图 8-42 所示，图中绿色单元为钢筋混凝土支护单元，红色区域为注浆岩体支护单元。

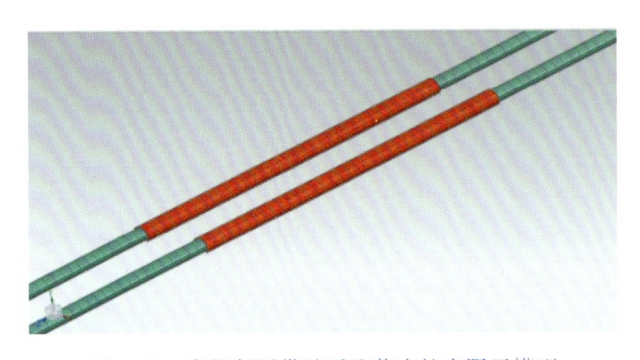

图 8-42 穿越断层带壁后注浆支护有限元模型

1) 模态分析

在山体隧道支护时，采用穿越断层带壁后注浆支护方式对整体模型进行模态分析，结果显示，模型的前 30 阶模态集中了大部分振动能量，其中 X 方向集中了 75.22%的模态质量，Y 方向集中了 54.36%的模态质量，Z 方向集中了 81.1%的模态质量，R_x 方向、R_y 方向和 R_z 方向分别集中了 52%、71%和 54%的模态质量，振动的基频为 1.29～3.388Hz。

2）地震波传播方向的影响

(1) 地震波传播方向与隧道走向垂直。

当地震波传播方向与隧道走向垂直时，t=19.2s 时支护结构的位移、加速度、最大主应力和 von Mises 应力响应如图 8-43～图 8-46 所示，其最大值分别为 87.62mm、150.16mm/s^2、11.305MPa、38.31MPa。

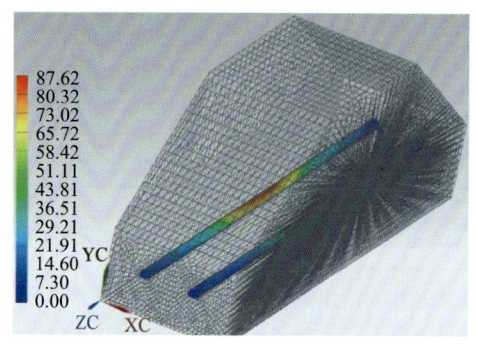

图 8-43　t=19.2s 时支护结构的位移响应（注浆支护，90°）(单位：mm)

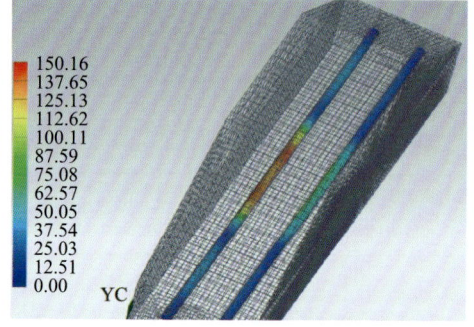

图 8-44　t=19.2s 时支护结构的加速度响应（注浆支护，90°）(单位：mm/s^2)

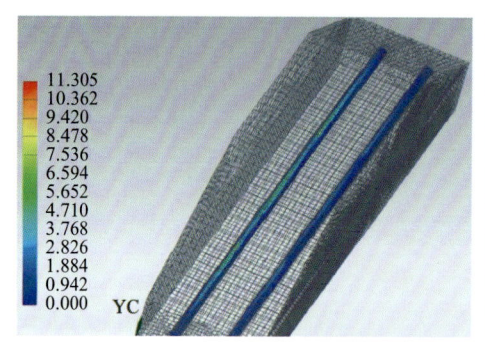

图 8-45　t=19.2s 时支护结构的最大主应力响应(注浆支护，90°)(单位：MPa)

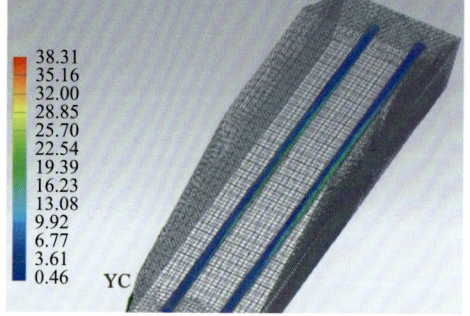

图 8-46　t=19.2s 时支护结构的 von Mises 应力响应(注浆支护，90°)(单位：MPa)

(2) 地震波传播方向与隧道走向成 45°。

当地震波传播方向与隧道走向成 45°时，t=19.2s 时支护结构的位移、加速度、最大主应力和 von Mises 应力响应如图 8-47～图 8-50 所示，其最大值分别为 87.59mm、114.91mm/s^2、11.245MPa、38.35MPa。

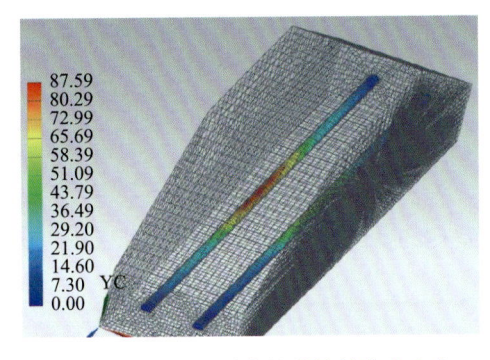

图 8-47　t=19.2s 时支护结构的位移响应
（注浆支护，45°）（单位：mm）

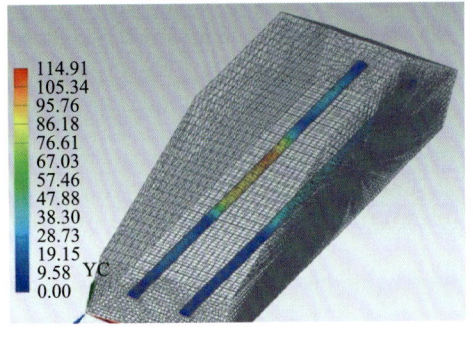

图 8-48　t=19.2s 时支护结构的加速度响应
（注浆支护，45°）（单位：mm/s^2）

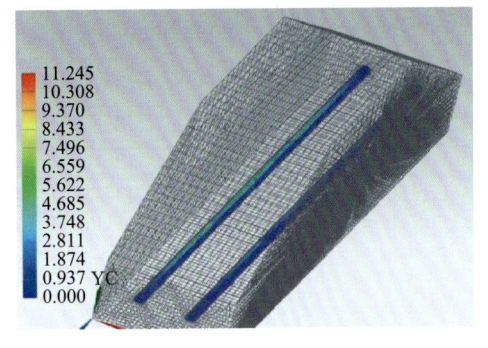

图 8-49　t=19.2s 时支护结构的最大主应力
响应（注浆支护，45°）（单位：MPa）

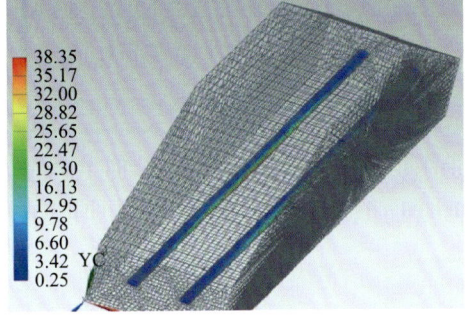

图 8-50　t=19.2s 时支护结构的 von Mises
应力响应（注浆支护，45°）（单位：MPa）

(3)地震波传播方向与隧道走向平行。

当地震波传播方向与隧道走向平行时，t=19.2s 时支护结构的位移、加速度、最大主应力和 von Mises 应力响应如图 8-51～图 8-54 所示，其最大值分别为 87.53mm、29.39mm/s^2、11.100MPa、38.42MPa。

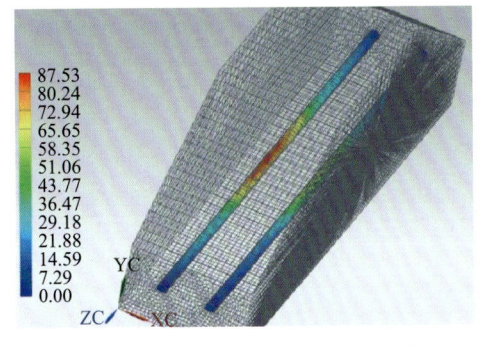

图 8-51　t=19.2s 时支护结构的位移响应
（注浆支护，0°）（单位：mm）

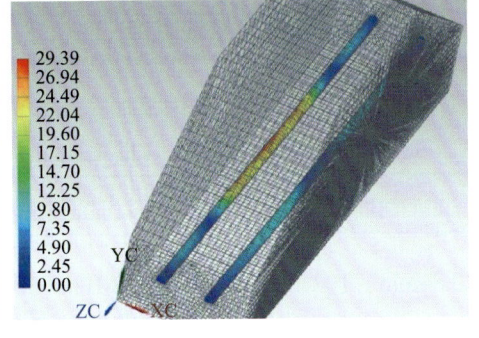

图 8-52　t=19.2s 时支护结构的加速度响应
（注浆支护，0°）（单位：mm/s^2）

图 8-53　$t=19.2s$ 时支护结构的最大主应力响应(注浆支护，0°)(单位：MPa)

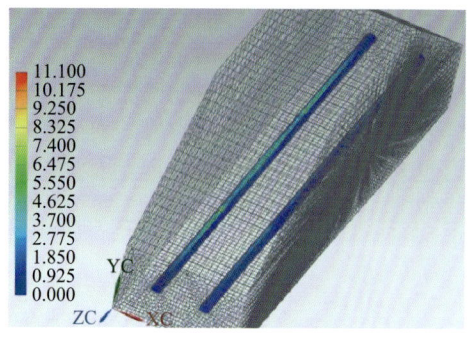

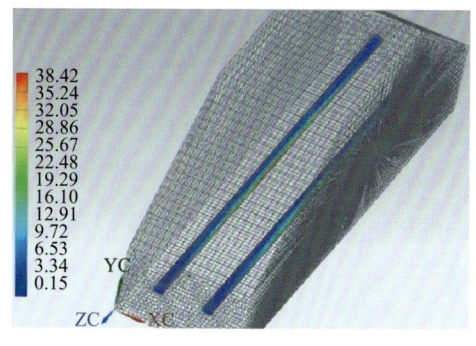

图 8-54　$t=19.2s$ 时支护结构的 von Mises 应力响应(注浆支护，0°)(单位：MPa)

(4)不同地震波传播方向下隧道支护响应比较。

不同地震波传播方向下支护结构振动响应最大值如表 8-15 所示。

表 8-15　不同地震波传播方向下支护结构振动响应最大值(注浆支护)

地震波传播方向与隧道走向夹角/(°)	最大位移/mm	最大加速度/(mm/s^2)	最大主应力/MPa	最大 von Mises 应力/MPa
90	87.62	150.16	11.305	38.31
45	87.59	114.91	11.245	38.35
0	87.53	29.39	11.100	38.42

3. 现浇混凝土支护+断层带全长锚杆支护

1)模态分析

在计算中，对加锚断层带岩体进行了加密网格处理，因此整体有限元模型比较大，共有 254990 个三维 solid 单元、33840 个二维壳单元和 75816 个一维杆单元，同时考虑断层带岩体、衬砌等之间的黏结，利用 NX-Glue 功能加入了 6 个面-面黏结，同时计算步长采用 0.01s，最后得到整个岩体系统的模态信息，本章仅取前 30 阶模态进行计算。

2)地震波传播方向的影响

(1)地震波传播方向与隧道走向垂直。

当地震波传播方向与隧道走向垂直时，$t=19.2s$ 时支护结构的位移、加速度、最大主应力和 von Mises 应力响应如图 8-55~图 8-58 所示，其最大值分别为 90.86mm、103.10mm/s^2、13.93MPa、30.26MPa。

(2)地震波传播方向与隧道走向成 45°。

当地震波传播方向与隧道走向成 45°时，$t=19.2s$ 时支护结构的位移、加速度、最大主应力和von Mises应力响应如图8-59～图8-62所示,其最大值分别为90.81mm、85.32mm/s^2、13.89MPa、30.28MPa。

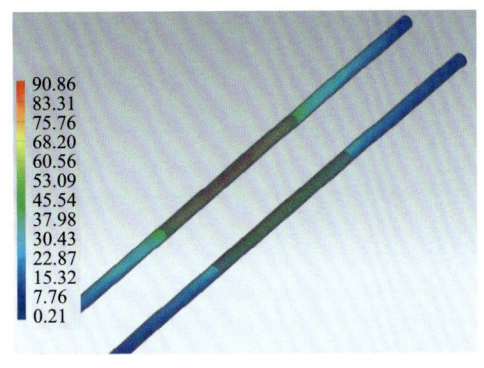

图8-55　t=19.2s时支护结构的位移响应（锚杆支护,90°）(单位:mm)

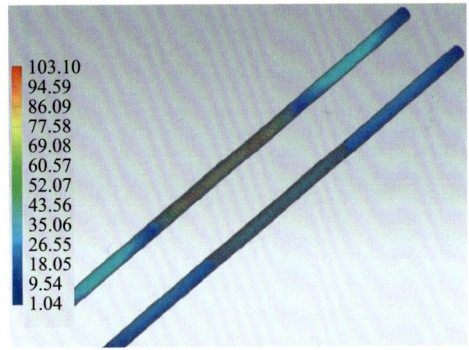

图8-56　t=19.2s时支护结构的加速度响应（锚杆支护,90°）(单位:mm/s^2)

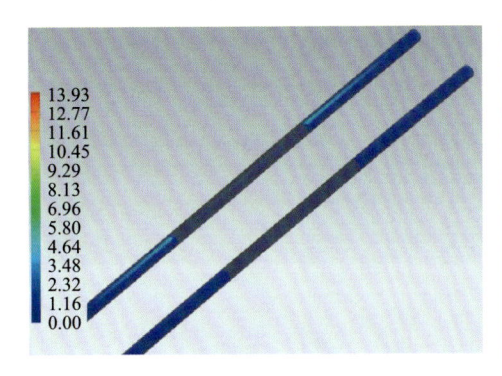

图8-57　t=19.2s时支护结构的最大主应力响应（锚杆支护,90°）(单位:MPa)

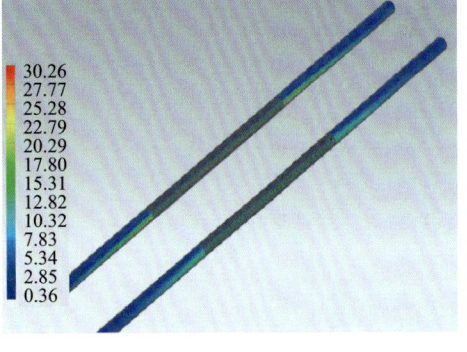

图8-58　t=19.2s时支护结构的von Mises应力响应（锚杆支护,90°）(单位:MPa)

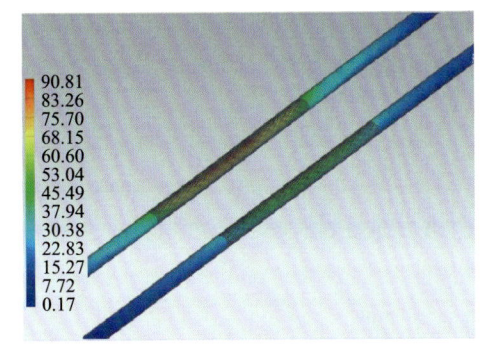

图8-59　t=19.2s时支护结构的位移响应（锚杆支护,45°）(单位:mm)

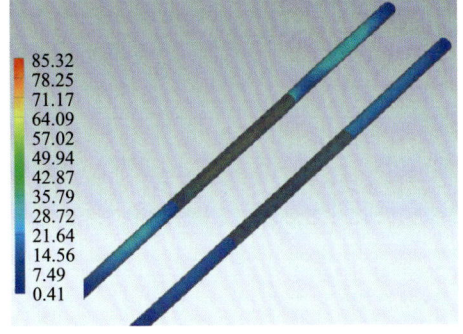

图8-60　t=19.2s时支护结构的加速度响应（锚杆支护,45°）(单位:mm/s^2)

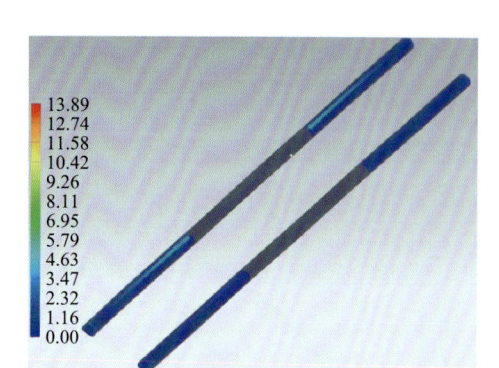

图 8-61　t=19.2s 时支护结构的最大主应力响应（锚杆支护，45°）（单位：MPa）

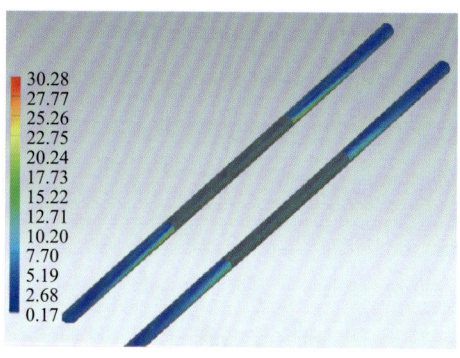

图 8-62　t=19.2s 时支护结构的 von Mises 应力响应（锚杆支护，45°）（单位：MPa）

(3) 地震波传播方向与隧道走向平行。

当地震波传播方向与隧道走向平行时，t=19.2s 时支护结构的位移、加速度、最大主应力和 von Mises 应力响应图如图 8-63～图 8-66 所示，其最大值分别为

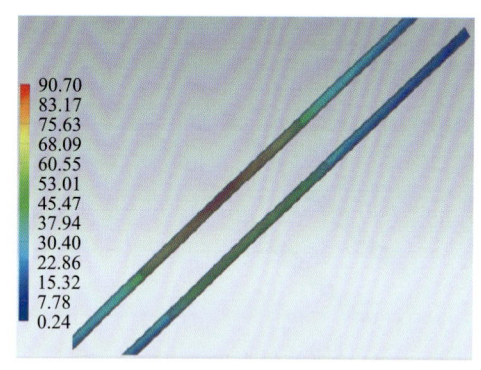

图 8-63　t=19.2s 时支护结构的位移响应（锚杆支护，0°）（单位：mm）

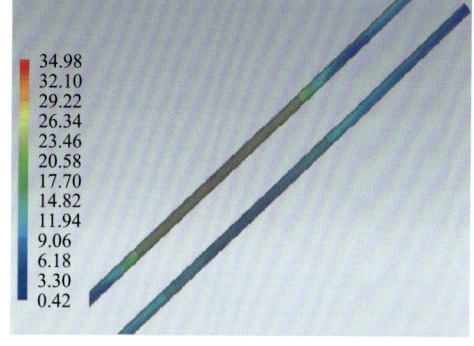

图 8-64　t=19.2s 时支护结构的加速度响应（锚杆支护，0°）（单位：mm/s^2）

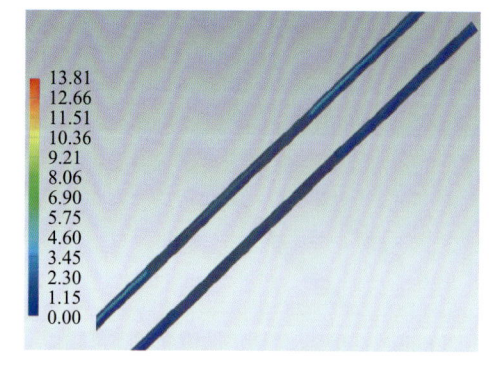

图 8-65　t=19.2s 时支护结构的最大主应力响应（锚杆支护，0°）（单位：MPa）

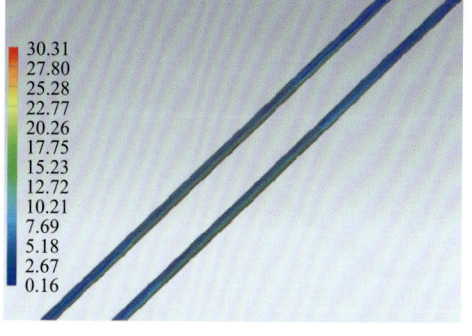

图 8-66　t=19.2s 时支护结构的 von Mises 应力响应（锚杆支护，0°）（单位：MPa）

90.70mm、34.98mm/s^2、13.81MPa、30.31MPa。

(4) 不同地震波传播方向下隧道支护响应比较。

不同地震波传播方向下支护结构振动响应最大值如表 8-16 所示。

表 8-16　不同地震波传播方向下支护结构振动响应最大值(锚杆支护)

地震波传播方向与隧道走向夹角/(°)	最大位移/mm	最大加速度/(mm/s^2)	最大主应力/MPa	最大 von Mises 应力/MPa
90	90.86	103.10	13.93	30.26
45	90.81	85.32	13.89	30.28
0	90.70	34.98	13.81	30.31

4. 不同支护方式下支护结构振动响应比较

不同支护方式下支护结构振动响应最大值如表 8-17 所示。

表 8-17　不同支护方式下支护结构振动响应最大值

地震波传播方向与隧道走向夹角/(°)	支护方式	最大位移/mm	最大加速度/(mm/s^2)	最大主应力/MPa
90	现浇混凝土支护	205.73	147.37	29.160
90	现浇混凝土支护+断层带壁后注浆支护	87.62	150.16	11.305
90	现浇混凝土支护+断层带全长锚杆支护	90.86	103.10	13.930
45	现浇混凝土支护	207.25	114.24	29.090
45	现浇混凝土支护+断层带壁后注浆支护	87.59	114.91	11.245
45	现浇混凝土支护+断层带全长锚杆支护	90.81	85.32	13.890
0	现浇混凝土支护	207.85	31.77	28.960
0	现浇混凝土支护+断层带壁后注浆支护	87.53	29.39	11.100
0	现浇混凝土支护+断层带全长锚杆支护	90.70	34.98	13.810

为直观起见，作三种支护方式(现浇混凝土支护、现浇混凝土支护+断层带壁后注浆支护、现浇混凝土支护+断层带全长锚杆支护)在不同地震波传播方向下隧道结构地震响应最大位移柱状图，如图 8-67 所示。结果显示：①地震波传播方向对支护结构位移响应影响甚微；②支护方式对支护结构位移响应影响显著，现浇混凝土支护的最大位移达到 207.85mm，是现浇混凝土支护+断层带壁后注浆支护的 2.4 倍。

不同支护方式下隧道结构地震响应最大加速度柱状图如图 8-68 所示。结果显示：①隧道地震响应加速度受地震波传播方向影响显著，当地震波传播方向与隧道走向平行时，各支护方式下结构地震响应加速度相对较小，最大值仅为 34.98mm/s²，随地震波角的增大，结构地震响应加速度显著增大；②三种支护方式相比较而言，现浇混凝土支护+断层带全长锚杆支护的结构地震响应最大加速度相对较小，现浇混凝土支护和现浇混凝土支护+断层带壁后注浆支护的结构地震响应加速度总体上无明显差异。

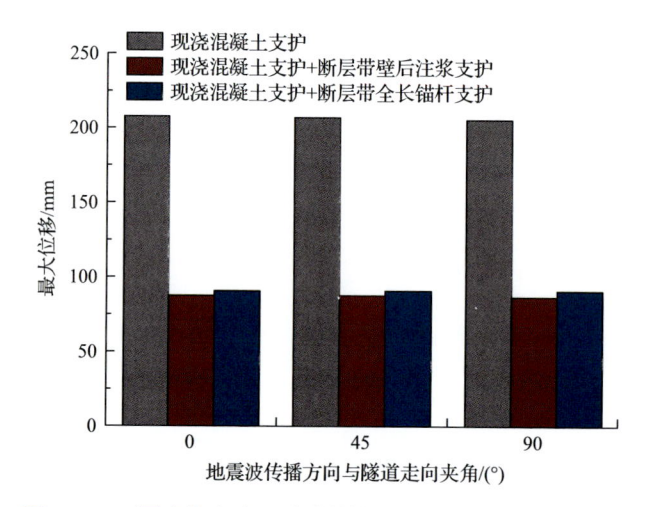

图 8-67　不同支护方式下隧道结构地震响应最大位移柱状图

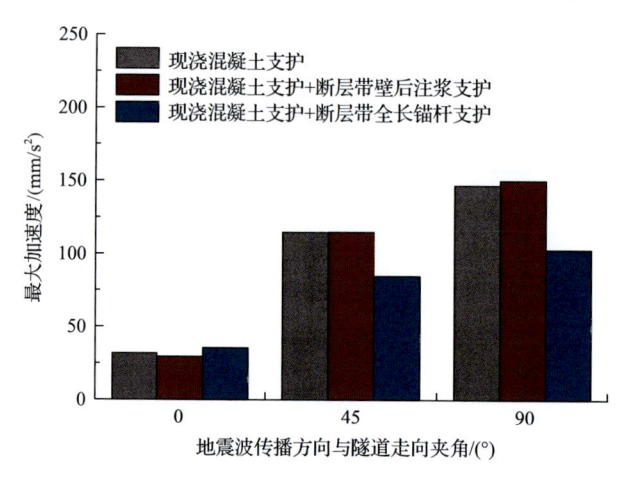

图 8-68　不同支护方式下隧道结构地震响应最大加速度柱状图

不同支护方式下隧道结构地震响应最大主应力峰值柱状图如图 8-69 所示。结果显示：①不同支护方式下隧道结构地震响应最大主应力明显不同（原因可能是结构刚度特性及其固有频率不同从而带来的耦合作用差异），其中现浇混凝土支护结构地震响应最大主应力峰值达到 29.16MPa，大于其他支护方式最大主应力峰值的 2 倍；②地震波传播方向对隧道结构地震响应最大主应力几乎没有影响。

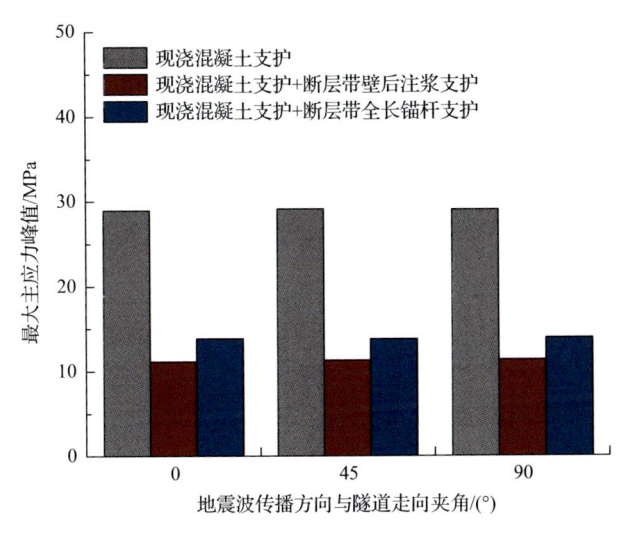

图 8-69　不同支护方式下隧道结构地震响应最大主应力峰值柱状图

在模拟地震作用下，不同支护方式下隧道结构地震响应模态质量分布如图 8-70 所示。图中 X、Y、Z 分别为隧道水平横向、水平轴向和铅锤方向，模态范围为 1～30 阶，频率响应范围为 1.29～3.388Hz。结果显示：①该设定频率范围内，各方向模态质量均超过 55%，低频和超低频为断层带破碎岩体的主要固有频率；②由于断层带岩体的非均质和各向异性特性，隧道结构及围岩地震响应模态质量具有明显的方向性特征，隧道水平横向地震响应模态质量达到 80%左右。

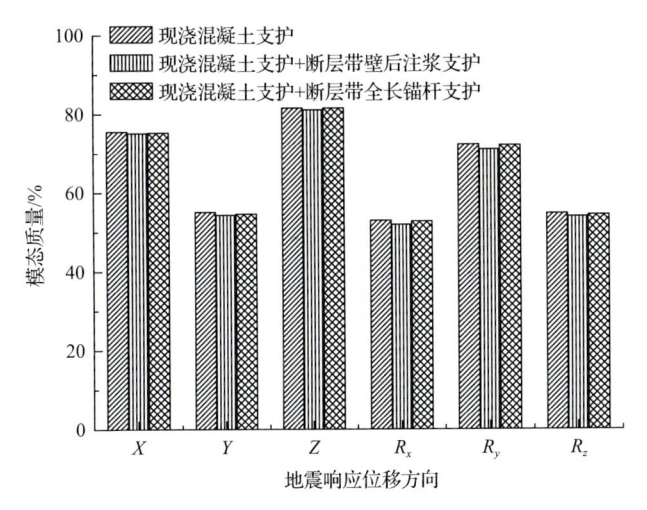

图 8-70　不同支护方式下隧道结构地震响应模态质量分布

8.6 断层区隧道开挖岩体加固方式及其作用机理

断层区岩石隧道施工比较常用的支护方式为现浇混凝土支护、锚喷+钢筋混凝土支护、超前注浆+锚喷+钢筋混凝土支护等。迄今，我国工程技术人员根据隧址工程地质及水文地质情况，因地制宜，建立了一系列合理的施工方法，积累了大量成功的理论和技术成果，但结合断层区破碎岩体物理力学特性，从技术经济合理优化的角度研究隧道围岩加固的技术经济效果及其作用机理方面尚有许多有待深入研究的空间。

本节采用有限元数值方法，系统研究高构造应力条件下几种典型加固方式(长锚索预应力加固、注浆加固、无加固)的隧道施工扰动特性及其作用机理。

8.6.1 断层带岩体合理加固方式及其作用效果

1. 计算模型(考虑水平构造应力)

假定断裂带有足够的宽度，隧道轴向裂隙岩体物理力学参数差异可以忽略，沿隧道轴向支护结构和序数相同，取平面应变模型进行计算，比较研究各加固方式的作用效果。在此基础上，对裂隙岩体加固力学机理进行概要分析。

有限元数值模型如图 8-71 所示。

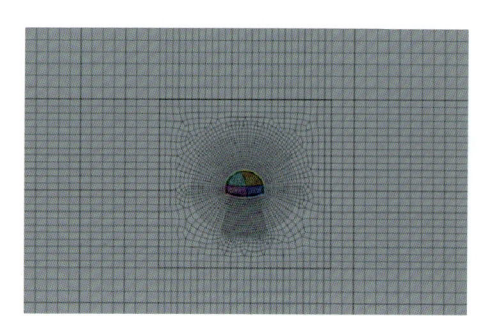

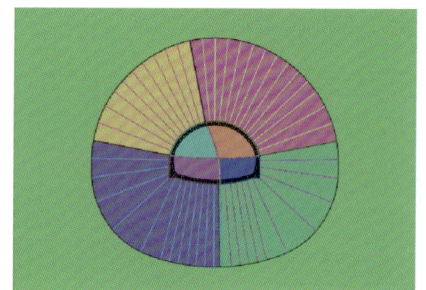

图 8-71 有限元数值模型

2. 计算参数

支护结构材料及岩体介质参数如表 8-18 所示。

表 8-18 支护结构材料及岩体介质参数

名称	E/GPa	v	γ/(kN/m^3)	c/kPa	φ/(°)
岩土	3	0.35	22	1500	35
岩土-注浆	3	0.35	22	2000	37

续表

名称	E/GPa	v	γ/(kN/m^3)	c/kPa	φ/(°)
C35	31.5	0.2	25		
钢材	210	0.3	78		

初始地应力分别为：$\{\sigma_1, \sigma_3\}=\{\gamma z, \lambda \gamma z\}$MPa。

3. 结果分析

研究获得了三种加固方式的隧道断面总体位移、水平位移、竖向位移(顶板下沉、底板上浮)以及隧道断面应力(应力全量和应力增量)分布。

1) 总体位移

隧道结构及围岩总体位移分布如图 8-72 所示。结果显示：①无论何种加固方式，隧道开挖扰动位移最大值均发生在隧道底板(上浮位移)，尽管断层区内岩体初始水平应力较大，但由于隧道断面采用比较扁平的半圆反拱结构形式，最大位移发生在底部曲率半径较大的刚度薄弱部位；②对应于长锚索预应力加固、注浆加固、无加固，隧道开挖扰动位移最大值分别为 308.51mm、415.07mm 和 642.44mm，裂隙岩体加固对控制隧道扰动位移作用效果显著；③相比较而言，长锚索预应力加固作用效果最好(这里仅考虑加固对扰动位移的控制作用，未涉及对断层水的治理与控制)。

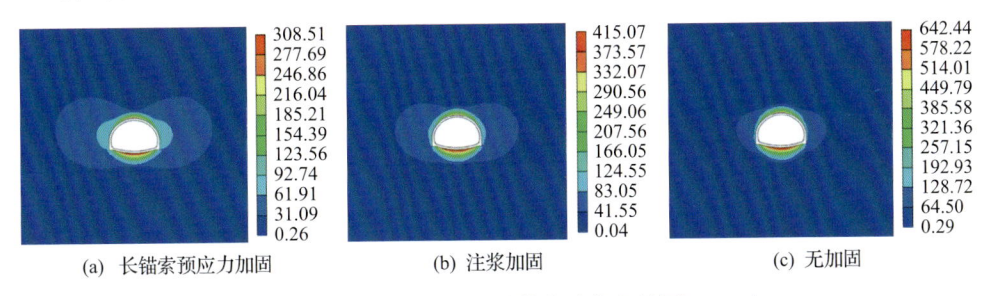

(a) 长锚索预应力加固　　(b) 注浆加固　　(c) 无加固

图 8-72　隧道结构及围岩总体位移分布(单位：mm)

2) 水平位移

隧道结构及围岩水平位移分布如图 8-73 所示。结果显示：①水平位移最大值发生在隧道两帮中部，总体分布形式几乎与加固方式无关；②对应于长锚索预应力加固、注浆加固、无加固，隧道开挖扰动位移最大值分别为 116.79mm、149.98mm 和 229.31mm，加固方式对隧道围岩水平位移的约束作用显著，尤其长锚索预应力加固对水平位移的约束作用效果最好。

3) 竖向位移

隧道结构及围岩竖向位移分布如图 8-74 所示。结果显示：①无论何种加固方式，隧道开挖扰动位移最大值均发生在隧道底板（上浮位移），尽管断层区内岩体初始水平应力较大，但由于隧道断面采用比较扁平的半圆反拱结构形式，最大位移发生在底部曲率半径较大的刚度薄弱部位；②对应于长锚索预应力加固、注浆加固、无加固,隧道开挖扰动位移最大值分别为 308.51mm、415.07mm 和 642.44mm，裂隙岩体加固对控制隧道扰动位移作用效果显著；③相比较而言，长锚索预应力加固作用效果最好。

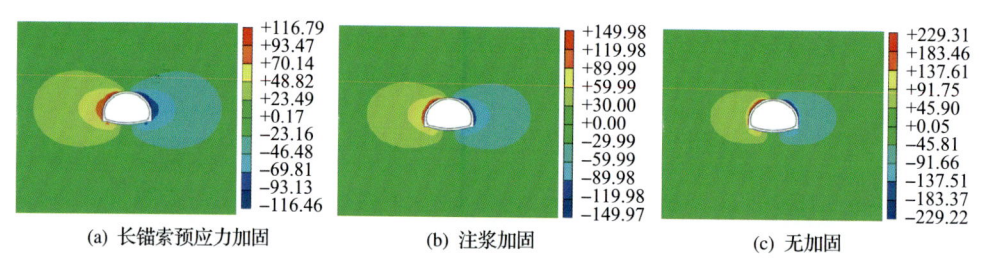

图 8-73 隧道结构及围岩水平位移分布（单位：mm）

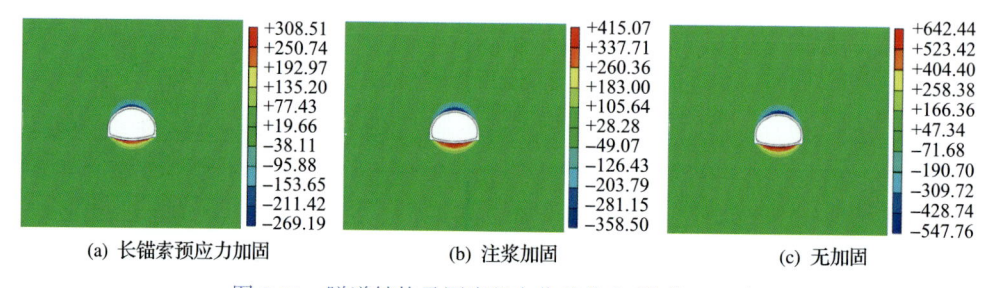

图 8-74 隧道结构及围岩竖向位移分布（单位：mm）

三种加固方式隧道开挖扰动位移最大值柱状图如图 8-75 所示。结果显示：①隧道两帮水平位移明显小于竖向位移；②断层带裂隙岩体长锚索预应力加固及注浆加固对控制隧道扰动位移有显著作用效果，尤其长锚索预应力加固作用效果最优。

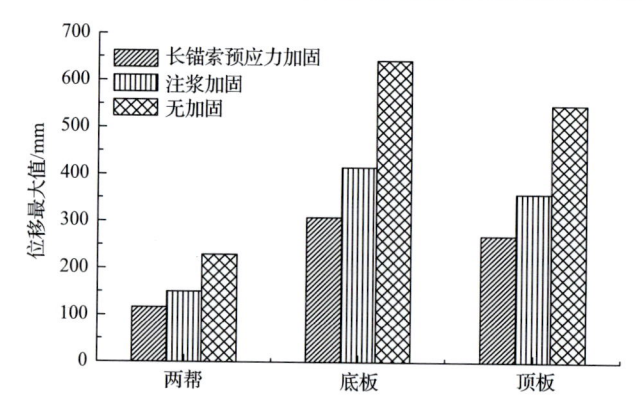

图 8-75 不同加固方式下隧道开挖扰动位移最大值柱状图

4) 第一主应力分布

隧道结构及围岩第一主应力分布如图 8-76 所示。结果显示：①在长锚索预应力加固条件下，隧道结构及围岩均未出现拉应力；②在注浆加固及无加固条件下，隧道结构及表层围岩均不同程度地出现拉应力；③裂隙岩体的加固处理对改善围岩及支护结构应力状态、保证隧道及结构的稳定性具有显著作用效果。

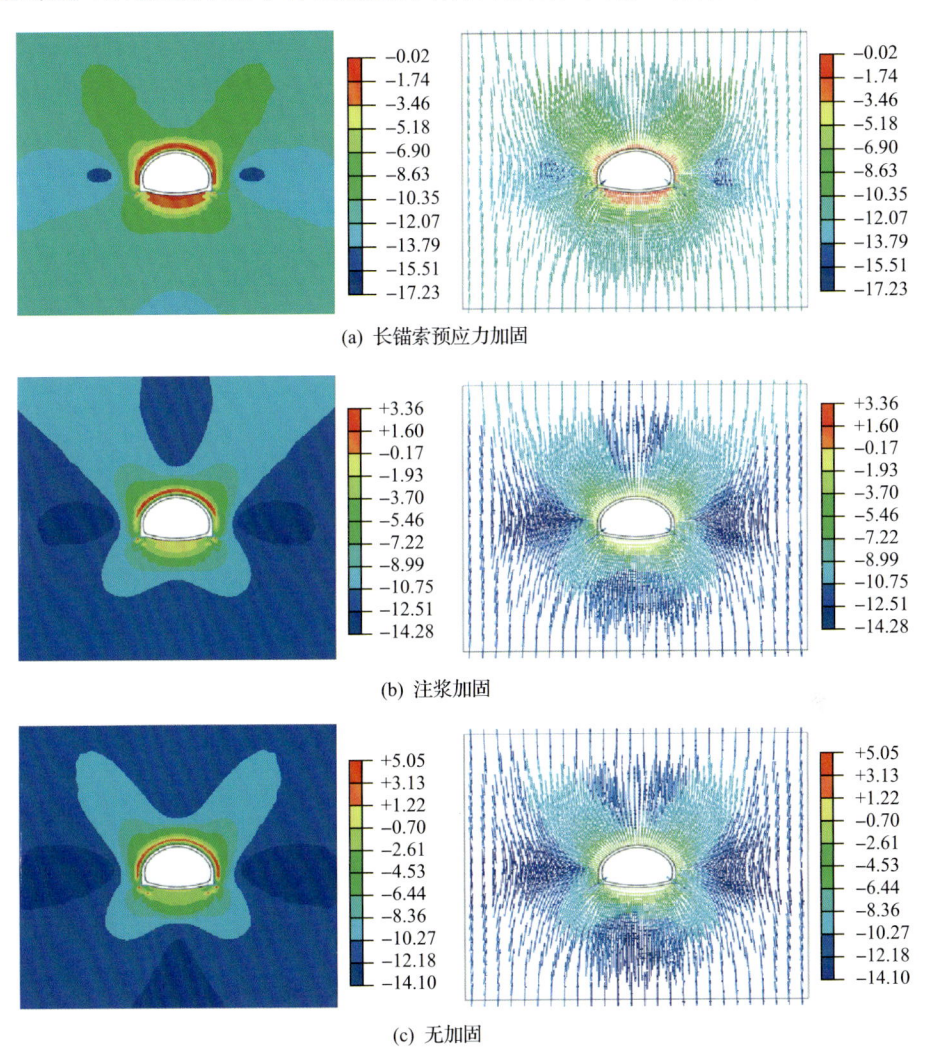

(a) 长锚索预应力加固

(b) 注浆加固

(c) 无加固

图 8-76 隧道结构及围岩第一主应力分布(单位：MPa)

5) 第三主应力分布

隧道结构及围岩第三主应力分布如图 8-77 所示。结果显示：①开挖扰动影响范围内，第三主应力均为压应力；②最大压应力主要分布于隧道两侧围岩内部；

③相比较而言，在长锚索预应力加固条件下，第三主应力峰值较小且分布较为均匀。

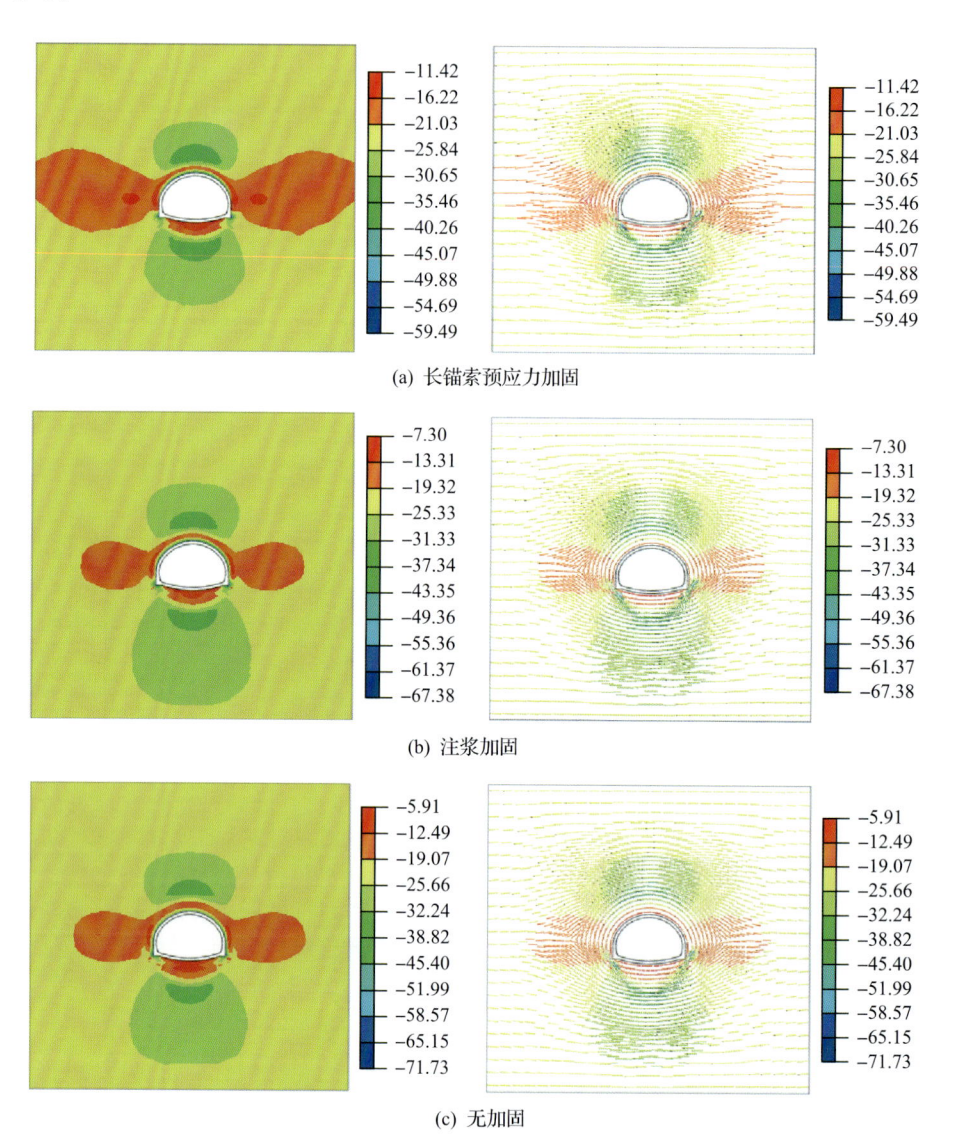

(a) 长锚索预应力加固

(b) 注浆加固

(c) 无加固

图 8-77　隧道结构及围岩第三主应力分布(单位：MPa)

由图 8-77 可见，第三主应力最大值(以拉为正)主要出现在靠近隧道支护结构的浅部围岩，压应力主要分布于远离开挖面的深部围岩。同样，浅部围岩压应力相对较小，深部围岩压应力逐渐增大。

三种加固方式下隧道典型部位主应力差如表 8-19 所示。

第 8 章 穿越断层带隧道稳定性及其灾变预控

表 8-19 三种加固方式下隧道典型部位主应力差

加固方式	主应力差 ($\sigma_1-\sigma_3$)/MPa			
	最小值	位置	最大值	位置
长锚索预应力加固	11.40	隧道浅部围岩	41.25	顶底板围岩
注浆加固	10.60	隧道浅部围岩	42.06	顶底板围岩
无加固	10.97	隧道浅部围岩	50.21	顶底板围岩

6) 第一主应力增量

隧道结构及围岩第一主应力增量分布如图 8-78 所示。

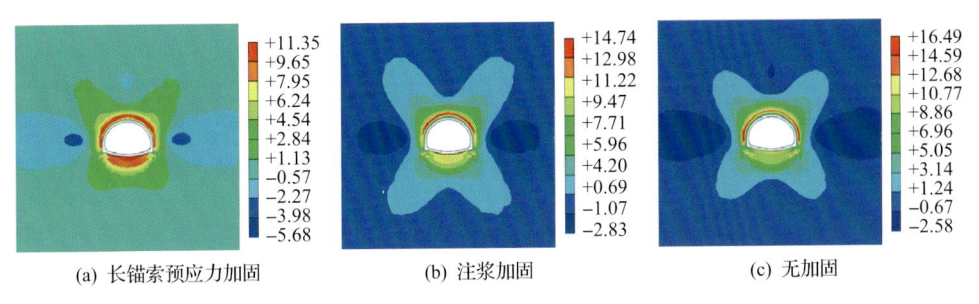

(a) 长锚索预应力加固　　(b) 注浆加固　　(c) 无加固

图 8-78　隧道结构及围岩第一主应力增量分布 (单位: MPa)

7) 第三主应力增量

隧道结构及围岩第三主应力增量分布如图 8-79 所示。

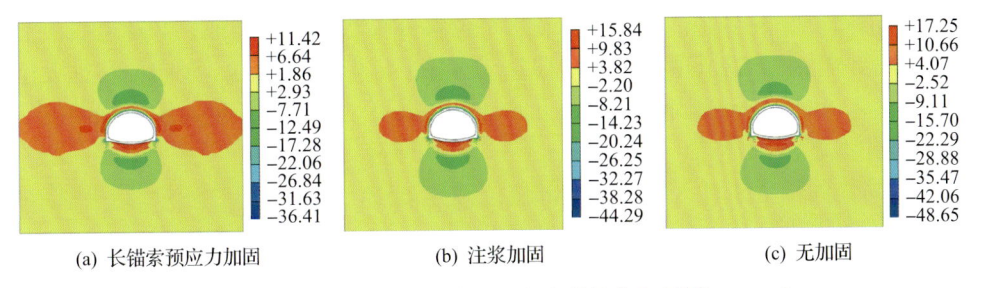

(a) 长锚索预应力加固　　(b) 注浆加固　　(c) 无加固

图 8-79　隧道结构及围岩第三主应力增量分布 (单位: MPa)

8.6.2　预应力加固锚杆长度的影响

1. 计算模型

分别取锚杆长度 15m、7m、4m 进行数值模拟计算分析, 围岩物理力学参数及其他支护结构材料参数同上。锚固作用统一模型如图 8-80 所示。图中, 内圈蓝色为 4m 普通锚杆, 粉红色为 7m 长锚杆, 最外层为 15m 长锚索。

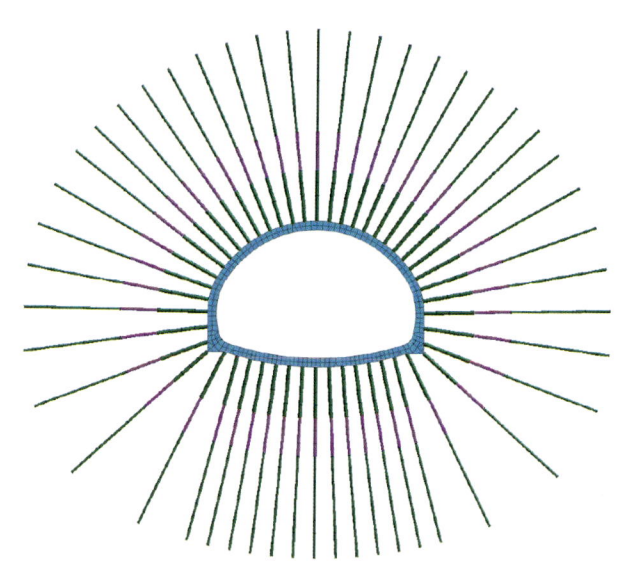

图 8-80　锚固作用统一模型

为便于进行计算结果的比较分析，各方案锚杆(锚索)布置方式及其间排距相同。初始荷载为岩体自重应力，材料物理力学参数及其他计算参数同前。

2. 计算结果

1) 扰动位移

不同锚固长度条件下，隧道开挖扰动位移分布如图 8-81 所示。结果显示：①任意锚固长度条件下，竖向位移及水平位移分布状态基本类似；②隧道底板上浮位移总体上大于隧道顶板下沉位移；③对扁平拱形隧道而言，竖向位移远大于水平位移。比较不同锚固长度条件下的计算结果可见，锚固长度对围岩扰动位移的影响并不显著。

不同锚固长度条件下隧道典型部位位移分布柱状图如图 8-82 所示。结果显示，锚固长度对围岩位移的约束控制效果不显著。

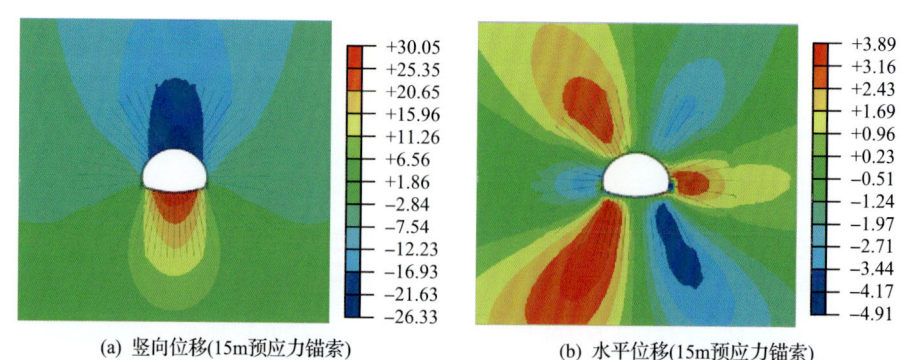

(a) 竖向位移(15m预应力锚索)　　　(b) 水平位移(15m预应力锚索)

第 8 章　穿越断层带隧道稳定性及其灾变预控

(c) 竖向位移(7m长锚杆)　　　　(d) 水平位移(7m长锚杆)

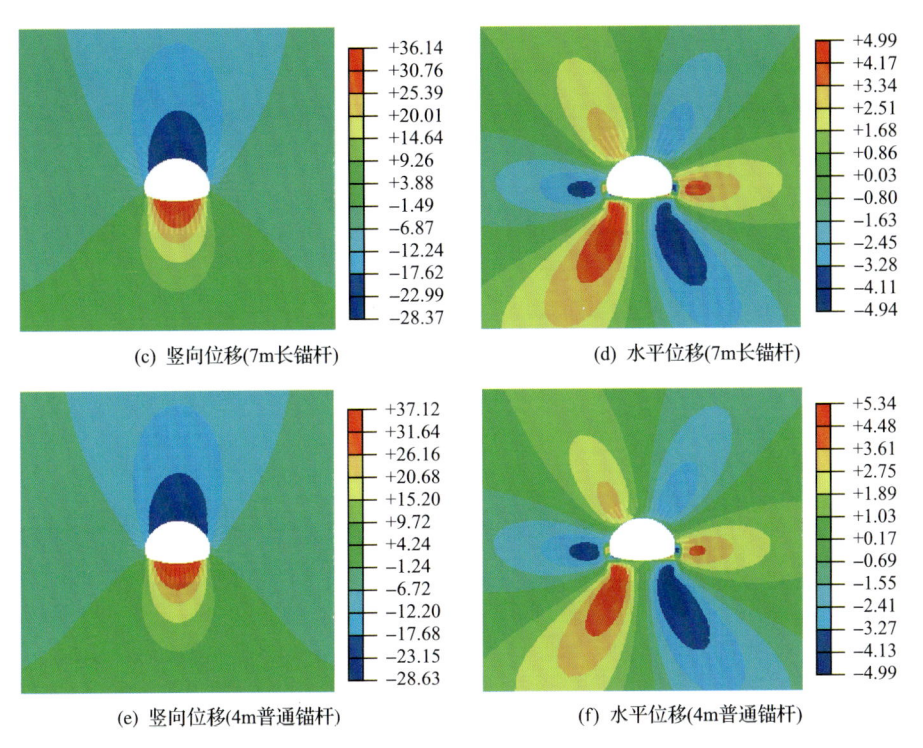

(e) 竖向位移(4m普通锚杆)　　　(f) 水平位移(4m普通锚杆)

图 8-81　不同锚固长度条件下隧道开挖扰动位移分布(单位：mm)

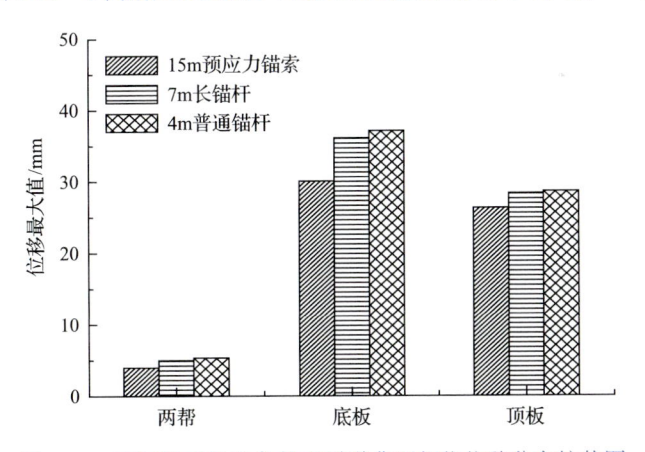

图 8-82　不同锚固长度条件下隧道典型部位位移分布柱状图

2) 塑性区

不同锚固长度条件下隧道支护结构及围岩塑性区分布如图 8-83 所示。可见，锚固长度对隧道支护结构及围岩塑性区大小和分布有显著影响，锚固长度越大，围岩塑性区范围越小、分布越规律；反之，围岩塑性区范围增大且逐步向无规律分布演化。

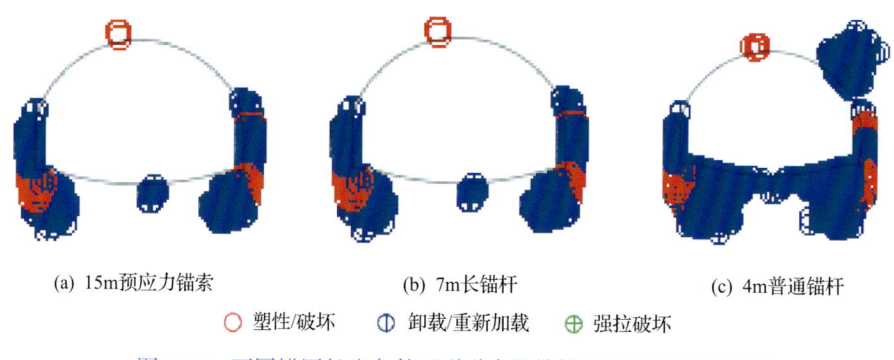

(a) 15m预应力锚索　　(b) 7m长锚杆　　(c) 4m普通锚杆

○ 塑性/破坏　　⊘ 卸载/重新加载　　⊕ 强拉破坏

图 8-83　不同锚固长度条件下隧道支护结构及围岩塑性区分布

8.7 小　　结

本章研究结果表明：

(1)由于断层带岩体的极端非线性和不均匀性，地质勘探阶段获得的岩体物理力学参数难以真实反映工程区域岩体状态及条件，必须通过施工过程扰动位移的监测，反演分析获得更能反映岩体状态的等效物理力学参数，以便更好地进行施工方法和参数的实时优化，取得更好的位移及稳定性控制效果。

(2)由于断层带存在，工程区域岩体的地震响应频率基本位于 1.3～3.33Hz 的低频和超低频频域内，在该频域对应的 1～30 阶模态内，无论哪种支护方式，隧道横向地震响应模态质量均占 80%左右。

(3)裂隙岩体加固方式和加固参数对隧道及围岩地震响应位移具有显著的约束作用。

(4)隧道开挖方式、施工参数等对围岩位移及其稳定性有明显影响。

(5)围岩加固方式及加固参数对围岩扰动应力场、位移场和围岩塑性区分布形式及其大小具有显著影响。

第9章 实例应用

9.1 概　　述

本章通过相关工程实例，采用三维 DDM 数值方法进行模拟分析，并结合工程地质条件、设计控制指标、围岩卸载位移特性、支护结构受力及强度特性等关键因素，取得一系列研究成果，该成果的应用给穿越大规模断裂构造破碎带隧道施工提供了重要的参考价值，所形成的相关技术能够保证破碎带隧道施工的质量安全，其研究成果应用总结如下。

(1) 断层破碎带等复杂构造应力场的 DDM 模拟及计算方法研究。

三维 DDM 数值方法是通过位移不连续边界上给定的边界条件求出位移不连续量，然后求得相应的应力场与位移场，得到与断裂力学相关的量。通过前面的理论推导，三维 DDM 数值方法适用于求解岩土工程问题。本章首先研究断层破碎带岩体的非线性特性，比较分析不同流变本构关系，提出适用于断层的 DDM 模型。

同时，由于地应力场的主要组成成分为自重应力场和地质构造应力场，地应力场分析依据这一观点建立数学计算模型，可以采用多元回归分析法进行拟合分析。如果假定具有不同的观测点，结合最小二乘法原理，求解残差平方和的最小值，即可得到该点的应力，此方法是实测结果和线性规划相结合的 DDM 计算方法。本章采用此方法模拟长河坝水电站的三维初始应力场，验证基于有限实测值 DDM 模拟的可行性和准确性。根据断层倾角及落差计算断层面相对位移，把初始外荷载(形成断层构造前的地应力)作为待求量，进而根据回归分析方法求解初始荷载，此方法以初始荷载作用下形成的断层产状作为回归分析的依据，是基于断层产状参数和线性规划法的区域地应力场模拟方法。本章用该方法分别试算麻地箐隧道工程区域、象鼻岭隧道工程区域、四川龙门山等破碎带区域的三维地应力场，验证该方法的适用性。

通过建立三维 DDM 模型，并编制相应的计算程序，得到了适用于断层破碎带等复杂构造应力场的 DDM 模拟方法。该方法及其原理可推广到类似复杂构造应力场的求解过程中。

(2) 基于三维 DDM 的破碎区围岩变形非线性及时效特性评价理论体系研究。

为指导断层破碎带隧道施工工艺，需针对围岩变形非线性及其时效特性建立相应的评价体系。为系统地研究断层破碎带岩体本构关系的非线性及其各向异性特征，本章分别针对节理组倾角、岩体等效变形模量、节理面法向刚度、节理面切向刚度等方面研究成组不相交、规则排列成组交互贯通、非规则排列交互贯通等裂隙条件的岩体变形特性。在此基础上，构建裂隙岩体变形特性的一维柱状结构模型，该模型表达了完整岩块的黏弹塑性以及裂隙面充填物的黏弹塑性，而在实际应用中，该模型的各参数值通过现场的地质编录、裂隙岩体质量指标、超声波检测资料、钻孔成像解析等获得。结合各方向节理裂隙内部的力学特性，进一步建立裂隙岩体等效力学参数沿各方向的分布三维玫瑰图，根据玫瑰图判定是否可处理为等效各向同性问题，进而得到等效各向同性模型或各向异性模型。为了采用离散状态的一维柱状结构模型模拟现场的裂隙岩体，该模型可沿不同方位和倾角的空间组合进行等效。因此，建立了裂隙岩体变形各向同性状态的判定流程和方法，全部一维柱状结构模型计算所得的等效变形模量在三维球面坐标系内的离散分布即可用于分析和评价相应研究区域裂隙岩体变形的各向异性程度。

为较好地验证该方法的适用性与准确性，除针对各向异性裂隙岩体本构模型、等效各向同性弱化模型及其变形特性参数进行专门的分析讨论外，还要结合长河坝水电站地下厂房洞室群进行试算分析，计算结果与实测值非常接近，说明以连续体模拟裂隙岩体的方法是可行的。

隧道、地下洞室等岩土工程问题属于半无限体内地下开挖卸载问题，因此本章给出了开挖卸载条件下断层破碎带岩体变形及其宏观位移特性的分析，系统研究卸载条件下裂隙岩体变形问题的分类及其数值方法适用性、DDA 和 FEM 的适用性及其数值模型和解决方案、卸载条件下裂隙岩体变形特性的 DDM 自动跟踪方法等，重点研究往复加卸载及考虑岩体荷载历史时裂隙岩体变形特性的 DDM 数值方法。另外，断层带隧道施工往往易造成突水事故，因此本章针对特殊的水文地质条件，对其等效的渗流模型与裂隙扩容进行分析研究，最后根据其水力学特性归纳整理隧道施工突发事故的预测和治理方案，该方案对同类施工问题具有重要指导意义。

(3) 新型支护技术与支护结构的研发及性能优化。

经过大量工程实践和理论研究，现阶段的支护施工主要采取分期二次支护的隧道穿越断层破碎带的支护方式和工艺过程。开挖后先进行第一次临时支护（利用临时支护刚度小的特性，让围岩一定程度释放荷载从而减小永久支护的受力），然后进行刚性永久支护（合理控制卸载的最大位移，确保必要的隧道预留空间)。通过三维 FEM 数值模拟分析,岩石隧道开挖卸载位移与支护抗力的定性关系显示,允许围岩一定程度释放初始应力可有效改善支护结构受力,利于结构稳定。

本章提出从支护结构强度及稳定性出发,基于三维数值方法的地压特征建立支护结构等效应力与隧道表面位移的相关关系。由于 P-U 关系受隧道几何特征(断面形状)、岩体物理力学性质、地应力等多因素的复杂影响,本章基于给定的工程地质条件、水文地质条件、原岩应力状态、隧道几何参数、支护结构设计参数(初步确定支护参数)等,采用三维 FEM 数值模拟隧道开挖过程及不同初始地应力释放率下进行永久支护,获得相应条件下支护结构等效应力(可根据选用的强度理论设定)及隧道表面位移(通常取隧道法向位移),建立支护结构等效应力与隧道表面位移的相关关系。与通常意义下的 P-U 曲线相比,该关系曲线以结构等效应力和隧道表面位移为基本变量,有针对性地沟通了支护结构强度及稳定性、隧道容许变形量和安全间隙问题,可以直接从结构强度稳定性和位移稳定性两方面综合施工工艺设计理论。同时,该方法以三维 FEM 数值模拟为基础,适用于任意复杂地质条件、荷载条件、隧道几何条件、支护方式,对任意岩石隧道工程可直接推广应用。

在隧道工程的支护施工中可以根据建立的地压特征曲线进行相应的优化。新奥法是常用的盾构施工方法,它将理论地压特征、施工过程位移监测信息、闭环反馈优化原理综合应用于隧道施工方法及其稳定性控制,可以有效避免纯理论分析结果与实际工程问题的差异,使支护理论、支护方式和工艺过程更接近实际情况。但是,新奥法在实施中仍然存在以下问题,如无法定量优化永久支护实施时间、无法获知实施永久支护时围岩荷载释放程度等。

该综合分析方法实现了理论预测与现场监测的有机结合,具有明确的预控目标、技术路线及进行永久支护位移预控值,有效避免了传统施工方法中支护控制目标的盲目性、设计施工目标与施工工艺关系的非确定性、永久支护实施时间的人为因素影响。

(4)隧道结构稳定性及其灾变预控的理论体系与技术。

本章开发研究基于原位监测数据及线性规划法的位移不连续(三维 DDA、UDEC)反演分析方法及其计算程序。现场检测数据主要包括断裂带岩体形态(断裂带体积变化分析完整岩块弹性变形、孔隙体积等变化,从而分析开挖引起的断裂构造状态变化)、断层水文地质状态、施工过程围岩位移等。基于上述调研,提取断裂构造状态、水文地质状态围岩变形时效特性的力学描述,再根据规定的安全预警准则反馈分析,实现隧道结构的评价及灾变预控。

(5)穿越断层破碎带隧道结构减振机理及其技术。

我国西部地区地震灾害频繁,对于山体隧道,特别是穿越断层破碎带隧道结构,其灾害影响更大,需采取专项的减振方案。

本章采用数值仿真的方法模拟山体中隧道在不同方向地震波冲击下采用不同支护方式时的振动响应。本章模拟的支护方式主要有现浇混凝土支护、断层带壁后注浆支护、断层带全长锚杆支护,在数值仿真中,改变地震动加速度加载的方向,研究不同支护方式下的振动响应,进而考察不同支护方式的效能。

9.2 应用案例 1——基于现场监测及线性规划法的优化反演

9.2.1 工程及地质概况

以长河坝水电站围岩监测结果快速反演为例,工程项目位于四川省甘孜藏族自治州康定市境内,是大渡河干流水电开发调整规划 22 个梯级电站的第 11 个梯级,上接猴子岩水电站,下接黄金坪水电站。工程区地处大渡河上游金汤河口以下 4~7km 河段上,坝址上距丹巴县城 82km,下距泸定县城 49km。大渡河为不通航河流,工程区距铁路线较远,公路有省道 S211 线从工程区通过,并在瓦斯河口与国道 318 线相接,可较方便地连接外围交通干道及大、中城市,交通较方便,周边有成都、眉山、雅安、乐山等重要城市。

9.2.2 反馈分析 FEM 数值模型

数值模型以三大洞室纵轴方向为 Z 轴、竖向为 Y 轴建立直角坐标系,沿主厂房纵向两端以外两个方向各取 50m 为模型 Z 向边界,X 向两边界取在洞室边界以外 100m 处,Y 向沿地表取至洞室以下 50m。X 向、Z 向两个水平方向边界条件为法向位移约束,Y 向地表自由、底面三向位移约束。FEM 数值模型网格如图 9-1 所示。

洞室开挖区域有小断层存在,考虑分别穿过主厂房、主变室和尾调室的 FC-11、FC-13 和 FC-23 三个典型断层。

9.2.3 监测数据的选择

根据洞室现场监测报告,岩石变形和支护应力实测值整体不大,锚索支护运行正常,目前厂房尚处于相对安全的稳定状态。地下厂房位移计各测点累计位移在–6.17~17.20mm,拱肩处最大位移为 17.20mm,发生在 2—2 剖面,桩号 K0+043.10m M410 的孔口处,当前各多点位移计位移月增量在–0.32~2.48mm,

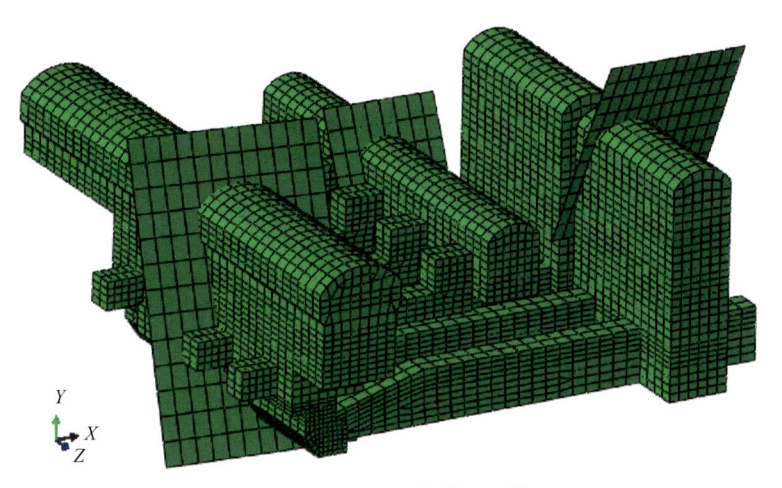

图 9-1　FEM 数值模型网格

顶拱处最大位移为 12.39mm，当前各多点位移计位移月增量在 –0.54~2.04mm。总体看来，各部位位移整体较小，位移增长主要是受开挖爆破影响形成的小量突变。锚杆应力计实测应力值在 –9.39~107.46MPa，锚索锚固力实测值在 995.80~1571.383kN。

地下厂房内多点位移计由于是在洞室开挖后埋设的，未能记录洞室开挖瞬时引起的围岩位移，目前各位移大多在 1mm 以下，在本次反演中暂不考虑这部分位移监测数据，而是以预埋多点位移计监测数据为准，其监测值如表 9-1 所示。在各断面反演中，根据该断面各监测位移的实际情况做出取舍，具体见后面各断面反演。

9.2.4　1—1 断面(4#机组断面)反演结果

根据现场实测位移，对岩石力学参数进行反演。由于岩体力学性质复杂，各参数对岩体变形情况的影响有一定模糊性，通过单变量分析对不同力学参数的敏感性进行研究，岩石的弹性模量、内摩擦角和黏聚力对岩体变形的影响程度较大，而泊松比对岩体变形的影响程度较小，且根据岩石力学报告，泊松比的变化范围较小，因此选取弹性模量、内摩擦角和黏聚力三个参数进行反演，计算中泊松比和黏聚力的取值根据岩石力学试验报告取得。由于实测位移受岩体复杂赋存条件的影响，数据分布规律性不明显，选取三条测线离洞室最近点的位移作为反演依据，反演得到的岩石力学参数如表 9-2 所示，与第一期开挖结果相比，岩石力学参数略有劣化，位移监测点的实测值与反演计算值如表 9-3 所示。

表 9-1 地下厂房预埋多点位移计监测数据特征值表

仪器编号	测点深度	最大值/mm	观测日期	最小值/mm	观测日期	平均值/mm	变幅/mm	当前值/mm	观测日期	月变化量/mm
MAX		17.20		0.00		6.87	17.20	17.20		2.48
MIN		0.00		−3.09		−0.79	0.59	−1.02		−0.32
M1-1	9.5m (距孔底)	3.68	2011-9-12	0.00	2011-1-13	1.70	3.68	3.63	2011-9-16	0.32
M1-2	5.5m (距孔底)	1.41	2011-2-16	0.00	2011-1-13	1.03	1.41	1.07	2011-9-16	−0.14
M1-3	2.5m (距孔底)	1.13	2011-9-12	−0.11	2011-1-21	0.61	1.24	0.87	2011-9-16	−0.18
M1-4	孔底 (距孔口 18.5m)	6.94	2011-9-16	0.00	2011-1-13	2.96	6.94	6.94	2011-9-16	0.63
M2-1	9.5m (距孔底)	1.07	2011-9-16	0.00	2011-1-13	0.58	1.07	1.07	2011-9-16	0.47
M2-2	5.5m (距孔底)	0.83	2011-6-10	−0.19	2011-3-26	0.02	1.02	−0.05	2011-9-16	0.06
M2-3	2.5m (距孔底)	0.99	2011-9-5	0.00	2011-1-13	0.46	0.99	0.79	2011-9-16	0.00
M2-4	孔底 (距孔口 18.5m)	10.01	2011-9-16	0.00	2011-1-13	5.59	10.01	10.01	2011-9-16	0.50
M3-1	13.5m (距孔底)	0.00	2011-1-13	−0.98	2011-1-19	−0.42	0.98	−0.37	2011-9-16	−0.18
M3-2	7.5m (距孔底)	0.82	2011-9-10	0.00	2011-1-13	0.45	0.82	0.76	2011-9-16	0.17
M3-3	3.5m (距孔底)	0.70	2011-9-10	−1.05	2011-2-6	−0.05	1.75	−0.06	2011-9-16	0.00
M3-4	孔底 (距孔口 23.5m)	0.82	2011-9-10	−1.20	2011-7-25	−0.79	2.02	−1.02	2011-9-16	−0.06
M4-1	13.5m (距孔底)	1.60	2011-9-16	−0.07	2011-1-21	0.84	1.67	1.60	2011-9-16	0.01
M4-2	7.5m (距孔底)	1.54	2011-9-10	0.00	2011-1-13	0.96	1.54	1.41	2011-9-16	0.31
M4-3	3.5m (距孔底)	1.48	2011-9-10	0.00	2011-1-13	0.70	1.48	0.66	2011-9-16	−0.06
M4-4	孔底 (距孔口 24.5m)	6.44	2011-9-12	0.00	2011-1-13	2.76	6.44	6.44	2011-9-16	0.74

续表

仪器编号	测点深度	最大值/mm	观测日期	最小值/mm	观测日期	平均值/mm	变幅/mm	当前值/mm	观测日期	月变化量/mm
M5-1	9.5m (距孔底)	0.97	2011-8-16	0.00	2011-1-21	0.60	0.97	0.97	2011-9-16	0.00
M5-2	5.5m (距孔底)	0.97	2011-9-10	0.00	2011-1-21	0.39	0.97	0.60	2011-9-16	-0.12
M5-3	2.5m (距孔底)	0.90	2011-9-10	0.00	2011-1-21	0.47	0.90	0.42	2011-9-16	-0.01
M5-4	孔底 (距孔口 14.5m)	1.36	2011-9-12	0.00	2011-1-13	3.08	1.36	1.30	2011-9-16	0.06
M8-1	9.5m (距孔底)	2.26	2011-9-16	0.00	2011-1-13	1.52	2.26	2.26	2011-9-16	0.25
M8-2	5.5m (距孔底)	0.81	2011-9-12	0.00	2011-1-13	0.37	0.81	0.69	2011-9-16	0.00
M8-3	2.5m (距孔底)	1.57	2011-2-16	0.00	2011-1-13	1.14	1.57	1.24	2011-9-16	0.00
M8-4	孔底 (距孔口 18.5m)	2.05	2011-8-29	0.00	2011-1-13	1.01	2.05	2.05	2011-9-16	0.41
M9-1	9.5m (距孔底)	0.38	2011-4-7	-3.09	2011-7-25	-0.55	3.47	0.00	2011-9-16	0.00
M9-2	5.5m (距孔底)	4.06	2011-9-10	-0.50	2011-1-21	0.55	4.56	1.32	2011-9-16	0.56
M9-3	2.5m (距孔底)	4.19	2011-9-16	0.00	2011-1-13	2.96	4.19	4.19	2011-9-16	0.69
M9-4	孔底 (距孔口 18.5m)	3.45	2011-9-16	0.00	2011-1-13	1.36	3.45	3.45	2011-9-16	0.94
M10-1	13.5m (距孔底)	1.56	2011-9-16	-0.30	2011-4-16	0.52	1.86	1.56	2011-9-16	0.17
M10-2	7.5m (距孔底)	3.20	2011-9-12	-0.07	2011-1-19	1.51	3.27	3.20	2011-9-16	0.29
M10-3	3.5m (距孔底)	3.15	2011-9-10	0.00	2011-1-13	1.48	3.15	2.97	2011-9-16	0.25
M10-4	孔底 (距孔口 23.5m)	17.20	2011-9-16	0.00	2011-1-13	6.87	17.20	17.20	2011-9-16	1.15
M11-1	13.5m (距孔底)	3.29	2011-9-12	0.00	2011-1-13	1.32	3.29	3.29	2011-9-16	0.62
M11-2	7.5m (距孔底)	3.04	2011-9-10	0.00	2011-1-13	0.73	3.04	1.56	2011-9-16	0.17

续表

仪器编号	测点深度	最大值/mm	观测日期	最小值/mm	观测日期	平均值/mm	变幅/mm	当前值/mm	观测日期	月变化量/mm
M11-3	3.5m (距孔底)	3.19	2011-9-10	-0.29	2011-1-19	0.24	3.48	0.61	2011-9-16	0.16
M11-4	孔底 (距孔口 24.5m)	8.46	2011-9-16	0.00	2011-1-13	3.71	8.46	8.46	2011-9-16	0.64
M12-1	9.5m (距孔底)	1.41	2011-8-1	0.00	2011-1-13	1.05	1.41	1.16	2011-9-16	-0.1
M12-2	5.5m (距孔底)	1.22	2011-9-10	0.00	2011-1-13	0.70	1.22	0.66	2011-9-16	-0.12
M12-3	2.5m (距孔底)	1.31	2011-9-10	0.00	2011-1-13	0.85	1.31	1.09	2011-9-16	0.13
M12-4	孔底 (距孔口 14.5m)	1.67	2011-8-9	0.00	2011-1-13	3.71	1.67	1.49	2011-9-16	-0.02
M15-1	9.5m (距孔底)	2.38	2011-9-16	0.00	2011-1-13	1.50	2.38	2.38	2011-9-16	0.06
M15-2	5.5m (距孔底)	2.26	2011-9-10	0.00	2011-1-21	1.24	2.26	0.00	2011-9-16	0.25
M15-3	2.5m (距孔底)	2.26	2011-9-10	0.00	2011-1-13	0.68	2.26	1.11	2011-9-16	0.06
M15-4	孔底 (距孔口 18.5m)	7.95	2011-9-12	0.00	2011-1-13	3.59	7.95	7.95	2011-9-16	0.31
M16-1	9.5m (距孔底)	5.59	2011-9-10	0.00	2011-1-13	1.48	5.59	5.59	2011-9-16	1.43
M16-2	5.5m (距孔底)	4.84	2011-9-10	-0.01	2011-1-13	0.44	4.86	0.49	2011-9-16	0.12
M16-3	2.5m (距孔底)	5.26	2011-9-10	0.00	2011-1-13	0.41	5.26	0.35	2011-9-16	0.00
M16-4	孔底 (距孔口 18.5m)	0.44	2011-2-16	-0.15	2011-4-29	0.12	0.59	0.00	2011-9-16	-0.32
M17-1	13.5m (距孔底)	1.80	2011-9-12	-0.10	2011-1-19	0.71	1.89	1.71	2011-9-16	0.29
M17-2	7.5m (距孔底)	2.58	2011-9-16	0.00	2011-1-13	1.35	2.58	2.58	2011-9-16	0.17
M17-3	3.5m (距孔底)	2.50	2011-9-10	0.00	2011-1-13	1.27	2.50	2.10	2011-9-16	0.08
M17-4	孔底 (距孔口 23.5m)	1.94	2011-9-16	0.00	2011-1-13	0.87	1.94	1.94	2011-9-16	0.33

续表

仪器编号	测点深度	最大值/mm	观测日期	最小值/mm	观测日期	平均值/mm	变幅/mm	当前值/mm	观测日期	月变化量/mm
M18-1	9.5m (距孔底)	1.82	2011-9-5	−0.15	2011-1-19	0.84	1.97	1.70	2011-9-16	0.25
M18-2	5.5m (距孔底)	1.76	2011-9-10	−0.80	2011-1-19	0.37	2.56	1.04	2011-9-16	0.18
M18-3	2.5m (距孔底)	1.84	2011-9-12	−0.43	2011-1-19	0.67	2.27	1.53	2011-9-16	0.37
M18-4	孔底 (距孔口 18.5m)	1.72	2011-8-29	−0.55	2011-1-19	0.60	2.28	1.54	2011-9-16	0.31
M21-1	9.5m (距孔底)	1.69	2011-9-5	0.00	2011-1-13	0.68	1.69	1.64	2011-9-16	0.31
M21-2	5.5m (距孔底)	1.27	2011-9-10	−0.06	2011-1-19	0.25	1.33	0.37	2011-9-16	0.00
M21-3	2.5m (距孔底)	1.69	2011-9-10	0.00	2011-1-13	0.28	1.69	0.41	2011-9-16	0.13
M21-4	孔底 (距孔口 18.5m)	4.51	2011-9-16	0.00	2011-1-13	2.12	4.51	4.51	2011-9-16	0.97
M22-1	9.5m (距孔底)	2.86	2011-9-16	0.00	2011-1-13	1.56	2.86	2.86	2011-9-16	0.53
M22-2	5.5m (距孔底)	2.33	2011-9-10	0.00	2011-1-13	1.01	2.33	1.96	2011-9-16	0.52
M22-3	2.5m (距孔底)	2.68	2011-9-10	0.00	2011-1-13	1.06	2.68	2.03	2011-9-16	0.38
M22-4	孔底 (距孔口 18.5m)	3.26	2011-9-16	0.00	2011-1-13	1.56	3.26	3.26	2011-9-16	0.58
M23-1	13.5m (距孔底)	1.70	2011-9-16	0.00	2011-1-13	0.91	1.70	1.70	2011-9-16	0.36
M23-2	7.5m (距孔底)	1.46	2011-9-10	−0.03	2011-1-21	0.62	1.49	0.81	2011-9-16	−0.04
M23-3	3.5m (距孔底)	1.51	2011-9-10	0.00	2011-1-13	0.71	1.51	0.90	2011-9-16	0.06
M23-4	孔底 (距孔口 23.5m)	7.19	2011-9-16	0.00	2011-1-13	2.10	7.19	7.19	2011-9-16	2.38
M24-1	13.5m (距孔底)	2.03	2011-9-16	−0.32	2011-1-19	0.41	2.36	2.03	2011-9-16	0.74
M24-2	7.5m (距孔底)	2.14	2011-9-16	−0.16	2011-1-19	0.71	2.30	2.14	2011-9-16	0.65

续表

仪器编号	测点深度	最大值/mm	观测日期	最小值/mm	观测日期	平均值/mm	变幅/mm	当前值/mm	观测日期	月变化量/mm
M24-3	3.5m(距孔底)	2.04	2011-9-16	0.00	2011-1-13	0.90	2.04	2.04	2011-9-16	0.44
M24-4	孔底(距孔口 24.5m)	2.21	2011-9-16	0.00	2011-1-13	0.94	2.21	2.21	2011-9-16	0.48
M25-1	9.5m(距孔底)	2.34	2011-9-16	−0.67	2011-1-19	0.33	3.01	2.34	2011-9-16	1.32
M25-2	5.5m(距孔底)	0.96	2011-9-10	−0.09	1900-1-0	0.19	1.05	0.28	2011-9-16	0.06
M25-3	2.5m(距孔底)	1.03	2011-9-10	−1.03	2011-1-19	−0.37	2.07	0.16	2011-9-16	0.44
M25-4	孔底(距孔口 14.5m)	2.53	2011-9-16	−1.04	2011-1-21	−0.25	3.57	2.53	2011-9-16	2.48
M28-1	9.5m(距孔底)	1.04	2011-7-3	−0.05	2011-1-19	0.60	1.09	0.82	2011-9-16	−0.12
M28-2	5.5m(距孔底)	3.27	2011-9-16	0.00	2011-1-13	1.54	3.27	3.27	2011-9-16	0.51
M28-3	2.5m(距孔底)	3.14	2011-9-10	0.00	2011-1-13	1.11	3.14	2.47	2011-9-16	0.29
M28-4	孔底(距孔口 18.5m)	5.02	2011-9-16	0.00	2011-1-13	1.92	5.02	5.02	2011-9-16	0.53
M29-1	9.5m(距孔底)	1.28	2011-9-16	−0.46	2011-1-21	0.16	1.74	1.28	2011-9-16	0.33
M29-2	5.5m(距孔底)	1.21	2011-9-16	0.00	2011-1-13	0.49	1.21	1.21	2011-9-16	0.33
M29-3	2.5m(距孔底)	0.82	2011-9-10	−0.31	2011-1-19	0.23	1.13	0.71	2011-9-16	0.17
M29-4	孔底(距孔口 18.5m)	7.41	2011-9-16	0.00	2011-1-13	2.74	7.41	7.41	2011-9-16	1.15
M58-1	13.5m(距孔底)	6.40	2011-9-10	0.00	2011-1-13	2.02	6.40	6.40	2011-9-16	1.40
M58-2	7.5m(距孔底)	6.10	2011-9-16	−0.12	2011-1-21	2.10	6.22	6.10	2011-9-16	1.51
M58-3	3.5m(距孔底)	5.92	2011-9-10	−0.10	2011-1-27	1.86	6.02	5.47	2011-9-16	1.44
M58-4	孔底(距孔口 23.5m)	9.22	2011-9-16	−0.07	2011-1-27	2.95	9.30	9.22	2011-9-16	2.05

表 9-2 反演得到的岩石力学参数

变形模量/GPa	泊松比	抗剪强度参数	
		$\varphi/(°)$	c/MPa
12.48	0.19	38.482	2.025

表 9-3 位移监测点的实测值与反演计算值

测点	实测位移/mm	反演位移/mm
M1-4	6.94	8.51
M4-4	6.44	5.71
M5-4	1.36	1.38

9.2.5 各期开挖稳定性预测

根据反演得到的岩石力学参数，对各期洞室开挖进行 FEM 模拟，得到的结果如下。

1. 第三期开挖

第三期开挖后水平位移与竖向位移如图 9-2 所示，塑性区分布如图 9-3 所示，锚杆、锚索轴向应力如图 9-4 所示。

(a) 水平位移

(b) 竖向位移

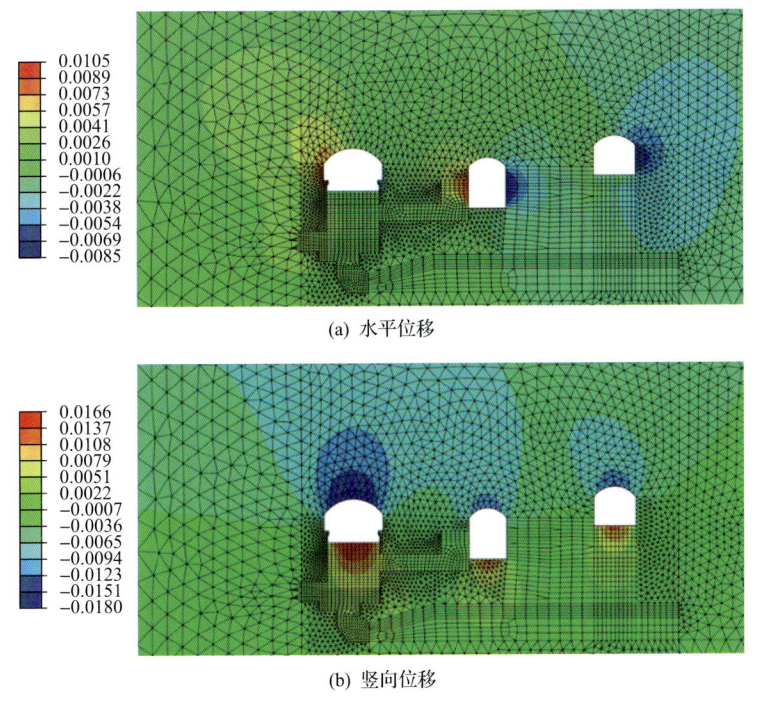

图 9-2 第三期开挖后水平位移与竖向位移(单位：m)

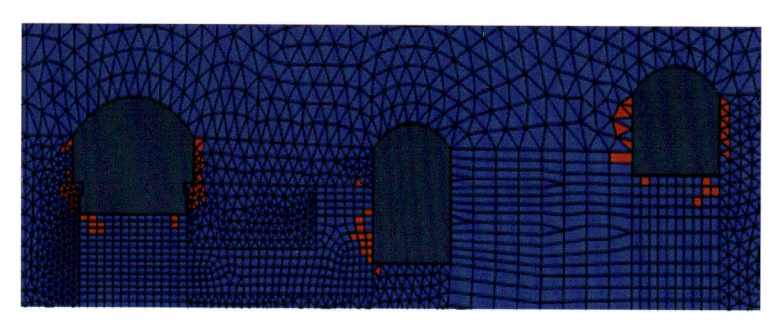

图 9-3　第三期开挖后塑性区分布

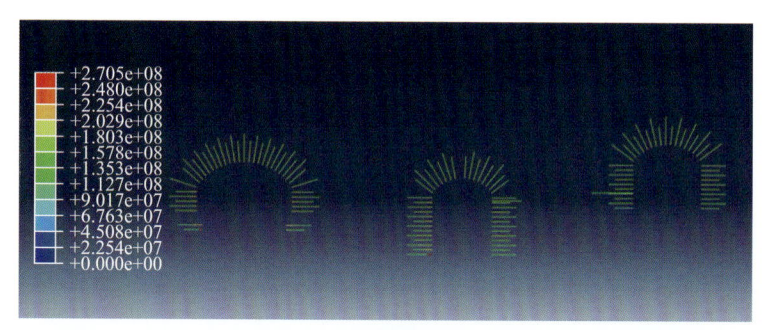

(a) 锚杆

(b) 锚索

图 9-4　第三期开挖后锚杆、锚索轴向应力(单位：Pa)

第三期开挖后最大水平位移为 10.5mm，最大下沉位移为 18.0mm，最大上浮位移为 16.6mm，锚杆最大轴向应力为 270.5MPa，锚索最大轴向应力为 1042MPa。

2. 第四期开挖

第四期开挖后水平位移与竖向位移如图 9-5 所示，塑性区分布如图 9-6 所示，锚杆、锚索轴向应力如图 9-7 所示。

第四期开挖后最大水平位移为 17.9mm，最大下沉位移为 18.2mm，最大上浮位移为 16.8mm，锚杆最大轴向应力为 275.7MPa，锚索最大轴向应力为 1049MPa。

(a) 水平位移

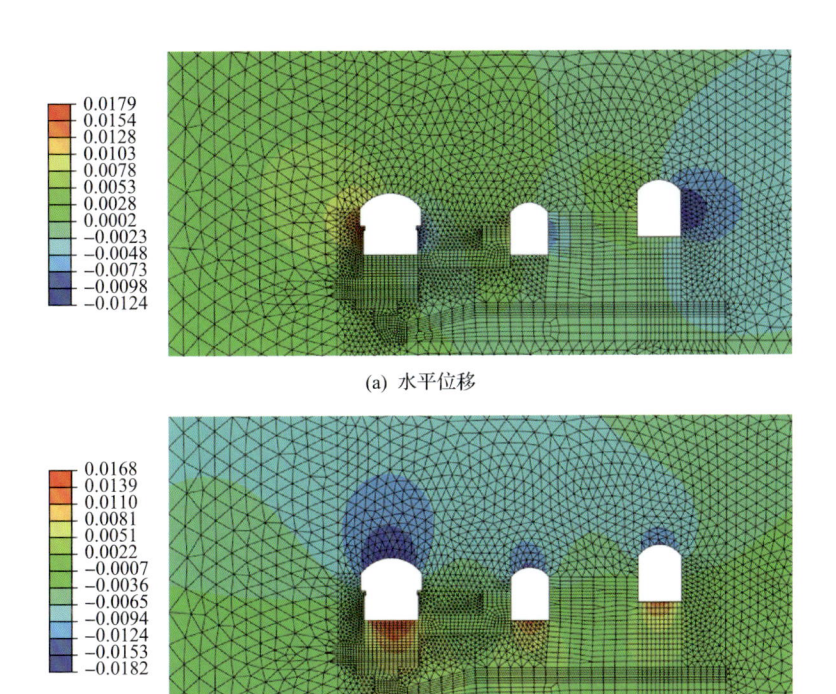

(b) 竖向位移

图 9-5　第四期开挖后水平位移与竖向位移(单位：m)

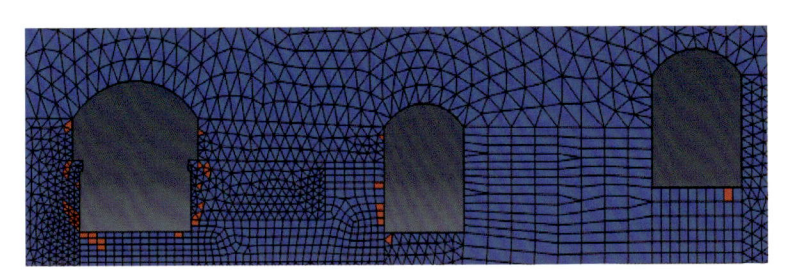

图 9-6　第四期开挖后塑性区分布

(a) 锚杆

(b) 锚索

图 9-7　第四期开挖后锚杆、锚索轴向应力(单位：Pa)

3. 第五期开挖

第五期开挖后水平位移与竖向位移如图 9-8 所示，塑性区分布如图 9-9 所示，锚杆、锚索轴向应力如图 9-10 所示。

(a) 水平位移

(b) 竖向位移

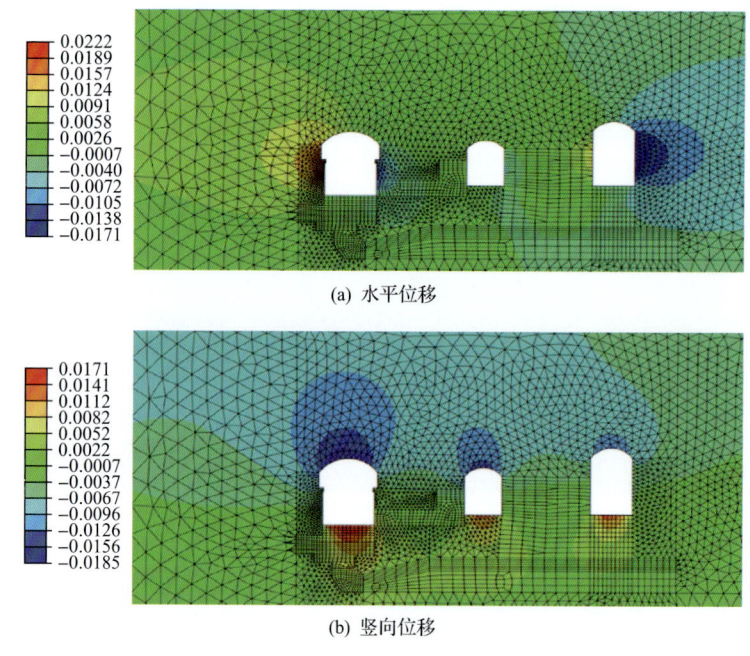

图 9-8　第五期开挖后水平位移与竖向位移(单位：m)

第五期开挖后最大水平位移为 22.2mm，最大下沉位移为 18.5mm，最大上浮位移为 17.1mm，锚杆最大轴向应力为 283.6MPa，锚索最大轴向应力为 1043MPa。

4. 第十期开挖(篇幅所限，略去第六期至第九期开挖模拟计算结果)

第十期开挖后水平位移与竖向位移如图 9-11 所示，塑性区分布如图 9-12 所示，锚杆、锚索轴向应力如图 9-13 所示。

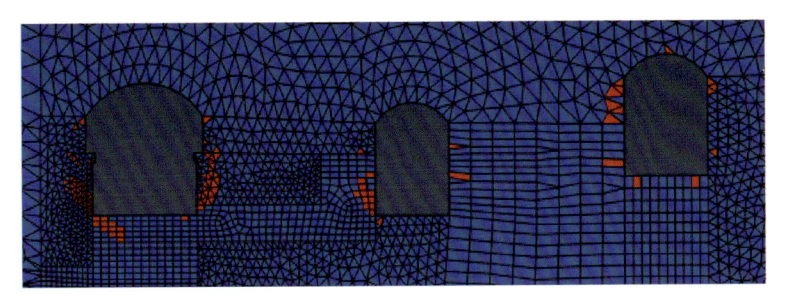

图 9-9　第五期开挖后塑性区分布

(a) 锚杆

(b) 锚索

图 9-10　第五期开挖后锚杆、锚索轴向应力(单位：Pa)

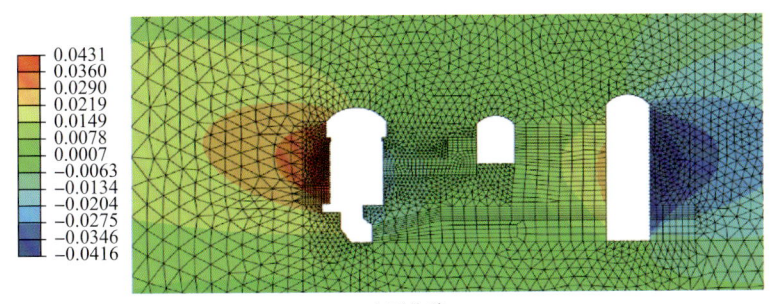

(a) 水平位移

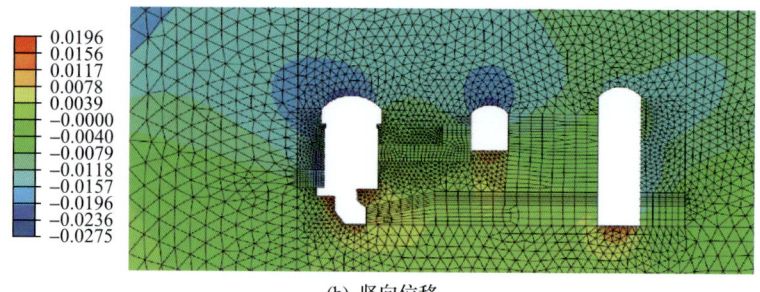

(b) 竖向位移

图 9-11　第十期开挖后水平位移与竖向位移(单位：m)

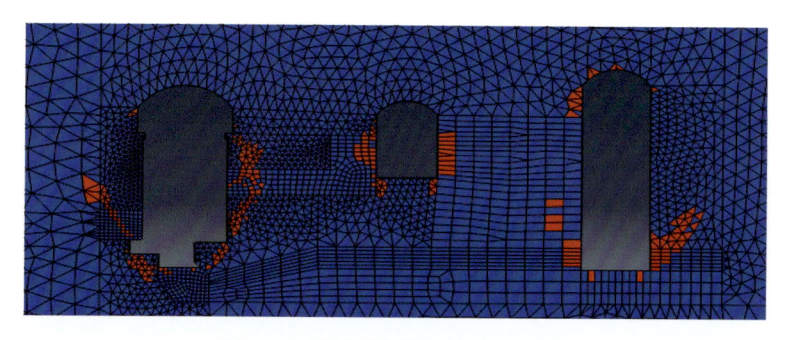

图 9-12　第十期开挖后塑性区分布

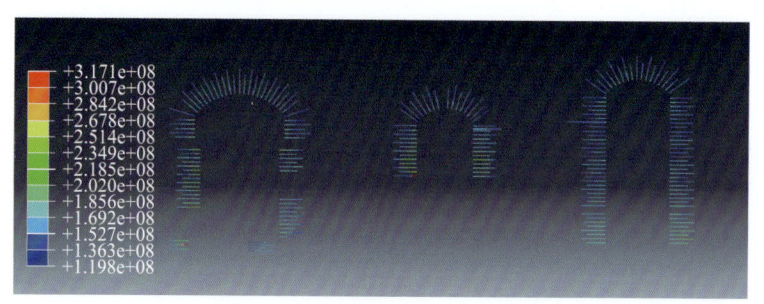

(a) 锚杆

(b) 锚索

图 9-13　第十期开挖后锚杆、锚索轴向应力(单位：Pa)

第十期开挖后最大水平位移为 43.1mm，最大下沉位移为 27.5mm，最大上浮位移为 19.6mm，锚杆最大轴向应力为 317.1MPa，锚索最大轴向应力为 1066MPa。

各期开挖边墙最大位移、拱顶最大下沉位移、底板最大上浮位移、锚杆和锚索最大轴向应力柱状图如图 9-14 和图 9-15 所示。

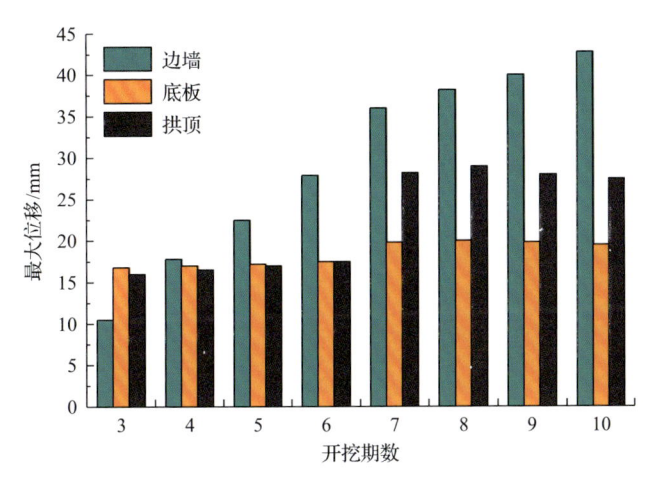

图 9-14 各开挖步段隧道最大位移柱状图

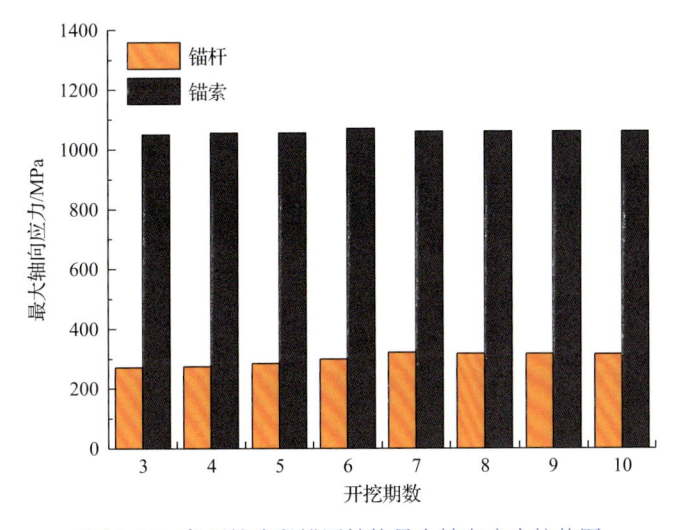

图 9-15 各开挖步段锚固结构最大轴向应力柱状图

随着开挖期数的增加，边墙最大水平位移、拱顶最大下沉位移均呈较大幅度的增长，底板上浮位移增长相对较小，因为洞室横剖面呈长矩形状，底板面积相对边墙较小，位移增长主要体现在边墙水平位移。锚杆最大轴向力在第六期到第七期间增大较多，需注意防范，锚索距离较长，能连接较深部的岩体，且预应力施加较大，受开挖期数增长的影响较小。

9.3　应用案例2——南湾隧道

南湾隧道是港珠澳大桥珠海连接线工程推荐线上拟建的一座分离式小净距隧道。隧道起讫里程桩号左幅 ZK5+916～ZK9+560，长 3644m；右幅 YK5+920～YK9+575，长 3655m，隧道最大埋深约 233m；单幅隧道限界 14.25m×5.1m，进口洞门采用削竹式，出口洞门采用端墙式，灯光照明，机械通风。进口左、右洞测设线间距约 15m(小净距隧道)，洞身段间距 22～25m(小净距隧道)，出口段间距约 25m(分离式隧道)。南湾隧道的平面关系如图 9-16 所示。

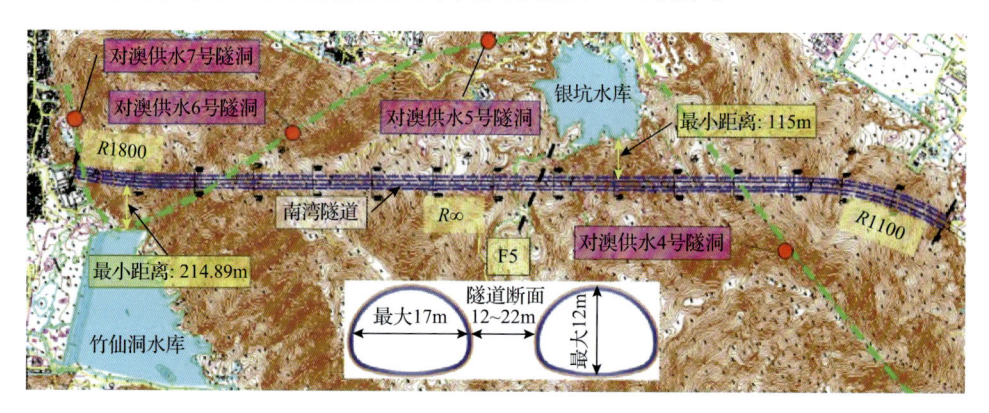

图 9-16　南湾隧道的平面关系

9.3.1　地层岩性

隧址山体覆盖层发育不均，以滚石、块石、含碎砾石的砾质黏性土为主，局部较厚，特别是环山麓坡脚地带，像自然坡度较陡或凹型冲沟地带，在外界不利因素的干扰下，如暴雨或坡体人工开挖等，原有覆盖层及岩体风化层不断剥蚀堆积，特别是由于花岗岩风化不均形成的球状风化体，在自身重力的引导下极易向下滚落堆积，形成崩塌堆积体。同时大部分情况下这种堆积体仍处于欠稳定状态，一旦有新的外力打破这种暂时的稳定状态，新一轮的次生地质灾害又将形成。隧址下伏基岩岩性主要为花岗闪长岩，偶见细粒闪长岩脉及黑云母斑状花岗岩。以上两种岩石具有典型的风化不均的特点，全～强风化层总体厚度为 5～30m，取芯一般以砂土状及碎砾石状为主，其中局部受构造影响蚀变相对较深，构造带内后期石英脉充填较为广泛，中风化岩质坚硬，以坚硬岩为主。

9.3.2　地质构造

工程区地处珠江三角洲南缘，在构造体系上，陆地部分属于新华夏系第二隆起带中次级紫金—博罗断裂带和莲花山断裂带的西南段，并被北西向的西江断裂分割成梯形断块，其中莲花山深断裂与西江大断裂交会于磨刀门面与横琴岛之间，岛屿部分属北东向的万山隆起带东南和西北两侧，分别与珠江口大型新生代沉积盆地和陆地上的珠江三角洲相邻，区内地壳经历了长期复杂的构造变动，主要有加里东运动、印支运动、燕山运动和喜马拉雅运动，其中以燕山运动表现最为强烈，影响范围最广，以褶皱、断裂构造发育和岩浆活动强烈为特征。

由于受北东及北西向区域断块构造及次级断裂构造的诸多影响，总体上岩体节理裂隙相对发育，发育程度依次为北东向、北西向、南东向。以微张为主，隙宽一般为1～2mm，裂面较平直，部分充填泥质、方解石脉和石英脉，隙面大部分见铁锰质侵染较多。

(1) 水文地质。根据地形地貌、岩性和地质构造特征，隧址地下水类型为覆盖层孔隙水、风化带裂隙水和构造裂隙水，水量总体较小，补给来源主要为大气降水。根据详勘水质分析资料，本区地下水为氯镁钙型水(Cl^--Mg^{2+}·Ca^{2+})或氯钙镁型水(Cl^--Ca^{2+}·Mg^{2+})。本段地下水对混凝土结构具微腐蚀性，对混凝土结构中的钢筋在长期浸水环境下具微腐蚀性，在干湿交替环境下具弱腐蚀性，对钢结构具弱腐蚀性，主要腐蚀介质为SO_4^{2-}、Cl^-及侵蚀性CO_2。

(2) 不良地质体。隧道岩堆从成因机制来看主要为自然形成类，由于隧区基岩主要为燕山三期花岗岩类，受北东、北西向断块棋盘构造格局的影响，节理裂隙发育，加上花岗岩不均匀风化严重，球状风化体发育，整体沿山麓形成崩坡积扇，受后期多种、多次不利因素的干扰，上覆地表或松动的岩块体孤石顺势滚落形成岩堆，经过调查，这一类不良地质体在隧区主要沿将军山山麓坡脚地带发育，对隧道建设基本无影响。岩体结构及裂隙发育状态如图9-17所示。

图9-17 岩体结构及裂隙发育状态

隧区特殊性岩土主要为花岗岩风化残积土，分布范围广、厚度变化大，在丘陵区平缓坡顶有出露，岩性主要是砂质黏性土或黏性土，其粒度成分比较复杂，黏性土主要由高岭土等膨胀黏土矿物组成，与一般土的工程地质性质不同，其具有特殊性。该土的水理性质较差，强度和稳定性与黏粒含量的关系十分密切。在水的浸泡、冲刷、潜蚀等作用下，土的地基承载力一般较低，围岩自稳性较差，边坡容易产生坡面变形破坏，黏粒含量高时可能形成滑坡。

9.3.3 围岩稳定性数值模拟分析

1.数值计算理论与实现方法

1)弹塑性有限元基本理论

(1)弹塑性增量理论本构关系。在初始弹性范围内，应力-应变关系遵循广义胡克定律，进入塑性状态后，这种应力和应变之间的对应关系很难表达，一般采用增量理论或流动理论，本节采用增量理论建立材料的本构关系。材料进入屈服状态后，其内任一点的应变增量由弹性应变增量和塑性应变增量两部分组成。

(2)材料屈服准则。把材料内某一点开始产生塑性应变时必须满足的条件称为屈服准则，一般用屈服函数表示。材料弹性区和塑性区的分界面称为屈服面，屈服面通常情况下是一个空间凸曲面。岩土工程中常用的屈服准则有莫尔-库仑屈服准则和德鲁克-普拉格屈服准则，由于莫尔-库仑屈服准则在计算时存在困难，弹塑性有限元分析大都采用德鲁克-普拉格屈服准则，本节亦采用此屈服准则。

2)围岩初始地应力的模拟

围岩初始地应力就是隧道开挖前岩体的初始静应力，包括自重应力和构造应力。港珠澳大桥珠海连接线南湾隧道工程在分析中不考虑构造应力场，将初始地应力假定为自重应力。采用两种方法考虑初始地应力的影响，第一种方法是先直接求出初始地应力下的地层位移，再计算土体开挖后引起的地层位移，后者减去前者即为隧道开挖所引起的地层位移；第二种方法是将初始地应力指定为一种荷载加载到计算模型上，这样最后的计算结果就是隧道开挖引起地层位移的真实值，无需进行加减，但此方法的前提是要有实测的初始地应力资料，在采集资料方面有难度，本节采用第一种方法。

3)隧道施工过程的模拟

隧道施工过程是一个开挖和支护交错进行、不断循环的动态过程。隧道开挖前围岩处于初始应力状态，开挖后周边上的应力被解除，开挖轮廓线外的土体在地应力作用下沿最短距离向围岩自由表面方向移动，引起围岩变形和应力场的变化，对上述过程模拟通常采用的方法是邓肯等提出的反转应力释放法，即将沿开挖面上的初始地应力反向转换成等价的释放荷载作用于开挖面进行有限元分析，但此方法只能模拟隧道的连续开挖过程。

4) 隧道支护结构有限元模型

本节研究隧道施工过程的力学行为，所以对于支护主要考虑喷射混凝土+锚杆+二次衬砌联合支护。

(1) 喷射混凝土模拟。喷射混凝土是一种具有一定强度的柔性支护结构，首先它能够迅速保护围岩，使其与空气隔绝，对破碎围岩进行补强；其次可以填补围岩裂缝和凹凸不平的区域，减少应力集中，迅速抑制围岩变形，增强支护结构的拱效应，对施工非常有利。在二维有限元计算分析时，通常将喷射混凝土视为弹性材料而采用梁单元 Beam3 或实体单元进行模拟，而对于喷层中钢筋网片的作用，可以通过提高喷层参数来近似模拟。本节考虑到二次衬砌与喷射混凝土的接触关系，采用的是 Plan42 实体单元。

(2) 锚杆模拟。锚杆具有一定的强度，它能够增强隧道周围围岩的强度，使其不会发生塌方。在目前的数值模拟分析中直接采用杆单元，从力学机理方面去描述锚杆的力学效应，在计算时常和围岩单元耦合在一起计算。

(3) 二次衬砌模拟。二次衬砌混凝土使其具有一定的保护作用，为隧道的安全做储备作用。通常为了隧道结构设置方便，采用结构单元 Beam3 来模拟。

5) 模型尺寸及参数选取

选取的隧道模型位于银坑水库段断层破碎带，由围岩、初期支护、锚杆、二次衬砌几个部分组成，各部分的尺寸如下。

地层：形状为梯形，宽 200m，高 140m，左上角坐标为(−80, 30)、左下角坐标为(−80, −50)、右下角坐标为(120, −50)、右上角坐标为(120, 90)；

初期支护：C25 混凝土；

超前注浆支护加固范围分别为 4m 和 6m；

锚杆长度：L=4m、6m；

横截面半径：0.0125m。

各部分材料的物理力学参数如表 9-4 所示。

表 9-4 各部分材料的物理力学参数

名称	围岩	初期支护	锚杆	围岩加固圈	二次衬砌
弹性模量/Pa	4×10^9	20×10^9	17×10^{10}	8×10^9	3×10^{10}
泊松比	0.32	0.23	0.15	0.30	0.2
密度/(kg/m^3)	2200	2300	7960	2300	3000
黏聚力/Pa	0.6×10^6	2.42×10^6		0.8×10^6	
内摩擦角/(°)	37	53		40	

6) 网格单元划分

实体建模时，首先建立可用于划分线单元和切割开挖的边界线，然后建立模型矩形面，再用模型面通过布尔运算减去切割线，生成所需要的各部分面。这些面共用边界线，这样可以保证网格划分时的连续性。采用六心圆法进行隧道实体建模。

有限元网格划分的具体操作过程如下：

(1) 划分被挖土体有限元网格；

(2) 划分支护梁单元；

(3) 划分初期支护单元；

(4) 划分锚杆单元；

(5) 划分周围有限元网格。

最终得到划分后的隧道有限元网格，如图 9-18 所示。为了方便求解时选取和控制将要杀死和激活的各部分单元，使用不同的材料类型进行划分，即使其中一些材料类型的属性是一样的。在定义材料属性时，使用循环语句快速方便地定义了大量的材料号，同时在实体建模时，事先考虑设置被杀死或激活单元的边界线。

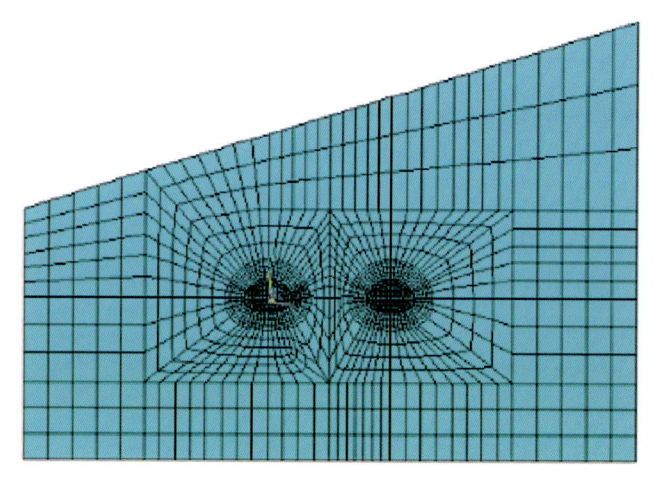

图 9-18　划分后的隧道有限元网格

7) 加载与求解

约束隧道模型左右两侧 X 方向位移、底部 Y 方向位移。为了方便有效地控制将要激活或杀死的单元，将各荷载步的工序说明列于表 9-5。

表 9-5　各荷载步的工序说明

荷载步	step1	step2	step3	step4	step5
工序说明	自重应力场	上部开挖支护	下部左侧开挖支护	下部右侧开挖支护	二次衬砌支护

2. 计算结果分析

1) 位移分析

(1) X 方向位移分析。

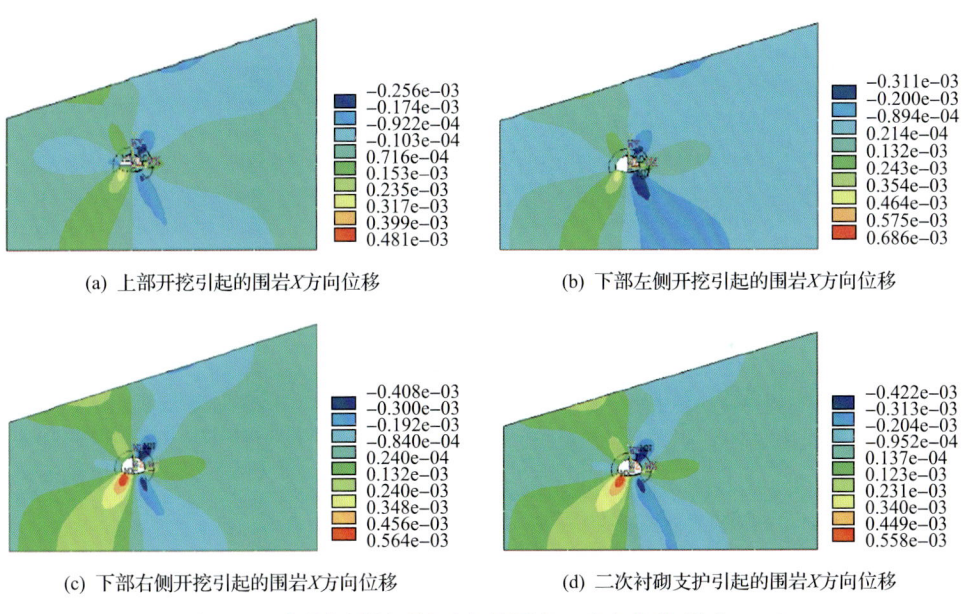

隧道各导洞开挖引起的围岩 X 方向位移如图 9-19 所示。可以看出：①洞上部土体开挖后，形成一定区域的临空面，围岩应力释放，产生向自由面发展的水平位移，且主要集中在右拱腰附近；②洞下部左侧土体开挖后，围岩水平位移加大，沿开挖面中线呈对称分布，在锁角锚杆处位移最大，可以设置锁角锚杆并提高此处的监测频率；③洞下部右侧土体开挖后，水平位移重新分布，沿隧道中心线基本上呈对称分布，这对隧道稳定性是有利的；④二次衬砌支护后，水平位移变化不大，沿隧道中心线基本呈对称分布。

(a) 上部开挖引起的围岩 X 方向位移

(b) 下部左侧开挖引起的围岩 X 方向位移

(c) 下部右侧开挖引起的围岩 X 方向位移

(d) 二次衬砌支护引起的围岩 X 方向位移

图 9-19 隧道各导洞开挖引起的围岩 X 方向位移（单位：m）

(2) Y 方向位移分析。

围岩竖向位移在隧道特别是城市地铁设计、施工、监测中是非常重要的参考指标，对隧道整体稳定性和周围环境的影响比较大。图 9-20 为隧道各导洞开挖引起的围岩竖向位移。可以看出：①洞上部土体开挖后，拱顶产生了较大的竖向位移，开挖面底部土体向上隆起，从力学角度分析是因为开挖后在围岩自由表面产生了反向节点力，围岩的竖向位移向自由面发展，此阶段引起的地表下沉较小，最大下沉位移为 1.193mm，在隧道中心线右侧；②洞下部左侧土体开挖后，围岩的竖向位移变化较小，但对围岩的影响范围变大，特别是拱部以上土体，此阶段引起的地表下沉变化不大,最大下沉位移为 1.503mm;③洞下部右侧土体开挖后,围岩竖向位移变化不大,土体隆起由上部土体底部转移至仰拱,产生隆起是开挖卸荷过程中产生的附加应力使拱底回弹,最终下沉位移为 2.036mm;④二次衬砌支护后,围岩竖向位移变化不大。

(a) 上部开挖引起的围岩竖向位移

(b) 下部左侧开挖引起的围岩竖向位移

(c) 下部右侧开挖引起的围岩竖向位移

(d) 二次衬砌支护引起的围岩竖向位移

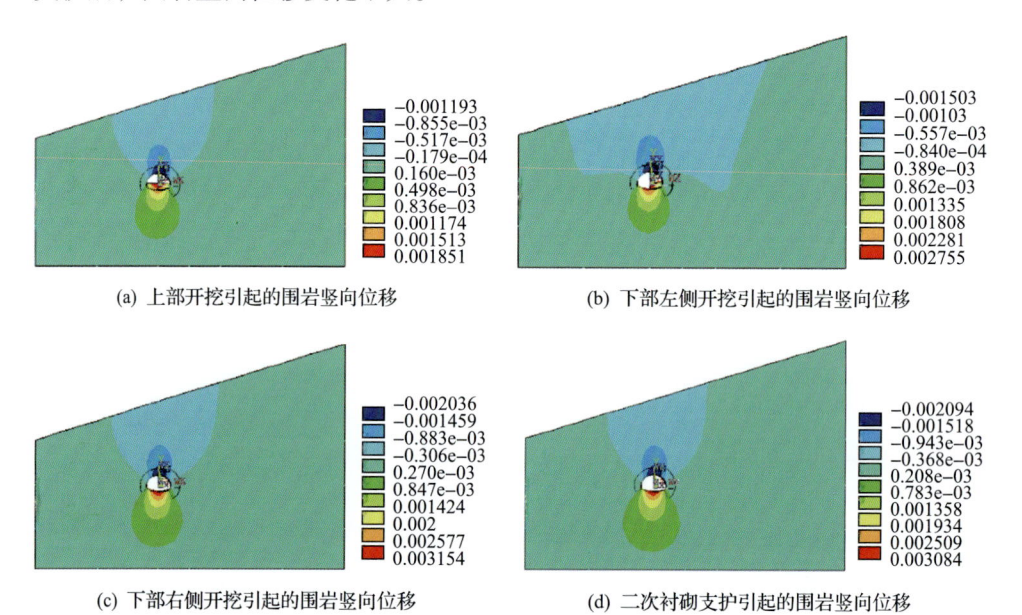

图 9-20　隧道各导洞开挖引起的围岩竖向位移(单位:m)

(3)特征关键点位移分析。

有限元数值计算过程中,在隧道拱顶、左右拱腰及其与初期支护连接处和拱底设置了 6 个特征关键点,计算完成后提取模型对应关键点的水平位移和竖向位移,各个开挖步骤关键点位移如表 9-6 所示。

表 9-6　各个开挖步骤关键点位移　　　　　　　　　　(单位:m)

关键点编号	位置	位移方向	上部开挖	下部左侧开挖	下部右侧开挖	隧道开挖最终位移
1	拱顶	X	-7.17×10^{-5}	-4.07×10^{-5}	-1.72×10^{-4}	-1.72×10^{-4}
		Y	-1.19×10^{-3}	-1.50×10^{-3}	-2.03×10^{-3}	-2.03×10^{-3}
318	左侧拱腰	X	-1.12×10^{-5}	9.24×10^{-5}	3.77×10^{-5}	3.77×10^{-5}
		Y	-4.71×10^{-4}	-5.95×10^{-4}	-9.98×10^{-4}	-9.98×10^{-4}
323	左侧连接处	X	-1.24×10^{-4}	7.38×10^{-5}	1.02×10^{-5}	1.02×10^{-5}
		Y	8.29×10^{-5}	7.06×10^{-5}	-1.87×10^{-4}	-1.87×10^{-4}
329	右侧拱腰	X	-6.22×10^{-5}	-5.18×10^{-5}	-2.79×10^{-5}	-2.79×10^{-5}
		Y	-6.02×10^{-4}	6.91×10^{-4}	-1.23×10^{-3}	-1.23×10^{-3}

续表

关键点编号	位置	位移方向	上部开挖	下部左侧开挖	下部右侧开挖	隧道开挖最终位移
325	右侧连接处	X	2.12×10^{-4}	3.07×10^{-4}	6.48×10^{-5}	6.48×10^{-5}
		Y	-1.60×10^{-5}	1.02×10^{-4}	-3.82×10^{-4}	-3.82×10^{-4}
191	拱底	X	8.01×10^{-5}	4.08×10^{-5}	1.42×10^{-4}	1.42×10^{-4}
		Y	1.43×10^{-3}	2.32×10^{-3}	2.79×10^{-3}	2.79×10^{-3}

分析表 9-6 得出：①隧道开挖引起的拱顶水平位移较小，竖向位移较大，最终下沉位移为 -2.03×10^{-3} m。拱顶下沉主要发生在左右导洞上部土体开挖阶段，上部土体开挖相当于移除了对应部分原有土体的支撑，在自重作用下，拱部土体产生较大下沉，因此在这一阶段应当提高监测强度，及时支护；②左侧拱腰水平位移主要发生在左下部土体开挖阶段，右侧拱腰水平位移主要发生在右下部土体开挖阶段，土体开挖卸荷造成拱部压力增大从而导致拱腰收敛，产生左右方向的水平位移；③左右连接处水平位移较大，竖向位移较小，水平位移主要是拱部压力造成的，而竖向位移是由开挖卸荷后产生的附加应力引起的；④拱底在开挖各个阶段均产生一定的隆起，每当开挖一定量的土体，就会引起土体卸荷，卸荷产生的附加应力逐步使开挖面底部土体回弹。

2）应力分析

(1) 围岩应力分析。

隧道开挖各阶段应力分布如图 9-21 所示。由图可以看出：①上部岩体开挖产生卸荷，对原有围岩产生了扰动，附近围岩应力重新分布，拱顶土体 X 方向应力增大，沿拱腰土体 X 方向应力减小，由前面的位移分析知道开挖面底部土体产生隆起，在此表现为 X 方向拉应力集中；②洞下部左侧土体开挖后，X 方向应力值和土体扰动范围变化大，说明上部土体开挖相对下部土体开挖释放了较大的围岩应力；③隧道开挖完成后，应力变化基本趋于稳定，这种情况对隧道是有利的，符合工程实际。

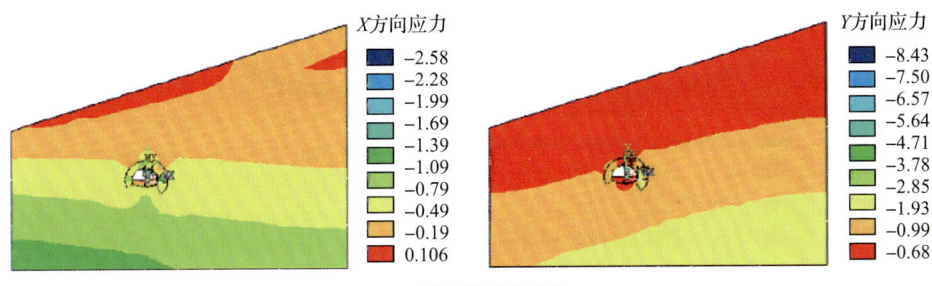

(a) 上部开挖应力分布

(b) 下部左侧开挖应力分布

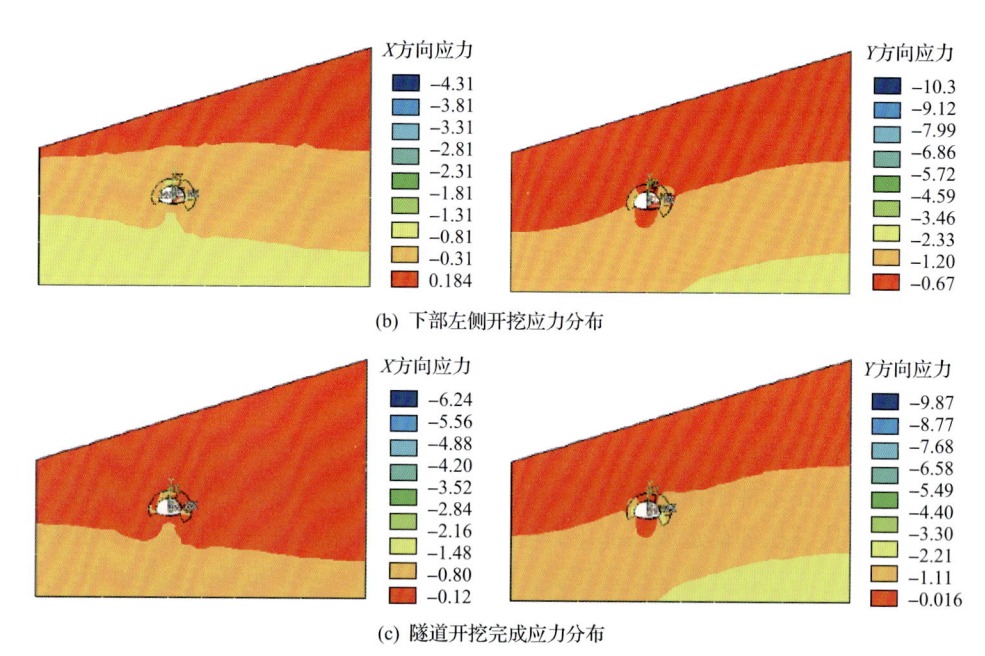

(c) 隧道开挖完成应力分布

图 9-21　隧道开挖各阶段应力分布(单位：MPa)

(2) 初期支护内力分析。

完成全部隧道施工过程后，喷射混凝土的内力分布如图 9-22 所示。

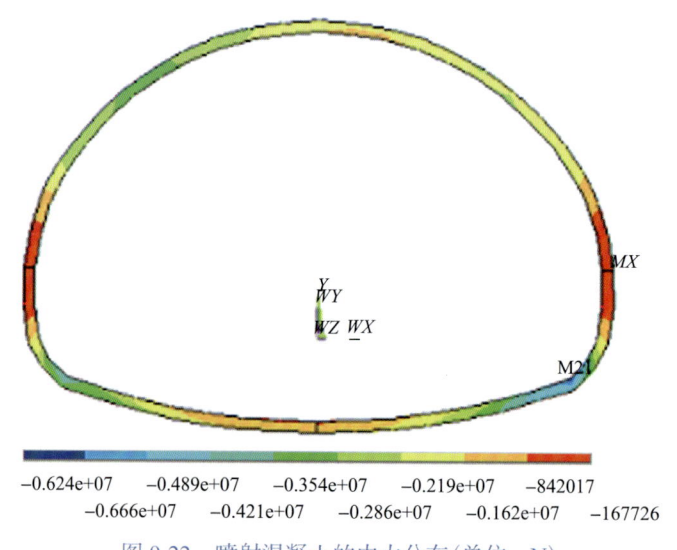

图 9-22　喷射混凝土的内力分布(单位：N)

隧道施工过程中锚杆轴力分布如图 9-23 所示。

(a) 上部开挖锚杆轴力

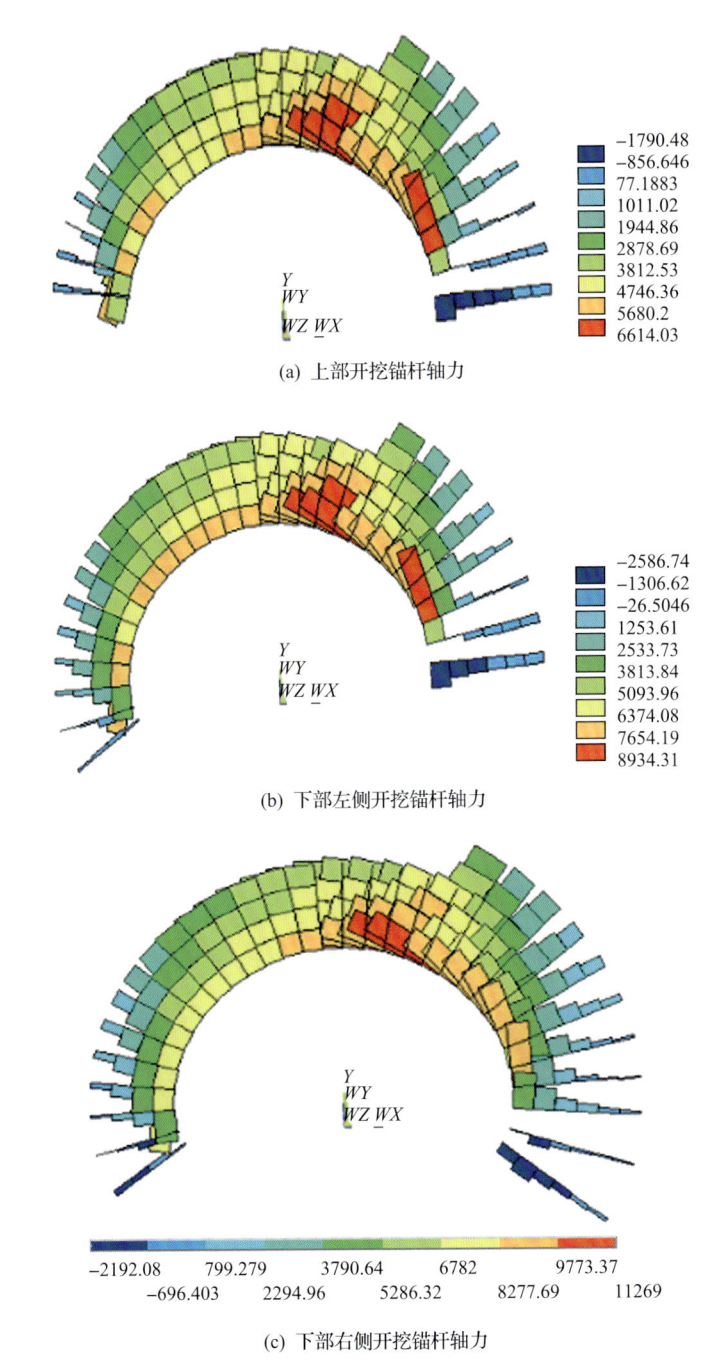

(b) 下部左侧开挖锚杆轴力

(c) 下部右侧开挖锚杆轴力

图 9-23　隧道施工过程中锚杆轴力分布(单位：N)

(3)二次衬砌结构内力分析。

完成全部隧道施工过程后，隧道二次衬砌结构的内力分布如图 9-24 所示。

(a) 剪力(单位：N)

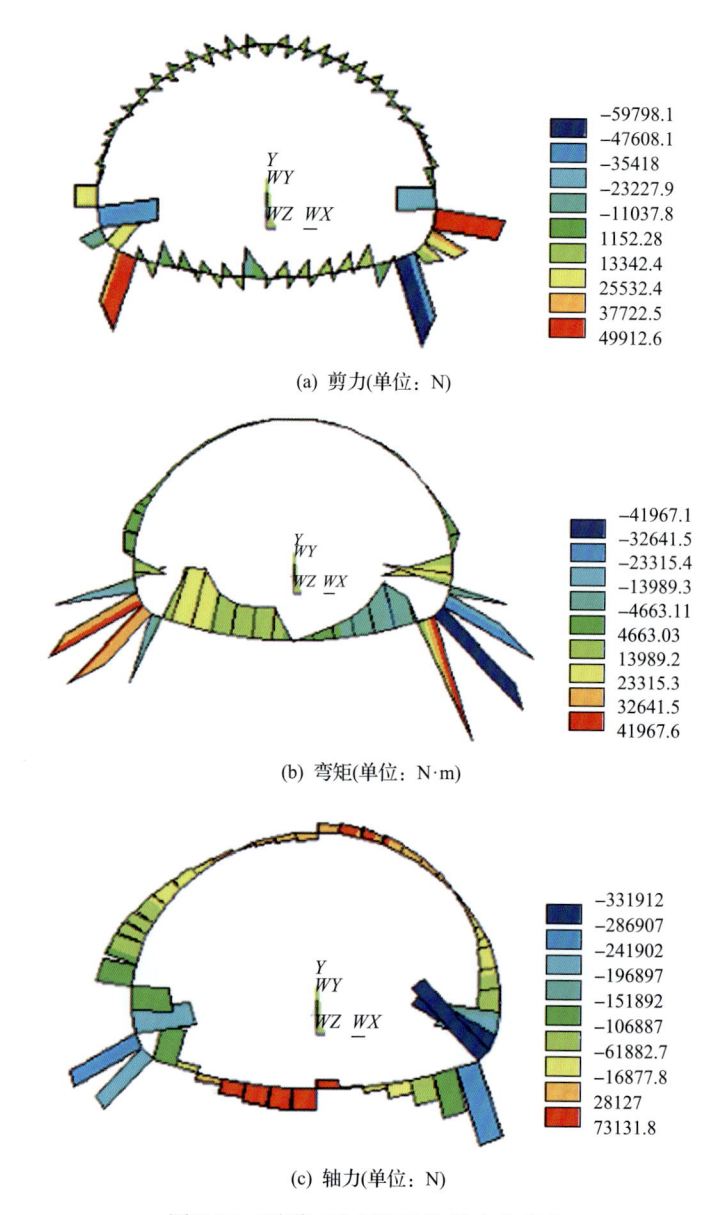

(b) 弯矩(单位：N·m)

(c) 轴力(单位：N)

图 9-24　隧道二次衬砌结构的内力分布

9.3.4　监控量测分析

1. 隧道主要监测内容

1) 拱顶下沉监测

隧道拱顶内壁测得的下沉量称为拱顶下沉值，监测拱顶下沉可了解断面的变化状态，判断隧道拱顶的稳定性。根据变化速度判断隧道围岩的稳定程度，判断初期支护设计与施工方法的合理性，用于指导设计和施工，为二次衬砌提供合理的支护时机。对于埋深较浅、固结程度较低的地层或者水平堆积成层的场地，这项监测更加重要，其监测数据是判断支护效果、指导施工工序、保证施工质量和安全的最基本资料。

2) 洞内周边收敛监测

周边位移是隧道围岩应力状态变化的最直观反映，监测周边位移可为判断隧道空间稳定性提供可靠的信息。它是判断围岩动态的最主要监测项目，特别是当围岩为垂直岩层时，周边收敛位移监测更具有非常重要的意义。根据变位速度判断隧道围岩稳定程度为二次衬砌提供合理的支护时机，指导现场设计与施工。

初期支护施作后，先凿孔，用砂浆填满再插入测点固定钢筋，尽量使隧道同侧测点的固定方向在同一直线上，待砂浆凝固后，采用收敛仪进行现场量测。一般地质地段设置 2 条水平基线，其他较复杂地段设置 6 条水平基线，基线布置如图 9-25 所示。周边收敛监测点尽量与拱顶下沉监测断面在同一里程处，遇到一些特殊部位，如洞壁开裂、拱脚松动脱位等，应加密布置监测点。

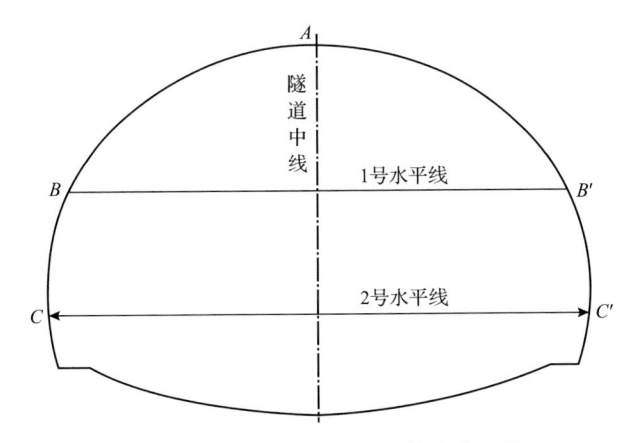

图 9-25 台阶法开挖施工监控点布置图

3) 锚杆拉拔力监测

锚杆拉拔力是指锚杆能够承受的最大拉力，它是锚杆材料、加工与施工安装质量优劣的综合反映。锚杆拉拔力的大小直接影响着锚杆的作用效果，如果拉拔力不足，会使锚杆起不到锚固围岩的作用，因此锚杆拉拔力监测是检测锚杆质量的一项基本内容，也是新奥法监控量测的必测项目。监测目的是测定锚杆拉拔力是否达到设计要求，判断锚杆长度是否适宜，检查锚杆的安装质量。

锚杆拉拔力的量测方法主要有直接量测法、电阻量测法和快速量测法等。直接量测法是用千斤顶和油压泵以及相应的辅助配件直接量测施加给锚杆的荷载和锚杆的变形量，然后根据所绘出的荷载-锚杆变形曲线求出锚杆拉拔力；电阻量测法是在直接量测法的基础上，在沿锚杆长度方向上粘贴应变片，并用应变仪量测锚杆每次加载后的应变值，得出锚杆应变变化曲线；快速量测法是用千斤顶直接套上锚杆，摇动手压泵，当压力表上的读数达到要求数据后停止摇动，即可检验锚杆的锚固力，该方法具有体积小、重量轻、携带方便、操作简单、安全等特点，是隧道检测中较常采用的方法。

2. 实测结果分析

1) 洞内外观测

从隧道抗水压加强段开始，就对隧道洞内外围岩进行观察分析。抗水压加强段掌子面围岩整体性较好，但局部有一些裂隙。在初期支护完成后喷层表面并无裂缝出现，钢拱架也并没有出现压屈现象和底鼓现象等。

2) 拱顶下沉监测分析

隧道拱顶下沉大致可以分为以下几个阶段：①测量初期(<10 天)，由于测点距掌子面较近，在掌子面的空间约束作用下，测点位置的隧道拱顶下沉缓慢增加，围岩压力开始释放；②测量中期(10~30 天)，随着隧道开挖，掌子面向前推进，其空间约束作用减小，测点位置的隧道拱顶下沉迅速增加，围岩释放大部分压力；③测量中期(>30 天)，隧道掌子面远离测点位置，几乎没有空间约束作用，测点位置的隧道围岩近似处于平面应变受力状态，拱顶下沉趋于稳定，围岩开始发生松动，是隧道施工中的良好支护时机。

以银坑水库段左洞 ZK7+850 段为例，对拱顶下沉随时间的变化进行观测，结果如图 9-26 所示；拱顶下沉纵向分布曲线如图 9-27 所示，拱顶最大下沉位移为 1.7mm。

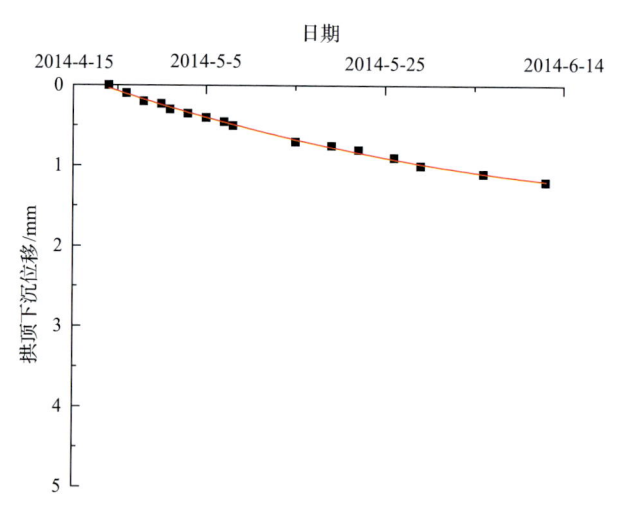

图 9-26 ZK7+850 段拱顶下沉随时间的变化

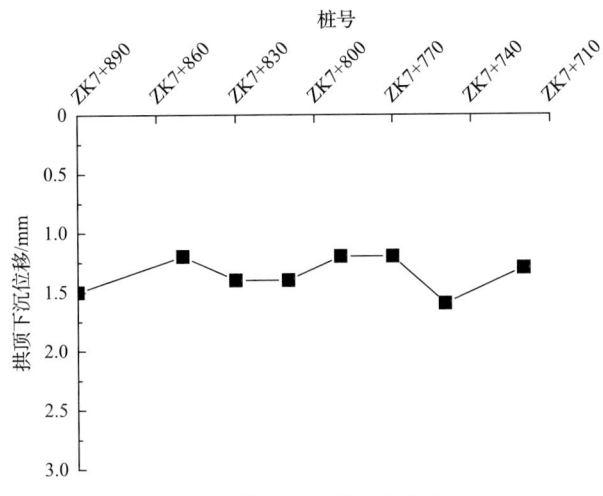

图 9-27　拱顶下沉纵向分布曲线

从图 9-26 和图 9-27 可以看出，不同位置测点的拱顶下沉具有如下共同点：①拱顶下沉随时间的变化规律是类似的，这与该标段围岩等级、地质条件以及施工方法等密切相关；②拱顶下沉稳定的时间大致相同，约 30 天，可作为施作二次永久衬砌的重要依据；③拱顶下沉位移最大值均小于 3mm，可作为衬砌与围岩间预留施工空隙的参考依据。

3) 周边收敛监测分析

隧道周边收敛大致可以分为以下几个阶段：①测量初期(<10 天)，由于测点距掌子面较近，在掌子面的空间约束作用下，测点位置的隧道周边位移缓慢增加，围岩压力开始释放；②测量中期(10~30 天)，随着隧道开挖，掌子面向前推进，其空间约束作用减小，测点位置的隧道周边位移迅速增加，围岩释放大部分压力；③测量中期(>30 天)，隧道掌子面远离测点位置，几乎没有空间约束作用，测点位置的隧道围岩近似处于平面应变受力状态，周边位移趋于稳定，围岩开始发生松动，是隧道施工中的良好支护时机。

以银坑水库段左洞 ZK7+850 段为例，对周边位移随时间的变化进行观测，结果如图 9-28 所示，1 号和 2 号水平线收敛分布曲线如图 9-29 所示。其中，1 号水平线的周边最大位移为 2.58mm，2 号水平线的周边最大位移为 2.43mm。

从图 9-28 和图 9-29 可以看出，不同位置测点的周边位移具有如下共同点：①周边位移随时间的变化规律是类似的，这与该标段围岩等级、地质条件以及施工方法等密切相关；②周边位移稳定的时间大致相同，约 30 天，可作为施作二次永久衬砌的重要依据；③1 号水平线和 2 号水平线周边位移最大值均小于 4mm，

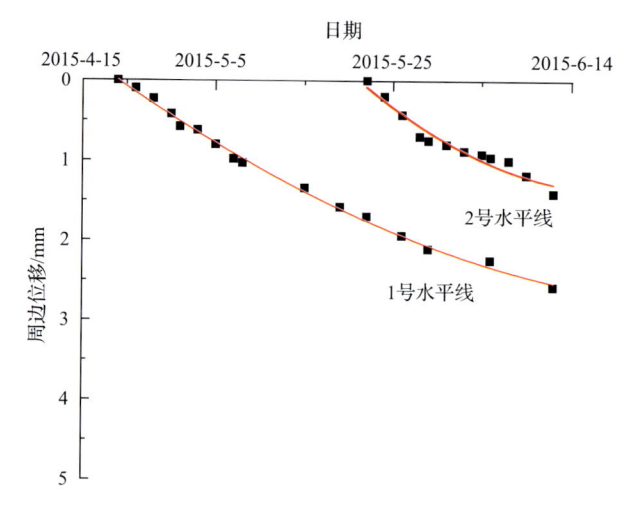

图 9-28 ZK7+850 段 1 号和 2 号水平线周边位移随时间的变化

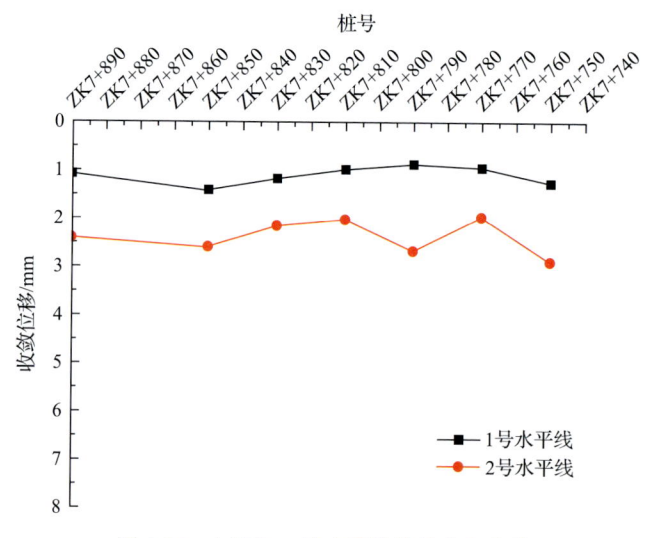

图 9-29 1 号和 2 号水平线收敛分布曲线

可作为衬砌与围岩间预留施工空隙的参考依据。

4）锚杆拉拔力监测分析

南湾隧道左线施工桩号 ZK7+930～ZK7+830 为Ⅳ级围岩，支护参数为 S4b、S4c，共 2500 根 ϕ22mm 药卷锚杆，设计拉拔力为 70kN；ZK8+040～ZK7+930 为Ⅴ级围岩，支护参数为 S5c，共 2713 根 ϕ25mm 中空锚杆，设计拉拔力为 50kN。第一次左洞共抽检 27 根锚杆，锚杆的拉拔力全部满足设计要求，第二次左洞共抽检 36 根锚杆，各个桩号的上台阶右侧锚杆拉拔力如表 9-7 所示。

表 9-7 各个桩号的上台阶右侧锚杆拉拔力

序号	直径/mm	龄期/d	桩号	所在位置	仪器读数/MPa	实测拉力/kN	检验结果
1	25	≥14	ZK8+030		12	61.8	合格
2	25	≥14	ZK8+020		12	61.8	合格
3	25	≥14	ZK8+010		11	56.7	合格
4	25	≥14	ZK7+980	上台阶右侧	11	56.7	合格
5	25	≥14	ZK7+960		12	61.8	合格
6	25	≥14	ZK7+920		14	72	合格
7	25	≥14	ZK7+890		16	82.2	合格
8	25	≥14	ZK7+810		15	77.1	合格

注：ZK8+040～ZK7+930 设计拉拔力 ≥50kN，ZK7+930～ZK7+800 设计拉拔力 ≥70kN。

9.3.5 隧道开挖

1. CD 法开挖

开挖采用人工手持风钻钻孔，非电毫秒雷管松动爆破，当围岩极软时采用风镐开挖，开挖时采用挖掘机扒碴，装载机配合大车出碴。CD 法开挖分四步进行，开挖顺序如图 9-30 所示。上导坑与下导坑的开挖间距为 3.0m，后行上导坑 3 与先行下导坑 2 的开挖间距为 5.0m，开挖循环进尺为 80cm。

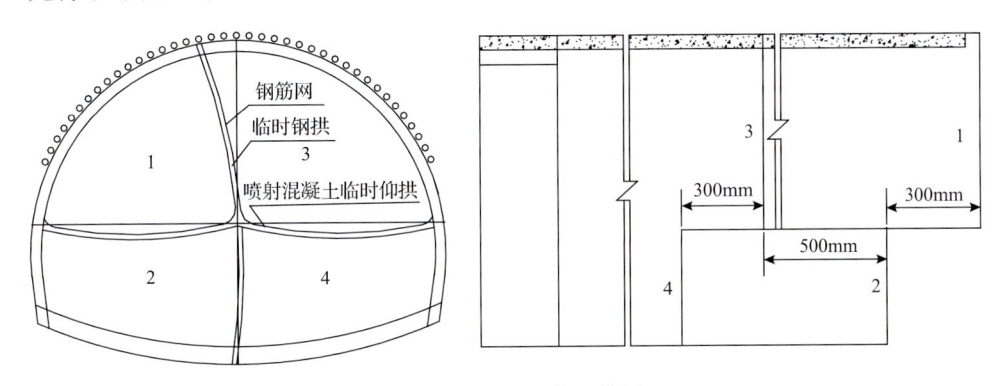

图 9-30 CD 法开挖工艺图

2. 微台阶法开挖

开挖采用人工手持风钻钻孔，非电毫秒雷管松动爆破，开挖时采用挖掘机扒碴，装载机配合大车出碴，上部开挖预留核心土，上部与下部开挖距离为 5.0m，上部开挖进尺为 80cm，下部开挖左、右侧错开施工，错开距离为 5.0m，开挖循环进尺为 80cm。微台阶法开挖工艺图如图 9-31 所示。

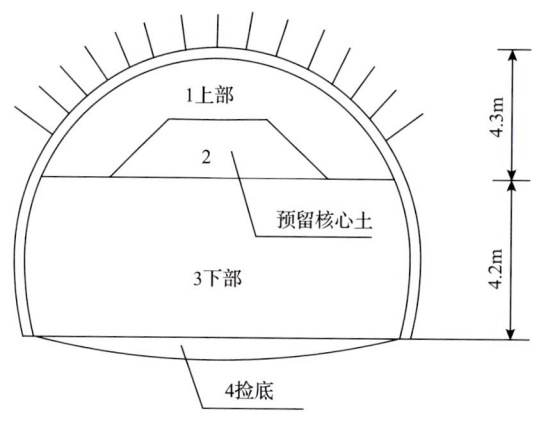

图 9-31 微台阶法开挖工艺图

9.3.6 初期支护

1. 超前注浆小导管施工

开挖前施作 $\phi 42mm$ 超前注浆小导管（$L=5.0m$、$\delta=4mm$）提前支护围岩，超前注浆小导管按设计参数采用人工手持风钻钻孔，风钻将小导管送入孔内，采用机械拌制浆液，双液注浆泵注浆。

2. 隧道喷、锚、网及拱架施工

隧道喷、锚、网及拱架紧跟开挖工作面施工。

喷射混凝土：人工配合混凝土喷机作业，混凝土由洞外拌合站拌料，机械运输。喷射混凝土分两次作业，在开挖找顶后及时对开挖后工作面进行初喷混凝土，封闭围岩，确保拱架安装、锚杆施工及挂钢筋网人员的施工安全。在拱架安装、锚杆施工及挂钢筋网完成后进行复喷混凝土，直至达到设计厚度要求。

安装拱架：初喷混凝土后，放线，人工安装拱架，紧贴开挖面，用纵向钢筋连接，拱脚置于牢固的基础上。拱架背后间隙用喷射混凝土喷填，间隙过大时用混凝土楔块顶紧，拱脚接头板处设置锁脚锚杆。

安装锚杆：在初喷混凝土初凝后及时进行。

挂钢筋网：钢筋网设置待开挖面喷 2cm 厚混凝土后进行。将洞外加工成片的钢筋网随高就低紧贴岩面，并与径向锚杆连接牢固。

CD 法施工时，中间隔墙应按隧道开挖轮廓的支护参数进行支护，但可以不设超前注浆小导管，上导坑开挖根据地质情况和施工监控量测结果设置临时仰拱及时封闭，必要时临时仰拱增设Ⅰ16 型钢拱架。

隧道喷锚、网支护施工工艺如图 9-32 所示。型钢拱架施工工艺如图 9-33 所示。

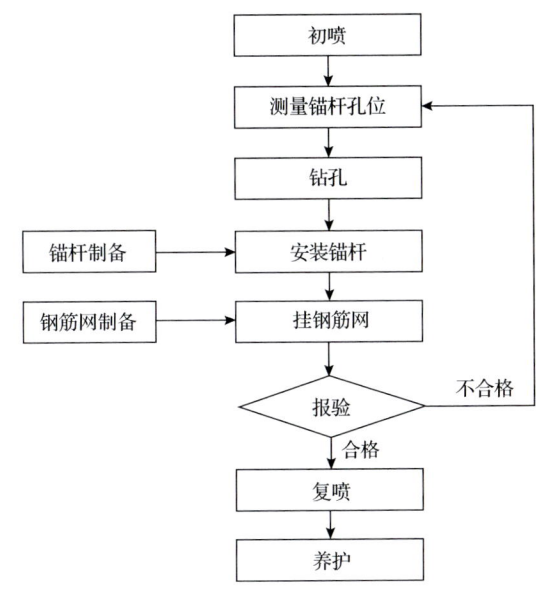

图 9-32　隧道喷锚、网支护施工工艺

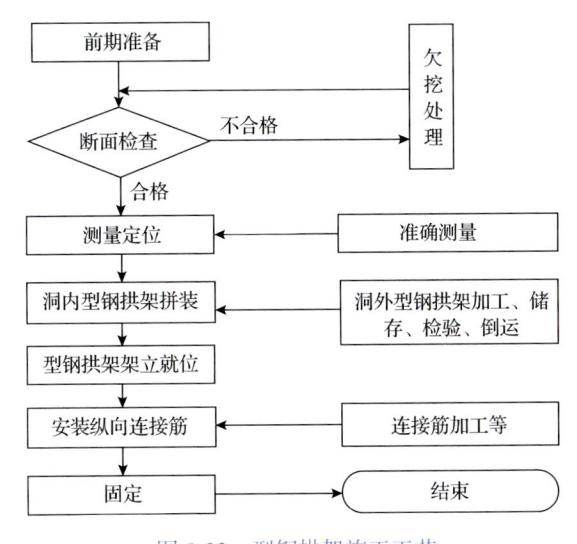

图 9-33　型钢拱架施工工艺

9.3.7　注浆施工与控制措施

1. 注浆施工方案

全断面帷幕预注浆堵水，注浆范围为隧道开挖线以外 6m，注浆段长度为 30m，分三环施工，第一环 12m，第二环 20m，第三环 30m，全断面钻孔 114 个，具体方案如图 9-34 和图 9-35 所示。

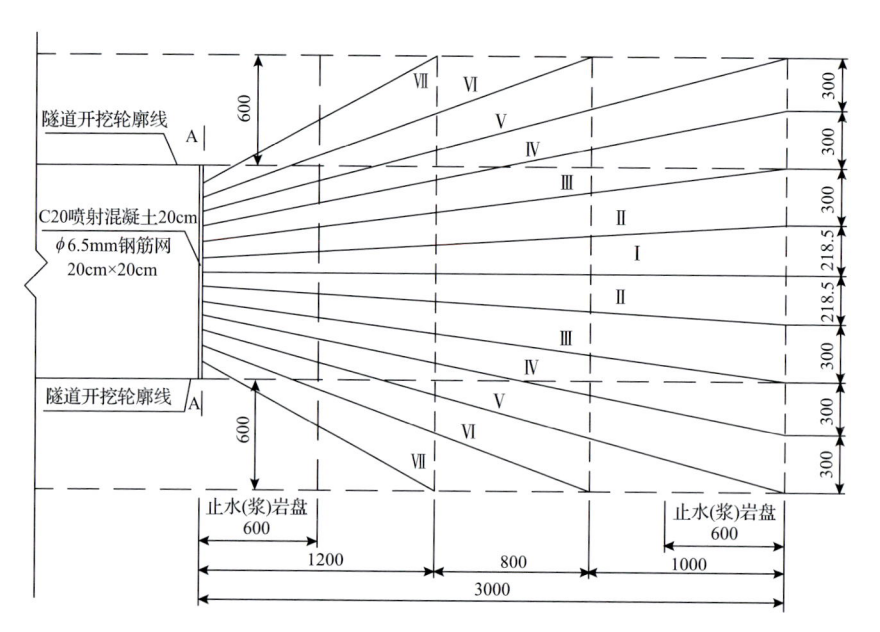

图 9-34　全断面帷幕注浆纵断面图（单位：cm）

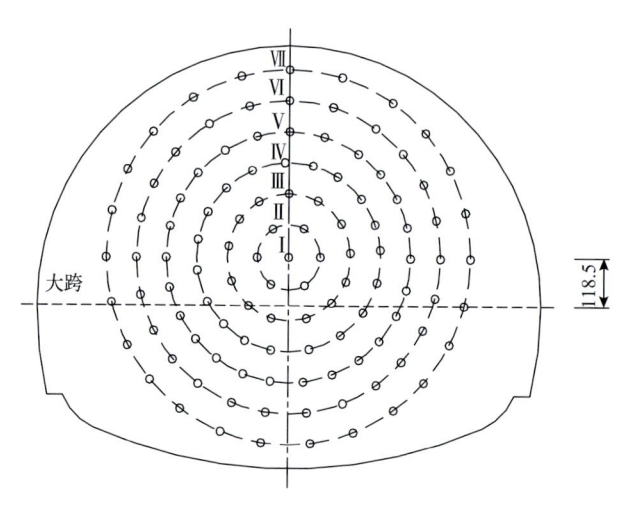

图 9-35　全断面帷幕注浆开孔布置图（单位：cm）

全断面周边预注浆堵水，注浆范围为隧道开挖线以外 6m，注浆段长度为 30m，分三环施工，第一环 12m，第二环 20m，第三环 30m，全断面钻孔 94 个。具体方案如图 9-36 和图 9-37 所示。

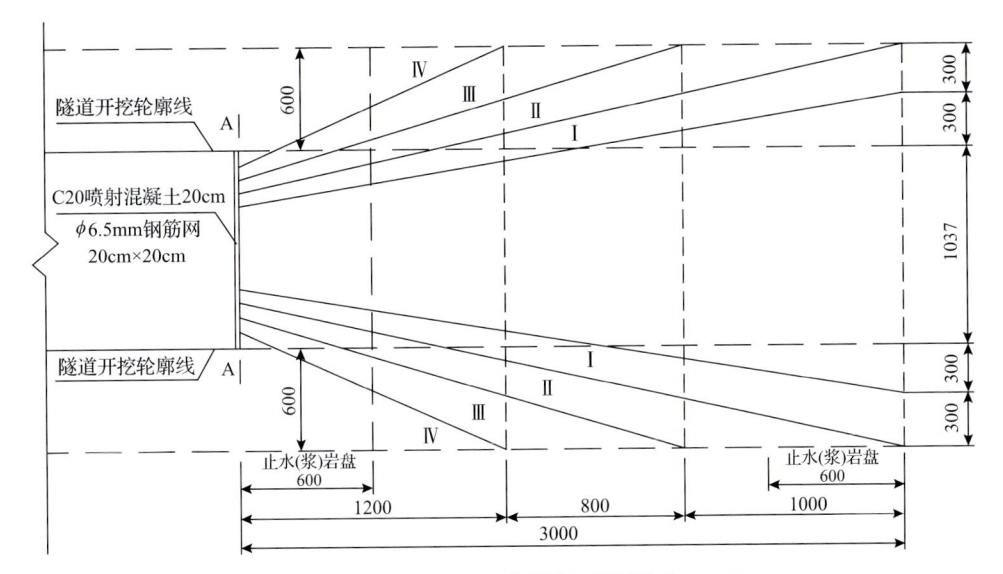

图 9-36 全断面周边注浆纵断面图(单位：cm)

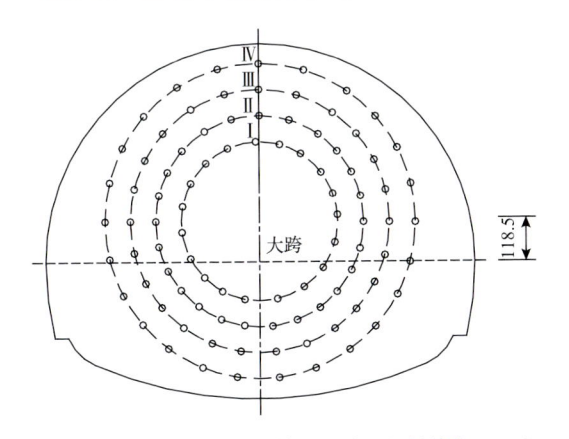

图 9-37 全断面周边注浆开孔布置图(单位：cm)

局部断面预注浆堵水，注浆范围为隧道局部开挖线以外 6m，注浆段长度为 30m，分三环施工，第一环 12m，第二环 20m，第三环 30m，共计钻孔 34 个。具体方案如图 9-38 和图 9-39 所示。

2. 注浆方法、工艺、材料及设备

1) 止水(浆)岩盘或止浆墙厚度的确定

为防止未注浆段地下水涌向工作面及下段注浆时跑浆，根据设计每注浆段采用带有 $\phi6.5mm$ 钢筋网的 20cm 厚 C20 喷射混凝土封闭掌子面，一个注浆段完成后留 6~10m 不开挖作为下一注浆段的止浆岩盘。如果施工中地下水压力增大超过设计值或水量过大，将网喷止浆墙改为混凝土止浆墙，用 C25 混凝土浇筑制作，

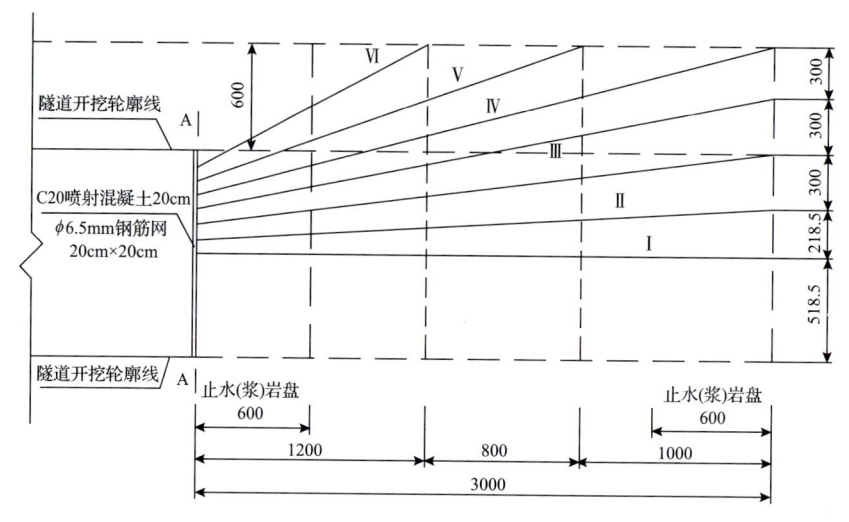

图 9-38　局部断面注浆纵断面图(单位：cm)

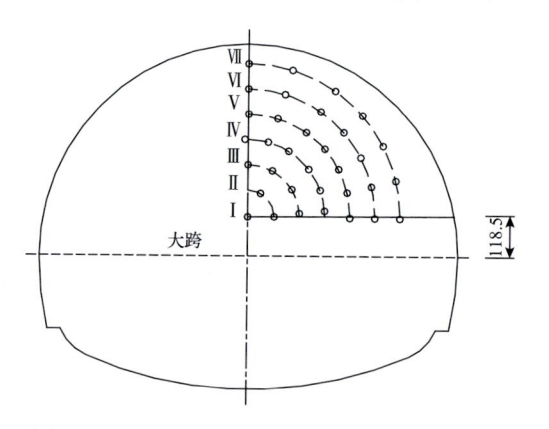

图 9-39　局部断面注浆开孔布置图(单位：cm)

止水(浆)墙厚度为 3～6m，将掌子面封闭。

2) 注浆方式和分段长度的确定

(1) 注浆方式。为使浆液在岩层裂隙中均匀扩散，保证注浆质量，提高注浆堵水率，宜采用分段前进式的注浆方式。

(2) 分段长度。分段注浆的分段长度根据岩层裂隙发育程度、涌水量大小而定。在施工时，注浆分段长度的选择如表 9-8 所示。

表 9-8　注浆分段长度的选择

围岩情况	钻孔涌水量/(m³/h)	注浆段长度/m
断层破碎带	>10	3～5
其他地段	5～10	5～8

全断面帷幕注浆和全断面周边注浆采用前进式分段注浆方式，即先用钻机开深 2.5~3.0m、直径 130mm 的孔，安设、固结孔口管，然后在孔口管内钻设 ϕ90mm 注浆孔。

选定断层破碎带每次注浆分段长度为 3~5m，即钻进 3~5m，注浆一次，注浆结束后再钻 3~5m 进行注浆，依次循环，直到结束该孔注浆，其他地层每次注浆分段长度为 5~8m。

3) 注浆参数

根据设计要求，全断面帷幕注浆和全断面周边注浆采用前进式分段注浆方式，注浆参数如表 9-9 所示。

表 9-9 全断面帷幕注浆和全断面周边注浆参数

序号	参数名称	标准及范围
1	加固范围	全断面帷幕注浆为开挖轮廓线外 6m 及开挖工作面；全断面周边注浆为开挖轮廓线外 6m
2	扩散半径	2m
3	终孔间距	≤3m
4	注浆段长	30m
5	注浆孔数量	全断面帷幕注浆 114 个；全断面周边注浆 94 个
6	双液浆凝胶时间	30s~3min（根据现场情况调整）
7	注浆压力	0.5~1.5MPa，可根据现场调整
8	分段长度	断层破碎带 3~5m，其他地段 5~8m
9	注浆速度	5~100L/min

注浆施工中，注浆参数根据情况进行调整优化。局部注浆的注浆参数根据设计及实际出水位置、出水量、含泥沙量等进行动态设计、优化调整。

4) 注浆工艺

全断面帷幕注浆、全断面周边注浆和局部断面注浆施工工艺流程如图 9-40 所示。

5) 注浆材料确定

注浆材料主要采用普通水泥-水玻璃双液浆，根据设计要求和试验确定浆液的配比。根据理论、设计和实验室试验确定的理论配比为水灰比(0.8~1)∶1、浆液比 1∶(0.6~1)。

现场配比选择：根据以往的施工经验，暂定水泥浆水灰比为 0.8∶1，水泥浆

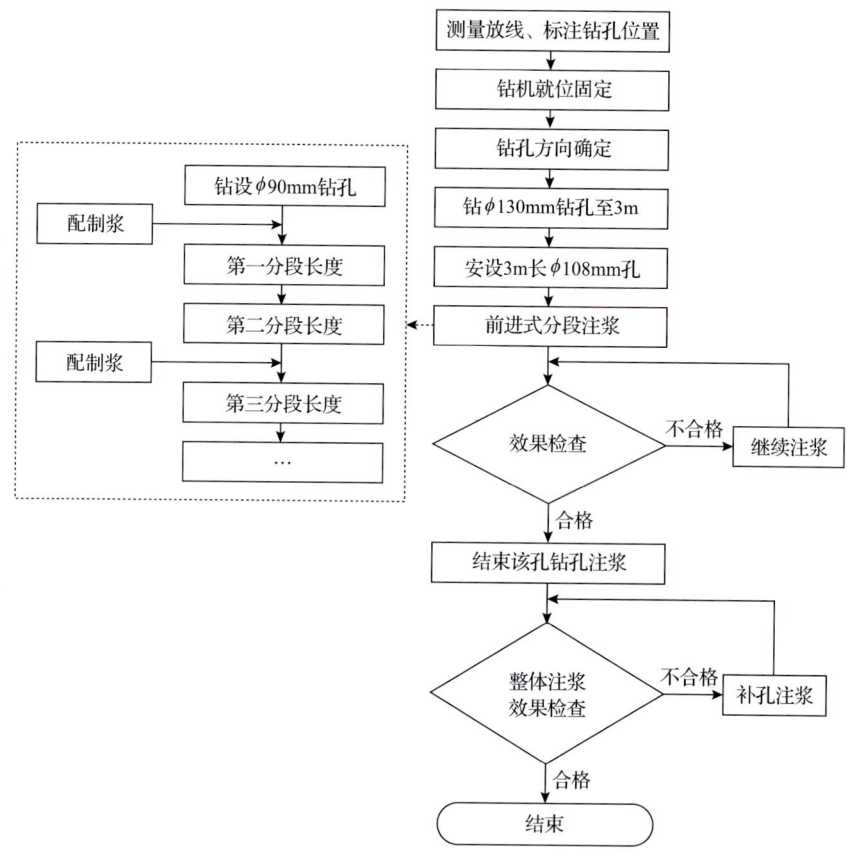

图 9-40　全断面帷幕注浆、全断面周边注浆和局部断面注浆施工工艺流程

与水玻璃浆液比例根据水量及水压大小从 1∶0.8～1∶1 选取，水玻璃浓度为 35°Bé。

6) 机械设备选型

(1) 钻机的选择。

钻机选用MK-5型钻机，其钻孔深度可达到30m，钻孔直径最大可达到130mm，钻头根据孔径的大小调换，可以满足施工需要。

(2) 注浆泵选择。

注浆泵采用YZB-100/9液压双液注浆泵，其参数如表9-10所示，可注单液浆、双液浆、化学浆，该泵配有双液调节器，利用工作介质(浆液、油液)传递压力信号，组成闭环自动控制，结构简单，调控及时、准确，可以无级调节排浆量及排浆压力，并具有按照预定的注浆终压自动调节排浆量的性能，其排浆压力可在0～9MPa调节，因此选用该注浆泵可满足注浆堵水的需要。

表 9-10　YZB-100/9 液压双液注浆泵参数

参数名称	数值
排量/(L/min)	≤100
压力/MPa	≤9
主机功率/kW	7.5
主机尺寸/(m×m×m)	1.2×0.7×1.1
主机重量/kg	360
可调浆比	1∶1～1∶0.5

注：附件为吸浆管、龙头、特稠浆料斗、排浆高压软管、混合器、封孔器、浆比调节器、波美计、专用工具、密封备件。

9.4　小　　结

(1) 影响隧道围岩稳定的因素包括两大类，一是客观存在的地质环境，二是人为的主观因素。前者表现为围岩初始应力场状态、围岩的结构状态、岩石的基本性质和地下水等，后者主要是施工方法、支护措施、隧道的形状和尺寸及隧道的埋深等。

(2) 通过计算数据和实测数据对比，发现它们的变化规律基本一致。其中隧道净空收敛最大计算值为 3.262mm，最大实测值为 2.5mm；拱顶下沉最大计算值为 2.036mm，最大实测值为 1.7mm；锚杆轴力最大计算值为 11.2kN，远小于实测抗拔强度。

(3) 有限元数值模拟结果与实测结果基本吻合，证明选用平面应变和梁单元组成的组合结构模型及本章选取的各种参数可以较好地反映隧道开挖和支护的受力和变形性能。

(4) 隧道拱顶下沉和周边位移反映了隧道支护结构与围岩的稳定性，通过拱顶下沉与周边位移的量测，为隧道支护的稳定性分析提供依据，并且有利于确定二次衬砌浇筑的最佳时间，为隧道施工工艺、支护参数优化提供参考。

(5) 从围岩位移变形和锚杆应力监测结果可以看出，小净距隧道现行施工方法围岩变形可控，基本稳定，大部分的变形和应力在一个月后逐渐进入稳定状态，能有效控制工作面前方地层稳定。

(6) 拱顶下沉是小净距短隧道较为敏感的变形特征，施工中要加强拱顶下沉监测，特别是银坑水库(左洞)的拱顶测点，并且适当延长左洞的监测时间，从而更加精确地量测出围岩变形。

(7) 对银坑水库附近洞段进行施工现场围岩分级，获得了岩石单轴抗压强度、岩体完整性系数等分级指标，最终围岩分级确定为Ⅳ级。

(8) 软弱围岩隧道施工中，围岩处于加载、卸载的负载变化过程。隧道的开挖与支护过程亦是一个多步骤的过程，且上一步开挖会对随后的各次开挖产生影响，导致围岩在达到最终稳定之前要经历开挖前变形、开挖瞬时变形、初期支护之后变形三个阶段。显然，在复杂的地质条件下只依靠简单的工程类比法是远远不够的，需采用数值方法对隧道施工过程进行数值模拟分析，即选择合理的力学模型模拟开挖对围岩的影响以及支护后的力学效果。同时，对隧道施工现场进行监控量测，把数值模拟结果与量测数据进行对比分析，可以达到指导设计和施工的目的。

(9) 软弱围岩条件下的隧道施工必须是设计、施工的相互协调与统一，不仅要有合理的支护参数，也要有合理的施工方案(包括开挖方法和支护方式)，这样才能保证隧道施工顺利进行。

(10) 对隧道施工中各个阶段进行变形监控，监控结果表明，在围岩变形大的情况下，初期支护一定要闭合成环，与其他支护结构共同承载，采用台阶法施工，及时施作仰拱，配合合理的开挖进尺。

(11) 本章针对断层破碎带隧道施工的不足，提出了基于支护结构强度及位移的隧道施工预控方法，并具体发展了一种在施工期快速进行反馈分析指导施工的反演方法。基于支护结构强度及位移的综合分析方法紧密依靠理论预测与现场监测的有机结合，综合位移与应力双控目标，提出了明确永久支护实施时间的施工指导。在此基础上，为了有效及时地对施工过程进行反馈分析，需以 Nelder-Mead 算法进行反演，依据当前实测数据对岩体力学参数进行修正，进而对后续施工阶段进行计算预测，不断实时修正施工方法与措施。

第 10 章 结　　论

通过国内外的现状调研，采用理论研究、数值模拟、试验研究等方法，对隧道穿越断裂破碎带的影响因素、受力特征进行了系统的分析研究，得到了相关的理论成果及施工优化方法。

(1) 本书根据断层破碎带岩体非线性特性，建立了三维 DDM 数值模型，并提出了复杂构造应力场的 DDM 实用计算方法，即基于有限实测结果和线性规划法的区域地应力场 DDM 反演、基于断层产状参数和线性规划法的区域地应力场 DDM 反演，这两种方法通过实例应用和分析，计算结果与实测值较吻合，证明了该方法的适用性。

(2) 为研究各类裂隙对断层带岩体应力-应变关系的影响，将各类裂隙解耦并分别建立了 DDA 模型进行系统研究，本书考察了成组不相交裂隙、规则排列成组交互贯通裂隙、非规则排列交互贯通裂隙条件下岩体受不同方向荷载作用时的应力-应变关系并进行了力学成因及机理分析。

(3) 裂隙岩体变形特性的空间分布可以由足够多的空间分布射线上岩体变形特性综合表达，因此本书提出了本构关系的五元件模型，即裂隙岩体一维柱状结构等效力学模型，该模型能够表达完整岩块的黏弹塑性以及裂隙面充填物的黏弹塑性本构关系，适用于裂隙岩体模型。

(4) 裂隙岩体的空间分布可采用离散状态下的一维柱状结构模型沿不同方位和倾角的空间组合等效表述，鉴于此，本书给出了裂隙岩体各向异性模型和等效各向同性弱化模型的界定及参数界定方法，通过工程实例分析，该界定方法较好地表达了各裂隙的力学特性。

(5) 通过数值模拟分析非贯通节理断裂扩展及其孔隙性扩容，计算结果表明：①对于岩石类脆性介质，无论压缩荷载作用方向与裂隙轴向呈何种夹角，初始裂隙的断裂扩展均不同程度地出现裂尖孔隙性扩容现象，且扩容的孔隙增长属性与初始裂隙面的刚度特性及荷载条件无关；②裂隙面的初始刚度特性直接支配裂隙面法向相对闭合量，从而总体上影响裂隙岩体宏观体积的胀缩表象；③当裂隙面法向刚度足够大时，裂隙面法向压缩闭合量为 0，裂隙本身仅形成裂尖孔隙性扩容，从而在此类裂隙充分发育状态下其累加作用形成裂隙岩体宏观扩容现象；④在张开型有软弱充填物的初始裂隙状态下，裂尖断裂扩展伴有初始裂隙闭合且从变形的时间效应看，初始裂隙闭合后产生裂尖断裂演化，两种体积变化相互抵消。

(6) 随着隧道与破碎带夹角的增大，隧道底板最大上浮位移先增大后减小，在 60°左右取得最大值；隧道顶板最大下沉位移逐渐减小，这是由于夹角越小，隧道穿越破碎带的面积越大，隧道上部软弱区域增大；隧道两帮围岩最大水平位移逐渐减小，但变化幅度很小，这是由于隧道断面形状为扁平形，能较好地抵抗水平地应力荷载引起的变形。

(7) 随着弹性模量比的增大，隧道底板最大上浮位移、顶板最大下沉位移、两帮围岩最大水平位移均逐渐减小，当弹性模量比小于 0.2 时，最大位移变化较剧烈，当弹性模量比大于 0.2 时，最大位移变化量相对较小。

(8) 当隧道轴向水平侧压系数增大时，隧道底板最大上浮位移、顶板最大下沉位移、两帮围岩最大水平位移几乎维持不变，可见隧道轴向低应力的增大对围岩变形影响不大，而随着隧道横向水平侧压系数的增大，隧道底板最大上浮位移、顶板最大下沉位移呈线性减小，隧道两帮围岩最大水平位移则呈线性增大。

(9) 裂隙受压后体积扩容的发生不仅与裂隙-岩体刚度比有关，还与荷载和裂隙的夹角有关。当裂隙面法向刚度较小时，裂隙岩体体积增量为正，即体积压缩减小，随着裂隙面法向刚度的增大，裂隙岩体的体积增量逐渐减小，当超过一个阈值后，裂隙岩体出现体积扩容，其实质是原裂隙受压的体积减小量和新扩展裂隙的体积增加量之代数和的变化，随着裂隙面法向刚度的增大，原裂隙受压的体积减小量逐渐减小，此时新扩展裂纹的体积增大逐渐占主导优势，从而从宏观上表现出体积扩容。对于荷载和裂隙的夹角，随着夹角的增大，临界刚度比逐渐降低，当夹角达到 30°左右时达到最小值，随后逐渐增大，并超过小夹角时的临界刚度比最大值，说明荷载与裂隙夹角较大时，裂隙面法向刚度较大才能发生扩容现象，否则体积变化主要为原裂隙的体积压缩减小。

(10) 隧道开挖卸载（开挖无支护、围岩充分卸载）条件下，顶底板竖向最大位移（断层破碎区中部隧道壁面岩体位移）、隧道两帮围岩最大水平位移随弹性模量比 E_j/E_r 呈负指数规律变化。E_j/E_r 越小（当 E_r 一定时，断层带岩体越软弱），隧道穿越断层破碎区卸载位移的敏感程度越高，卸载位移局部化现象越显著。以 $E_j/E_r=0.3$ 为界，左侧（$E_j/E_r \leqslant 0.3$）为变形局部化相对敏感区，当 $E_j/E_r \geqslant 0.3$ 时，随弹性模量比的增大，顶底板竖向位移及两帮水平位移变化渐趋缓慢。当 $E_j/E_r=1$（无断层破碎带）时，隧道顶底板竖向最大位移及两帮水平位移沿轴向均匀分布。

(11) 随着隧道横向水平侧压系数的增大，隧道底板最大上浮位移、顶板最大下沉位移呈线性减小，两帮围岩最大水平位移则呈线性增大。隧道横向水平荷载对断层带岩体卸载扰动水平位移影响非常显著，而隧道轴向水平荷载的影响较小。

(12) 为研究支护结构等效应力与隧道表面位移的关系，结合既定的工程地质条件、水文地质条件、原岩应力状态、隧道几何参数、支护结构设计参数（初步确定支护参数）等，采用三维 FEM 模拟隧道开挖过程及不同初始地应力释放率下进行永久支护，建立了支护结构等效应力与隧道表面位移的相关关系。该方法直接从结构强度稳定性和位移稳定性两方面综合施工工艺设计理论。

(13) 为建立基于支护结构强度和变形的支护优化理论及施工，本书分析计算了三种不同支护方式随隧道开挖的影响，其中，超前注浆加钢混凝土支护的效果较好。在充分理解新奥法隧道施工理念及其实质的基础上，本书对以现代计算技术、监测技术、反馈分析技术为基础的施工过程进行修正，建立了基于支护结构强度及位移控制综合优化体系及其工艺流程。

(14) 模拟隧道施工过程的分布开挖，以获得位移随开挖距离的变化，计算结果表明：①隧道开挖施工过程中，岩体位移与开挖距离之间呈负指数相关关系；②当前步段开挖瞬态弹性位移受断面积和形状、初始地应力影响；③当开挖距离达到断面宽度（直径）时，位移将达到稳定。

(15) 为建立断层区隧道结构的减振体系，本书采用数值仿真技术分析了不同方向的地震波对不同支护所产生的振动响应。计算结果表明，地震波传播方向与隧道走向的夹角对结构的振动响应（位移、应力）影响甚微，而在既定的加载方式下，不同的支护方式的振动响应相差较大，其中现浇混凝土支护的响应最大，而现浇混凝土支护+断层带壁后注浆支护、现浇混凝土支护+断层带全长锚杆支护的响应较小，且二者相差不大。在设计和施工中，对于断层区隧道的减振措施，应优先考虑后两者的支护方式。

参 考 文 献

[1] Terzaghi K. Die Berechnung der durchlassigkeitsziffer des tones aus dem verlauf der hydrodynamischen spannungserscheinungen[J]. Sber. Akad. Wiss. Wien., 1923, 132(105): 125-138.

[2] Anderson E M. The dynamics of the formation of cone-sheets, ring-dykes and cauldron-subsidence[J]. Proceedings of the Royal Society of Edinburgh, 1951: 56: 128-157.

[3] 格佐夫斯基 M B. 构造物理学基础[M]. 刘鼎文, 等译. 北京: 地震出版社, 1975.

[4] Richarderson A M, Brown S M, Hustrulid W A, et al. An interpretation of highly scattered stress measurements in foliated gneiss[C]//Proceedings of the International Symposium on Rock Stress and Rock Stress Measurements, Stockholm, 1986: 441-447.

[5] Carlsson A, Christiansson R. Rock stresses and geological structures in the Forsmark area[C]//Proceedings of the International Symposium on Rock Stress and Rock Stress Measurements, Stockholm, 1986: 457-465.

[6] Ernst W, Rubey W W. The Geotectonic Development of California[M]. Englewood Cliffs: Prentice-Hall, 1981.

[7] 李群芳. 几种典型交汇方式的断裂周围应力场和位移场的三维空间分布——论断裂对构造应力场的影响[J]. 地壳构造与地壳应力文集, 1987, 1: 146-158.

[8] 王士天, 李渝生, 苏道刚, 等. 黄河龙羊峡电站区域构造稳定性的工程地质研究[J]. 地质学报, 1988, (4): 361-372.

[9] Bell J S, Vertical migration of hydrocarbons at Alma, offshore eastern Canada[J]. Bulletin of Canada Petroleum Geology, 1989, 37(3): 358-364.

[10] Barton C A, Zoback M D, Moos D. In situ stress and permeability in fractured and faulted crystalline rock[C]//Mechanics of Jointed and Faulted Rock, Rotterdam, 1992: 381-386.

[11] Stephansson O. Rock stress in the Fennoscandian shield[C]//Comprehensive Rock Engineering, Oxford, 1993: 445-459.

[12] Aleksandrowski P, Inderhaug O H, Knapstad B. Tectonic structures and well-bore breakout orientation[C]//Proceedings of 33rd U.S. Symposium on Rock Mechanics, Santa Fe, 1992: 29-37.

[13] Sugawara K, Obara Y. Measuring rock stress[C]//Comprehensive Rock Engineering, Oxford, 1993: 533-552.

[14] Martin C D, Chandler N A. Stress heterogeneity and geological structures[J]. International Journal of Rock Mechanics and Mining Sciences & Geomechanics Abstracts, 1993, 30(7): 993-999.

[15] Hudson J A, Harrison J P. Engineering Rock Mechanics: An Introduction to the Principals[M].

Oxford: Pergamon Press, 1997.

[16] 孙宗颀, 张景和. 地应力在地质断层构造发生前后的变化[J]. 岩石力学与工程学报, 2004, 23（23）: 3964-3969.

[17] 马淑芝, 贾洪彪, 易顺民, 等. 罗湖断裂带地应力场三维有限元模拟分析[J]. 岩石力学与工程学报, 2006, 25(s2): 3898-3903.

[18] 沈海超, 程远方, 王京印, 等. 断层对地应力场影响的有限元研究[J]. 大庆石油地质与开发, 2007, 26（2）: 34-37.

[19] 沈海超, 程远方, 王京印, 等. 断层扰动下地应力场三维有限元约束优化反演[J]. 岩土力学, 2007, 28(s1): 359-365.

[20] 李宏, 谢富仁, 刘凤秋, 等. 乌鲁木齐市区断层附近原地应力测量研究[J]. 地震地质, 2007, 29（4）: 805-812.

[21] 朱维申, 阮彦晟, 李晓静, 等. 断层附近应力分布的异常和对隧洞稳定的影响[J]. 地下空间与工程学报, 2008, 4（4）: 685-689.

[22] 沈海超, 程远方, 赵益忠, 等. 基于实测数据及数值模拟断层对地应力的影响[J]. 岩石力学与工程学报, 2008, 27(s2): 3985-3990.

[23] 孙礼健, 朱元清, 杨光亮, 等. 断层端部及附近地应力场的数值模拟[J]. 大地测量与地球动力学, 2009, 29（2）: 7-12.

[24] 彭华, 马秀敏, 姜景捷. 龙门山北端青川断层附近应力测量与断层稳定性[J]. 地质力学学报, 2009, 15（2）: 114-130.

[25] 贾晓亮, 崔洪庆, 张子敏. 断层端部地应力影响因素数值分析[J]. 煤田地质与勘探, 2010, 38（4）: 47-51.

[26] Kang H, Zhang X, Si L, et al. In-situ stress measurements and stress distribution characteristics in underground coal mines in China[J]. Engineering Geology, 2010, 116(3-4): 333-345.

[27] 王有熙, 邓广哲, 曹晶. 断层带对深部地压影响的数值模拟[J]. 西安科技大学学报, 2011, 31（6）: 818-822.

[28] Meng Z P, Zhang J C, Wang R. In-situ stress pore pressure and stress-dependent permeability in the Southern Qinshui Basin[J]. International Journal of Rock Mechanics and Mining Sciences, 2011, 48（1）: 122-131.

[29] 周春华, 尹健民, 骆建宁, 等. 断层构造近场地应力分布规律研究[J]. 长江科学院院报, 2012, 29（7）: 57-61.

[30] 郭怀志, 马启超, 薛玺成, 等. 岩体初始应力场的分析方法[J]. 岩土工程学报, 1983, 5（3）: 64-75.

[31] 俞裕泰, 肖明. 大型地下洞室围岩稳定三维弹塑性有限元分析[J]. 岩石力学与工程学报, 1987, 6（1）: 47-56.

[32] 朱伯芳. 岩体初始地应力反分析[J]. 水利学报, 1994, 25（10）: 30-35.

[33] Yang L, Zhang K, Wang Y. Back analysis of initial rock stresses and time-dependent parameters[J]. International Journal of Rock Mechanics and Mining Sciences & Geomechanics Abstracts, 1996, 33(6): 641-645.

[34] 翟英达, 康景颢, 郭胜亮. 原岩应力的边界元位移反分析确定方法[J]. 山西矿业学院学报, 1997, 15(4): 309-314.

[35] 黄醒春, 夏小和, 沈为平. 断层周边应力场的原位实测及数值反演[J]. 上海交通大学学报, 1998, 32(12): 55-59.

[36] 庞作会, 陈文胜, 邓建辉, 等. 复杂初始地应力场的反分析[J]. 岩土工程学报, 1998, 20(4): 44-47.

[37] 戚海燕. 锦屏水电站隧洞围岩初始地应力场研究[D]. 南京: 河海大学, 2004.

[38] 岳晓蕾. 大岗山地应力反演与工程应用研究[D]. 济南: 山东大学, 2006.

[39] 郭锋. 水电站地下厂房初始地应力场反演与围岩稳定分析[D]. 大连: 大连理工大学, 2006.

[40] 岑成汉. 地下厂房区初始地应力反演回归分析[D]. 南京: 河海大学, 2007.

[41] 贾善坡, 陈卫忠, 谭贤君, 等. 大岗山水电站地下厂房区初始地应力场 Nelder-Mead 优化反演研究[J]. 岩土力学, 2008, 29(9): 2341-2349.

[42] 谷艳昌, 郑东健, 郭航忠, 等. 小湾水电站坝址区三维初始地应力场反演回归分析[J]. 岩土力学, 2008, 29(4): 1015-1020, 1026.

[43] 罗润林, 阮怀宁, 黄亚哲, 等. 岩体初始地应力场的粒子群优化反演及在FLAC3D中的实现[J]. 长江科学院院报, 2008, 25(4): 73-76, 80.

[44] 郭明伟, 李春光, 王水林, 等. 优化位移边界反演三维初始地应力场的研究[J]. 岩土力学, 2008, 29(5): 1269-1274.

[45] Zheng C M, Zhu W S, Sun G F. The application of the least square method in back analysis of 3D initial geostress[C]//2009 International Conference on Artificial Intelligence and Computational Intelligence, Shanghai, 2010: 603-607.

[46] 张建国, 张强勇, 杨文东, 等. 大岗山水电站坝区初始地应力场反演分析[J]. 岩土力学, 2009, 30(10): 3071-3078.

[47] 郭喜峰. 复杂地质条件岩体应力场分析研究[D]. 武汉: 长江科学院, 2009.

[48] 何江达, 谢红强, 王启智, 等. 官地水电站坝址区初始地应力场反演分析[J]. 岩土工程学报, 2009, 31(2): 166-171.

[49] 陈祥, 孙进忠, 张杰坤, 等. 黄岛地下水封石油洞库场区地应力场模拟分析[J]. 岩土工程学报, 2009, 31(5): 713-719.

[50] 付成华, 周洪波. 瀑布沟地下厂房区初始地应力精细反演分析[J]. 长江科学院院报, 2009, 26(6): 28-31.

[51] 刘会波, 肖明. 岩体初始地应力场计算模型自动生成与快速反演[J]. 武汉大学学报(工学版), 2009, 42(4): 478-481, 486.

[52] 金长宇, 冯夏庭, 张春生. 白鹤滩水电站初始地应力场研究分析[J]. 岩土力学, 2010, 31(3): 845-850, 855.

[53] 姚显春, 李宁, 曲星, 等. 拉西瓦水电站地下厂房三维高地应力反演分析[J]. 岩土力学, 2010, 31(1): 246-252.

[54] 高玮. 龙潭隧道围岩参数与地应力场联合反演[J]. 交通科学与工程, 2010, 26(4): 11-16.

[55] 张金. 遗传算法在地应力反演中的应用[D]. 青岛: 中国石油大学, 2010.

[56] 张勇慧, 魏倩, 盛谦, 等. 大岗山水电站地下厂房区三维地应力场反演分析[J]. 岩土力学, 2011, 32(5): 1523-1530.

[57] 张贵庆. 三峡地下厂房区地应力场反演分析[J]. 水利与建筑工程学报, 2011, 9(4): 66-71.

[58] 刘亚群, 李海波, 裴启涛, 等. 深切河谷区地应力场分布规律研究[J]. 岩石力学与工程学报, 2011, 30(12): 2435-2443.

[59] 汪波, 何川, 吴德兴, 等. 苍岭特长公路隧道地应力场反演分析[J]. 岩土力学, 2012, 33(2): 628-634.

[60] 尤哲敏, 陈建平, 徐颖, 等. 大坪山隧道初始地应力场有限元回归分析[J]. 公路交通科技, 2012, 29(8): 94-98, 111.

[61] Yuan Z F, Xu P H, Ye Z R. Inversion of initial geo-stress in high and steep slope[J]. Applied Mechanics and Materials, 2012, 170-173: 1325-1329.

[62] Zhang C Q, Feng X T, Zhou H. Estimation of in situ stress along deep tunnels buried in complex geological conditions[J]. International Journal of Rock Mechanics and Mining Sciences, 2012, 52: 139-162.

[63] Shen B. Mechanics of fractures and intervening bridges in hard rocks[D]. Stockholm: Royal Institute of Technology, 1991.

[64] Wen P H, Wang Y. The calculation of SIF considering the effects of arc crack surface contact Atlanta and friction under uniaxial tension and pressure[J]. Engineering Fracture Mechanics, 1991, 39(4): 651-660.

[65] Shen B T, Stephansson O, Einstein H H, et al. Coalescence of fractures under shear stresses in experiments[J]. Journal of Geophysical Research: Soild Earth, 1995, 100(B4): 5975-5990.

[66] Bobet A, Einstein H H. Numerical modeling of fracture coalescence in a model rock material[J]. International Journal of Fracture, 1998, 92: 221-252.

[67] Bobet A, Einstein H H. Fracture coalescence in rock-type materials under uniaxial and biaxial compression[J]. International Journal of Rock Mechanics and Mining Sciences, 1998, 35(7): 863-888.

[68] Marji M F, Hosseini-Nasab H, Kohsary A H. On the uses of special crack tip elements in numerical rock fracture mechanics[J]. International Journal of Solids and Structures, 2006, 43(6): 1669-1692.

[69] 孙雅珍, 刘杰民, 余天庆, 等. 脆性材料斜裂纹扩展的数值试验与破坏模式分析[J]. 沈阳建筑大学学报(自然科学版), 2007, 23(3): 377-381.

[70] 焦玉勇, 张秀丽, 刘泉声, 等. 用非连续变形分析方法模拟岩石裂纹扩展[J]. 岩石力学与工程学报, 2007, 26(4): 682-691.

[71] Zhang X L, Jiao Y Y, Zhao J. Simulation of failure process of jointed rock[J]. Journal of Central South University of Technology, 2008, 15(6): 888-894.

[72] 刘力强, 刘培洵, 黄凯珠, 等. 断层三维扩展过程的实验研究[J]. 中国科学 D 辑: 地球科学, 2008, 38(7): 833-841.

[73] 潘鹏志, 丁梧秀, 冯夏庭, 等. 预制裂纹几何与材料属性对岩石裂纹扩展的影响研究[J]. 岩石力学与工程学报, 2008, 27(9): 1882-1889.

[74] 张振南, 陈永泉. 一种模拟节理岩体破坏的新方法: 单元劈裂法[J]. 岩土工程学报, 2009, 31(12): 1858-1865.

[75] 王国艳, 于广明, 宋传旺. 初始裂隙几何要素对岩石裂隙扩展演化的影响[J]. 辽宁工程技术大学学报(自然科学版), 2011, 30(5): 681-684.

[76] 刘宁. 岩石劈裂破坏过程的计算模拟[J]. 固体力学学报, 2011, 32(s1): 412-415.

[77] 梁正召, 李连崇, 唐世斌, 等. 岩石三维表面裂纹扩展机理数值模拟研究[J]. 岩土工程学报, 2011, 33(10): 1615-1622.

[78] Liang Z Z, Xing H, Wang S Y, et al. A three-dimensional numerical investigation of the fracture of rock specimens containing a pre-existing surface flaw[J]. Computers and Geotechnics, 2012, 45: 19-33.

[79] 黎立云, 黄凯珠, 韩智超, 等. 三维表面裂纹扩展试验及理论分析[J]. 岩石力学与工程学报, 2012, 31(2): 311-318.

[80] 于学馥. 轴变论与围岩变形破坏的基本规律[J]. 铀矿冶, 1982, 1(1): 8-17.

[81] 郑雨天. 锚喷支护理论探讨[J]. 矿山技术, 1985, (1): 25-32.

[82] 冯豫. 我国软岩巷道支护的研究[J]. 矿山压力与顶板管理, 1990, 7(8): 42-44, 67.

[83] 陆家梁. 软岩巷道锚喷支护的适用性[J]. 光爆锚喷, 1995, (1): 1-4.

[84] 朱效嘉. 锚杆支护理论进展[J]. 煤矿支护, 1996, (1): 5-12, 19.

[85] 董方庭, 宋宏伟, 郭志宏, 等. 巷道围岩松动圈支护理论[J]. 煤炭学报, 1994, 19(1): 21-32.

[86] 方祖烈. 拉压域特征及主次承载区的维护理论[C]//中国岩石力学与工程学会软岩工程专业委员会第二届学术大会, 北京, 1999: 48-51.

[87] 何满潮, 景海河, 孙晓明. 软岩工程力学[M]. 北京: 科学出版社, 2002.

[88] Crouch S L. Solution of plane elasticity problems by the displacement discontinuity method I. Infinite body solution[J]. International Journal for Numerical Methods in Engineering, 1976, 10(2): 301-343.

[89] Crouch S L, Starfield A M. Boundary Element Methods in Solid Mechanics[M]. London:

George Allen & Unwin, 1983.

[90] Bui H D. Some remarks about the formulation of three-dimensional thermoelastoplastic problems by integral equations[J]. International Journal of Solids and Structures, 1978, 14(11): 935-939.

[91] Telles J C F, Brebbia C A. Boundary element: New developments in elastoplastic analysis[J]. Applied Mathematical Modelling, 1981, 5(5): 376-382.

[92] Kuriyama K, Mizuta Y. Three-dimensional elastic analysis by the displacement discontinuity method with boundary division into triangular leaf elements[J]. International Journal of Rock Mechanics and Mining Sciences & Geomechanics Abstracts, 1993, 30(2):111-123.

[93] Li H, Liu C L, Mizuta Y, et al. Crack edge element of three-dimensional displacement discontinuity method with boundary division into triangular leaf elements[J]. Communications in Numerical Methods in Engineering, 2001, 17(6): 365-378.

[94] Shou K J, Crouch S L. A higher order displacements discontinuity method for analysis of crack problems[J]. International Journal of Rock Mechanics and Mining Sciences & Geomechanics Abstracts, 1995, 32(1): 49-55.

[95] Wen P H. Dynamic Fracture Mechanics: Displacement Discontinuity Method[M]. Southampton: Computational Mechanics Publications, 1996.

[96] Shou K J, Siebrits E, Crouch S L. A higher order displacement discontinuity method for three-dimensional elastostatic problems[J]. International Journal of Rock Mechanics and Mining Sciences, 1997, 34(2): 317-322.

[97] Shou K J, Napier J A L. A two-dimensional linear variation displacement discontinuity method for three-layered elastic media[J]. International Journal of Rock Mechanics and Mining Sciences, 1999, 36(6): 719-729.

[98] Vijayakumar S, Yacoub T E, Curran J H. A node-centric indirect boundary element method: three-dimensional displacement discontinuities[J]. Computers & Structures, 2000, 74(6): 687-703.

[99] Bigoni D, Capuani D. Green's function for incremental nonlinear elasticity: Shear bands and boundary integral formulation[J]. Journal of the Mechanics and Physics of Solids, 2002, 50(3): 471-500.

[100] Martin P A. On Green's function for a bimaterial elastic half-plane[J]. International Journal of Solids and Structures, 2003, 40(9): 2101-2119.

[101] Phan A V, Gray L J, Kaplan T. On the residue calculus evaluation of the 3-D anisotropic elastic Green's function[J]. Communications in Numerical Methods in Engineering, 2004, 20(5): 335-341.

[102] Wang J, Tsay T K. Analytical evaluation and application of the singularities in boundary

element method[J]. Engineering Analysis with Boundary Elements, 2005, 29: 241-256.

[103] Xiao H T, Yue Z Q. A three-dimensional displacement discontinuity method for crack problems in layered rocks[J]. International Journal of Rock Mechanics and Mining Sciences, 2011, 48(3): 412-420.

[104] Gordeliy E, Detournay E. Displacement discontinuity method for modeling axisymmetric cracks in an elastic half-space[J]. International Journal of Solids and Structures, 2011, 48(19): 2614-2629.

[105] Zhao M H, Zhang R L, Fan C Y, et al. Three-dimensional extended displacement discontinuity method for vertical cracks in transversely isotropic piezoelectric media[J]. Engineering Analysis with Boundary Elements, 2012, 36(9): 1406-1415.

[106] 朱先奎, 刘光廷. 不连续位移超奇异积分方程法解三维多裂纹问题[J]. 工程力学, 1997, 14(2): 82-89.

[107] 赵明皞, 程昌钧, 刘元杰. 粘弹性平面问题的不连续位移边界元方法[J]. 机械强度, 1996, 18(4): 32-34.

[108] 朱合华, 陈清军, 杨林德. 边界元法及其在岩土工程中的应用[M]. 上海: 同济大学出版社, 1997.

[109] 刘承论, 秦忠诚, 时洪斌. 三维 FSM·DDM 边界元法[J]. 岩土力学, 2004, 25(1): 47-51.

[110] Hudson J A, Cooling C M. In situ rock stresses and their measurement in the UK—Part I. The current state of knowledge[J]. International Journal of Rock Mechanics and Mining Science & Geomechanics Abstracts, 1988, 25(6): 363-370.

[111] 白世伟, 李光煜. 二滩水电站坝区岩体应力场研究[J]. 岩石力学与工程学报, 1982, 1(1): 45-56.

[112] Goodman R E, Taylor R L, Brekke T L. A model for the mechanics of jointed rock[J]. Journal of the Soil Mechanics and Foundations Division, 1968, 94(3): 637-659.

[113] Goodman R E. Methods of Geological Engineering in Discontinuous Rocks[M]. St. Paul: West Group, 1976.

[114] Greenwood J A, Williamson J B P. Contact of nominally flat surfaces[J]. Proceedings of the Royal Society of London, 1966, 295: 300-319.

[115] Sun Z Q. Fracture mechanics and tribology of rocks and rock joints[D]. Lulea: Lulea University of Technology, 1983.

[116] Bandis S C, Lumsden A C, Barton N R. Fundamentals of rock joint deformation[J]. International Journal of Rock Mechanics and Mining Sciences & Geomechanics Abstracts, 1983, 20(6): 249-268.

[117] Barton N, Bandis S, Bakhtar K. Strength, deformation and conductivity coupling of rock joints[J]. International Journal of Rock Mechanics and Mining Sciences & Geomechanics

Abstracts, 1985, 22(3): 121-140.

[118] Souley M, Homand F, Thoraval A. The effect of joint constitutive laws on the modelling of an underground excacation and comparison with in situ measurements[J]. International Journal of Rock Mechanics and Mining Sciences, 1997, 34(1): 97-115.

[119] Bhasin R, Hoeg K. Parametric study for a large cavern in jointed rock using a distinct element model(UDEC-BB)[J]. International Journal of Rock Mechanics and Mining Sciences, 1998, 35(1): 17-29.

[120] Choi S O, Chung S K. Stability analysis of jointed rock slopes with the Barton-Bandis constitutive model in UDEC[J]. International Journal of Rock Mechanics and Mining Sciences, 2004, 41(3): 581-586.

[121] Chan H C M, Li V, Einstein H H. A hybridized displacement discontinuity and indirect boundary element method to model fracture propagation[J]. International Journal of Fracture, 1990, 45(4): 263-282.

[122] Fotoohi K, Mitri H S. Non-linear fault behaviour near underground excavations—A boundary element approach[J]. International Journal for Numerical and Analytical Methods in Geomechanics, 1996, 20(3): 173-190.

[123] Shou K J. A three-dimensional hybrid boundary element method for non-linear analysis of a weak plane near an underground excavation[J]. Tunnelling and Underground Space Technology, 2000, 15(2): 215-226.

[124] Hungr O, Coates D F. Deformability of joints and its relation to rock foundation settlements[J]. Canadian Geotechnical Journal, 1978, 15(2): 239-249.

[125] Patton F D. Multiple modes of shear failure in rock[C]//Proceedings of the First Congress ISRM, Lisbon, 1996: 509-513.

[126] Landanyi B, Archambault G. Simulation of shear behaviour of a jointed rock mass[C]//Proceedings of the 11th U.S. Symposium on Rock Mechanics, Berkeley, 1996: 69-105.

[127] Hoek E, Bray J W. 岩石边坡工程[M]. 卢世宗, 等译. 北京: 冶金工业出版社, 1983.

[128] Kunin I A. Elastic Media with Microstructure Ⅱ[M]. Berlin: Springer-Verlag, 1983.